Michael Hesemann

Jesus
von Nazareth

**Archäologen
auf den Spuren
des Erlösers**

Michael Hesemann

Jesus
von Nazareth

**Archäologen
auf den Spuren
des Erlösers**

Sankt Ulrich Verlag

S. H. Papst Benedikt XVI.,
der uns nach Nazareth zurückführte,
gewidmet

Bibliographische Information der Deutschen Bibliothek

Die Deutsche Bibliothek verzeichnet diese Publikation in der
Deutschen Nationalbibliographie; detaillierte bibliographische Daten
sind im Internet über http://dnb.ddb.de abrufbar.

© 2009 by Sankt Ulrich Verlag GmbH, Augsburg
Alle Rechte vorbehalten
Umschlagbild: fotolia
Umschlaggestaltung: uv media werbeagentur
Mediengruppe Sankt Ulrich Verlag, Augsburg
Vorsatz: Terra Sancta – Karte von Abraham Ortelius, 1579
Fotos Bildteil: Yuliya Tkachova 1–8, 10, 12–22, 24–26, 28–29, 30–57, 61–66, 70–74
Archiv Michael Hesemann 9, 11, 23, 27, 58–60, 67–69
L'Osservatore Romano 75
Druck und Bindung: Ludwig Auer GmbH, Donauwörth
Printed in Germany
ISBN: 978-3-86744-092-9
www.sankt-ulrich-verlag.de

INHALT

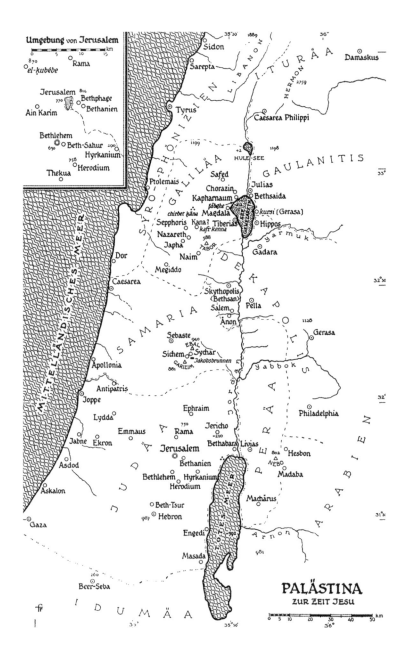

Umgebung von Jerusalem

0 5 10 15 km

870
el-kubêbe Rama

Jerusalem 814
770 Bethphage
Ain Karim Bethanien

Bethlehem
650 Beth-Sahur 290
758 Hyrkanium
Thekua Herodium

35°30' 1889

Sidon

Sarepta

Tyrus 1199

Ptolemais

Safed

Chorazin
Kapharnaum
tābghe
chirbet kânâ Magdala
Sepphoris Kana? Tiberias
kafr kenna
Nazareth
Japha 588
TABOR
Naim

Megiddo

Dor

Caesarea

MITTELLÄNDISCHES MEER

SYRO-PHÖNIZIEN GALILÄA

LIBANON ITURÄA

HERMON 2759

Damaskus

Caesarea Philippi

1199

1198
HULE-SEE

GAULANITIS 33°

Julias
Bethsaida
kursi (Gerasa)
Hippos
yarmuk
Gadara

DEKAPOLIS

32°30'

Skythopolis
(Bethsan)
Salem Pella
Änon

Sebaste 940
EBAL
Sichem Sychar
Jakobsbrunnen
881 GARIZIM

SAMARIA

Apollonia

Antipatris
Joppe

Lydda

Emmaus 750
Rama

Jabne Ekron

Ephraim

Jericho
-210
Bethabara Livias

Jerusalem

Bethanien

Bethlehem Hyrkanium
Herodium

Beth-Tsur
967 Hebron

Engedi -392

Masada 260

Beer-Seba

JUDÄA PERÄA

JORDAN

yabbok 1128

Gerasa

Philadelphia 32'

El 802
NEBO Hesbon

Madaba

Machärus 31°30'

Arnon 981

ARABIEN

Asdod

Askalon

Gaza

IDUMÄA

33' 35°30' 36°

PALÄSTINA
ZUR ZEIT JESU

0 5 10 20 30 40 50 km

EINLEITUNG

„Wir müssen alle nach Nazareth zurückkehren."
(Papst Benedikt XVI., 14. Mai 2009)

Ich kann nicht schlafen in dieser Nacht. Und es scheint vielen anderen ähnlich zu gehen. Immer wieder trippeln Füße auf dem Steinpflaster der Straße unter meinem Fenster, mal gemächlich, mal eilig; mal ein einsames Paar, mal eine ganze Gruppe. Nur die Richtung, in der sie in der Nacht verschwinden, ist immer dieselbe. Die ganze Stadt scheint auf den Beinen, eine erwartungsvolle Spannung liegt in der Luft.

Lange bevor die Sonne aufgeht, begreife ich, dass mein Versuch, ein wenig Schlaf zu finden, gescheitert ist. Ich rufe Yuliya an, die auch wachgeblieben ist. Wir verabreden uns an der Rezeption, bezahlen die Hotelrechnung, steigen in den Wagen. Als sich langsam das Tor der Tiefgarage öffnet, scheint uns das Licht der gerade aufgegangenen Sonne ins Gesicht, blendet die schlafbedürftigen Augen. Sekunden später bin ich hellwach und beobachtete das denkwürdige Spektakel.

Ganz Nazareth ist wie leergefegt. Unser Wagen ist das einzige Auto auf seinen Straßen, einmal abgesehen von den Polizeifahrzeugen, die vor diversen Straßensperren geparkt sind. Auch wir werden mehrfach angehalten, doch unser „Presse"-Schild verschafft uns immer wieder freies Geleit. Endlich sehen wir Menschen. Es scheinen Nachzügler zu sein, so wenige sind es. Erst als wir das Pressezentrum im *Golden Crown-Hotel* erreichen, ändert sich das Bild schlagartig. Jetzt stehen ganze Versammlungen geduldig Wartender an den Halteplätzen der Shuttle-Busse, zu denen auch wir müssen. Vom Bus aus sehe ich, wohin die Leute alle gingen. Der leicht gekurvte Abhang eines Berges, ein natürliches Amphitheater, das unlängst mit Tribünen und Bänken versehen wurde, ist von Menschen übersät. Zehntausende haben hier offenbar die Nacht verbracht. Um Mitternacht, so erfahren wir, wurden die Tore geöffnet, schon nach wenigen Stunden waren die Ränge besetzt. Die aufgehende Sonne dürfte in dieser Stadt nicht einen einzigen Katholiken geweckt haben. Alle nazarethanischen „Lateiner", und mit ihnen Tausende Christen aus allen Teilen des Heiligen Landes, hatten sich hier versammelt, um einen der schönsten Tage ihres Lebens zu begrüßen.

Uns erwartet keine fromme Andacht, sondern Weltjugendtagsstimmung, mit dem Unterschied, dass hier alle Generationen gleichermaßen feiern. In den Rängen wehen Flaggen aus aller Herren Länder, sogar der Freistaat Bayern ist mit seinen weißblauen Rauten vertreten. Ein Schiffmast, dessen gehisste Segel einen Baldachin bilden, überragt die Altarbühne. Auf ihr geht es zu wie beim *warm-up* vor einem Rockkonzert. Ein italienischer Priester schwenkt eine riesige Vatikanflagge und brüllt ins Mikrofon: *„Benedetto – Bienvenuto – a Nazareth".* „Benedikt – Willkommen – in Nazareth", schallt es zehntausendfach aus den Rängen zurück. Dann ertönt wieder Sakral-Pop aus den Lautsprechern. Ein halbes Dutzend einheimischer Teenager mit langen Locken, elegant in schwarzen Hosen und weißen Blusen, steht in der ersten Reihe und lässt Arme und Hüften im Takt kreisen. Als endlich am Himmel der Helikopter des Papstes erscheint und kurz darauf landet, als schließlich das Papamobil die Absperrungen passiert und sich immer neue Wege durch die Menge bahnt, wird die Hochstimmung zur Ekstase. Wer hätte sich je träumen lassen, dass Benedikt XVI., der Gelehrten-Papst, dieser schüchterne Feingeist, in der Kinderstube der Christenheit gefeiert wird wie ein Popstar? Ich richte mein Teleobjektiv auf ihn, sehe, wie er lächelt, wie entspannt er wirkt am Ende seiner schwierigen und anstrengenden Reise ins Heilige Land. Ich freue mich für ihn und mit ihm. Und ich ertappe mich bei einem vielleicht respektlosen, aber auch nicht ganz falschen Vergleich: Wir waren beide lange unterwegs und sind jetzt endlich am Ziel angekommen, an diesem 14. Mai 2009. Der Theologe Joseph Ratzinger, dessen *Jesus von Nazareth* eines der tiefsinnigsten und beglückendsten Werke der Gegenwartsliteratur ist, und irgendwo auch der Historiker Michael Hesemann, der aus einer ganz anderen Perspektive dem Geheimnis der Menschwerdung Gottes auf der Spur war. Der sich mit dem vorliegenden Werk anmaßt, vielleicht einen kleinen Beitrag zu leisten zum Verständnis des historischen Jesus von Nazareth und der Welt, in der er wirkte.

„In the name of the Father, and the Son, and of the Holy Spirit" – kaum spricht der Papst die Eröffnungsworte dieser Eucharistiefeier in seinem unüberhörbar deutschgefärbten Englisch, ändert sich die

Stimmung schlagartig. Die heitere Ekstase weicht einem feierlichen Ernst. Längst hat sich der Morgennebel gelichtet, einem warmen, lichtdurchfluteten Maitag Platz gemacht. Ich blicke mich um und begreife jetzt erst, wo ich bin. Und gleichzeitig verschwimmen Zeit und Raum.

Das natürliche Halbrund, auf dem die Bänke der 40.000 Messbesucher stehen, ist einer der Wendepunkte der Heilsgeschichte. *Mount of Precipice* wird der Abhang genannt, der „Berg des Abgrunds". Jesus hatte sich in seiner Heimatstadt offenbart. Er war, wie er es immer getan hatte, am Shabbat in die Synagoge gegangen. Es gehört zum jüdischen Gottesdienst, dass einer der erwachsenen Männer über 30 ein Schriftwort vorträgt und auslegt. So ging diesmal Jesus nach vorne und bekam vom Synagogenvorsteher die Schriftrolle mit dem Buch des Propheten Jesaja gereicht.

Wir können uns die Szene sehr plastisch vorstellen, denn eine solche Jesaja-Rolle aus der Zeit Jesu ist erhaltengeblieben. Sie wurde irgendwann vor 1947 von Beduinen in einer Höhle oberhalb von Qumran am Toten Meer entdeckt. Die Beduinen verkauften sie an Kando, einen christlichen Antiquitätenhändler in Bethlehem, der sie seinem Erzbischof Athanasius Samuel anbot, dessen Sitz das syrische St. Markus-Kloster im armenischen Viertel von Jerusalem war. Der ebenso hochgebildete wie schlaue Metropolit erkannte das enorme Potential des Fundes, doch sein Versuch, in den Vereinigten Staaten einen Käufer zu finden, scheiterte zunächst. Erst sieben Jahre später, 1954, erwarb der israelische Archäologe Yigael Yadin über amerikanische Mittelsmänner die vier Rollen für $ 250.000 und brachte sie zurück nach Jerusalem. Dort hatte sein Kollege Eliezer Sukenik bereits drei weitere Schriftrollen direkt von Kando gekauft. Ihn faszinierte die (mittlerweile widerlegte) Legende, der Fund sei 1947 gemacht worden. Die Wiederentdeckung heiliger Schriften quasi zeitgleich mit der Gründung des Staates Israel erschien wie die Erfüllung einer uralten Prophezeiung und wurde zum Geburtsmythos des Judenstaates. Das ließ die sieben Qumran-Texte quasi zu Urkunden der Vorsehung werden, die hinter all dem stand. Heute befinden sich die 2000jährigen Rollen aus Ziegen- und Schafshaut in einem schneeweißen Tabernakel, dem „Schrein des Buches", in Sichtweite der Knesset, des israelischen Parlamentes. Er ist dem Deckel einer der Krüge nachempfunden, in denen die heiligen Schriften die zwei Jahrtausende der jüdischen Diaspora überdauerten. In seinem Zentrum ist die längste, besterhaltene der Qumran-Rollen ausgebreitet, ausgerechnet das prophetische Buch des Jesaja, aus dem damals auch Jesus die Ankündigung des Gottesreiches und die Verheißung des Messias vortrug:

> „Der Geist Gottes, des Herrn, ruht auf mir;
> denn der Herr hat mich gesalbt.
> Er hat mich gesandt, damit ich den Armen eine frohe Botschaft bringe
> und alle heile, deren Herz zerbrochen ist,
> damit ich den Gefangenen die Entlassung verkünde
> und den Gefesselten die Befreiung,
> damit ich ein Gnadenjahr des Herrn ausrufe ..." (Jes 61,1–2)

An dieser Stelle hielt Jesus inne. Er unterbrach den Text noch, bevor der Prophet auch einen „Tag der Vergeltung unseres Gottes" ankündigte und einen Neuanfang verhieß, den später die Gründer des Staates Israel auf ihre Zeit bezogen: „Dann bauen sie die uralten Trümmerstätten wieder auf und richten die Ruinen ihrer Vorfahren wieder her. Die verödeten Städte erbauen sie neu, die Ruinen vergangener Generationen ... Doppelte Schande mussten sie ertragen, sie wurden angespuckt und verhöhnt; darum erhalten sie doppelten Besitz in ihrem Land, ewige Freude wird ihnen zuteil" (Jes 61,4–7).

Statt weiterzulesen, rollte er das Buch wieder zusammen, reichte die Schriftrolle dem Synagogendiener. Alle Augen waren jetzt auf ihn gerichtet. Man hatte viel von ihm gehört, von Wundern, von Heilungen, von seinen wortgewaltigen Predigten in den Synagogen Galiläas. Mit großer Klarheit, mit Worten, die ihre Herzen berührten, verkündete er ihnen, das Schriftwort habe sich erfüllt. Jetzt sei die Stunde gekommen, von der Jesaja, der Prophet, gesprochen habe. Doch mit dem Staunen über seine Predigt kamen die ersten Zweifel. Sollte er recht haben, dann konnte das ja nur bedeuten, dass er, Jesus, der Gesalbte des Herrn sei, der verheißene Messias, der den Armen die Frohbotschaft (griech.: *eu angelion)* verkündet. Das aber ging den Nazarenern dann doch zu weit. Jesus, der Sohn Josephs, den sie noch vor ein paar Jahren mit seinem Stiefvater bei der Arbeit erlebt haben, sollte der von Gott gesandte Erlöser sein? Er, der Sohn der Maria, der noch vor nicht allzu langer Zeit mit seinen Cousins Jakobus, Joses, Judas und Simon sowie seinen Cousinen durch ihre Straßen tobte? Wie kommt er dazu, sich jetzt als Gottgesandter auszugeben, so als sei er geradewegs vom Himmel herabgestiegen?

Gut, reden konnte er, aber war das schon alles? Was war mit den Wundern, die er angeblich in Kafarnaum und den anderen Städten und Dörfern unten am See gewirkt haben soll? Bitte, Jesus, wenn du der Messias sein willst, dann zeig uns mal, was du kannst!

Doch Jesus weigerte sich, zum Zwecke der Selbstinszenierung Wunder zu wirken. Er war auch nicht bereit, in die Rolle des politischen Messias, des Befreiers von der unbeliebten Römerherrschaft zu schlüpfen, auf den so viele gehofft hatten. Bewusst hatte er sein Zitat aus dem Buch Jesaja beendet, bevor der „Tag der Vergeltung" angekündigt wurde. Er war nicht gekommen, um Erwartungen zu erfüllen, sondern um die Menschheit zu erlösen.

Die Nazarener empörten sich. Das war nicht, womit sie gerechnet, worauf sie gehofft hatten. Man hatte auf einen Freiheitskämpfer mit übermenschlichen Kräften gewartet, gekommen war der sanftmütige Mann aus ihrer Mitte. Jesus der Messias? Das erschien ihnen als reinste Blasphemie.

„Sie sprangen auf und trieben Jesus zur Stadt hinaus; sie brachten ihn an den Abhang des Berges, auf dem ihre Stadt erbaut war, und wollten ihn hinabstürzen. Er aber schritt mitten durch die Menge hindurch und ging weg",

berichtet Lukas (4,29–30). Tatsächlich ist Nazareth auf einer Anhöhe erbaut, die hoch über der Ebene von Jesreel emporragt, zwischen zwei Bergrücken, von denen einer eine steile Klippe bildet. Die Ebene wird auch nach ihrer ältesten Stadt, Megiddo (hebr. *Har-Mageddon:* Berg von Megiddo) benannt. Hier soll, glauben wir der Offenbarung des hl. Johannes, einmal die Endzeitschlacht zwischen den Mächten des Guten und den Heeren des Bösen stattfinden. Auf dem Hang, der hinauf zu der besagten Klippe führt, sitze ich gerade, zusammen mit 40.000 Nazarenern, die andächtig der Papstmesse lauschen. Er heißt heute, wie gesagt, *Mount of Precipice,* „Berg des Abgrunds".

Über die Jahrhunderte hinweg wurde er zum Objekt frommer Legenden und phantasievoller Deutungen. Seit Johannes von

Würzburg (1165) heißt er auch „Sprung des Herrn" *(Saltus Domini).* Man glaubte, Jesus sei durch einen Sprung auf einen nahegelegenen Abhang seinen Verfolgern entkommen. „Dort sieht man eingedrückt die Umrisse seines Körpers und seiner Kleider", glaubte Burchard von Schwanden, Großmeister des Deutschen Ordens, im Jahre 1283. Danach habe er sich in einer Höhle versteckt, in der noch im 20. Jahrhundert Gottesdienste gefeiert wurden. Maria, seine Mutter, sei dem mordlüsternen Mob noch nachgelaufen, bis sie weinend zusammenbrach; ihrem Schrecken ist noch heute eine Kapelle auf einem Felsrücken geweiht.

Und die Synagoge? Ein Pilger aus dem norditalienischen Piacenza, der im Jahre 570 Nazareth besuchte, will sie noch gesehen haben samt ihrer Reliquien. Darunter seien „das Blatt, auf das man für den Herrn das Abc gesetzt hatte", und „der Balken, auf dem er mit anderen Kindern saß". Dass die Synagoge jüdischen Knaben als Toraschule diente, dass Jesus hier Lesen und Schreiben erlernte, steht außer Frage; das Judentum war zu dieser Zeit die einzige Religion, die Jungen aller Schichten Zugang zu ihren heiligen Schriften ermöglichte. Spätere Pilger aus der Kreuzfahrerzeit berichten, sie sei in eine Kirche umgewandelt worden. Heutigen Nazareth-Pilgern wird gerne die maronitische (griechisch-katholische) *Synagogenkirche* gezeigt, von den Arabern *Madrasat al-maih,* „Schule des Messias", genannt. Doch das Gewölbe stammt aus der arabischen Zeit, diente den Türken zunächst als Viehstall, bevor ein schlauer türkischer Seidenweber es um 1740 für Eintrittsgeld zur *Judenschule* erklärte. Es erfüllt auch nicht die Vorschriften des jüdischen *Talmud,* dem zufolge eine Synagoge immer am höchsten Punkt der Stadt stehen sollte. So vermutete Clemens Koch, katholischer Priester und einer der hervorragendsten Kenner des Heiligen Landes und seiner Traditionen, sie schon 1959 auf dem Gelände des muslimischen Friedhofs nördlich der St. Josephs-Kirche. Vier graue Granitsäulen wurden hier gefunden, von denen zwei die Franziskaner und zwei die Griechen erwarben. Hier könnte sich der Schauplatz der Selbstoffenbarung Jesu in seiner Heimatstatt befunden haben.

Der Anschlag der Nazarener auf sein Leben zeigt überdeutlich, was sie von ihm hielten. Sie wollten ihn steinigen, weil sie ihn der Gotteslästerung bezichtigten. „Wer des Herrn Namen lästert, der soll des Todes sterben, die ganze Gemeinde soll ihn steinigen"

(Lev 24,16), heißt es im Gesetz des Moses. Nach der Beschreibung des *Talmud* wurde der Delinquent rückwärts von einer Höhe – „zwei Manneslängen hoch" – vom ersten Zeugen hinabgestoßen. „Stirbt er daran, hat er der Pflicht genügt, wo nicht, nimmt er den Stein und gibt ihn auf sein Herz". Es folgten dann die Steinwürfe des Volkes, falls noch nötig. Ob dies tatsächlich auf dem „Berg des Abgrunds" geschehen sollte – er ist immerhin zweieinhalb Kilometer vom Zentrum Nazareths entfernt –, ist fraglich, tut aber auch nichts zur Sache. Denn zumindest bleibt der *Mount of Precipice* ein starkes Symbol für die Ablehnung Jesu in Nazareth: „Nirgends hat ein Prophet so wenig Ansehen wie in seiner Heimat, bei seinen Verwandten und in einer Familie", überliefert Markus (6,4) seine Enttäuschung.

Jetzt aber, 2000 Jahre später, jubelt Nazareth dem Stellvertreter Christi auf Erden zu, es lauscht andächtig dem Evangelium, diesmal ohne falsche Erwartungen, ohne die Wut der Enttäuschung. Und das geschieht an eben jener Stelle, an der die Nazarener Jesus einst die ultimative Abfuhr erteilten, wo sie fast seine Hinrichtung vorweggenommen hätten. Ich sehe, wie sich ein Kreis schließt, der 2000 Jahre umspannt. Ich schaue hinab in die Ebene von Megiddo und sorge mich um das, was vielleicht noch kommen mag in dieser turbulenten Zeit, die den Nahen Osten zum Pulverfass der Welt werden ließ. Doch dann drehe ich mich um. Hinter mir ragt eine graue Spitzkuppel in den Himmel, geformt wie der umgekehrte Kelch einer Lilie. Es ist die Kirche der Verkündigung, erbaut über einer Höhle, in der, als alles begann, eine Jungfrau ihr Einverständnis gab für das gewaltigste Geschehen der Weltgeschichte. Ihr *Fiat* machte das Erlösungswerk Gottes erst möglich: „Ich bin die Magd des Herrn; mir geschehe, wie du es gesagt hast" (Lk 1, 38).

„Was hier in Nazareth geschah, weitab vom Blickpunkt der Welt, war ein einzigartiger Akt Gottes, ein machtvolles Eingreifen in die Geschichte, durch das ein Kind empfangen wurde, das der ganzen Welt das Heil bringen sollte", wird Papst Benedikt noch am selben Tag erklären, in eben diesem Blütenkelch, in dem sich das Wirken Gottes vollzog: „Das Wunder der Menschwerdung fordert uns immer neu heraus, unser Verstehen zu öffnen für die unbegrenzten Möglichkeiten von Gottes verwandelnder Kraft und seiner Liebe zu uns sowie für seinen Wunsch, mit uns vereint zu sein. Hier wurde der vor aller Ewigkeit gezeugte Sohn Gottes Mensch und ermöglichte so uns, seinen Brüdern und Schwestern, an seiner göttlichen Sohnschaft Anteil zu haben."

Dann wird er ergänzen: „Wenn wir über dieses freudenreiche Mysterium nachdenken, gibt es uns Hoffnung, die sichere Hoffnung, dass Gott fortfährt, in unsere Geschichte einzugreifen."

Meine Reise ins Heilige Land, die zwölfte in meinem Leben, hatte den Zweck, diesem Mysterium auf den Grund zu gehen. Es war eine turbulente Reise, so abenteuerlich, wie Pilgerreisen es seit dem Altertum nun mal sind. In Caesarea Maritima wurde unser Wagen aufgebrochen, während wir das Prätorium und die einzige Inschrift des Pontius Pilatus besichtigten. Alle Koffer hatten die Diebe gestohlen, unsere Kleidung und Papiere, meine Reiseführer und Fachbücher, mein Notebook. Unser Plan, Papst Benedikt schon in Jordanien „entgegenzureisen", war damit gescheitert. Statt dessen suchten wir das nächste Einkaufszentrum auf, um uns zumindest mit dem Nötigsten einzudecken. Ich begriff: Wer Jesus von Nazareth nachfolgen, wer seine Spuren suchen will, der muss zunächst einmal alles hinter sich lassen, sich frei machen und für das Neue öffnen. So besuchten wir die Stätten seines Wirkens in neuen Kleidern, frisch und rein wie Taufgewänder, bis wir, eine Woche später, dahin zurückkehrten, wo alles angefangen hatte.

Hier in Nazareth ist Gott Mensch geworden durch den übernatürlichen Akt der Zeugung durch den Heiligen Geist. Das Licht schien in der Finsternis, auch wenn die Finsternis lange brauchte, um dies zu begreifen. Wie das Konzil von Chalcedon, einem Vorort Konstantinopels (heute: Istanbul), im Jahre 451 feststellte, war dieser Jesus von Nazareth „wahrhaft Gott und wahrhaft Mensch derselbe". Ich bin kein Theologe, es ist nicht meine Aufgabe und mein Fachgebiet, die Geheimnisse des Göttlichen zu ergründen. Aber wenn Gott „wahrhaft Mensch" geworden ist, dann ist er in die Geschichte eingetreten, und damit in das Arbeitsgebiet des Historikers. Geschichtliche Persönlichkeiten hinterlassen Spuren. Das gilt ganz besonders auch für Jesus von Nazareth. Wer den Spuren folgt, die er hinterlassen hat, und die oft erst in den letzten Jahren und Jahrzehnten von Archäologen im Heiligen Land freigelegt wurden, für den kann kein Zweifel mehr bestehen: Unser Glaube beruht nicht auf schönen Legenden und frommen Phantasien wie vielleicht der abenteuerlichen Geschichte vom „Sprung des Herrn". Nein, er beruht auf historischen Ereignissen, die von

Augenzeugen überliefert und von Chronisten aufgezeichnet wurden. Wie exakt ihre Berichte sind, das zeigt sich, wenn wir die von ihnen geschilderten Schauplätze mit dem Spaten des Archäologen freilegen. Wer Schicht für Schicht vordringt bis auf den Mutterboden der Heilsgeschichte, der wird ihn finden, den historischen Jesus von Nazareth. Deshalb habe ich mich auf die Suche nach ihm gemacht.

1. GUTES AUS NAZARETH
DAS GEHEIMNIS DES HEILIGEN HAUSES

Nicht selten ist der Zufall der beste Freund des Archäologen. Elias Shama jedenfalls wollte nur seinen Souvenirladen gleich neben dem Marienbrunnen von Nazareth renovieren, als er auf eine archäologische Sensation stieß. Dabei kannte er die Gegend ziemlich gut. Er war in der Heimatstadt Jesu aufgewachsen, er hatte als Kind auf dem Platz vor dem Brunnen gespielt, sich an heißen Sommertagen mit seinem Wasser erfrischt. Dann ging er, wie viele christliche Palästinenser, nach Jerusalem, wanderte schließlich nach Belgien aus, wo er heiratete. Doch die Heimat ließ ihn nie wirklich los. Kaum hatte er genug Geld verdient, kehrte er mit seiner Frau Martina zunächst nach Jerusalem, dann nach Nazareth zurück. Von dem Ersparten wollte das junge Paar einen Souvenirladen eröffnen, in dem Martina, eine gelernte Schmuckdesignerin, ihre schönsten Stücke ausstellen konnte. Als sie erfuhren, dass einer der Läden direkt neben dem Marienbrunnen seit Jahren zum Verkauf stand, schlugen sie zu. Die Lage war ideal. Hier halten die Busse mit Hunderten von Pilgern aus Griechenland und Russland, denen der Marienbrunnen als der eigentliche Ort der Verkündigung gilt. Da die Erhebung, an deren Fuß seine Quelle entspring, auf arabisch *Kaktushügel* heißt, hatten sie bald einen Namen für ihr Geschäft gefunden: *Cactus-Gallery*.

Doch der Laden war in einem katastrophalen Zustand, als die Shamas ihn 1993 übernahmen. Die Vorbesitzer hatten ihren Schutt einfach die Kellertreppe hinuntergeworfen, Elias hatte seine Mühe damit, den Müll wegzuräumen. Als er dabei auf ein offenbar uraltes Gewölbe stieß, kam ihm sofort die Idee, hier noch ein rustikales Café zu eröffnen. Das erforderte eine umfangreiche Renovierung, doch vor harter Arbeit scheute sich der kräftige Mann aus Nazareth nicht. Dann entdeckte er, dass das Ziegelsteingewölbe nur Teil einer großen, unterirdischen Anlage war, das sich als *Hypokaustum*, als römische Bodenheizung, erwies. Der Raum darüber muss ein *Caldarium*, die antike Version einer Sauna, gewesen sein.

Elias stieß auf kostbare Marmorplatten und tönerne Röhren, deren Zusammenläufe mit Tonplatten bedeckt sind, die als Schmuck das Bild einer Palme tragen.

Erstaunt und irritiert informierte er die Israelische Altertümerverwaltung *(Israel Antiquity Authority,* kurz: IAA) über seinen Fund. Dort wimmelte man ihn ab. Man wisse von der Anlage, erklärte ihm ein Mitarbeiter. Es handle sich um ein türkisches Badehaus aus der Zeit um 1870, für das man sich freilich wenig interessiere. Er könne mit dem Gemäuer machen, was er wolle, es gegebenenfalls auch abreißen.

Aber damit gab sich Elias Shama nicht zufrieden. Er wusste genug von den Türken, um diese Erklärung nicht gelten zu lassen. Im 19. Jahrhundert war Palästina nur eine entlegene Provinz des Osmanischen Reiches, Nazareth nicht viel mehr als ein staubiges Nest, seine Einwohner meist arabische Christen, griechische Mönche und Franziskaner aus Italien. Für wen also sollten die Türken einen so luxuriösen *Hamam,* mit weißem Marmor ausgestattet, gebaut haben?

Mehr und mehr wuchs in ihm das Gefühl, etwas Wichtigem auf der Spur zu sein. Und so verbrachte er die nächsten zwei Jahre damit, die angeblich so „unbedeutenden" Ruinen systematisch freizulegen. Die Ergebnisse seiner Arbeit gaben ihm Recht. Als die Stadtverwaltung von Nazareth in Vorbereitung auf das Heilige Jahr 2000 den Platz vor dem Marienbrunnen umgestalten und dabei von Experten der Israelischen Altertümerverwaltung archäologisch untersuchen ließ, stießen die Ausgräber auf Überreste einer antiken Wasserleitung, die das Badehaus aus der Marienquelle speiste. Zudem konnte der Eingang freigelegt werden, durch den die Arbeiter oder Sklaven die Therme betraten. Auch Reste einer römischen Straße, ein korinthisches Kapitell – offenbar Teil einer Säulenhalle – und Tonscherben, die bis in die hellenistische Periode zurückreichten, wurden entdeckt. Ermutigt durch die Funde machte Elias Shama die Ruinen „seines" Badehaus pünktlich zum Jubeljahr der Öffentlichkeit zugänglich. Erst der Ausbruch der Zweiten Intifada im September 2000 setzte dem erhofften Besucherstrom ein jähes Ende.

Doch in den neun Monaten, in denen die Cactus-Gallery Treffpunkt für Gäste aus aller Welt war, knüpfte ihr stolzer Besitzer erste wichtige Kontakte und empfing wertvolle Hinweise, aus welcher Zeit sein Fund stammen könnte. So fielen einer Besucherin aus dem englischen Bath gleich die Parallelen zu den römischen Thermen in ihrer Heimatstadt auf. Ein anderer Besucher interessierte sich für die Tonröhren, die denen glichen, die in Pompeji und auf Zypern verwendet wurden. Auch das für römische Bäder typische *Frigidarium*, der Abkühlraum, sowie eine *Praefurnia*, die Heizkammer, konnten identifiziert werden. Es wurde Zeit, dass sich Experten der Anlage annahmen. Schließlich lud Elias Shama Archäologen ein, einen Blick auf die Ziegelgewölbe unter der Cactus-Gallery zu werfen.

Der erste, der dieser Einladung folgte, war Prof. Richard Freund, Leiter des *Maurice Greenberg*-Zentrums für Jüdische Studien an der *Hartford-University* in Connecticut. Der Amerikaner hatte in Fachkreisen Aufsehen erregt, als er am Toten Meer eine Höhle untersuchte, die während des Jüdischen Aufstandes als Versteck für Bronzegerät aus dem Jerusalemer Tempel diente und in der man ein halbes Jahrhundert später Briefe des Rebellenführers Simon Bar Kochba versteckte. Zudem koordinierte er zusammen mit Rami Arav die amerikanisch-israelischen Ausgrabungen in Betsaida an der Nordküste des Sees Gennesaret, dem Geburtsort gleich mehrerer Apostel. Als Freund, selbst gläubiger Jude, die Cactus-Gallery verließ, war er überzeugt: „Wir haben es hier mit einem Badehaus aus der Zeit Jesu zu tun – und die Konsequenzen daraus für die Archäologie und unser Wissen über das Leben Jesu sind enorm."

Andere Archäologen folgten – und kamen zu anderen Urteilen. Tzvi Shacham vom Museum für Altertümer in Tel Aviv etwa ist überzeugt, dass Shamas Badehaus erst in der Kreuzritterzeit errichtet wurde. Drei Holzkohlenfragmente, die man 2003 mit Hilfe der Radiokarbonmethode (C14) untersuchte, stammten aus dem 14. Jahrhundert. Dass die Kreuzritter allenfalls bestehende Badehäuser benutzten, aber nicht ein einziges bauten, schien Shacham dabei vergessen zu haben.

Tatsächlich fand Freund sogar einen mittelalterlichen Pilgerbericht, der die Anlage erwähnt. Er stammt von Rabbi Moshe Bassola (1480–1560), einem hochgelehrten Juden aus Ancona in Italien, der noch im hohen Alter das Heilige Land besuchte. „Wir kamen von Kfar Kanna, erreichten am nächsten Tag Nazareth, wo der Jesus der Christen lebte", schrieb er in seinem Reisebericht von 1542, „die Bewohner erzählten mir, dass es dort ein heißes Badehaus gab, wo die Mutter Jesu einzutauchen pflegte." Die Rede war also nicht von einer *Mikwe*, einem jüdischen Reinigungsbad, deren Wasser nie erhitzt wurde, sondern von einem *Caldarium*, wie es Elias Shama entdeckt hatte.

Allerdings steht der Bericht des reisenden Rabbis ziemlich allein da. Nicht ein einziger der christlichen Pilger, die seit dem 4. Jahrhundert und bis in die Kreuzfahrerzeit Nazareth aufsuchten, erwähnt ein antikes Badehaus. Selbst wenn es zu diesem Zeitpunkt schon existiert hat, es war für sie offenbar ohne Bedeutung. Schließlich kann nahezu ausgeschlossen werden, dass Maria als fromme Jüdin eine Therme aufsuchte. Sie wird, wie viele ihrer eher konservativen Zeitgenossen, die griechisch-römische Badekultur für obszön gehalten haben. Selbst wenn Shamas Gewölbe aus dem 1. Jahrhundert stammen sollte, das „Bad Mariens" oder die „Therme Christi" war es ganz sicher nicht. Doch es ist möglich, dass es für römische Legionäre gebaut wurde.

Das aber würde bedeuten, dass alles, was wir bisher über Nazareth zu wissen glaubten, falsch ist. Das scheinbar entlegene Bergdorf war dann alles andere als eine ärmliche Hinterwäldlersiedlung in einer entlegenen Provinz am Rande des Imperiums, eine rückständige Idylle, fern von den Wirren ihrer Zeit. Mit einer Römertherme dieser Größe muss es Sitz einer Garnison gewesen sein, eines Lagers vielleicht, dessen Überreste irgendwo unter der modernen Araberstadt noch ihrer Entdeckung harren. Das hieße, dass Jesus auf Tuchfühlung mit der Besatzungsmacht aufwuchs, eine Erfahrung, die sich zweifellos auch in seiner Lehre widergespiegelt haben muss.

Doch noch ist das letzte Wort über das Badehaus unter der Cactus-Gallery nicht gesprochen. Um Klarheit über die Ausmaße der Anlage zu gewinnen, führte ein ganzes Team amerikanischer Wissenschaftler auf Anregung Freunds im Winter 2004/2005 Untersuchungen mit dem hochauflösenden Bodenradar (GPR) durch. Dabei werden Störungen in den oberen Schichten des Erdbodens – etwa Gebäudereste – durch Reflexion elektromagnetischer Strahlung gemessen. Das Ergebnis verdichtete das Rätsel: „Die Reflexionen, die unter dem jetzigen Boden des Cactus-Hauses gemessen wurden, könnten darauf hindeuten, dass das obere Badehaus auf den Überresten eines früheren Badehauses errichtet wurde, das noch enger auf das Wassersystem ausgerichtet war, das im benachbarten Marienbrunnen geortet und ausgegraben wurde." Selbst wenn sich das Cactus-Badehaus also etwa als Therme für byzantinische Pilger erweisen sollte, könnte es trotzdem einen älteren Vorläuferbau gegeben haben.

Leider fanden im Geburtsort Jesu bislang nur vereinzelte Ausgrabungen statt; zu dicht ist die 70.000-Einwohner-Stadt bebaut. Zeitweise bestritten einige Forscher, dass Nazareth zur Zeit Jesu überhaupt schon existierte. Tatsächlich wird das Bergdorf in keiner jüdischen Quelle aus dem 1. Jahrhundert erwähnt, auch nicht in den Büchern des jüdischen Geschichtsschreibers Flavius Josephus, der immerhin während des Jüdischen Aufstandes gegen die Römer ab 66 n. Chr. als Militärkommandant die Verteidigung Galiläas koordinierte. Doch die Nichtexistenz von Beweisen ist nicht automatisch ein Beweis für die Nichtexistenz. Schließlich schreibt Josephus, es habe 204 Städte und Dörfer in Galiläa gegeben, obwohl er gerade einmal 45 von ihnen mit Namen nennt. So besteht heute, nach Ausgrabungen im Bereich der Verkündigungskirche im Zentrum, des *Nazareth Village* im Osten sowie auf einem Freigelände im Westen der Stadt, kein Zweifel daran, dass Nazareth schon im 1. Jahrhundert v. Chr. ein ausschließlich von Juden bewohntes Dorf war (was natürlich die Nähe eines Römerlagers nicht ausschließt). Dass die Evangelisten es trotzdem als „Stadt" (griech.: *polis*) bezeichnen, lag nicht etwa daran, dass sie die Heimat des Erlösers aufwerten wollten. Der Grund war vielmehr, dass es im Hebräischen nur einen Begriff für ein selbständiges Gemeinwesen gab, nämlich 'ir, gleich, wie groß oder klein es war. So benutzte schon die *Septuaginta*, die erste griechische Bibelübersetzung aus dem 3. Jahrhundert v. Chr., ganz pauschal das Wort *polis* überall dort, wo im Urtext 'ir stand. Nazareth war zwar ein unbedeutender Flecken, doch gewiss autonom, so dass die Bezeichnung als „Stadt" nach jüdischem Verständnis zutraf.

Als die Juden im 13. Jahrhundert v. Chr. das Land eroberten, war Galiläa bereits dicht besiedelt und von mehreren kanaanitischen Stadtstaaten beherrscht. Hier ließen sich die Stämme Naftali und Sebulon nieder, umgeben von Issachaar, Ascher und Dan. König Salomo, so heißt es im Buch der Könige, teilte das Land in vier Verwaltungsprovinzen auf. Bei der Reichsteilung gehörte es zum Nordreich Israel, das 732 v. Chr. von den Assyrern unter König Tiglat-Pileser III. erobert wurde. Die meisten Israeliten wurden nach Assur verschleppt, Galiläa mit Megiddo als Hauptstadt zu einer assyrischen Provinz erklärt. Später stellten die Perser zwar das Südreich Juda als autonomen Staat wieder her und erlaubten den Juden, ihren Tempel neu zu errichten, doch Galiläa blieb unter ihrer Herrschaft.

Das Land muss damals nahezu entvölkert gewesen sein, so selten sind assyrische und persische Keramikfunde aus dieser Zeit. Selbst die fruchtbare Region rund um den See Gennesaret war damals nur dünn besiedelt, die wenigen verbliebenen Juden auch dort eine Minderheit. Zu Recht sprach der Prophet Jesaja damals vom „Galiläa der Heiden" (Jes 8,23). Das änderte sich erst, als Alexander der Große das Perserreich eroberte und ganz Vorderasien unter griechischen Einfluss geriet. Bei der Teilung seines Reiches unter den zu Erben erklärten Generälen fiel Galiläa zunächst General Ptolemaios zu, der von Ägypten aus regierte. Unter der Herrschaft seiner Nachfolger entstanden am Ostufer des Sees Gennesaret die griechisch geprägten Städte Gadara und Hippos, im Süden blühte Skythopolis (Beth She'an) wieder auf. Gut ein Jahrhundert später eroberten die Nachkommen des Generals Seleukos, dem Syrien übereignet worden war, das Land bis an die Grenze Ägyptens. Dem Seleukidenkönig Antiochos IV. (175–163 v. Chr.) bot der griechenfreundliche Jude Menelaos einen hohen Geldbetrag an, wenn er ihn als Hohepriester des Tempels in Jerusalem einsetzen würde. Der König nahm das Angebot an, doch die Juden weigerten sich, den neureichen Emporkömmling als geistliches Oberhaupt zu akzeptieren. Das wiederum verstand Antiochos IV. als offene Rebellion. Er ließ seine Truppen gegen Jerusalem marschieren, die Stadtmauern schleifen, den Tempelschatz beschlagnahmen. Um das rebellische Judentum vollends zu demütigen, weihte er den Tempel Jahwes dem griechischen Göttervater Zeus und ließ dort ein nach dem Glauben der Juden *unreines* Schwein opfern.

Doch mit dieser blasphemischen Provokation war er zu weit gegangen. Die Juden empörten sich über das „Greuel der Verwüstung" ihres Heiligtums und revoltierten. Anführer des Aufstandes war der greise Priester Mattathias aus der Sippe der Hasmonäer, gefolgt von seinen Söhnen, allen voran Judas, dessen Kampfname *Makkabäus*, „der Hammer", lautete. Hammerhart führten die Makkabäer einen regelrechten Guerillakrieg gegen die seleukidischen Besatzer und siegten durch eine geschickte Zermürbungstaktik. Am

25. Kislew 164 v. Chr. konnte der Tempel neu geweiht werden, ein Ereignis, dessen noch heute im jährlichen *Chanukka*-Fest gedacht wird. Doch damit gaben sich die Hasmonäer noch nicht zufrieden. Sie setzten die Kämpfe weitere 22 Jahre lang fort und spielten die Antiochos-Nachfolger so geschickt gegeneinander aus, dass Judäa schließlich 142 v. Chr. auch die nationale Autonomie gewann. Das damalige Oberhaupt der Sippe, Simon, erklärte sich daraufhin gleichermaßen zum „Oberhaupt der Zivilverwaltung" und Hohepriester. Seine Söhne sollten gar die Königskrone tragen und das Amt des Hohepriesters auf ihre Nachkommen vererben. Das aber ging vielen konservativen Juden zu weit. Immerhin war es ein klarer Verstoß gegen die Tradition, derzufolge der Hohepriester ein Nachkomme des Zadok sein musste, des ersten Hohenpriesters in Salomos Tempel. So sehr sie den Aufstand der Makkabäer und die Restauration des jüdischen Königtums begrüßt hatten, hier mussten sie sich von der neuen Dynastie entschieden distanzieren.

In den Jahren 104–103 v. Chr. eroberten die Hasmonäer Hyrkanus und Alexander Jannai auch Galiläa und begannen mit einer radikalen Rejudaisierung der neuen Provinz. Ihre Bewohner wurden vor die Wahl gestellt, durch Beschneidung zum Judentum zu konvertieren oder das Land zu verlassen. Zudem wurden jüdische Familien aus dem Süden und Rückkehrer aus dem persischen Exil in den neuen Gebieten angesiedelt.

Damals entstanden überall im galiläischen Bergland und rund um den See Gennesaret neue Städte und Dörfer, in denen oft nur ein einziger, freilich weit verzweigter Familienclan lebte. Zu diesem Zeitpunkt fand auch die Wiederbesiedelung des Dorfes *Nazara* = Nazareth statt. Sein Name ist von dem Wort „Spross" (hebr. *nezer*) abgeleitet. Das sagt wenig über seine Lage aus, doch sehr viel über seine Bewohner. Als Matthäus über die Wahl Nazareths als Wohnsitz Jesu schrieb, erklärte er: „Denn es sollte sich erfüllen, was durch die Propheten gesagt worden ist: Er wird Nazoräer genannt werden" (Mt 2,23). Generationen von Exegeten haben sich gefragt, auf welches Schriftwort sich das Zitat beziehen könnte, denn so, wie es der Evangelist wiedergibt, ist es in keinem Prophetenbuch zu finden. Tatsächlich aber heißt es bei Jesaja, ausgerechnet als er den Messias ankündigte: „Aus dem Baumstumpf Isais wächst ein Reis hervor, ein junger Trieb aus seinen Wurzeln bringt Frucht" (Jes 11,1). Da Isai der Vater des Königs David war, kann die Prophezeiung nur so gedeutet werden, dass auch der Messias ein „Reis" oder „Spross" (sprich, auf hebräisch: ein *nezer)* aus dem Hause Davids sein würde. Auch in den Schriften, die man bei Qumran am Toten Meer entdeckte, wird der Messias als „Spross der göttlichen Pflanzung" (so in 1QH 6,15; 8,6.13) bezeichnet. Mit dem Wort *nezer* waren zunächst alle Sprösslinge aus der Sippe der David-Nachkommen gemeint. Deutete also der Dorfname *Nazara* = „Sprossdorf" darauf hin, dass hier ein Davididen-Clan lebte? Gehörten einige der Gründer von Nazareth vielleicht zu den jüdischen Aristokraten, die im 6. Jahrhundert v. Chr. von König Nebukadnezar nach Babylon verschleppt worden waren und erst jetzt, im späten 2. Jahrhundert v. Chr., in ihre Heimat zurückkehrten? Vielleicht hatten die Makkabäer Angehörige der konkurrierenden Dynastie bewusst weit entfernt von Jerusalem angesiedelt, um sie vom politischen Tagesgeschäft fernzuhalten.

Dass Jesus „dem Fleisch nach geboren ist als Nachkomme Davids", ist ältestes christliches Überlieferungswissen; schon Paulus erinnert in seinem spätestens 57 n. Chr. verfassten Römerbrief (1,3) daran. Der Stammbaum des hl. Joseph, seines Adoptivvaters, ist bekannt. Wir finden ihn in zwei Variationen in den Evangelien des Matthäus und Lukas, was schon der Verfasser der ersten Kirchengeschichte, Eusebius von Caesarea (260–340), damit erklärt, dass Joseph nach dem frühen Tod seines Vaters Jakob von einem Verwandten namens Eli adoptiert wurde. Damit bekam er de jure einen zweiten Stammbaum, genau wie Jesus auch nur rein rechtlich zum „Sohn Josephs" wurde (Lukas 3,23: „Man hielt ihn für den Sohn Josephs"). Zu Maria erklärte der gewöhnlich gut informierte Patriarch Eutychius von Alexandria (10. Jh.), sich auf ältere Quellen berufend: „Ihr Vater war Joachim, der Sohn des Binthir von den Söhnen Davids (d.h. aus dem Hause Davids), dem Stamm des Königs, und ihre Mutter war Anna von den Töchtern Aarons vom Stamme Levi, dem Stamm der Priesterschaft." Auch Jesus, der seine Ablehnung in Nazareth „in seiner Heimat, bei seinen Verwandten und in seiner Familie" (Mk 6,4) gleichermaßen beklagte, scheint Heimat, Verwandte und Familie gleichgesetzt zu haben.

Tatsächlich berichtet uns der frühe christliche Schriftsteller Julius Africanus (170–240), der selbst aus Palästina stammt, dass die Blutsverwandten Jesu noch zu seiner Zeit in den benachbarten Dörfern Kochaba und Nazareth lebten und stolz ihre davidischen

Ahnentafeln und Stammbäume verwahrt hätten. Gleich zweimal, unter den Kaisern Domitian (81–96) und Trajan (98–117), mussten diese *Herrenverwandten* sich vor den Römern verantworten. Man fürchtete, sie könnten Anspruch auf den jüdischen Königsthron erheben und einen erneuten Aufstand gegen die Besatzer anführen. Zwei von ihnen schworen, sie würden nur ihr kleines Ackerland von 39 Morgen bewirtschafteten und zeigten zum Beweis die Schwielen an ihren Händen; sie wurden wieder freigelassen. Der dritte, immerhin der judenchristliche Bischof Symeon, einer der Vettern Jesu, wurde im Jahre 107 wegen seiner Abstammung von König David gekreuzigt. Man sah in ihm einen potentiellen Thronanwärter. Offenbar hielt sich die Tradition der Herrenverwandten (griech. *desposynoi)* noch bis ins 3. Jahrhundert, als ein gewisser Conon während der Christenverfolgung des Kaisers Decius im Jahre 250 hingerichtet wurde. Er hatte bei seinem Prozess erklärt: „Ich stamme aus der Stadt Nazareth in Galiläa, und ich bin ein Verwandter Christi, dem ich diene, wie es meine Vorväter getan haben."

Im frühen 1. Jahrhundert v. Chr. also begann die neuere Geschichte von Nazareth. Seine ersten Bewohner waren zwar Angehörige des davidischen Königshauses, doch sie waren arm. Jahrhundertelang hatten sie in der Verbannung gelebt, an den Wassern Babylons um das verlorene Zion getrauert. Die Kunde, dass wieder ein jüdisches Königreich entstand, hatte sie in die alte Heimat zurückgelockt. Dort teilten sie das Los fast aller Spätaussiedler: die Besitzlosigkeit. Doch das Judaisierungsprogramm der Makkabäer für Galiläa bot ihnen eine Chance. Das Land war noch dünn besiedelt, seine Parzellen wurden unter den Neuansiedlern jüdischen Glaubens verteilt. Zumindest konnten sie jetzt wieder ungehindert nach den Gesetzen der Tora leben, und auch das Ziel ihrer Sehnsucht, Jerusalem mit dem Tempel, war nur drei Tagesreisen entfernt. Viermal im Jahr, zu den großen Festen *Pessach, Schawuot* (Wochenfest) und *Sukkot* (Laubhüttenfest), meist im April, Mai und September, pilgerten sie in ihre heilige Stadt.

Archäologische Funde in Nazareth bezeugen, dass die Hochebene im 1. Jahrhundert v. Chr. nach einer jahrhundertelangen Vakanz neu besiedelt wurde. Die ältesten Öllampenfragmente, die man ausgrub, stammten von länglichen Lampen des hellenistischen Typs, der gebräuchlich war, bevor ein halbes Jahrhundert später König Herodes der Große das Land gründlich modernisierte.

Zudem war das antike Nazareth von 23 jüdischen Felsengräbern umgeben, von denen die frühesten aus dem 1. Jahrhundert v. Chr. stammen. Die meisten davon befinden sich heute auf dem Grundstück der Nazareth-Schwestern, wo zwischen 1889 und 1936 ein antiker Friedhof freigelegt wurde. Achtzehn der Grabhöhlen weisen sogenannte *kokhim* auf – „Schiebestollen", die der Zweitbestattung dienten. Diese Bestattungssitte ist seit dem 2. vorchristlichen Jahrhundert in Gebrauch. Zuerst wurde ein Toter, in Tücher gehüllt, auf eine Grabbank oder in ein Troggrab in der Hauptkammer des Grabes gelegt. War sein Leichnam verwest, packten seine Angehörigen die sterblichen Überreste in sogenannte *Ossuarien* (Knochentruhen): steinerne, rechteckige Gebeinurnen, die man in die *kokhim*-Stollen schob. Vier der Grabkammern von Nazareth waren mit Rollsteinen verschlossen, wie sie in Jerusalem seit der Zeit des Königs Herodes nachweisbar sind. Da Gräber nach jüdischer Sitte immer außerhalb einer Siedlung angelegt wurden, verrät ihre Lage uns etwas von der Größe des antiken Dorfes, dessen Ausläufer nur bis zur heutigen Verkündigungskirche reichten. Es kann höchstens 700 Meter lang und 220 Meter breit gewesen sein, mit großen Freiflächen zwischen den Häusern für Tierhaltung, Gartenbau und Produktion. Wahrscheinlich lebten nicht mehr als 300 bis 400 Menschen im Dorf Jesu.

Die Häuser, die sie bewohnten, waren schmucklos. Die Ausgräber fanden weder Dachziegel noch Steinfußböden, weder Mosaike noch Fresken aus der Zeit um Christi Geburt. Wie in den anderen galiläischen Dörfern, so bestanden auch hier die Gebäude aus größtenteils unbearbeiteten Feldsteinen, die einfach aufeinandergeschichtet und mit Ton oder Lehm bestrichen wurden. Der Fußboden war glattgetretenes Erdreich, als Dächer dienten hölzerne Querbalken, die dicke Lagen Stroh trugen. Oft genug wurden die Häuser vor einer der vielen natürlichen Höhlen in den Hängen von Nazareth gebaut, die als wohlklimatisierter Wohnraum dienten. Sie blieben selbst im heißen Sommer kühl, sie waren trocken und wärmend in den feuchtkalten Wintermonaten. Neben den Häusern schlug man tiefe Löcher in den weichen Kalkstein, die als Zisternen und Kornspeicher dienten. Zudem entdeckten die Archäologen steinerne Weinkeltern und Ölmühlen. Die Lage des Dorfes begünstigte den Anbau von Getreide, Oliven und Trauben. Um die Anbauflächen zu erweitern, wurden an den Hängen künstliche

Terrassen und Bewässerungssysteme angelegt. In turmartigen Kolumbarien züchtete man Tauben.

Es gibt eine Möglichkeit, in diese Zeit zu reisen. Am Hang vor dem Krankenhaus von Nazareth haben amerikanische Christen, koordiniert von der *University of the Holy Land*, das *Nazareth Village* errichtet, ein Museumsdorf, in dem das Leben zur Zeit Jesu nachgestellt wird. Man täte ihm Unrecht, von einem „christlichen Disneyland" zu sprechen, denn das Projekt hat mit Kitsch und Entertainment nichts zu tun. Im Gegenteil: Unter Anleitung sachkundiger Archäologen und Historiker wurde in liebevoller Kleinarbeit und mit größtmöglicher Authentizität ein jüdisches Dorf des 1. Jahrhunderts nachgebaut. Gut eingewiesene Akteure – meist Einheimische – tragen Gewänder dieser Zeit und demonstrieren das tägliche Leben jüdischer Bauern und Handwerker. Ihre Häuser und Werkzeuge sind auf der Grundlage archäologischer Funde nach antiken Fertigungsweisen sorgfältig rekonstruiert worden. So vermittelt ein Besuch im *Nazareth Village* einen guten Einblick in die Welt, in der Jesus einst aufwuchs und an die er sich zuerst mit seiner Botschaft richtete.

Doch bevor 1998 mit dem Bau des *Nazareth Village* begonnen wurde, ließ der Trägerverein des Projektes den Bauplatz archäologisch untersuchen. Dabei stellte sich heraus, dass der terrassierte Abhang schon in neutestamentlicher Zeit landwirtschaftlich genutzt wurde. Hier wurde Wein angebaut, wie ein ausgeklügeltes Bewässerungssystem und eine frührömische Weinpresse verraten. Doch als der spektakulärste Fund erwiesen sich die Überreste dreier Wachtürme. Späthellenistische und frührömische Scherben ermöglichten eine Datierung in die Zeit Jesu. In seinem Gleichnis von den Bösen Winzern bezog sich der Nazarener auf einen so gut befestigten und bewachten Weinberg:

„Ein Mann legte einen Weinberg an, zog ringsherum einen Zaun, hob eine Kelter aus und baute einen Turm. Dann verpachtete er den Weinberg an Winzer und reiste in ein anderes Land ..." (Mk 12,1).

Erst die Ausgrabungen haben gezeigt, dass Jesus in diesem Gleichnis auf Bilder aus seiner eigenen Heimat und Umwelt zurückgriff.

Mittelpunkt des Dorfes war natürlich sein Brunnen – eben jene „Marienquelle", die noch heute sprudelt. Während der Marienbrunnen in späterer Zeit vorverlegt wurde und sich heute mitten auf dem Dorfplatz befindet, haben die Griechen über dem ursprünglichen, antiken Brunnen direkt vor der Quelle ihre St. Gabrielskirche errichtet. Für sie ist er der Ort der ersten Erscheinung des Engels, der Verkündigung an Maria.

Diese Tradition geht zurück auf ein geheimnisvolles Buch, das wohl im 2. Jahrhundert n. Chr. entstand. Es nannte sich *Geburt Mariens – Offenbarung des Jakobus,* ist aber heute allgemein unter dem Titel *Protevangelium des Jakobus* bekannt. Sein Autor, so heißt es, sei der gleichnamige Herrenbruder, was der Schrift zumindest bei den Ostkirchen hohe Autorität verlieh. Immerhin gehen auch im Westen Feste wie Mariä Empfängnis, Mariä Geburt sowie die Verehrung der Eltern Mariens, Joachim und Anna, auf dieses „Vorevangelium" zurück, das viele Informationen enthält, die man bei Lukas vermisst. Wurde es von der kritischen Forschung des 19. und frühen 20. Jahrhunderts zunächst abgelehnt, schlägt das Pendel mittlerweile wieder zu seinen Gunsten aus. Hielt man einige Sitten und Gebräuche, die es beschreibt, damals noch für „völlig unjüdisch" und „deutliche Hinweise auf einen mit dem Judentum nicht vertrauten Verfasser", zeigte sich durch die Auswertung der Schriftrollen vom Toten Meer, dass dem gerade nicht so war. So stellte einer der besten Kenner der christlichen Archäologie, der verstorbene Benediktinerpater Bargil Pixner (1921–2002), schließlich fest, es sei doch „nicht ausgeschlossen, dass manches darin tatsächlich auf Überlieferungen der Jesus-Familie zurückgeht".

Maria, so heißt es dort, sei als Mädchen schon von ihren Eltern für den Tempeldienst bestimmt worden und habe sich ganz Gott geweiht. Ihr Onkel Zacharias, ein Tempelpriester, habe sie kurz vor seinem Tod dem Witwer Joseph anvertraut, der sie in seine Obhut nahm. Während sie im Auftrag des Hohenpriesters an dem Vorhang für das Allerheiligste des Tempels spann, ließ er sie in seinem Haus zurück. Er zog währenddessen in die Ferne, um seinem Beruf nachzugehen, wörtlich: „um mein Häuserbauen zu besorgen". Eines Tages nahm die gerade einmal Zwölf- oder Dreizehnjährige „den Wasserkrug und ging hinaus, um ihn mit Wasser zu füllen". Als sie am Brunnen von Nazareth angekommen war

„sprach eine Stimme zu ihr: Gegrüßet seist du, Gnadenreiche! Der Herr ist mir dir, du Gebenedeite unter den Weibern! Und sie schaute sich zur Rechten und zur Linken um, woher diese Stimme komme. Sie war voller Angst und ging in ihr Haus. Sie stellte den Wasserkrug zur Seite, nahm den Purpur wieder, setzte sich auf den Sessel und spann den Purpur. Da stand der Engel des Herrn vor ihr und sprach: Fürchte dich nicht, Maria, denn du hast Gnade gefunden vor dem Angesicht des Herrn, und du wirst schwanger werden von meinem Wort."

Doch auch ohne das *Protevangelium* wäre der Brunnen von Nazareth ein heiliger Ort. Es steht außer Frage, dass Maria hier täglich Wasser geholt hat. Dass sich hier die Jugend des Dorfes traf, die Kinder spielten – unter ihnen Jesus. Und dass hier, als sein öffentliches Wirken längst begonnen hatte, die neuesten Geschichten von seinen Wundern erzählt wurden. Trotzdem wurde er erst 670 in einem antiken Pilgerbericht erwähnt. Damals besuchte der gallische Bischof Arkulf Nazareth und beschrieb auch eine Kirche, in der man der Erscheinung des Engels gedachte. Deren Krypta, so erzählte er seinem Biografen Adamnan, „enthält eine sehr klare Quelle, welche die ganze Einwohnerschaft besucht, um aus ihr Wasser zu schöpfen. Das Wasser wird durch eine Winde in Gefäßen die Kirche heraufgezogen, die darüber erbaut ist." Der Bischof glaubte sogar, dass Jesus in dem Gewölbe über dem Brunnen aufgezogen worden sei. Spätere Pilger pflichteten ihm bei und zeigen uns, wie sehr sich die lokalen Traditionen überlagerten.

So stand die Brunnenkirche bald in direkter Konkurrenz mit der Kirche über der Verkündigungsgrotte, was konfessionelle Rivalitäten – die eine gehört den orthodoxen Griechen, die andere den katholischen Franziskanern – noch deutlicher hervortreten ließ; zeitweise nannten sich beide Gotteshäuser gleichzeitig „Verkündigungskirche" und buhlten wie zwei feindliche Brüder um die Gunst der Pilger. Dabei gehören der Brunnen und das Haus einfach zusammen. Beide sind authentische Stätten des Wunders von Nazareth, der Empfängnis einer Jungfrau, die bedingungslos „Ja" sagte zur Menschwerdung Gottes.

Wir steigen hinab in das uralte Gewölbe, vorbei an Pilgerinnen aus Russland, die jetzt in Scharen in das Heilige Land reisen und inbrünstig die aufgestellten Ikonen verehren. Wie sie füllen wir eine Flasche mit dem Wasser der Marienquelle, zünden eine Kerze an. Unser Weg nach draußen ist derselbe Weg, den einst

Maria ging, verwirrt, erstaunt, überwältigt und von Angst erfüllt. Wir lassen den Wagen stehen und gehen das Stück zu Fuß: vorbei an dem neuzeitlichen Marienbrunnen, quer über den Platz in die schmale Al-Bishara-Straße. Wir können unser Ziel nicht verfehlen, es ist unübersehbar.

Die römisch-katholische Verkündigungskirche ist heute das Wahrzeichen von Nazareth, schon weil sie die gesamte Altstadt überragt. Sie wurde zwischen 1960 und 1969 nach Plänen des Mailänder Architekten Giovanni Muzio erbaut und symbolisiert den umgekehrten Kelch einer Lilie, der Blume also, die seit jeher für Reinheit und Jungfräulichkeit steht. Sie sollte eine kleinere barocke Kirche aus dem 17. Jahrhundert ersetzen, die baufällig geworden war. Doch bevor sie mit den Bauarbeiten begannen, ließen die Franziskaner das Gelände ausgiebig archäologisch untersuchen. Die Grabungen standen unter Leitung des gelehrten Franziskaner-archäologen Fr. Bellarmine Bagatti, der ihre Ergebnisse sauber dokumentierte und anschließend international publizierte.

Zunächst stießen Bagatti und seine Helfer auf beeindruckende Zeugnisse antiker Landwirtschaft. Das Gebiet zwischen der St. Joseph-Kirche und der Verkündigungbasilika war durchzogen von einem Netzwerk unterirdischer Lagerräume. Zudem legten sie drei Silos, eine Zisterne, eine Ölpresse, eine Weinkelter, einen Backofen sowie die Fundamente mehrerer Wohnhäuser frei. Scherbenfunde belegen die Nutzung schon in herodianischer Zeit, also zwischen 37 v. Chr. und 44 n. Chr. Dass sie auf keine erkennbaren Spuren einer antiken Schreinerwerkstatt stießen, braucht nicht zu verwundern. Schließlich wird der hl. Joseph in den Evangelien als *tekton* bezeichnet, was sowohl „Zimmermann" als auch „Baumeister" bedeuten kann. Der Archi*tekt* leitet seine Berufsbezeichnung von diesem griechischen Wort ab, er ist der „Oberbaumeister". Als *tekton* zimmerte Josef gewiss auch landwirtschaftliches Gerät, Pflüge etwa und Joche, an erster Stelle aber baute er Häuser. Das schließt nicht aus, dass er nebenbei noch eine kleine Landwirtschaft betrieb, wie der archäologische Befund andeutet. Viel interessanter dagegen ist das Taufbecken, das dazwischen freigelegt wurde. Es hat sein exaktes Gegenstück unter der Verkündigungskirche. Die Form der beiden quadratischen Gruben, die Stufen, die zu ihnen hinabführen, deuten darauf hin, dass sie ursprünglich frommen Juden als *Mikwen* oder *Mikwaoth*, als kultische Reinigungsbäder dienten. Vielleicht im 2., spätestens aber im frühen 3. Jahrhundert wurden sie dann umgestaltet. Man fügte in beiden Fällen Stufen hinzu, bis es sieben waren, die in das Becken hinabführten. Zudem verputzte man sie neu, und in den noch feuchten Putz wurden Zeichen eingeritzt – ein Kreuz mit drei Punkten, kleine Boote, ein Fischernetz, eine Pflanze. Es scheinen Symbole einer ganz besonderen Gruppe früher Christen gewesen zu sein, nämlich der Judenchristen.

Die sieben Stufen hatten für sie eine ganz besondere Bedeutung. Dem Kirchenvater Irenäus von Lyon (135–202) zufolge glaubten die Judenchristen, dass das Wort Gottes vom siebten Himmel herabsteigen und die Seele zu Gott in den siebten Himmel aufsteigen würde. „Tapfer schreitet ihr dann über den Jordan und steigt durch die sieben Himmel hinauf in das verheißene Land. Nachdem ihr von dessen Milch und Honig gekostet habt, empfangt ihr die Salbung der Geisttaufe", zitiert Bischof Kyrill von Jerusalem (315–386) ihre Taufformel. Befand sich also auf dem Gelände der heutigen Verkündigungskirche ein judenchristliches Heiligtum, das vielleicht sogar von direkten Nachkommen Jesu unterhalten wurde?

Wie so oft ist auch hier die Archäologie auf zeitgenössische Quellen angewiesen, um ihre Funde zu deuten. An Nazareth fällt auf, dass es in den frühesten Berichten christlicher Heiligland-Pilger eher stiefmütterlich behandelt wurde. Als die hl. Paula 386 als Pilgerin nach Galiläa kam, „durcheilte sie in schneller Reise Nazareth, die Stadt des Wachstums unseres Herrn, Kana und Kafarnaum", heißt es in ihrer Vita. Warum die Eile? Die Antwort liefert uns der hl. Hieronymus, der sie begleitete. Er schrieb, dass „die Nazarethaner weder Juden noch Christen" seien, weil sie „mit jenen die Lebensgewohnheiten und mit uns den Glauben gemeinsam" hätten.

Ähnliches lesen wir in einem Bericht, den der in Palästina geborene Bischof von Salamis auf Zypern, Epiphanius, um 360 verfasste. Darin erzählt er die Geschichte von Joseph von Tiberias (286–356), dem Abkömmling eines jüdischen Priestergeschlechts, der sich zum Christentum bekehrte. Als ihn der römische Kaiser Konstantin der Große zum Grafen ernannte, bat er um Erlaubnis, in Galiläa Kirchen errichten zu dürfen. Das Privileg wurde ihm gewährt, und Joseph, der offenbar über beträchtliche Geldmittel verfügte, machte sich ans Werk. Bislang, so hatte er unter Bedauern festgestellt, „konnte dort noch niemand Kirchen bauen, da unter ihnen weder ein Grieche noch ein Samariter noch ein Christ wohnt. Das gilt besonders für Tiberias, Diocaesarea, das man auch Sepphoris nennt, Nazareth und Kafarnaum. Denn sie achten streng darauf, dass kein Fremder unter ihnen wohnt." Mit „ihnen" waren natürlich die Galiläer gemeint, die sich offenbar als Juden verstanden, während mit „Christen" offenbar Heidenchristen gemeint waren.

Zweihundert Jahre später, um 570, besuchte ein Pilger aus Piacenza in Norditalien die Heimatstadt Jesu und berichtete Erstaunliches: „Dann kamen wir in die Stadt Nazareth, in der viele Wunder geschehen ... Die hebräischen Frauen haben in jener Stadt ein so angenehmes Wesen, dass schönere unter den Hebräerinnen des Landes nicht gefunden werden, und sie sagen, dass ihnen dies von der heiligen Maria verliehen sei; sie sagen, sie sei ihre Verwandte gewesen, und während die Hebräer keine Liebe zu den Christen haben, sind sie aller Liebe voll."

Nach wie vor lebten also in Nazareth noch Herrenverwandte, die sich durch ihre „Liebe zu den Christen" und ihre besondere Verehrung der Gottesmutter doch deutlich von den Juden und Jüdinnen in anderen Teilen des Landes unterschieden. Ihre „Liebe zu den Christen" und ihre Verehrung der Gottesmutter verrät, dass sie Judenchristen waren. Damit gehörten sie zur ältesten Kirche des Christentums, der *Kirche aus der Beschneidung,* von der sich die *Kirche aus den Heidenvölkern* einst trennte. Der erste Schritt dahin war der Beschluß des *Apostelkonzils* von Jerusalem 48 n. Chr., dass sich Heiden fortan auch ohne den „Umweg" über das Judentum zu Christus bekennen konnten. Er öffnete das Tor zur Weltmission; das Evangelium war noch attraktiver ohne die umständlichen Regeln und Vorschriften der Tora, vor allem aber ohne die schmerzhafte und – in Zeiten mangelhafter Hygiene – oft nicht ungefährliche Beschneidung. So gründete Paulus von Tarsus, dem die Leitung der Heidenmission übergetragen wurde, in den nächsten 15 Jahren Gemeinden in einigen der wichtigsten Städte des Römischen Reiches, in Troas und Philippi, Thessaloniki und Korinth, Ephesus und Rom. Die Urgemeinde in Jerusalem unter Leitung des Herrenbruders oder Jesus-Cousins Jakobus dagegen blieb im Judentum tief verwurzelt. Sie brach allerdings endgültig mit dem jüdischen Establishment, als Jakobus 63 gesteinigt wurde und Petrus nach Rom floh. Statt sich am Jüdischen Aufstand gegen die Römer zu beteiligen, ging die Urgemeinde unter Leitung ihres neuen Bischofs Symeon, eines weiteren Cousins Jesu, nach Pella in der Dekapolis. Nach der Zerstörung Jerusalems durch Titus siedelte sie sich auf dem Zionsberg an und errichtete inmitten der Ruinen eine judenchristliche Synagoge, deren Grundmauern heute noch stehen. Der Kontakt zu den Heidenchristen, die jetzt in Rom ihr neues Zentrum hatten, brach zu diesem Zeitpunkt ab. In der Hauptstadt war man stolz auf das Erbe Petri, des Apostelfürsten, und interessierte sich wenig für die Flüchtlingsgemeinde in der Unruheprovinz. Zudem ging es um die Anerkennung der neuen Religion. In Zeiten, in denen das Imperium Krieg gegen die Juden führte, war es unklug, sich zum mosaischen Glauben zu bekennen. Die Folge war eine allmähliche Entfremdung, gefolgt von stetig wachsendem Misstrauen. Nur ein Jahrhundert später listete der Kirchenvater Irenäus von Lyon eine Gruppe von Judenchristen – er nannte sie *Ebioniten* (von hebr. *Ebjonim*, Arme) – in seinem Verzeichnis frühchristlicher Ketzer auf. Ein anderer Kirchenvater, Tertullian, bezeichnete die Judenchristen als *Nazoräer,* was auf einen starken Bezug zum Heimatdorf Jesu hindeutet. Von jeher hießen die Christen bei den Juden *Nozrim,* benannt nach *Jeshua ha-Nozri,* Jesus von Nazareth. Doch in dem Bergdorf lebten auch traditionelle Juden. Der Midrash *Kerevoth* (Hymnen), eine jüdische Schrift aus dem 3. Jahrhundert, nennt es als Heimat der Priesterfamilie der Hofzaz oder Happizzez (1 Chron. 24,15). Auch auf einer Inschrift, die 1962 bei Ausgrabungen in der Provinzhauptstadt Caesarea Maritima entdeckt wurde und die wohl aus dem späten 3. oder frühen 4. Jahrhundert stammt, wird Nazareth *(Nazara)* als Wohnsitz dieser Priestersippe genannt. Nach der Niederschlagung des Bar-Kochba-Aufstandes 135 n. Chr. hatten sich die 24 traditionellen Priesterfamilien (oder „Priesterklassen", hebr. *mishmarot)* in Galiläa angesiedelt, und sie war eine davon. Das setzt das Bestehen nicht nur einer judenchristlichen, sondern auch einer streng mosaischen Synagoge in Nazareth voraus. Vielleicht gingen sich die unterschiedlichen Gemeinden aus dem Weg, vielleicht war ein nahezu harmonisches Zusammenleben zu diesem Zeitpunkt sogar möglich. Die Geschichte des jüdischen und judenchristlichen Nazareth endete jedenfalls erst, als die Juden einen entscheidenden

Fehler machten. Beim Einfall der Perser im Jahre 614 unterstützten sie die Invasoren, erhofften sich von ihnen Befreiung von der Herrschaft und der Steuerlast der Byzantiner. Gemeinsam mit den Persern zerstörten sie Kirchen und Klöster, töteten zahllose Christen. Doch die Perserherrschaft war nur von kurzer Dauer. Sie endete 628, als der byzantinische Kaiser Herakleios den Perserkönig Chosrau II. vor seiner Hauptstadt Ktesiphon besiegte. Als der Kaiser ein Jahr später ins Heilige Land kam, wurde er von den Christen euphorisch gefeiert. An den Juden aber wurde grausame Rache genommen. Wer nicht getötet wurde, wurde aus dem Land vertrieben. Das galt auch für Nazareth. Elf Jahre später übernahmen die muslimischen Araber die leerstehende Synagoge von Nazareth und bauten sie zur Moschee um. Und die Judenchristen? Sie verschwanden fortan aus der Geschichte. Es ist anzunehmen, dass sie unter dem Druck der Byzantiner zur Orthodoxie konvertierten.

In Nazareth jedenfalls garantierten bis dahin judenchristliche Herrenverwandte eine Kontinuität der Tradition. Wie stark diese ist, das begreife ich erst beim Besuch der Verkündigungsbasilika. Wir verlassen schnell den modernen Oberbau mit seinen gigantischen Mosaiken und bunten Glasfenstern und steigen eine Treppe hinunter in die Krypta. Hier, unter einem modernen Betongerippe, umstrahlt von zwölf Lampen, die an den Sternenkranz der Jungfrau in der Offenbarung des Johannes erinnern, befinden sich die Überreste von Heiligtümern aus 2000 Jahren Geschichte.

In ihrem Zentrum, unter einem hölzernen Baldachin, strahlend und doch geheimnisvoll, öffnet sich die Verkündigungsgrotte wie ein Fenster zum Anbeginn der Heilsgeschichte. Gemäuer und Säulen verraten, dass sie nicht das erste Mal von einem Schrein umschlossen wurde. Als die Archäologen unter Leitung Pater Bagattis hier den Spaten ansetzten, stießen sie auf uralte Fundamente. Vor einer zweiten Höhle zur Linken der Verkündigungsgrotte, in der das Grab des Märtyrers und Herrenverwandten Conon vermutet wird, stießen sie auf ein uraltes Mosaik, geschmückt mit Kreuzen. Es muss vor dem Jahr 427 entstanden sein, als ein kaiserliches Edikt die Darstellung des Kreuzes auf Bodenmosaiken verbot; das Zeichen des Heils sollte nicht mit Füßen getreten werden! Eine griechische Inschrift enthüllt, dass es einst von einem „Conon, Diakon von Jerusalem" zur Verehrung seines Namenspatrons gestiftet wurde. Es war wohl Teil des Bodens einer byzantinischen Basilika aus dem späten 4. oder frühen 5. Jahrhundert, deren halbrunde, nach Osten hin ausgerichtete Apsis man bei den Grabungen entdeckte. Ebenfalls zur byzantinischen Anlage gehörte ein Mosaik des gleichen Stils außerhalb der Kirchenanlage, die wohl ein angrenzendes byzantinisches Kloster schmückte. Als die Archäologen dieses Mosaik vorsichtig abhoben, um tiefer graben zu können, machten sie eine spektakuläre Entdeckung. Der Boden darunter war aufgefüllt mit Säulen, Kapitellen und Verzierungen, wie sie typisch für galiläische Synagogen des 2. und 3. Jahrhunderts sind. Man zählte 80 verschiedene Architekturelemente. Sie müssen von einem Vorläuferbau stammen, den die byzantinische Kirche ersetzte. Dabei kann es sich nur um eine judenchristliche Synagoge gehandelt haben, zu der offenbar auch die beiden Taufmikwen sowie eine Quermauer gegenüber der Verkündigungsgrotte gehörten. Diese Fragmente waren über und über mit Graffiti entdeckt, die verraten, wer hier verehrt wurde: „Unter der heiligen Stätte M.s" lautete eine griechische Ritzinschrift, eine andere „XE MARIA", was die Archäologen als *Chaire Maria,* „Sei gegrüßt, Maria!", deuteten. Sie wird in das 3. Jahrhundert datiert und wäre damit die älteste Anrufung der heiligen Jungfrau überhaupt. Ähnlich wie die Graffiti der Seitenmauer des Petrusgrabes in Rom (siehe Hesemann, *Der erste Papst,* 2003) belegt sie, dass Maria schon verehrt wurde, bevor ihr das Konzil von Ephesus 431 ganz offiziell den Titel der *Theotokos,* der „Gottesgebärerin" oder Gottesmutter, verlieh. Sogar Reliquien von ihr könnte man in Nazareth verwahrt und verehrt haben, wie der Pilger aus Piacenza (um 570) berichtet: „Das Haus der heiligen Maria ist eine Kirche, und von ihren Kleidern hat man dort viele wohltätige Einflüsse."

Das Haus selbst, das der Pilger erwähnt und über dem offenbar die erste Kirche an dieser Stelle errichtet wurde, ist dagegen verschwunden. Dabei ist die Verkündigungsgrotte an sich viel zu weit geöffnet, um allein als Behausung gedient zu haben. Sie kann nur eine Funktion erfüllt haben, wenn (wie bei allen Grottenwohnungen) auch ein Haus vor ihrem Eingang stand. Tatsächlich berichten Pilger, wie Arkulf um 670, dass dort „jenes Haus erbaut war, in das der Erzengel zur seligen Maria eintrat". Johannes Phokas, ein griechischer Mönch von der Insel Patmos, der die Verkündigungskirche zwischen 1177 und 1185 besuchte, beschrieb es sogar ganz genau. Auf der linken Seite der mittelalterlichen Verkündigungskirche, so schreibt er, „etwa beim Altar, ist eine Krypta, welche sich nicht gegen die Tiefe des Bodens öffnet, sondern wie eben erscheint. Und wenn man eingetreten ist durch diesen Eingang in die Krypta, so steigt man einige Stufen hinab und dann sieht man dieses einstige Haus des Joseph, in welchem ... der Erzengel (Maria) begrüßte." Doch dieses Haus des Joseph und der Maria, obwohl seit den Tagen des Antoninus bis zur Pilgerfahrt des hl. Franziskus von Assisi 1219 (der Ordensgründer war eigens nach Nazareth gekommen, „um das Haus zu verehren, in welchem das Wort Fleisch geworden ist") immer wieder beschrieben, ist heute verschwunden. So klafft vor der Verkündigungsgrotte eine unerklärliche Lücke; nicht einmal Mosaiken verzieren den heiligen Boden.

Die Lösung dieses Rätsels findet sich vielleicht 2230 Kilometer nordwestlich von Nazareth, auf einem mit Lorbeerbäumen bewachsenen Hügel in den italienischen Marken. Schon wenn man sich ihm von weitem nähert, etwa auf der Autobahn von Ancona nach Pescara, erkennt man auf seinem Rücken eine hoch in den Himmel ragende Kuppel. Sie gehört zu einem Dom, mächtig wie eine Kathedrale, der hier irgendwie deplaziert wirkt. Denn er steht nicht im Zentrum einer Stadt, sondern mitten im Nirgendwo. Ein paar Häuser haben sich um ihn geschart, deren Bewohner offenbar vom Pilgerverkehr leben, ansonsten ist er von Feldern und Wiesen umgeben. Die nächste Großstadt, Ancona, liegt immerhin 25 Kilometer weit entfernt von diesem Flecken, der sich nach seinen Lorbeerbäumen Loreto nennt.

Der Grund, weshalb hier trotzdem der wichtigste Marien-Pilgerort des mittelalterlichen und frühneuzeitlichen Europas entstand, war ein vermeintliches Wunder. Nachdem die Muslime 1291 die Kreuzritter aus dem Heiligen Land vertrieben, so heißt es, hätten Engel das Haus Mariens drei Jahre später von Nazareth nach Loreto gebracht. Einen Zwischenstopp in Kroatien soll es damals auch noch eingelegt haben. Seit seiner Ankunft in Italien glaubten die Menschen, dass das Heilige Haus und die schwarze Madonna, die man in ihm fand, Wunder wirken. So bauten sie die Kathedrale mit der mächtigen Marmorkuppel als größten Reliquienschrein der Welt. Das Heilige Haus selbst wurde nach einem Entwurf von Bramante in einen Marmorschrein eingefasst.

Seither haben 55 Päpste, zuletzt Benedikt XVI. im September 2007, dem Heiligen Haus ihre Reverenz erwiesen. „Unter allen der

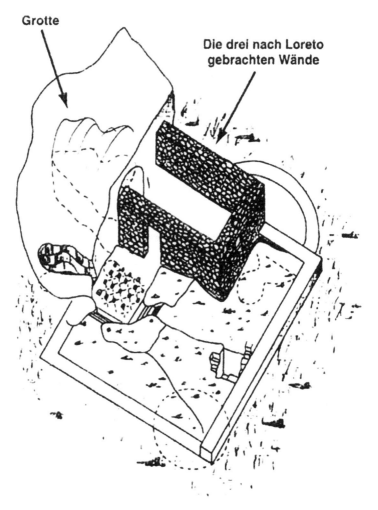

Grotte

Die drei nach Loreto gebrachten Wände

Das Heilige Haus von Loreto vor der Verkündigungsgrotte von Nazareth

Mutter Gottes und unbefleckten Jungfrau geweihten Tempeln gibt es einen, der die erste Stelle einnimmt und in einem unvergleichlichen Glanze leuchtet. Das ... Haus von Loreto, durch die göttlichen Geheimnisse geweiht, durch unzählige Wunder verherrlicht ... ist mit Recht der Gegenstand der Verehrung aller Völker und Geschlechter", schrieb der sel. Papst Pius IX. im August 1852. Acht Jahre später beauftragte er den römischen Prälaten und Gelehrten Bartolini mit einer Untersuchung. Bartolini besorgte sich Steine und Mörtelproben vom Heiligen Haus und von der Verkündigungsgrotte in Nazareth, vor der noch immer ein Fundament lag. Dann ließ er beide Proben durch den Geologen Prof. Ratti analysieren. Das Ergebnis: Mörtel und Steine aus Loreto und Nazareth waren identisch.

Tatsächlich ist das Heilige Haus ein Phänomen. Archäologische Untersuchungen aus den 1960er Jahren belegen, dass es kein Fundament hat, sondern mitten auf einer mittelalterlichen Straße steht. Zwischen den Steinen fand man fünf Stoffkreuze, wie sie die Teilnehmer der Kreuzzüge an ihre Kleidung hefteten. Hatten sie ihr Ziel sicher erreicht, pflegten sie diese an einer der heiligen Stätten als Votivgabe zu hinterlassen. In die Wände sind zwischen Ziegeln Steine eingemauert, die eindeutig nicht aus Norditalien stammen. Einige sind unbehauen, andere weisen Spuren einer oberflächlichen Bearbeitung auf, wie sie bei den arabischen Nabatäern üblich war und auch im Heiligen Land Nachahmer fand. Aus solchen Steinen bestanden auch die Häuser in den Dörfern Galiläas. In manche sind Graffiti geritzt, die ihr Gegenstück in den Graffiti der Verkündigungsgrotte von Nazareth haben. Eine dieser krakeligen Inschriften – sie lautet „O Jesus Christus, Sohn Gottes" – besteht aus griechischen und zwei hebräischen Buchstaben (einem *lamed* und einem *waw*). Sie scheint noch von einem Judenchristen zu stammen. Eine erneute geologische Untersuchung, deren Ergebnisse der Autor Giorgio Nicolini im April 2006 in seinem Buch *Die historische Wahrheit hinter der wunderbaren Übertragung des Heiligen Hauses von Nazareth nach Loreto* veröffentlichte, beseitigte alle Zweifel. Die Steine in der Verkündigungsgrotte von Nazareth wiesen dieselbe geologische Struktur auf wie die Steine im Altarbereich des Heiligen Hauses. Damit stammt es zumindest in Teilen aus Nazareth. Was auch schwer zu bezweifeln ist, denn es passt perfekt in die Lücke vor der Verkündigungsgrotte.

Nur die schöne Legende, das Heilige Haus sei von Engeln quasi auf dem Luftweg nach Italien gebracht worden, erwies sich als historisches Missverständnis. Schon 1900 fand der päpstliche Archivar Giuseppe Lapponi des Rätsels Lösung im Geheimarchiv des Vatikans. Trotzdem dauerte es bis 1985, dass die von ihm entdeckte

Urkunde aus dem 13. Jahrhundert auch wissenschaftlich publiziert wurde. Danach retteten keine Engel, sondern Mitglieder der Familie der *Angeloi* die Steine des Heiligen Hauses.

1263 war der blutrünstige und völlig skrupellose Mamelucken-Sultan Baibars über Nazareth hergefallen und hatte die Kreuzfahrerbasilika restlos zerstört. Alle Christen wurden getötet oder in die Sklaverei verschleppt. Erst 1620 sorgten die Franziskaner wieder für eine dauerhafte christliche Präsenz in Nazareth. Als 1291 in Akkon die letzte christliche Bastion, der Hafen der Kreuzfahrer, fiel, stand fest, dass das Heilige Land verloren war. In diesem Jahr brachten die Angeloi, Nachkommen des byzantinischen Kaisergeschlechtes der Komnenen, auf irgendeine uns unbekannte Weise die Steine des Heiligen Hauses in ihren Besitz. Vielleicht schickten sie ein gut getarntes Bergungskommando nach Nazareth, vielleicht beauftragten sie muslimische Händler mit der Beschaffung, vielleicht spielten sie diplomatische Beziehungen aus. Oberhaupt der Familie war damals Nikephoros Angelos, Despot von Epirus an der griechischen Westküste. Als seine Tochter Thamar im September 1294 Philipp von Tarent, Sohn des Königs von Neapel, heiratete, wurde ihre großzügige Mitgift in der besagten Urkunde festgehalten. Darunter befanden sich, wie es ausdrücklich heißt, „die heiligen Steine, weggetragen aus dem Haus Unserer Lieben Frau, der Jungfrau und Mutter Gottes". Tatsächlich hatte man bei Ausgrabungen unter dem Heiligen Haus in Loreto auch zwei Münzen von Philipps Vasallen, Guy II. de la Roche, dem Herzog von Athen, entdeckt. Guy II. gehörte das Land, auf dem sich das Heiligtum heute befindet. Seine Mutter Helena Angelina war die Tochter von Johannes Angelos, dem Herzog von Neopatras und Bruder des Despoten von Epirus. Die Reliquien blieben also in der Familie.

So wird in drei Kirchen der Verkündigung Mariens gedacht, am Brunnen und in der Grotte von Nazareth ebenso wie auf den grünen Hügeln Italiens, im Galiläa an der Adria. Die Worte des Engels mögen ein leises Flüstern gewesen sein, doch Marias *Fiat* klang im ganzen Weltkreis nach!

II. JENSEITS VON BETHLEHEM

EIN GRAB FÜR DEN KÖNIG DER JUDEN

Ehud Netzer hatte einen Traum. Fünfunddreißig Jahre lang verlor er ihn nicht aus den Augen, trotzte er allen Widerständen, bis er endlich am Ziel war. Dann wurde der Tag seines größten Triumphes zugleich zu dem seiner herbsten Enttäuschung. Und doch war ihm etwas gelungen, was ihn auf ewig in die Annalen der Archäologie einschreiben wird: Er hatte das Grab eines der größten Schurken der Weltgeschichte entdeckt.

Dabei ist Ehud Netzer alles andere als ein Abenteurer oder Schatzsucher, auch wenn der Hut, den er in der brennenden Sonne der judäischen Wüste zu tragen pflegt, ein klein wenig an Indiana Jones erinnert. Im Gegenteil: In Israel gilt der heute 75jährige studierte Architekt und promovierte Archäologe mit Lehrstuhl an der Hebräischen Universität in Jerusalem als weltweit führende Kapazität für hasmonäische und herodianische Palastbauten. Als Architekt hatte er maßgeblich an der Erneuerung des Jüdischen Viertels in der Altstadt von Jerusalem mitgewirkt, als Archäologe war er an den Ausgrabungen des legendären Yigael Yadin – er gilt als einer der Väter der israelischen Archäologie – in Hatzor und Masada beteiligt. Dort, auf dem Schicksalsberg des jüdischen Volkes, der heute eine Art Nationalheiligtum ist, hatte er 1963 mit 29 Jahren eine Begegnung, die sein Leben verändern sollte.

Der Mann, der ihm nichtsahnend seine Lebensaufgabe stellte, war ein italienischer Mönch. Pater Virgilio Corbo war einer der großen Franziskanerarchäologen, die im Auftrag der *Custodia Terra Santa* und des *Studium Biblicum Franciscanum* die Stätten des Neuen Testaments untersuchten. Der Pater war nach Masada gekommen, um sich ein Bild von der Arbeit seiner israelischen Kollegen zu machen, doch er fand niemanden, der ihm wirklich weiterhelfen konnte. Keiner der Israelis vom Grabungsteam sprach Italienisch, und Pater Corbo beherrschte leider keine Fremdsprachen. Doch Netzer hatte auf diversen Italienreisen zumindest ein paar Brocken der Sprache aufgeschnappt, und so erklärte er sich bereit, den wissbegierigen Franziskaner durch die Ausgrabung zu führen, in der Hoffnung, sich ihm radebrechend und notfalls unter Einsatz von Händen und Füßen verständlich zu machen. Das gelang ziemlich gut, und während die beiden Männer das Felsenplateau der Herodes-Festung durchstreiften, begann Pater Corbo, von seinem eigenen Ausgrabungsprojekt zu erzählen. Er hatte den Spaten in der Nähe von Bethlehem angesetzt, wo auf einem künstlich erhöhten Hügel die monumentalste aller Festungen des biblischen Bösewichts stand, das *Herodium*.

Als er den Namen der Herodes-Burg vernahm, verspürte Ehud Netzer wieder diese tiefe innere Sehnsucht, die ihn sein Leben lang begleitet hatte. Zu diesem Zeitpunkt aber war ihr Ziel noch in unerreichbarer Ferne, nicht näher als der Mond oder das sagenhafte Atlantis. Oft genug war der junge Ehud nach Ramat Rahel südlich von Jerusalem gefahren, um das Herodium zumindest durchs Fernrohr zu sehen, und selbst aus dieser Entfernung war die Ruine noch atemberaubend schön. Doch es gab für ihn als Israeli keine Möglichkeit, einfach so hinzufahren. Bethlehem lag damals auf jordanischem Gebiet, die Staaten waren verfeindet. So nahm er jedes Wort aus dem Mund des Paters begierig in sich auf, erfüllt von der traurigen Gewissheit, das Beschriebene nie mit eigenen Augen sehen zu können.

Der Sechstagekrieg 1967 änderte das schlagartig. Sobald die Grenzbefestigungen gefallen waren, setzte Ehud Netzer sich ins Auto, fuhr über staubige Wüstenstraßen, kletterte den steilen Hügel empor – und war überwältigt von der Grandiosität der antiken Anlage. Dann stieß er auf die Franziskanerarchäologen, die gerade ihre Sachen zusammenpackten. Ihre Grabungserlaubnis, erteilt von der Jordanischen Altertümerverwaltung, galt jetzt nicht mehr. Es sollte fünf Jahre dauern, bis endlich israelische Kollegen ihre Arbeit fortsetzten. Ihr Grabungsleiter sollte schließlich Ehud Netzer werden.

Es war Yigael Yadin, sein Lehrer, der ihn zum Herodium schickte, ihm empfahl, die Burg zum Thema seiner Dissertation zu machen. In den nächsten Monaten studierte Netzer gründlich die Grabungsberichte seiner Vorgänger und alle verfügbaren antiken und mittelalterlichen Quellen zur Geschichte der Burg, dann griff er 1972 selbst zum Spaten.

Die wichtigste antike Quelle, die von der Geschichte dieser Anlage berichtet, sind die Schriften des jüdischen Historikers Flavius Josephus. Ihnen entnehmen wir, wie der Ort zum Schicksalsberg des biblischen Schurken wurde.

Die Geschichte des Königs Herodes begann mit einem erneuten Machtwechsel im Heiligen Land. Nach dem Tod Alexander Jannais, des Hasmonäerkönigs, der für die Judaisierung Galiläas verantwortlich war, stritten seine Söhne Aristobulos und Hyrkanos fast zwei Jahrzehnte lang um den Thron. Dann machten beide den fatalen Fehler, den römischen Feldherrn Pompejus um Schlichtung zu bitten. Der nutzte die Situation, um das ganze Königreich unter seine Kontrolle zu bringen. Kurzerhand setzte er den schwachen und romhörigen Hyrkanos auf den Thron, marschierte ins Land ein und zog gegen Jerusalem. Nach dreimonatiger Belagerung stürmte er 63 v. Chr. den Tempel, in dem sich Aristobulos und seine Anhänger verschanzt hatten. Es kam zum Blutbad, 12.000 Juden wurden getötet, der Hasmonäer gefangengenommen. Doch noch mehr erschütterte die Juden, dass Pompejus in das Allerheiligste des Tempels eindrang. Damit beging er in ihren Augen einen himmelschreienden Frevel; nur dem Hohenpriester und gewiss keinem Heiden war es erlaubt, Gottes irdische Heimstatt zu betreten.

Was unter solchen Vorzeichen begann, musste böse enden. Judäa hatte seine Autonomie verloren, war fortan den Römern tributpflichtig. Hyrkanos durfte sich nicht mehr König nennen, sondern war jetzt Hohepriester und Ethnarch, während sein idumäischer Landpfleger Antipatros im Auftrag Roms sein ehemaliges Königreich verwaltete. Dieser nutzte seine neue Machtposition geschickt zum Aufbau einer eigenen Dynastie. Er teilte das Land in fünf Provinzen auf und setzte seine Söhne Phasael und Herodes als Gouverneure ein. Doch sein Machtstreben und seine enge Bindung an Rom missfielen vielen Juden, die ihn schlichtweg für einen potentiellen Usurpator hielten, obwohl er sich nach außen hin loyal zu Hyrkanos verhielt. Schließlich fiel Antipatros einer Verschwörung zum Opfer; er wurde 43 v. Chr. in Jerusalem bei einem Festessen vergiftet. Der tatkräftige Herodes strebte jetzt die Position seines Vaters an. Als er ein Jahr später die Hasmonäerprinzessin Mariamne heiratete, schien die Macht in greifbarer Nähe. Doch er hatte nicht mit Antigonos, dem Sohn des Aristobulos gerechnet. Der hatte sich mit den Parthern verbündet, um das

Judenreich aus den Händen seines Onkels und der Römer zu befreien. Unterstützt durch das persische Heer eroberte er 40 v. Chr. mit einem Handstreich Jerusalem, tötete Hyrkanos und Phasael und setzte sich kurzerhand die Krone auf. Nur Herodes gelang es, bei Nacht und Nebel mitsamt seiner kleinen Privatarmee, seiner Mutter Kypros, seiner Frau und seiner Dienerschaft zu fliehen. Als kurz hinter Bethlehem der Wagen seiner Mutter von einem ausgeglittenen Maultier einen Abhang hinuntergerissen wurde, sah er schon alles verloren. Er wollte sich gerade in sein Schwert stürzen, als seine Mutter aus der Bewusstlosigkeit erwachte. In diesem Augenblick schöpfte er neue Kraft und war bereit, sich seinen Verfolgern zu stellen und sie vernichtend zu schlagen. So gelangte er wohlbehalten zunächst nach Ägypten und dann nach Rom, wo ihm der Senat den Titel des Königs der Juden verlieh und ihn an die Spitze eines Heeres stellte, das den abtrünnigen Vasallenstaat zurückerobern sollte. Die Stelle aber, die zum Wendepunkt seines Lebens geworden war, hatte er sich gemerkt; dort baute er später als König seine sicherste und auch deshalb bevorzugte Residenz, das Herodium.

Die Palast-Burg wurde auf einem natürlichen Hügel errichtet, der, so Josephus, „in seiner Gestalt Ähnlichkeit mit einer weiblichen Brust aufweist". Ihm setzte der König eine Krone aus zwei kreisrunden, konzentrischen Mauern und vier Türmen auf. Der Turm im Osten überragte alle anderen. In seinem Untergeschoss befand sich eine Zisterne, ganz oben wohnte der König. Hier wehte auch mitten in der Wüste stets ein kühlender Wind, von hier aus reichte der Blick über die imposante Landschaft bis zu den grünen Hügeln von Jerusalem in die eine, bis zum Smaragdblau des Toten Meeres und dem leichten Violett der Berge von Moab in die andere Richtung. Als die Burg stand, ließ Herodes den Hügel künstlich aufschütten, bis das Erdreich an den fünften Stock reichte. Jetzt sah er aus wie ein Vulkan, aus dessen Krater eine Festung ragte. Der steile Abhang, der ihre Mauern nun umgab, ließ sie praktisch uneinnehmbar werden. Betreten ließ sich die Anlage nur auf einem Weg – über eine steile Treppe von 170 Metern Länge, von denen die letzten 70 Meter durch einen Tunnel führten.

Zu Fuß des Burghügels aber entstand eine kleine Stadt von opulentem Luxus wie eine Oase inmitten der Wüste. Hier setzte Ehud Netzer zuerst seinen Spaten an. Der Architekt unter den Archäologen war dabei, das Meisterwerk des größten Architekten unter den Königen des Altertums freizulegen.

Im Mittelpunkt der Anlage entdeckte er die Überreste eines Schwimmbads von 70 Metern Länge, 45 Metern Breite und einst drei Metern Tiefe. Herodes war als ausdauernder und leidenschaftlicher Schwimmer bekannt. Inmitten des Beckens befand sich eine kleine Insel, auf der ein Pavillon stand und die nur schwimmend oder mit einem Boot erreicht werden konnte. Der ganze Pool war von einem parkartigen Garten mit üppiger Vegetation umgeben. Sein Wasser wurde über einen eigens zu diesem Zweck erbauten Aquädukt aus der fünf Kilometer entfernten Quelle von Urtas zugeleitet. *Dschebel el Fureidis*, „Berg des kleinen Paradieses" nannten die Araber jahrhundertelang die Ruinen des Herodiums, was nicht im geringsten übertrieben war. Der König hatte sich hier am Rande der Wüste einen Paradiesgarten geschaffen, der allen zeigen sollte, wie seine Macht und sein Reichtum der Natur trotzten.

Um seinem Schwimmbad näher zu sein, baute Herodes gleich noch einen zweiten, natürlich viel größeren und prachtvolleren Palast zu Füßen des Burgberges. Zu seinen Füßen lag eine 350 Meter lange und 30 Meter breite Bahn, die an den Circus Maximus in Rom erinnert, doch für eine Wagenrennbahn war sie zu schmal. Lange rätselte Netzer, was ihr Zweck gewesen sein könnte. Die gesamte Anlage, die er freilegen konnte, erstreckte sich über eine Fläche von 180.000 Quadratmetern. Es gab nur zwei antike Herrscherresidenzen, die das Herodium an Größe übertrafen, nämlich das Goldene Haus des Nero in Rom und die Villa Adriana des Hadrian bei Tivoli. Das eine wurde 80, die andere 150 Jahre später errichtet, ihre Erbauer waren römische Kaiser und damit die mächtigsten Herrscher der antiken Welt. Unter den zeitgenössischen Residenzen, gleich ob in Rom oder Ktesiphon, konnte es keine mit der Palastburg des Herodes aufnehmen.

Doch sie reichte ihm nicht. Nach seinem Sieg über seine Gegner überzog Herodes das ganze Land mit einem Netz monumentaler Bauten, die seinen Untertanen und der Welt zeigen sollten, dass er mehr war als ein illegitimer Marionettenkönig von Roms Gnaden. Er wollte als der größte aller jüdischen Könige in die Geschichte eingehen, selbst Salomon in seiner Pracht in den Schatten stellen.

Zuerst einmal sorgte er dafür, dass er nach seinen Maßstäben angemessen residieren konnte. So errichtete er eine ganze Reihe ebenso opulenter wie stark befestigter Palastbauten nicht nur bei Bethlehem, sondern auch auf der Terrasse von Masada, in Jericho und in Jerusalem. Sie sind der Schlüssel zur Seele des ebenso größenwahnsinnigen wie paranoiden Tyrannen. „So umgab er das ganze Volk mit Festungen, damit es nicht nach Belieben Unruhen erregen konnte ... und damit der Aufruhr, falls er dennoch zum Ausbruch kommen sollte, gleich bemerkt und im Keime erstickt würde", heißt es bei Flavius Josephus.

Dann gründete er zwei Städte, die er beide nach dem Kaiser Augustus benannte, um seine Treue zu Rom zu demonstrieren, nämlich Caesarea am Mittelmeer und Sebaste im Herzen Samarias *(Sebastos* war die griechische Übersetzung von *Augustus,* „der Erhabene"). Caesarea war sein Tor zur Welt, was damals soviel bedeutete wie: nach Rom. Da die Stadt über keine eigene Wasserquelle verfügte, ließ er kurzerhand einen mächtigen Aquädukt bauen, der ihr Wasser von den zehn Kilometer entfernten Hängen des Karmel zuleitete. Dann legte er den ersten künstlichen Hafen der antiken Welt an mit Wellenbrechern, die 500 Meter weit ins offene Meer reichten; er wurde zu einem der größten des Mittelmeerraumes. Seinen Anlegeplatz überragte auf einer künstlichen Plattform der 30 Meter hohe Tempel des Augustus und der Roma, der die Skyline von Caesarea dominierte. Er war des Herodes steingewordene Garantie für seine unumstößliche Loyalität zum Kaiser. Die Stadt wurde zum Mikrokosmos römischer Lebensart. Streng nach den Regeln römischer Stadtplanung angelegt, mit einer Nord-Süd-Achse, dem *cardo,* und einer West-Ost-Achse, dem *decumanus,* verfügte sie als erste des Landes über ein Amphitheater und eine 470 Meter lange Wagenrennbahn, die direkt vor dem Palast des Herodes endete. Der wiederum lag, spektakulär wie alle Bauten des Königs, auf einer felsigen Landzunge, umpeitscht von den Wogen der See. Seinen exquisiten Abschluss bildete ein rechteckiger Pool, in dem Herodes, auf drei Seiten vom Meer umgeben, in Süßwasser schwimmen konnte. Seit den 1960er Jahren kommen jeden Sommer israelische, italienische oder amerikanische Archäologenteams nach Caesarea, um eine der erfolgreichsten Stadtgründungen der Antike zu erforschen. Doch erst zu Ende der 1990er Jahre legten sie den opulenten Herodespalast mit seinen prächtigen Mosaik-Fußböden frei. Heute sind die Ruinen der antiken Metropole eine der wichtigsten Touristenattraktionen Israels. Sie ist mit Vorsicht zu genießen, denn ihre Parkplätze sind nicht bewacht. Wir waren nicht die ersten Besucher, deren Wagen aufgebrochen und ausgeraubt wurde, während wir das Ausgrabungsgelände besuchten.

Herodes' Meisterstück jedoch wurde Jerusalem, seine Hauptstadt. Gleich nach seinem Sieg über Antigonos hatte er auch hier eine Festung ausgebaut, in der er sich sicherer fühlte als im Palast der Hasmonäer. *Bira* oder *Baris* hieß die alte Burg, die auf einem Felsplateau nördlich des Tempelbergs errichtet war. Sie war rechteckig und aus ihr ragten, wie aus dem Herodium, drei kleinere und ein größerer Turm empor. Als er ihren Ausbau beendet hatte, nannte er sie nach seinem Freund Mark Anton in *Antonia* um. Als nächstes ließ Herodes die alte Stadtmauer verstärken. Der Stadtteil im Norden, der bislang unbefestigt war, wurde von einer zweiten Mauer umgeben. Im Westen aber, dort, wo Jerusalem am verwundbarsten war, entstand ein Bollwerk mit drei mächtigen Türmen, von denen der höchste die Ausmaße eines 14stöckigen Hochhauses hatte. Im Schatten dieser Festung, auf dem höchsten Punkt der Stadt, errichtete er seinen neuen Palast.

Bei der Schilderung der luxuriösesten aller Herodes-Residenzen gerät auch Flavius Josephus ins Schwärmen: „Seine prunkvolle Ausstattung spottete jeder Beschreibung und stellte alles bislang Dagewesene in den Schatten", schrieb er in seinem Buch über den *Jüdischen Krieg*,

„er hatte kolossale Speisesäle mit Ruhepolster für hunderte von Gästen. Ohnegleichen war die Mannigfaltigkeit der seltenen, aus aller Herren Länder herbeigeschafften und hier verwendeten Steine, und die Saaldecken bildeten hinsichtlich der Länge der Balken und Pracht der Verzierung wahre Wunderwerke. Gemächer hatte der Palast jede Menge und in tausendfacher Abwechslung der Formen, alle vollständig eingerichtet, die meisten Zimmergeräte von Silber und Gold, ferner eine große Anzahl ineinander verschlungener kreisförmiger Galerien, jede mit verschiedener Anordnung der Säulen. Die unter freiem Himmel liegenden Teile des Palastes prangten überall im Grünen. Da gab es vielgestaltete Parkanlagen mit langen, sie durchschneidenden Spazierwegen; nahe dabei tiefe Wasserbecken, und an vielen Stellen Teiche mit zahlreichen ehernen Kunstwerken, durch welche das Wasser ausströmte; an den künstlichen Seen eine Menge Türmchen für zahme Tauben.

Doch es ist nicht möglich, diesen herrlichen Palast in allen seine Einzelheiten gebührend zu schildern ...“

Um so tragischer, dass nichts außer den Fundamenten seiner Mauern und des Palasttores von diesem Wunderwerk herodianischer Architektur erhalten blieb. Doch nachdem er die Paläste von Jericho und Herodium studieren konnte, wusste Ehud Netzer, dass Flavius Josephus auch hier nicht übertrieben hatte.

Nur eine Frage blieb für den Archäologen jahrzehntelang offen – die nach dem Grab des Königs. Es musste, so viel wusste er, irgendwo beim Herodium gelegen haben, seinem Schicksalsberg, wo er, wie er in seinem Testament festlegte, auf seinen Ewigen Richter warten wollte. Immer wieder las der Israeli in den *Jüdischen Altertümern* des Josephus, der die Trauerfeier des Herodes so anschaulich beschreibt, als sei er selbst als Augenzeuge dabeigewesen:

„Herodes wurde auf einem goldenen, mit vielen und kostbaren Edelsteinen verzierten Tragbett zu Grabe getragen, dessen Decke von Purpur glänzte, und auch der Leichnam selbst war mit dem Königspurpur bekleidet. Auf dem Haupte ruhte ein Diadem mit überragender Krone von Gold, und die Rechte hielt das Zepter. Das Tragbett umgaben des Königs Söhne und die große Menge seiner Verwandten, an welche sich die nach Völkerschaften abgeteilten und mit deren Namen bezeichneten Soldaten anschlossen, und zwar in folgender Ordnung: Zuerst schritt die Leibwache einher, dann folgten der Reihe nach die Thraker, Germanen und Gallier, alle in voller Rüstung, und hieran schlossen sich die übrigen Krieger mit ihren Führern und Hauptleuten, wie zur Schlacht gerüstet. Den Schluss bildeten fünfhundert Diener, welche Spezereien trugen. So bewegte sich der Zug ... bis nach Herodium, wo der König seinem Befehle gemäß beigesetzt wurde.“

So pompös wie Josephus den Leichenzug schilderte, so opulent, wie Herodes gelebt hatte, so muss auch sein Grab gewesen sein. Doch wo lag es? In den 35 Jahren, die Ehud Netzer, immer wieder durch andere Projekte unterbrochen, das Herodium erforschte, wurde dieses Grab allmählich für ihn zu einer fixen Idee, zu seinem Lebenstraum, zum Ziel seines Sehnens und Strebens. Jahrzehntelang war er fest davon überzeugt, dass es irgendwo zu Füßen der Burg, inmitten des ausgedehnten Palastgeländes gelegen haben musste. War vielleicht die lange, schmale Bahn zu ihren Füßen der Weg, den der Leichenzug einst nahm? Tatsächlich schien sich seine Vermutung zu bestätigen, als er 1978 am Ende der Strecke auf die Fassade eines Monumentalbaus stieß. Doch so gründlich er auch suchte, so tief er auch grub, er fand dort kein Grab. 1999 schließlich veröffentlichte er ein Standardwerk über *Die Paläste der Hasmonäer und Herodes' des Großen,* das eigentlich sein wissenschaftliches Vermächtnis sein sollte. Er war jetzt 65 und reif für den Ruhestand. Resignierend versuchte er die These zu verteidigen, der Monumentalbau müsse einfach das Grab sein, weil er nichts Besseres gefunden hatte. Kollegen, die das Grab eher auf dem Burgberg vermuteten, erteilte er eine klare Absage. Das sei völlig ausgeschlossen, konterte er, denn ein Jude hätte sich nie so nah an einer bewohnten Anlage bestatten lassen.

Doch im August 2006 ließ sich Netzer endlich von seinen Kollegen Yaakov Kalman und Roi Porath überzeugen, an der Ostflanke des Burghügels, zu Füßen des mächtigen Ostturms, zu graben. Hier hatten schon 1983 amerikanische Geophysiker mit dem Bodenradar einen Hohlraum geortet; eine Entdeckung, die bislang von Netzer als „irrelevant" und „interpretationsbedürftig" zurückgewiesen wurde. Bald musste er zugeben, damals vorschnell geurteilt zu haben. Zunächst stieß sein Team auf die Überreste eines gigantischen Theaters, das Herodes am Hang seiner Burg anlegen ließ, als er 15 v. Chr. seinen Freund Markus Agrippa aus Rom hier empfing. Daneben, zur Treppe hin, befand sich eine Plattform. Langsam begriff Netzer, dass auf ihr das Mausoleum des biblischen Königs gestanden haben muss. Er hatte all die Jahre einfach am falschen Ende des Prozessionsweges gesucht. Der Monumentalbau war nicht sein Ende, sondern sein Anfang. Dann führte der Weg des Leichenzuges über die 350 Meter lange Promenade direkt zu der Monumentaltreppe, dem Aufgang zum Herodion. Auf halber Höhe zweigte er nach links ab zum Mausoleum, das damit immer noch den von der Tora verlangten Abstand von 25 Metern zum Bergpalast einhielt.

Eher aus Neugierde legte Porath eines Tages den Eingang zu einer mit Stützmauern versperrten Zisterne frei. Gleich dahinter stieß er auf ein Bruchstück aus rötlichem Sandstein, das mit Ornamenten in feinster Steinmetzarbeit verziert war. Als er es zu Netzer brachte, begannen die Augen des betagten Archäologen zu leuchten und seine Hände zu zittern. Der Nestor der Herodesforschung wusste sofort, dass es sich nur um ein Fragment vom Sarkophag des jüdischen Königs handeln konnte. Die Ähnlichkeit mit anderen Steinsärgen, die man in Jerusalem gefunden hatte, war unübersehbar. Nur dieses Stück war, so Netzer, „schöner und größer als alles, was wir bislang aus dieser Periode kannten."

Je weiter sie gruben, je mehr Teile des Königssarkophags kamen zum Vorschein. Bald reichten sie aus, um sein Erscheinungsbild am Computer zu rekonstruieren. Mit einer Länge von 2,40 Metern, gekrönt von einem reich dekorierten Giebeldach, verziert mit fünf Rosetten an jeder Seite, war er tatsächlich eines Herodes würdig. Auf einer Pressekonferenz am 7. Mai 2007 gab Netzer den Fund seines Lebens der Weltöffentlichkeit bekannt – und musste gleichzeitig kapitulieren. Denn keinen Schatz, nicht einmal eine Inschrift hatte er nach 35jähriger Suche gefunden. Bloß ein paar freilich ziemlich dekorative Steinbrocken ließen erahnen, wie vergänglich der Glanz der Welt doch ist.

Dabei zeugen die Fragmente weniger von der pompösen Selbstdarstellung des Tyrannen als von seiner Unbeliebtheit beim Volk. Denn nicht Grabräuber hatten sein Mausoleum geplündert, sondern Juden, die auf ihre Weise Rache an ihm nahmen. „Die Wut der Aufständischen gegen König Herodes konnten wir richtig spüren", erklärte Roi Porath auf der Pressekonferenz, „wir sahen die Spuren der Hammerschläge, mit denen mutwillig das prächtige Grabmal in tausend Stücke zerschlagen wurde."

Gründe für diese Wut gab es genug. Denn auch Flavius Josephus macht keinen Hehl daraus, dass eine Blutspur das Leben des Herodes durchzog. Er hatte zehn Frauen und mindestens zehn Söhne, doch er traute niemandem, am wenigsten den Mitgliedern seiner Familie. Auf Drängen seiner zweiten Frau, der Hasmonäerin Mariamne, machte er ihren 16jährigen Schwager Aristobulos zum Hohenpriester. Doch kaum hatte der beim Laubhüttenfest 36 v. Chr. seinen ersten öffentlichen Auftritt, da wurde er von den gallischen Dienern des Königs im Schwimmbad ertränkt. Mariamne folgte ihm sieben Jahre später in den Tod. Ihre Söhne wurden 7 v. Chr. des Hochverrats beschuldigt und hingerichtet, ebenso 300 Offiziere, die der Komplizenschaft angeklagt waren. Fortan galt jeder,

der mit ihnen in Kontakt gekommen war, als ebenfalls verdächtig. „War etwa Herodes so hart, grausam und herrschsüchtig, dass er niemand neben sich dulden und nur seinen Willen durchsetzen wollte?" fragt Flavius Josephus und liefert die Antwort in seinen *Jüdischen Altertümern*:

> „Es war, als hätte Raserei den Hof befallen, so wüteten die gegeneinander, welche früher die besten Freunde gewesen waren. Weder Verteidigung noch Widerlegung zur Aufdeckung der Wahrheit wurden gestattet, sondern ohne jedes Verhör wurde die Todesstrafe verhängt ... Herodes selbst aber verzehrte sich in Bitterkeit, und die beständigen Intrigen sowie sein Misstrauen gegen jedermann ließen ihn von der Zukunft nichts Gutes erwarten. Oft bildete er sich ein, sein Sohn komme auf ihn zu und stehe mit gezücktem Schwerte vor ihm, und da ähnliche Vorstellungen ihn Tag und Nacht verfolgten, war er dem Wahnsinn und der Tobsucht nahe. So stand es mit Herodes."

Nur vier Tage vor seinem Tod ließ er noch seinen ältesten Sohn Antipatros töten. „Es ist besser, Herodes' Schwein zu sein als sein Sohn", kommentierte der römische Kaiser Augustus angewidert die Brutalität seines Vasallen.

Doch nicht nur der Hof, auch das Volk bekam zu spüren, dass der einst gleichermaßen bewunderte wie gefürchtete Herrscher allmählich dem Wahnsinn verfiel. Seine letzten drei Jahre wurden für die Juden zum Alptraum.

Als irgendwann zwischen 7 und 5 v. Chr. vom ganzen Volk ein Treueeid auf den Kaiser und den König verlangt wurde, weigerten sich 6000 Pharisäer, ihn zu leisten. Sie glaubten an eine Prophezeiung, dass „Herodes und dessen Nachkommenschaft ... durch Gottes Beschluss die Herrschaft verlieren" würden und hofften auf die Geburt eines Befreiers, des Messias. Sofort ließ der König die Rädelsführer des Pharisäer-Widerstandes sowie alle am Hof, die der Prophezeiung Glauben geschenkt hatten, hinrichten. Junge Pharisäer rächten sich, indem sie das Haupttor des Tempels stürmten, über dem Herodes einen goldenen Adler angebracht hatte, das Zeichen der Herrschaft Roms. Der Adler wurde heruntergerissen und in tausend Stücke zerschlagen. Herodes ließ die Randalierer festnehmen und lebendig verbrennen.

Noch auf dem Sterbebett, von schwerer Krankheit gezeichnet, setzte er ein „Zeichen seines blutdürstigen und durchaus verrohten Gemütes", wie Josephus es nicht ohne Bitterkeit kommentiert. Denn als er erfuhr, dass das Volk glaubte, Gott habe ihn „für seine Bosheit" mit seinem Leiden gestraft, schmiedete er einen geradezu monströsen Plan. „Ich weiß, dass die Juden meinen Tod wie ein Freudenfest feiern werden", zitiert ihn sein Biograph, er aber wollte, dass ihn das ganze Volk beweint. So befahl er den Vornehmen von ganz Israel, sich in der Wagenrennbahn seines Palastes in Jericho zu versammeln. Wer sich diesem Befehl widersetzte, wurde sofort hingerichtet. Alle, die gekommen waren – eine gewaltige Menschenmenge – ließ er von seinen Soldaten, meist gallischen und germanischen Söldnern, einschließen. Bodenschützen erhielten Befehl, die jüdischen Patrizier in einem Pfeilregen zu ermorden, sobald der König sein eigenes Leben aushauchte. Nur so würde es ihm gelingen, „das gesamte Volk in Trauer und Wehklage um die Teuersten zu versetzen, indem er aus jeder Familie ein Mitglied dem Tode geweiht wissen wollte", zitiert Josephus den perfiden Plan. Zum Glück kam es nie zu diesem Massenmord; die Familie des Herodes war nicht bereit, seinen letzten Befehl ausführen zu lassen. Die Prunkbestattung dagegen wurde ihm wie geplant gewährt.

So ruhte Herodes in seinem zehn mal zehn Meter großen Mausoleum am Nordosthang seiner Burg, den Blick nach Jerusalem gerichtet, bis das Volk, das ihn zu hassen gelernt hatte, über sein Grab herfiel und sich bitter rächte. In die Geschichte ging er ein; doch nicht, wie er es sich erhofft hatte, als größter König der Juden, sondern als schlimmstes Scheusal aller Zeiten, zumindest bis ihm ein Postkartenmaler aus Österreich auch diesen Rang streitig machte. Doch der Grund für seine Verachtung durch die Nachwelt war weder auf dem Herodium noch in Jerusalem zu suchen. Durch ein Ereignis, das sich irgendwo dazwischen, aber immer noch in Blickrichtung des Mausoleums zutrug, blieb Herodes auf ewig im Gedächtnis der Menschheit verhaftet: den Kindermord von Bethlehem.

III. WO DAS WORT GESCHICHTE WURDE

EINE GROTTE VOLLER GEHEIMNISSE

Der Weg von Jerusalem nach Bethlehem ist kurz; gut eine Viertelstunde brauchte man vom Jaffa-Tor aus mit dem Auto. Doch das war vor neun Jahren.

Heute teilt eine scheußliche Betonmauer das Land. Man sieht sie schon vom Zionsberg aus. Wie eine graue Schlange kriecht sie über die biblischen Hügel, um zu durchtrennen, was immer zusammengehörte. Das Zeitalter des Terrorismus, der Ausbruch der Zweiten Intifada im September 2000 ebenso wie der 11. September ein Jahr später, hat das Antlitz des Heiligen Landes drastisch verändert. Ich begleitete im März 2000 Papst Johannes Paul II. nach Israel, wir sind heute mit Benedikt XVI. unterwegs, und es macht mich traurig, wenn ich die Stimmung, die seinerzeit im Lande herrschte, mit der heutigen vergleiche. Damals lag Hoffnung in der Luft, jetzt ist es Angst. Daran ändert auch der Besuch des Friedensboten aus Rom wenig, im Gegenteil. Das verständliche Sicherheitsbedürfnis der Israelis nimmt zuweilen wahnhafte Züge an. Wir Journalisten bekommen das überdeutlich zu spüren. Es ist wenig geblieben von der einstigen Nonchalance dieses jungen Staates, vom Charme seiner Soldatinnen, die noch mit der *Uzi* unter dem Arm wie Models wirkten. Der Ton ist rauher geworden, die Lässigkeit dem kollektiven Misstrauen gewichen. Um vier Uhr früh soll der Bus mit den Journalisten das Pressezentrum verlassen. Wer später kommt, hat keine Chance mehr, den Checkpoint zu passieren, denn dann, so heißt es, schließt Israel die Mauer.

Wir ersparen uns die Prozedur und verfolgen den Besuch vom Pressezentrum aus, um erst am frühen Nachmittag, wenn die Security schon etwas laxer ist, die Geburtsstadt Jesu mit dem Auto anzusteuern. So fahren wir zwangsläufig diverse Umwege, an Absperrungen vorbei, immer die Worte im Kopf, die Benedikt XVI. an diesem 13. Mai 2009 auf dem Krippenplatz von Bethlehem sprach:

„Überall verbinden Menschen Bethlehem mit dieser Frohbotschaft von Wiedergeburt, Erneuerung, Licht und Freiheit. Und doch scheint die großartige Verheißung hier, mitten unter uns, so fern von ihrer Verwirklichung zu sein! Wie weit entfernt erscheint uns dieses Reich der großen Herrschaft und des Friedens, der Sicherheit, der Gerechtigkeit und des Rechts, das der Prophet Jesaja ... (Jes 9,6) verkündet hat und das wir mit dem Kommen Jesu Christi, dem Messias und König, als endgültig eingesetzt verkünden!"

Heute scheint es, als würde kein Ort der Welt des Friedens, den hier vor über 2000 Jahren die Engel verkündeten, so dringend bedürfen wie die Stadt Davids. Um das neuentdeckte Herodesgrab zu inspizieren, beschließen wir, zunächst zum Herodium zu fahren. Wie ein Adlerhorst hängt es in luftiger Höhe an der steilen Bergwand vor einem atemberaubenden Panorama. Ein lauer Wind trocknet meine Schweißperlen und lässt mich tief einatmen. Ich lasse meinen Blick schweifen über die Berge und Täler von Juda, über Weiden und Schafherden und Ölbaumplantagen, vereinzelte Häuser und ganze Dörfer, die Minarette von Moscheen und Satellitenschüsseln und erkenne irgendwann am Horizont, verschleiert vom staubigen Dunst der Wüste, das goldene Glänzen der Kuppel des Felsendoms, dort, wo einst der Tempel von Jerusalem stand. Sie liegt in weiter Ferne, abgetrennt durch eine Mauer, die das Land zerschneidet, ein Schnitt, der bis tief in die Herzen seiner Menschen reicht. Davor aber, am Hange eines Hügels und genau in der Blickrichtung des toten Königs, befindet sich Bethlehem. Dort wurde noch zu seinen Lebzeiten, nicht im Glanz eines Palastes, sondern im Halbdunkel einer Stallhöhle, der wahre *König der Juden,* der verheißene Messias, der Erlöser der Menschheit geboren. Sein Grab wurde auch zerschlagen, doch es wird heute noch von zwei Milliarden Menschen als Heiligtum verehrt. Es ist ebenfalls leer, doch aus einem anderen Grund. Der, der darin lag, ist auferstanden, seiner Herrschaft wird kein Ende sein. Nur ihm ist es zu verdanken, dass auch der Tyrann von Judäa den Menschen auf ewig in (freilich schlimmster) Erinnerung bleibt.

Tatsächlich ist die Ära des Herodes der erste historische Fixpunkt in der Biographie des Jesus von Nazareth. Seine Erwähnung in zwei der vier Evangelien zeigt, dass wir es bei Jesus eben nicht mit einem mythischen Gottessohn zu tun haben, der vielleicht irgendwann und irgendwo einmal im bewusst vagen „Es war einmal" der Märchen geboren wurde. Im Gegenteil: der Evangelist Matthäus stellt ganz explizit fest, dass „Jesus zur Zeit des Königs Herodes in Bethlehem in Judäa geboren worden war ..." (Mt 2,1), und auch sein Kollege Lukas datiert die von ihm geschilderten Ereignisse „zur Zeit des Herodes, des Königs von Judäa" (Lk 1,5). Der romtreue *König der Juden* regierte von 37 bis 4 v. Chr. Bei seinem Tod war, wie wir bei Matthäus lesen, Jesus noch ein Kind. So fällt seine Geburt in die letzten Jahre des Herodes, die seine grausamsten waren, wie wir von Flavius Josephus erfahren. Unsere Zeitrechnung, die *ab incarnatione Domini*, sprich: „seit der Geburt Christi", rechnet, kann also nicht richtig sein. Ganz offensichtlich hat sich der aus der Ukraine stammende Mönch Dionysius Exiguus, der 437 im Auftrag des Papstes die neue Zählung der Jahre einführte, um einiges verrechnet. Ein Jahr Null hat es ohnehin nie gegeben, denn auch in der Spätantike war die Null noch unbekannt; auf das Jahr 1 v. Chr. folgte unmittelbar das Jahr 1 n. Chr. Auch der Geburtstag Jesu, das Weihnachtsfest, wurde erst im 4. Jahrhundert auf den 25. Dezember gelegt, während viele Ostkirchen es am 6. Januar feierten, einige sogar, wie Clemens von Alexandria berichtet, am 21. April oder 20. Mai, und auch der 15. August war eine Zeitlang im Gespräch. Erst durch eine Revision der Daten ergibt sich wieder ein stimmiges Bild.

Seit 7 v. Chr. litt Herodes zunehmend unter Verfolgungswahn, wurde aus dem einst vielversprechenden und gewiss nicht unfähigen Herrscher ein blutrünstiger Tyrann, der an allen Ecken und Enden Verschwörer und Rivalen wähnte. Gleichzeitig lesen wir in den *Jüdischen Altertümern* von einem Treueeid „des ganzen jüdischen Volkes" auf „den Caesar (Augustus) und seinen König", den 6000 Pharisäer offen verweigerten. In der Schilderung folgt er fast unmittelbar auf die Ermordung der Herodes-Söhne, er muss also zwischen 7 und 5 v. Chr. geleistet worden sein. Dieser Eid ist insofern interessant, als er eine Lösung für eines der ganz großen Probleme der Leben-Jesu-Forschung bieten könnte, nämlich die Frage, auf welche „Volkszählung" sich Lukas bezogen hat, als er gleich zu Anfang seiner Weihnachtsgeschichte schrieb:

„In jenen Tagen erließ Kaiser Augustus den Befehl, alle Bewohner des Reiches in Steuerlisten einzutragen. Dies geschah zum ersten Mal; damals war Quirinius Statthalter von Syrien. Da ging jeder in seine Stadt, um sich eintragen zu lassen" (Lk 2,1–3).

Jeder von uns kennt diese Worte aus der Christmette am Heiligen Abend, doch sie sind bei aller Vertrautheit nicht ganz unproblematisch. Auf den ersten Blick begegnen wir einem Anachronismus, der die ganze historische Verankerung der Geburt Jesu erschüttern, vielleicht sogar zum Einsturz bringen könnte.

Gewiss, auch Flavius Josephus weiß von einer solchen Volkszählung, und auch Publius Sulpicius Quirinius ist als Statthalter von Syrien historisch bezeugt, allerdings für das Jahr 6 n. Chr. Da aber war Herodes schon zehn Jahre tot, und auch mit einer anderen Datierung aus dem Lukasevangelium ist 6 n. Chr. nicht vereinbar. Schließlich heißt es dort im nächsten Kapitel, dass Jesus „im fünfzehnten Jahr der Regierung des Kaisers Tiberius ... etwa dreißig Jahre alt" war (nämlich in Lk 3,1 und 3,23). Tiberius, der Stiefsohn und Nachfolger des Augustus, wurde im Jahr 13 von Augustus zum gleichberechtigten Co-Regenten ernannt und nach dessen Tod im September 14 vom Senat bestätigt. Der Evangelist bezieht sich also auf das Jahr 27 oder 28. „Etwa dreißig Jahre alt" kann maximal heißen: Zwischen 27 und 34, was ein Geburtsdatum zwischen 7 v. Chr. und 1 n. Chr. möglich macht, 6 n. Chr. aber definitiv ausschließt. Lukas kann sich also nicht auf die Volkszählung unter Quirinius 6 n. Chr. bezogen haben.

Einen Hinweis zur Lösung des Rätsels finden wir ausgerechnet in Ankara, dem antiken Ankyra, heute Hauptstadt der Türkei, damals der Provinz Galatien. Dort entdeckte eine österreichische Gesandtschaft schon 1555 an den Wänden eines antiken Bauwerks eine lateinische Inschrift. Das Gebäude erwies sich als Tempel des Augustus und der Roma, die Inschrift als auszugsweise Kopie der in Rom im Tempel der Vesta verwahrten *Res gestae*, des Rechenschaftsberichtes von Kaiser Augustus. Sie beginnt mit den Worten: „Die Taten des Augustus, durch die er den ganzen Erdkreis der Herrschaft des römischen Volkes unterwarf ...", was zumindest in der Wortwahl an Lukas 2,1 erinnert. Zu diesen Taten, so zählt die Inschrift auf, gehörten auch drei Volkszählungen, die der Kaiser in den Jahren 28 v. Chr., 8 v. Chr. und 14 n. Chr. durchführen ließ. Damals wurden über vier Millionen römische Bürger im Reich gezählt, mit zunehmender Tendenz. Dass es auch Zählungen in den Provinzen und Vasallenstaaten gab, berichtet der römische Geschichtsschreiber Tacitus *(Annalen* I, 11): Augustus habe sorgfältig Buch geführt über „die Kräfte des Staates ... wie viele Bürger und Bundesgenossen unter den Waffen, wie viele Flotten, Königreiche und Provinzen, direkte oder indirekte Steuern ... es gab". Auch der Historiker Dio Cassius weiß: „Augustus schickte die einen dahin, die anderen dorthin, um den persönlichen Besitz und den der Städte aufzuschreiben." Sein Interesse auch an den Vasallenkönigreichen („Bundesgenossen") macht es fast sicher, dass es in Judäa schon eine Vermögensschätzung gab, bevor das Land 6 n. Chr. offiziell als Provinz in das Römische Reich eingegliedert wurde. Spätestens nach der Volkszählung im Reich 8 v. Chr. wird Augustus auch Zahlen aus Judäa verlangt haben, und Herodes blieb nichts anderes übrig, als ihm diese zu beschaffen. Dass eine solche erste Volkszählung vor der des Quirinius – und genau das könnte Lukas im Urtext gemeint haben, bevor ihn spätere Kopisten „korrigierten" – bei Josephus nicht erwähnt wird, mag propagandistische Gründe gehabt haben. Herodes hätte es sich zu diesem Zeitpunkt nicht leisten können, dem Volk zu befehlen, sich in römische Steuerlisten einzutragen. Zu offensichtlich wäre damit geworden, dass er hinter all der protzigen Fassade doch nur eine Marionette, ein Handlanger Roms, war. Also wird er ganz offiziell von allen Bewohnern seines Reiches den Treueeid verlangt haben, verbunden mit den üblichen Fragen der königlichen Steuereintreiber über Herkunft und Besitz. So bezeugt auch der römische Jurist und Christ Tertullian (um 200), der nach eigenem Zeugnis im römischen Staatsarchiv recherchierte: „Es steht fest, dass unter Augustus in Judäa durch Sentius Saturninus der Census durchgeführt wurde". Tatsächlich war Gaius Sentius Saturninus von 7 bis 5 v. Chr., als ihn Publius Quinctilius Varus ablöste, *Legatus Augusti pro praetore* in Syrien und damit auch für Judäa zuständig. Einige Historiker sind sogar überzeugt, dass Quirinius damals als *Orienti praepositus* der direkte Vorgesetzte des Statthalters Saturninus und damit der eigentliche Verantwortliche für die von Tertullian bezeugte Volkszählung war. Eine Inschrift, die 1765 bei Tibur entdeckt wurde und die schon der große deutsche Historiker Theodor Mommsen 1883 als Grabinschrift des Quirinius identifizierte, bestätigt tatsächlich, dass er „zum zweiten Mal Legat des vergöttlichen Augustus mit proprätorischer Vollmacht in Syrien und

Phönizien" war. Erst 1997 bestätigte Geza Alföldy, dass sich die Inschrift tatsächlich auf jenen Quirinius bezog, den Lukas nennt.

Wie sehr Herodes als *rex socius* von Rom abhängig war, zeigte sich, als er 8 v. Chr. bei Augustus in Ungnade fiel. Ohne den Kaiser um Erlaubnis zu bitten, hatte er einen kleinen Blitzfeldzug gegen die benachbarten Nabatäer unternommen. Als der Kaiser davon erfuhr, maßregelte er den König der Juden mit den Worten, er „habe ihn bisher als Freund betrachtet, künftig aber werde er ihn als bloßen Untertan behandeln". Selbst bei Familienangelegenheiten musste Herodes die Entscheidung des Kaisers akzeptieren, einmal sogar als Angeklagter in Aquileia bei Rom erscheinen. Nach seinem Tod schickte Augustus sofort Sabinus, den Prokurator des kaiserlichen Besitzes in Syrien, nach Judäa, „um die Besitztümer des Herodes zu überwachen". Selbst das Testament des Vasallenkönigs konnte der Kaiser nach eigenem Gutdünken ändern. Dass er den Samaritanern fortan einen Teil ihrer Steuern erließ, wie Josephus berichtet, zeigt an, dass Augustus 4 v. Chr. bereits Steuerdaten vorgelegen haben müssen. Dazu passt, dass auch im benachbarten Nabatäerreich, einem weiteren „Verbündeten" Roms, gegen 6 v. Chr. ein gewisser Fabatus ans Werk ging, den Josephus ausdrücklich als *dioiketes,* als römischen Steuerbeamten, bezeichnet. Es wäre also seltsam, wenn das Reich des Herodes von römischen Steuerschätzungen verschont geblieben wäre. Papyrusfunde aus Ägypten belegen, dass in den römischen Provinzen im Durchschnitt alle 14 Jahre ein Zensus üblich war. Im Fall Judäas wurde die zweite Schätzung schon 6 n. Chr. durchgeführt, weil das Land damals gerade als neue Provinz dem Reich einverleibt wurde.

In römischer Zeit gab es zwei Steuern, eine Kopfsteuer und eine Bodensteuer. Aus der Provinz Syrien wissen wir, dass Männer die Kopfsteuer vom 14. bis zum 65. Lebensjahr, Frauen aber schon vom 12. bis zum 65. Lebensjahr entrichten mussten. Schon deshalb war zwingend, dass die Familien vollzählig vor dem Zensusbeamten erschienen, damit geprüft werden konnte, wer überhaupt kopfsteuerpflichtig war. Der Ort der Besteuerung war immer dort, wo Grundbesitz vorhanden war, damit gleichzeitig die Bodensteuer festgelegt werden konnte.

Ein freilich anderthalb Jahrhunderte jüngeres Beispiel für diese Praxis wurde 1961 in der sogenannten *Höhle der Briefe* im Wadi Hahal Hever westlich vom Toten Meer entdeckt. Sorgfältig in Leinen verschnürt, in einen Lederbeutel verstaut und dann 1800 Jahre nicht angerührt, fanden Archäologen dort das Privatarchiv einer Jüdin namens Babatha. Bei einem der Papyri, die sie so ordentlich verwahrt hatte, handelte es sich um eine beglaubigte Kopie ihrer Steuererklärung. Sie ist auf den 2.–4. Dezember 127 datiert, weil auch damals Finanzbeamte nicht die schnellsten waren und zwei Tage brauchten, um das Dokument zu kopieren. Tatsächlich ist für dieses Jahr ein Zensus des Kaisers Hadrian in der Provinz Arabia bezeugt, wo Babathas Besitz lag. Ihrem Bericht entnehmen wir, dass die Frau 40 Kilometer von ihrem Wohnort Maoza nach Rabbath-Moab gewandert war, weil dort das für sie zuständige Steuerbüro lag. Was den Historikern, die das Dokument auswerteten, sofort auffiel, waren die Parallelen zu der Schilderung des „ersten Zensus" im Lukasevangelium. Die Berliner Althistorikerin Henrike Zilling listet auf:

„(1.) Babathas Erklärung und Lukas nennen den Kaiser, der den Zensus angeordnet hatte. (2.) Sie machen Datumsangaben, wobei Lukas hier nur zu erwähnen braucht, dass es der erste Zensus war ... (3.) Sie bezeichnen den verantwortlichen kaiserlichen Statthalter. (4.) Sie erwähnen den Umstand der schriftlichen Deklaration (Lk 2,3: *apographethai*). (5.) Sie verweisen auf die zensusbedingte Wanderung vom Wohnort zum Ort, wo die Steuererklärung gemacht wird und in diesem Zusammenhang auf den Vater- bzw. Geschlechternamen sowie den ererbten ‚Hausstand auf eigenem Grund und Boden' (Babatha) bzw. in überhöhter Form auf das ‚Haus' Davids. (6.) Sie dokumentieren die Notwendigkeit, dass die Eheleute gemeinsam zum Zensus erscheinen."

Aus all dem schlussfolgert Zilling: „Die Übereinstimmung in den Angaben und im Aufbau legt es nahe, dass Lukas das für einen Zensus übliche Formular kannte." Zudem könne man davon ausgehen, „dass Lukas nicht nur über messianische Erwartungen der Juden in der Zeit Jesu, sondern auch über die viel profaneren zensusbedingten Wanderbewegungen der Bevölkerung gut unterrichtet war."

Eines setzt die Wanderung nach Bethlehem allerdings voraus: Dass Maria oder Joseph – auch im Fall der Babatha musste der Ehemann für sie als Vormund oder „Tutor" agieren – in Bethlehem ererbten Landbesitz hatten. Da sie beide dem Davididen-Clan entstammten, dessen Stammsitz Bethlehem war, ist das keinesfalls ausgeschlossen. Zumindest das *Protevangelium nach Jakobus* schildert Mariens Vater Joachim sogar als reichen Viehzüchter. Vielleicht gehörte also das Weideland, auf dem die Geburtsgrotte Jesu lag und das normalerweise an Hirten verpachtet wurde, zu ihrem ererbten Besitz. Jedenfalls war es, trotz ihrer Schwangerschaft, unumgänglich, dass auch sie mit nach Bethlehem kam. Mit ihr wanderte das Geheimnis der Menschwerdung Gottes von Nazareth nach Bethlehem, in die alte Stadt Davids, die jetzt im Schatten des Herodiums lag, und konfrontierte den Tyrannen mit dem wahren „König der Juden". Der wurde nicht in den pompösen Gemächern eines herodianischen Palastes geboren, sondern, der Kontrast könnte nicht größer sein, in einer Höhle, die als Viehstall diente. Doch so bescheiden diese Unterkunft auch war, sie sollte nie vergessen werden.

Von außen ist die Geburtskirche ein klobiger, fensterloser Bau, der eher an ein Bollwerk oder eine mittelalterliche Festung als an den Frieden und die Freude der ersten Weihnacht erinnert. Sie hat nur einen Eingang, der zudem mehrfach verkleinert worden ist und heute nur noch eine Höhe von 1,20 Metern hat. Wer an dem größten Wunder der Geschichte, der Menschwerdung Gottes, teilhaben will, muss sich automatisch erst einmal verneigen, klein machen, wie der Schöpfer des Universums es tat, als er zum schreienden Würmchen in der Krippe wurde. „Tor der Demut" wird es auch genannt, doch der Zweck der ganzen Abschottung ist ein anderer. Oft genug mussten sich Christen in diesem Heiligtum verbarrikadieren, ob beim Einfall der Perser oder Muslime, zu Ende der Kreuzfahrerzeit oder während der Türkenherrschaft. Doch auch während der Zweiten Intifada geriet die Kirche zwischen die Fronten, als sich bewaffnete palästinensische Kämpfer hier 2002 verschanzten und die Stätte der Geburt Jesu 39 Tage lang durch die israelische Armee belagert wurde.

Wer hier eintritt ist überwältigt von der archaischen Feierlichkeit dieser uralten Kirche, deren Ursprünge auf die Pilgerreise der heiligen Helena im Jahre 325 zurückgehen. Unbegrenzte Mittel standen der Kaisermutter zur Verfügung. Ihr Sohn, Konstantin der Große, hatte vor seinem Kampf um Rom eine Vision des Kreuzes Christi gehabt und daraufhin das Zeichen der Erlösung auf die

Schilde seiner Soldaten malen lassen. Als er wie durch ein Wunder siegte, erklärte er den bislang verfolgten Glauben zur *religio licita*, zur legalen Religion, stiftete dem Papst die Lateranbasilika und ließ über den Gräbern der Apostel Petrus und Paulus Gedächtniskirchen errichten. Dann unterwarf er sich auch noch den Ostteil des Reiches und verlagerte seinen Regierungssitz zuerst nach Nikomedia, später in das von ihm in Konstantinopel umbenannte Byzanz. Seine Mutter schickte er ins Heilige Land mit dem Auftrag, auch dort drei Kirchen zu gründen – über dem Geburtsort, dem leeren Grab und der Höhle am Hange des Ölbergs, die als Stätte der Himmelfahrt verehrt wurde. Er selbst ließ sich erst auf dem Sterbebett taufen, doch bis dahin hatte er mehr für die Kirche getan als jeder andere Herrscher in der Geschichte.

Die konstantinische Basilika war fünfschiffig und nahezu quadratisch mit einer Seitenlänge von 27 Metern. Ihr war ein etwa gleichgroßes und ebenfalls fast quadratisches Atrium, ein Säulenvorhof, vorgelagert. Nach Osten öffnete sie sich hin zu einem achteckigen Chor, in dessen Zentrum, unter einem prachtvollen Baldachin, der Zugang zur Geburtsgrotte Christi lag. Pilgerberichte beschreiben diese Kirche als von verschwenderischer Pracht: „Dort ist nichts als Gold, Edelsteine und Seide zu sehen", berichtete die pilgernde Nonne Egeria im Jahre 383, „schaut man auf die Vorhänge, sind sie mit Goldstreifen und Seide verziert, sieht man sich die Decken an, sind sie genauso mit Seide und Goldstreifen geschmückt ... Was soll ich vom Schmuck des Bauwerks selbst erzählen, das Konstantin, vertreten durch seine Mutter, soweit es das Vermögen seines Reiches zuließ, mit Gold hat ausschmücken lassen, mit Mosaiken und kostbarem Marmor?"

Nur Reste des reichverzierten Mosaikbodens sind von dieser Pracht übriggeblieben und konnten 1934 bei Ausgrabungen freigelegt werden. Alles andere wurde ein Raub der Flammen, als sich 529 die Samaritaner erhoben, brandschatzend durch das Land zogen und sich besonders an Gotteshäusern vergriffen. Kaiser Justinian ließ die Trümmer abreißen und eine neue Kirche bauen.

Damals entstand die noch heute genutzte Geburtskirche, gestützt durch 40 mächtige korinthische Säulen aus rötlichem Kalkstein. Es war ein Werk von Dauer. Sogar den Ansturm der Perser 614 überstand die Geburtskirche unbeschadet. Der Sassaniden-König Chosroes, die „Geißel der Christenheit", wollte sie gerade plündern und ihren Klerus töten lassen, als er vor einem Fresko an ihrem Eingang erstarrte. Es zeigte drei *Magi*, Angehörige der Priesterkaste seines Volkes in persischer Tracht, wie sie das neugeborene Jesuskind anbeteten. Sofort gab er Befehl, dieses Gotteshaus zu verschonen. Seitdem wurde die Geburtskirche zwar um Türme, Anbauten und Befestigungen erweitert, doch im Grunde genommen ist sie im Kern dieselbe wie vor fast 1500 Jahren.

Gigantisch und ehrfurchteinflößend wirkt die stets in mystisches Halbdunkel gehüllte Kirche auch heute. Dominiert wird sie durch uralte Ikonen und Fresken, vor allem aber durch ihre Lampen; silberne ewige Lichter, die an meterlangen Ketten von den Querbalken der Decke herabhängen, und weitausladende Kristallleuchter, die dem Geschmack der Griechen entsprechen, unter deren Aufsicht die Basilika steht. Es ist ein Ort der Stille und der Andacht. Jeden Tag des Jahres, bis auf Weihnachten.

Wer am Abend des 6. Januar, dem Heiligen Abend des orthodoxen Weihnachtsfestes (die Ostkirchen rechnen nach dem Julianischen Kalender!), in die Geburtskirche kommt, wird empfangen von einem babylonischen Sprachgewirr. Kehlige Gesänge wechseln sich ab mit gemurmelten Gebeten, Glockengeläut mit dem Klacken heftig geschwenkter Weihrauchgefäße, während dichte, süßliche Schwaden wie ein leichter Nebel über allem hängen. In ihnen bricht sich das helle Licht der tausend Kerzen, Glühbirnen und Scheinwerfer, sie verwandeln es in ein mildes Zwielicht. Die Kirche birst über vor Menschen der verschiedenen Konfessionen des östlichen Ritus. Jede Gemeinschaft hat sich offenbar ihre Ecke gesichert, wo Priester in archaisch anmutenden Gewändern in orientalischen Sprachen zelebrieren, hier die Armenier, dort die Syrer, auf der anderen Seite die äthiopischen und ägyptischen Kopten, in der Mitte die Griechen, daneben die Russen. Sie alle rezitieren gleichzeitig ihre Liturgie, tragen schwere, farbige Brokatgewänder oder schlichte schwarze Kutten und ziehen in feierlichen Prozessionen durch das uralte Gemäuer, im Zentrum stets ihr Patriarch oder Erzbischof. Wagt sich einer zu provokativ ins Hoheitsgebiet des anderen, kann es schnell auch mal zu einer Schlägerei kommen. Und manchmal scheint es, als sei Gewalt der beste Garant für Toleranz.

Irgendwann erhebt sich der griechische Patriarch von seinem thronartigen Stuhl und steigt, begleitet von seinen Erzpriestern, in die Geburtsgrotte hinab, um dort, wo Gott Mensch geworden ist, zu beten. Er kniet dann nieder vor einer marmorverkleideten Nische, auf deren Boden ein silberner Stern eingelassen ist mit der lateinischen Inschrift: *Hic de Virgine Maria Jesus Christus natus est* – „Hier wurde von der Jungfrau Maria Jesus Christus geboren". Dann dreht er sich um und steigt drei in den Stein geschlagene Stufen hinab in einen zweiten, ebenfalls mit Marmor ausgelegten und mit besticktem Brokat behängten Raum dieser Höhle. Vor einem Futtertrog im Fels, wie es im Heiligen Land so viele gibt, kniet er abermals nieder und zitiert die Worte des Engels: „Heute ist euch in der Stadt Davids der Retter geboren; er ist der Messias, der Herr. Und das soll euch als Zeichen dienen: Ihr werdet ein Kind finden, das, in Windeln gewickelt, in einer Krippe liegt" (Lk 2,11–12). Nicht in irgendeiner Krippe lag es, sondern in *dieser* Steinkrippe, so will es die Tradition. Denn die Höhle war einst ein Stall. Nur wir Europäer haben uns unter dem Stall zu Bethlehem einen hölzernen Schuppen vorgestellt und ihn in tausend Variationen als Weihnachtskrippe kunstvoll wiedererstehen lassen. Im holzarmen Palästina aber dienten seit jeher Höhlen als Ställe für die Tiere, und oft genug waren sie auch Bestandteil der Häuser, wie man es noch heute an den Ruinen bei Beit Sahur zwischen Bethlehem und dem Herodium sehen kann; auch dort hat man einfach Häuser vor eine von Höhlen durchzogene Felswand gesetzt.

Dass Maria ihr Kind in einer Stallhöhle auf die Welt brachte, war gewiss keine Frage der fehlenden Hotelinfrastruktur im Bethlehem des 1. Jahrhunderts v. Chr. Natürlich gab es eine Karawanserei, aber die bot nur Gemeinschaftszimmer an. Joseph wird nie auch nur auf die Idee gekommen sein, Maria dort gebären zu lassen. Tatsächlich benutzt Lukas dann auch nicht das griechische Wort für ein solches Rasthaus, *pandocheion;* bei ihm sucht Joseph ein *katalyma*. Das ist ein Raum, meist im ersten Stock, den ein Hausherr seinen Gästen zur Verfügung stellt. Mit Sicherheit hatten Maria und Joseph Verwandte im Dorf, die als orientalische Großfamilie unter einem Dach lebten. Allerdings wird es auch dort keine separaten Gästezimmer gegeben haben, der Besuch schlief mit den Gastgebern in einem großen Raum. Die Stallhöhle, wahrscheinlich sogar auf dem eigenen Landbesitz gelegen, bot dagegen für einige Zeit Schutz und Intimität.

Für Orientalen der Antike war es nichts Ungewöhnliches, in Höhlen zu übernachten. So weiß man heute, dass die Höhlen von

Qumran, in denen die Schriftrollen vom Toten Meer entdeckt wurden, der religiösen Essener-Gemeinschaft als Wohnquartiere dienten. Das vorgelagerte Steingebäude war dagegen ausschließlich ein Gemeinschaftszentrum, in dem gegessen, gebetet und gearbeitet, aber nicht genächtigt wurde. Auch die ersten christlichen Klöster in Palästina waren – meist künstliche, d. h. in den weichen Stein geschlagene – Höhlen.

Die Höhle unter der Geburtskirche wird seit frühester Zeit verehrt, was dafür spricht, dass sie als Ort der Geburt Christi authentisch ist. Schon das im 2. Jahrhundert entstandene *Protevangelium* erwähnt sie. Um 135 n. Chr. schrieb Justin der Märtyrer, der aus dem samaritanischen Neapolis (heute Nablus) stammte und daher die lokale Tradition sehr gut kannte, in seinem *Dialog mit dem Juden Tryphon*: „Damals aber, als der Knabe in Bethlehem geboren wurde, nahm Joseph, da er in jenem Dorfe nirgends Unterkunft finden konnte, in einer Höhle in der Nähe des Dorfes Quartier". Ausgerechnet dem heidnisch-römischen Kaiser Hadrian verdanken wir, dass diese frühe Verortung über die Wirren der nächsten Jahrhunderte hinweg gerettet wurde. Nachdem er 135 den Aufstand des jüdischen Rebellen Simon Bar Kochba niedergeschlagen hatte, ging er prophylaktisch gegen alle messianischen Bewegungen im Judentum vor. Nicht nur, dass er die Juden aus Jerusalem und Umgebung vertrieb, er ließ auch die wichtigsten jüdischen und judenchristlichen Heiligtümer paganisieren, also zu heidnischen Kultstätten umfunktionieren. Das geschah in Jerusalem auf dem Tempelberg, beim Bethesda-Teich und dem Golgotha-Felsen, außerdem auf dem Berg Garizim der Samaritaner und in Bethlehem. Dort ließ er über der Geburtsgrotte Jesu einen kultischen Hain zu Ehren des syrischen Göttersohnes Tammuz (griech.: Adonis) anlegen. Tammuz war ein Hirtengott, der alljährlich im Winter, wenn das Leben stirbt, in die Unterwelt hinabstieg, um im Frühling lebenbringend aus ihr hervorzutreten.

Ihre heidnische Umdeutung schien die Christen nicht davon abzuhalten, die Stätte weiterhin zu verehren. So berichtete Origenes um 220: „In Übereinstimmung mit der Geschichte von Jesu Geburt in den Evangelien wird in Bethlehem eine Höhle gezeigt, wo er, in Windeln gewickelt, hineingelegt wurde. Was da gezeigt wird, ist in der Gegend jedermann bekannt. Die Heiden selber sagen es jedem wieder, der es hören will, dass in der besagten Höhle ein gewisser Jesus geboren ist, den die Christen verehren und anbeten." Um 315, also zehn Jahre vor dem Besuch der hl. Helena, bestätigte der Kirchengeschichtler Eusebius: „Bis heute bezeugen die Ortsbewohner (Bethlehems) die von den Vätern übernommene Überlieferung, wonach sie den Besuchern die Grotte zeigen, in der die Jungfrau das Kind geboren und niedergelegt hat." Noch um 385 erinnerte der hl. Hieronymus, der 34 Jahre in Bethlehem lebte und in einer Nebenhöhle der Geburtsgrotte die Bibel ins Lateinische übersetzte, in einem Brief an seinen Freund Paulinus von Nola daran: „Von den Tagen Hadrians bis zur Regierung Konstantins, durch ungefähr 180 Jahre ... überschattete Bethlehem der Hain des Adonis, und in der Höhle, wo einst Christus als Kind wimmerte, beweinte man den Geliebten der Venus." Erst die Kaisermutter Helena hatte die Macht, das heidnische Heiligtum durch ein christliches zu ersetzen. Doch der Kirchenvater war kein Freund der neuen Pracht. So bedauerte Hieronymus etwa die Silberverkleidung der einst mit getrocknetem Lehm bedeckten Krippe: „Unter dem Vorwand, Christus zu ehren, haben wir heute die aus Lehm gefertigte Krippe entfernt und durch eine silberne ersetzt. Aber für mich war jene, die man fortgeschafft hat, weit kostbarer. Gold und Silber sind passend für Heiden; dem christlichen Glauben kommt jene aus Lehm zu ... (denn) ich sehe mit Staunen, dass der Herr und Schöpfer der Welt nicht in Gold und Silber, sondern in Staub geboren wurde."

Heute liegt die Geburtskirche im Zentrum von Bethlehem, das biblische Dorf aber begann gleich östlich der Höhle. Die Hirten hatten also keine große Mühe, sie zu finden, als sie nach der Erscheinung des Engels beschlossen: „Kommt, wir gehen nach Bethlehem ..." (2,15).

Doch wo lagerten die Hirten, als ihnen die Geburt Christi verkündet wurde? Gleich zwei Grundstücke erheben Anspruch, die authentische Stätte der Verkündigung des „Friedens auf Erden" zu sein. Beide liegen in Beit Sahur gut einen Kilometer östlich von Bethlehem, einem Dorf, dessen Name eher einen anderen Aspekt der Weihnachtsgeschichte verortet, bedeutet er doch „Haus der Magier". Dort, in der Ebene, gabelt sich der Weg. Links geht es nach Norden zum *Lateinischen Hirtenfeld* der Franziskaner, weiter rechts liegt das *Griechische Hirtenfeld* der Orthodoxen. In beiden Heiligtümern ist man fest davon überzeugt, im Besitz der einzig authentischen Stätte zu sein. Ein freundlicher Franziskaner, der leidlich Englisch mit einem charmanten italienischen Akzent spricht, erklärte mir vor ein paar Jahren, auf dem Lateinischen Hirtenfeld sei man im 19. Jahrhundert auf drei Gräber gestoßen, die der Heiligland-Pilger Bischof Arkulf schon um 680 besucht haben will und als „Gräber der Hirten" verehrte. Das veranlasste den Franziskaner-Archäologen Pater Virgilio Corbo, hier 1951/52 zu graben. Dabei stieß er auf die Ruinen eines Klosters, das um 400 erbaut und um 800 aufgegeben worden war. Daneben befanden sich Höhlen, die, wie Keramikfragmente anzeigten, in herodianischer Zeit zu Wohnzwecken benutzt wurden.

Ein etwas mürrischer Grieche hielt dagegen, dass „sein" Hirtenfeld 1972 von dem Archäologen Vassilios Tzaferis untersucht wurde. Bei den Ausgrabungen stieß dieser auf Ruinen von gleich fünf Sakralbauten, die zwischen dem 4. und dem 10. Jahrhundert genutzt wurden. Als ältestes Heiligtum aber erwies sich eine Höhle, die um 350 n. Chr. mit einem Mosaikboden ausgelegt worden war.

Beide Felder liegen nur 500 Meter voneinander entfernt. Verwirrt verließ ich damals die beiden Heiligtümer, noch immer unentschlossen bin ich auch jetzt. Weil das Hirtenfeld der Franziskaner wegen des Papstbesuches geschlossen ist, schaue ich mich in der Gegend um und entdecke gleich links davon ein neueröffnetes Restaurant. Schon in seinem Vorgarten entdecke ich eine offene Kalksteinhöhle, Rußspuren an der Decke verraten mir, dass hier einst Menschen campierten. Heute lagern dort ein Zementmischer und ein paar Säcke Zement, offenbar übriggeblieben vom Bau des Lokals. In seinem Innern liegt eine zweite Grotte, die in den Neubau integriert wurde, ausgestattet mit Hirtenfiguren, wie eine Weihnachtskrippe in Lebensgröße. Von der Terrasse des *Grotto*-Restaurants aus genieße ich den Blick über Berge, Täler und Ölbaumplantagen von Beit Sahur, leider umgeben von hässlichen Neubauten. Ich scherze mit den Besitzern, dass ihr liebevoll eingerichtetes Ausflugslokal das Zeug zu einem neuen Pilgerziel hat. Denn tatsächlich sind wohl ihre Höhlen genauso authentisch wie jene, die auf den „Hirtenfeldern" der Griechen und Franziskaner liegen: in der ganzen Gegend werden Hirten bei ihren Herden gelagert haben, wie noch vor ein paar Jahrzehnten die Ta'amireh-Beduinen von Bethlehem.

Das Matthäusevangelium allerdings ignoriert die Hirten und widmet sich statt dessen prominenterem Besuch an der Krippe Christi, den *Magi* oder *Magoi*. Sein Bericht führte zu einem der populärsten Missverständnisse der Bibel – und dazu, dass in der Stadt Köln heute die größte Kirche Deutschlands steht. In Spanien leuchten Kinderaugen, wenn sie auf Prunkwagen durch die Städte fahren, denn an ihrem Festtag gibt es hier (wie auch in Italien) die Geschenke. In Deutschland ziehen Kinder in orientalischen Gewändern Kronen tragend von Haus zu Haus, um als Sternsinger Geld für die Dritte Welt zu sammeln. Sie schmücken unzählige Gemälde, sie sind fester Bestandteil jeder Weihnachtskrippe, auch wenn ihre Figuren gewöhnlich erst am 6. Januar aufgestellt werden: Die Heiligen Drei Könige sind aus dem Weihnachtsgeschehen nicht mehr wegzudenken.

Die heilige Helena, so heißt es, brachte ihre Gebeine aus dem Orient mit und vererbte sie Bischof Eustorgius von Mailand. Als Kaiser Friedrich I. Barbarossa die lombardische Metropole 1164 plündern ließ, schenkte er die Reliquien seinem Reichskanzler, dem Kölner Erzbischof Rainald von Dassel. Ihre Verehrung am Rhein löste einen so großen Pilgersturm aus, dass die Stadt zu diesem Zweck bald eine mächtige Kathedrale bauen ließ, den Kölner Dom. Dort wird noch heute an jedem 6. Januar ihr Schrein geöffnet, kommen ihre drei gekrönten Schädel zum Vorschein.

Der Siegeszug der Heiligen Drei Könige hat nur einen Schönheitsfehler. Im Matthäusevangelium steht weder ein Wort davon, dass sie Könige waren, noch dass es drei gewesen sind. Statt dessen werden sie als *Magoi apo anatolon,* „Magi aus dem Osten" bezeichnet.

Daran scheitert aber auch der Versuch der liberalen Theologie, die Matthäische Weihnachtsgeschichte zum Mythos zu erklären, der sich an den Psalm 72 („Die Könige von Tarschisch und von den Inseln bringen Geschenke, die Könige von Saba und Seba kommen mit Gaben. Alle Könige müssen ihm huldigen, alle Völker ihm dienen") anlehnt. Wäre das seine Absicht gewesen, hätte der Evangelist auch von Königen berichtet und nicht von *Magi,* über die es eben keine passende alttestamentarische Prophezeiung gab. Erst die Kirchenväter haben hartnäckig versucht, diese Episode mit dem Psalmwort zu verbinden, angefangen mit Tertullian, der den *Magi* zu Anfang des 3. Jahrhunderts attestierte, sie seien „wie

Könige aufgetreten". Auf ihre Dreizahl legte sich erstmals Origenes (185–253) fest, ihre Namen „Caspar, Melchior und Balthasar" sind seit dem 6. Jahrhundert überliefert. Auf antiken römischen Katakombenmalereien schwankt ihre Anzahl zwischen zwei und vier, doch ein Merkmal ist fester Bestandteil ihrer frühchristlichen Ikonographie: Stets tragen sie sogenannte „phrygische Mützen", die klassische Kopfbedeckung der Meder und Perser.

Tatsächlich verrät uns auch der Begriff *Magi*, wo ihre Heimat lag. Seit dem 5. Jahrhundert v. Chr., genauer gesagt: seit den Schriften Herodots, kennt man im Westen die *Mager*, einen Stamm der Meder, der – ähnlich wie die Leviten im alten Israel – die Priesterklasse dieses westiranischen Volkes bildete. Seine Hauptstadt war Ekbatana, das heutige Hamadan. Laut Herodot war der Stadtberg von Ekbatana von sieben Mauerringen umgeben, in deren Innerstem der Königspalast und die Schatzhäuser standen. Jeder dieser Mauerringe sei in einer anderen Farbe bemalt gewesen. Sie entsprachen der Sonne, dem Mond und den damals bekannten fünf Planeten.

Das allein zeigt, welch große Bedeutung die Astronomie und der Sternenkult in der Kultur der Meder spielten. Auch der gelehrte Jude Philo von Alexandria, ein Zeitgenosse Jesu, bescheinigte den „persischen Magi", dass sie „sorgfältige Beobachtung der Werke der Natur zum Wecken der Erkenntnis der Wahrheit" betreiben. Dem neuplatonischen Philosophen Jamblichos (um 300) zufolge studierte der große griechische Mathematiker Pythagoras bei ihnen. Als er nach seiner Lehrzeit in Ägypten nach Babylon verschleppt wurde, sei er „hocherfreut gewesen, auf die Magi zu stoßen, die ihn in ihrem verehrungswürdigen Wissen instruierten und in der vollkommenen Verehrung der Götter. Durch ihre Hilfe studierte er außerdem Arithmetik, Musik und all die anderen Wissenschaften."

Zu dieser Zeit, um 600 v. Chr., kam ein Prophet an den Hof des baktrischen Königs Vishtaspa, der sich Zoroaster oder Zarathustra nannte. Zwei Magi wurden beauftragt, ihn zu testen, und fanden heraus, dass seine Weisheit weit über die ihre hinausging. So nahm der König auf ihren Rat hin den neuen Glauben an. Zarathustra lehrte, dass die Erde, obwohl von Gott geschaffen, das Schlachtfeld eines ewigen Kampfes zwischen Gut und Böse, Licht und Finsternis sei. Doch am Ende würde das Gute siegen, würde

Saoschjant geboren, der Retter, der das Böse vernichtet und eine neue, unvergängliche Welt herbeiführt. Dann, so heißt es in den Schriften des Zarathustra, würden auch die Toten auferstehen. Offenbar folgte ihm ein Großteil der Magi, jedenfalls wurde ihr Name bald zum Synonym für die Priesterschaft der neuen Lehre.

Schon früh kamen die Anhänger des Zoroastrismus mit dem Judentum in Kontakt. Immerhin hatten schon die Assyrer die verschleppten Bewohner des Nordreiches Israel unter anderem „in den Städten der Meder" (2 Kön 17,6) angesiedelt. Als Darius, der Meder, 539 v. Chr. die Königsherrschaft von den Babyloniern übernahm, residierte er im Sommer in Ekbatana; zu seinem Hofstaat gehörte auch der biblische Prophet Daniel. Die Gemahlin des Ahasveros (485–465 v. Chr.), Königin Esther, gründete in Ekbatana sogar eine jüdische Kolonie. Noch heute wird ihr Grab in Hamadan verehrt. Fortan genoss die jüdische Gemeinde bei den Medern großes Ansehen. Auch die Apostelgeschichte (2,9) berichtet, dass „Parther, Meder und Elamiter" zum Wochenfest nach Jerusalem pilgerten und Zeugen des Pfingstwunders wurden.

Wie sehr sich die Magi in der Astronomie und Astrologie auskannten, beweist das älteste und zugleich monumentalste Horoskop des Altertums. Das *Hierothesion* des Königs Antiochus I. von Kommagene (69–36 v. Chr.) in der Südtürkei, heute als *Nemrut Dagi* (Nimrod-Berg) bekannt, befindet sich auf der Spitze des höchsten Berges der Region. Es besteht aus einem riesigen, pyramidenartigen Grabhügel von 50 Metern Höhe und, zu seinen Füßen, einer Versammlung von Kolossalstatuen, die, nach Osten gerichtet, am Morgen die aufgehende Sonne und in der Nacht die Sterne begrüßen. Dass ihre Köpfe im Laufe der Zeit durch schwere Erdbeben von den Rümpfen getrennt wurden, mindert die Monumentalität der Anlage nicht im geringsten. Die Statuen zeugen vom Glauben des Antiochus, den man als „hellenisierte Form des Zoroastrismus" bezeichnen kann: Griechische Götter wurden mit persisch-orientalischen Gegenstücken gleichgesetzt. Die Zentralfigur war Zeus, der Gottvater des griechischen Pantheons, der mit Ahura Mazda (wörtlich: *Oromasdes),* dem Lichtgott des Zoroastrismus, identifiziert wurde. Neben ihm stand die Statue der Schicksalsgöttin Tyche/Ashi, dahinter das Abbild des Apollon mit phrygischer Mütze als Mithras der Perser. Zur Rechten des Zeus aber saß der jugendliche Antiochus selbst, flankiert von Herakles in der

Gestalt des persischen Siegesgottes Verethragna. Gesäumt wurde die Reihe der fünf Statuen von Löwen und Adlern, den Wappentieren des kommagenischen Königshauses. Die Monumentalplastik eines Löwen ist von Sternen bedeckt. Schon in den 1920er Jahren bemerkte der deutsche Astroarchäologe Otto Neugebauer, dass dies keine zufällige Darstellung war, sondern ein detailliertes Horoskop. Die Statue selbst steht für das Sternbild des Löwen, die drei „Sterne" für die Planeten Jupiter, Merkur und Mars. Unter dem Löwenkopf ist die Sichel des Mondes dargestellt. Zusammen ergibt das eine ganz konkrete astronomische Konstellation, weist es auf ein Datum hin, an dem diese drei Planeten und der Mond im Zeichen des Löwen standen. Wie Neugebauer errechnete, war dies am 14. Juli 109 v. Chr. der Fall, dem Krönungstag von Antiochus' Vater Mithradates, der Geburtsstunde seiner Dynastie. Dieser Tag war von den Magi, die Antiochus in seiner Weiheinschrift als „Priester in den Roben der persischen Rasse" bezeichnet, zuvor als glückverheißend errechnet worden.

Doch genau wie das astronomisch-astrologische Wissen der Magi dazu diente, den Krönungstag des Mithradates zu ermitteln, kann es uns helfen, das Rätsel um den Stern von Bethlehem zu lösen.

„Wo ist der neugeborene König der Juden? Wir haben seinen Stern aufgehen sehen und sind gekommen, um ihn zu huldigen", werden die Magi von Matthäus (2,2) zitiert. Seit Jahrhunderten rätseln Exegeten und Gelehrte, welche Art Himmelserscheinung damit gemeint sein könnte. Glaubte man zuerst an einen Kometen, so fiel diese Möglichkeit bald weg. Der letzte nennenswerte Schweifstern, der um Christi Geburt herum erschien, war der Halleysche Komet. Er war von Oktober 12 v. Chr. bis Februar 11 v. Chr. sichtbar – zu früh, um zum vermuteten Geburtstermin Jesu zu passen.

Im 12. und 15. Jahrhundert deuteten jüdische Gelehrte eine Konjunktion der Planeten Jupiter und Saturn im Sternbild der Fische als Vorzeichen der Geburt des Messias. Im Jahre 1603 beobachtete der Astronom Johannes Kepler selbst eine solche Konjunktion, ein Jahr später gefolgt von einer Supernova, der Explosion eines Sterns. Der Astronom glaubte, dass zwischen beiden Ereignissen ein Zusammenhang bestand, und vermutete ein ähnliche Himmelsschauspiel bei der Geburt Christi. Tatsächlich errechnete er, dass sich 7 v. Chr. eine gleich dreifache Konjunktion zwischen Saturn und Jupiter ereignet hatte. Auch damals, so folgerte Kepler, musste bald darauf ein Stern so heftig aufgeleuchtet haben wie zu seiner Zeit die Supernova. Heute wissen wir, dass nicht der geringste Zusammenhang zwischen Konjunktionen im Sonnensystem und der Explosion eines viele tausend Lichtjahre entfernten Sterns besteht. Doch trotzdem brachte uns der große Astronom auf die richtige Fährte.

Auf die Kepler'sche Berechnung griff 1965 der italienische Astronom Konradin Ferrari d'Occhieppo zurück, als er den Stern von Bethlehem als dreifache Konjunktion des Jupiter und Saturn im Zeichen der Fische deutete. Jupiter wurde, wie sich in Nemrut Dagi zeigt, von den Magi mit dem Himmelsgott Ahura Mazda gleichgesetzt, der Saturn galt als Planet des jüdischen Volkes, das den Tag des Saturn, den Samstag oder Shabbat, besonders ehrt. Tatsächlich belegen Keilschrifttafeln, die 1925 von Archäologen in Borsippa im heutigen Irak entdeckt wurden, die Beobachtung dieser Konjunktion auch durch babylonische Astronomen. Mit den Worten „Wir haben seinen Stern aufgehen sehen", so glaubte d'Occhieppo, hätten sich die Magi auf ihre Beobachtung des Planetenpaares am dunkler werdenden Abendhimmel um den 15. September 7 v. Chr. bezogen. Zu diesem Zeitpunkt seien sie aufgebrochen, um acht Wochen später Jerusalem zu erreichen, wo man sie auf die Worte des Propheten Micha über Bethlehem hinwies:

„Aber du, Bethlehem-Efrata,
so klein unter den Gauen Judas,
aus dir wird mir einer hervorgehen,
der über Israel herrschen soll" (Mi 5,1).

Am 12. November 7 v. Chr., kurz vor Sonnenuntergang, hätten sie die beiden Planeten direkt vor Augen gehabt, wenn sie von Jerusalem aus auf das nur 10 Kilometer entfernte Bethlehem zugeritten wären. Auf diese Beobachtung, so der italienische Astronom, könnte sich Matthäus (2,10) bezogen haben: „Als sie den Stern sahen, wurden sie von sehr großer Freude erfüllt." Nach Eintritt der astronomischen Dämmerung hätte das Planetenpaar an der Spitze des Zodiakallichtkegels gestanden. Dadurch entstand der Eindruck, als ginge dieses Licht von dem Doppelstern aus. Die Achse des Lichtkegels zeigte dabei beständig auf das vor ihnen liegende Dorf, dessen Silhouette sich wie ein Scherenschnitt vor ihm abzeichnete.

Stimmt d'Occhieppos These, so hätte Matthäus die Himmelserscheinung mit erstaunlicher sprachlicher Präzision beschrieben. Doch trotzdem erscheint sie mir unzureichend. Genügte eine simple Konjunktion, wie sie alle paar Jahrzehnte vorkommt, tatsächlich schon, um den Magi die Geburt des auch von ihnen sehnsüchtig erwarteten Erlösers anzuzeigen?

Der bekannte britische Astronom Mark Kidger, der an der Sternwarte von Teneriffa auf den Kanaren forscht, glaubt nicht, dass die Jupiter-Saturn-Konjunktion allein schon des Rätsels Lösung ist. In seiner 1999 von der Princeton University Press verlegten Studie *The Star of Bethlehem* will er nachweisen, dass gleich vier signifikante Himmelsereignisse von den Magi beobachtet wurden. Tatsächlich, so Kidger, hätte die dreifache Jupiter-Saturn-Konjunktion von 7 v. Chr. ihnen angekündigt, dass in Judäa ein neuer, großer König geboren würde. Damit hatten sie aber noch keinen Grund, sich auf die lange, beschwerliche Reise zu machen, um einem Neugeborenen zu huldigen. Erst ein zweites Himmelszeichen ließ sie aufhorchen. Gleich im nächsten Jahr, 6 v. Chr., kam es wieder zu einer dreifachen Konjunktion, diesmal von Jupiter, Saturn und Mars im Sternbild der Fische. Mars stand für eine bedeutende Umwälzung, die Fische für den neuen astrologischen Frühlingspunkt, sprich: für ein neues Zeitalter. Freilich war diese Konjunktion nur astrologisch von Bedeutung, am Himmel wirkte sie eher unspektakulär. Das änderte sich am 20. Februar 5 v. Chr., als der junge Mond und Jupiter auf der einen Seite, Saturn und Mars auf der anderen zwei ungleiche Paare am Himmel bildeten. Damit war für die Magi astrologisch nicht nur angezeigt, dass ein großer König (Jupiter) geboren wird und aufsteigt (junger Mond), um über Israel (Saturn) zu herrschen, sondern auch, dass er das Böse bekämpfen (Mars) und ein neues Zeitalter (Fische) einläuten würde.

Die jüdischen Messiaserwartungen müssen ihnen vertraut gewesen sein, schließlich lebten in ihrem Land genug Juden, und die Parallelen zu ihrer Hoffnung auf die Ankunft des Saoschjant waren offensichtlich. Die Juden hielten Zarathustra wiederum für einen „Schüler des Propheten Daniel", so nahe waren sich jüdisches und zoroastrianisches Denken, so offensichtlich die gegenseitige Beeinflussung. Nicht zufällig stand der alttestamentliche

Prophet dem „Meder Darius ... helfend und schützend zur Seite"
(Dan 11,1), entließ der Perser Kyrus die Juden aus der Gefangenschaft und finanzierte sogar den Wiederaufbau des Tempels von Jerusalem. Nicht umsonst bat der Hasmonäer Antigonos die Parther
um Hilfe und wurde noch im 7. Jahrhundert der Perser Chosroes,
von den Christen als „Geißel Gottes" gefürchtet, von den Juden als
Befreier gefeiert. 1100 Jahre lang verbanden Freundschaft und ge-
genseitiger Respekt Juden, Meder und Perser, und die Grundlage
dieser Beziehung war die Lehre des Zarathustra. Schon deshalb ist
möglich, dass die Magi jetzt die Geburt ihres Messias Saoschjant
in Israel in Betracht zogen. Während sie in den nächsten Wochen
noch aufmerksamer und erwartungsvoller den Winterhimmel beobachteten, geschah das Unerwartete. Urplötzlich, als die Sonne
im Zeichen der Fische stand, flammte ein neuer Stern auf. Chine-
sischen und koreanischen Aufzeichnungen (nämlich dem chinesi-
schen Buch *Ch'ien-han-shu* und der koreanischen Chronik *Samguk
Sagi*) entnahm Kidger, dass von Mitte März bis Ende Mai 5 v. Chr.
im Sternbild des Adlers nahe dem Stern Theta Aquilae 76 Tage
lang eine Supernova, eine Sternenexplosion, beobachtet wurde.
Das deckt sich mit der Beschreibung des „Sterns von Bethlehem"
im *Protevangelium,* das die Magi zitiert: „Wir sahen einen gewal-
tigen Stern, der leuchtete unter den anderen Gestirnen (auf) und
ließ ihr Licht erblassen". Auch im Judentum galt ein aufstrahlender
Stern als Vorbote des Messias. Sterne wurden auf den Münzen der
Hasmonäer dargestellt, der Anführer der zweiten jüdischen Re-
volte nannte sich *Bar Kochba,* „Sternensohn", nachdem ihn Rabbi
Akiba zum Messias erklärt hatte. So wurde es in den Tagen des
Moses von dem Seher Bileam prophezeit: „Ein Stern geht in Jakob
auf, ein Zepter erhebt sich in Israel" (Num 24,17). Die Magi müssen sich gleich nach der Entdeckung des vierten und letzten Him-
melszeichens auf den Weg nach Jerusalem gemacht haben. Die 76
Tage, während denen nach den asiatischen Quellen die Supernova
sichtbar war, reichten dafür wohl aus. Doch niemand weiß, wo die
Reise ihren Anfang nahm. Borsippa oder Babylon sind eher unwahrscheinlich, denn das Partherreich war mit Rom und Herodes
verfeindet, seine Bewohner hätten in Jerusalem keine Aufnahme
gefunden. Vielleicht stammten die Magi aber aus der Kommagene,
wo ihre Religion seit den Tagen des Königs Mithradates etabliert
war, oder gleich aus dem damals von Persien unabhängigen Me-

dien und der Daniels- und Estherstadt Ekbatana. Beide Staaten waren damals mit Armenien verbündet, der dritten Großmacht im Nahen Osten des 1. Jahrhunderts v. Chr. Als der armenische König Tiridates zur Zeit des Kaisers Nero Rom besuchte, ließ er sich von Magi begleiten, wie Plinius berichtet; ein Hinweis auf ihre wichtige Rolle auch im alten Armenien.

Entsprechend der Himmelsmechanik würde ein Stern, der zuerst im Osten zu sehen ist, jede Woche eine halbe Stunde früher am Himmel erscheinen, bis er, nach zwei Monaten, exakt im Süden steht. Als sich die Magi bei Morgendämmerung von Jerusalem aus nach Bethlehem aufmachten, das im Süden der Hauptstadt liegt, müssen sie den Stern also direkt vor sich gehabt haben.

Kidgers Hypothese würde noch eine weitere Aussage von Matthäus erklären. Als sie in Jerusalem nach dem neugeborenen König der Juden suchten, wurden die Magi auch im Palast des Herodes vorstellig. Als der von den seltsamen Besuchern erfuhr, bekam er es mit der Angst zu tun. Der paranoide König hatte erst vor ein paar Monaten seine beiden Söhne mit der Hasmonäer-Prinzessin Mariamne umbringen lassen, weil er sie der Verschwörung bezichtigte. Schon Antigonos, der letzte König der hasmonäischen Dynastie, hatte sich mit den Parthern verbündet und Herodes in die Flucht geschlagen. Würde jetzt ein neuer Thronanwärter mit Hilfe der dritten Großmacht im Osten, also Armeniens, nach der Krone greifen, sich das Schicksal des Herodes wiederholen? Würde sein Leben nicht im Luxus seiner Paläste enden, sondern im Exil? Gewiss würde der alte, kranke König nicht noch einmal die Kraft aufbringen, an der Spitze eines Heeres zurückzukehren und sich sein Reich zurückzuerobern. So ist seine Reaktion auf das seltsame Anliegen der Magi in all ihrer Brutalität zumindest nachvollziehbar. Als er begriff, dass die Delegation aus dem Osten nicht an seinen Hof zurückkehrte, um ihm Bericht zu erstatten, gab er einen Befehl, der, auch wenn er lange nicht sein blutigster war, ihn für alle Zeiten als Monstrum in die Annalen der Geschichte eingehen ließ: „Er ließ in Bethlehem und der ganzen Umgebung alle Knaben bis zum Alter von zwei Jahren töten, genau der Zeit entsprechend, die er von den Sterndeutern erfahren hatte" (Mt 2,16).

Der Zeitraum, von dem Matthäus spricht, passt zu der Aufeinanderfolge der Himmelserscheinungen, wie sie Kidger rekonstruiert. Die Magi wussten ja nicht, wann das Kind geboren wurde, zu dem sie unterwegs waren. Aber sie konnten exakt sagen, wann sie die erste Konstellation beobachtet hatten, die seine Geburt ankündigte: Anfang Mai 7 v. Chr. hatten sich Jupiter und Saturn erstmals im Zeichen der Fische getroffen, Anfang Mai 5 v. Chr. hatte sie die Supernova nach Jerusalem geführt. Dazwischen lagen genau zwei Jahre. Noch interessanter wird es, wenn wir im Bericht der pilgernden Nonne Egeria aus dem Jahr 383 lesen, dass das Fest der Unschuldigen Kinder von Bethlehem ursprünglich am 18. Mai gefeiert wurde. Unter diesem Datum steht es auch im alten armenischen Feiertagskalender. Könnte sich dahinter eine konkrete Erinnerung verbergen, erteilte Herodes wirklich am 18. Mai des Jahres 5 v. Chr. den Befehl, alle Knaben von Bethlehem, die seit der ersten Konstellation im Mai 7 v. Chr. geboren wurden, zu töten – eben „genau der Zeit entsprechend, die er von den Magi erfahren hatte"?

Natürlich ist es viel bequemer, den biblischen Text einfach von der Hand zu weisen, ihn zum symbolischen Verkündigungsmotiv ohne realen Hintergrund zu erklären, wie es die historisch-kritische Bibelexegese gerne versucht. Gewiss, der häufige Rückbezug auf biblische Verheißungen ist gerade für Matthäus typisch, der sich speziell an einen judenchristlichen Leserkreis wendet; aber schließt die Erfüllung einer Prophezeiung automatisch aus, dass ein Ereignis eben doch genau so stattgefunden hat? Oder muss es nicht zumindest nachdenklich stimmen, dass die moderne Astronomie eine so präzise Zeitangabe – zwei Jahre – auf den Monat genau bestätigen kann?

Zugegeben, den Bethlehemitischen Kindermord erwähnt nur Matthäus. Allerdings lassen die Ergebnisse archäologischer Grabungen in Bethlehem darauf schließen, dass in der Stadt Davids zur Zeit Jesu nur zwischen 300 und 1000 Menschen lebten. Wenn Herodes tatsächlich alle „Knaben bis zum Alter von zwei Jahren" töten ließ, so dürfte die Zahl seiner Opfer bei vielleicht 10–20, allerhöchstens 30 Säuglingen gelegen haben. Das ist schrecklich, wäre aber untergegangen in dem Blutrausch, der die letzten Jahre des paranoiden Tyrannen kennzeichnete. Im Gegenteil, die Tat passt zu dem Bild, das uns historische Quellen, allen voran Flavius Josephus, von der letzten Phase im Leben des Herodes vermitteln. Nur eine um 70 n. Chr. entstandene jüdische Schrift, die sogenannte *Himmelfahrt des Moses*, scheint auf den Kindermord anzuspielen, ihn mit dem Befehl des biblischen Pharaos zu vergleichen, alle neugeborenen Knaben zu töten (Ex 1,22), wenn es dort heißt: „Es folgte ein frecher König, der nicht aus priesterlichem Geschlecht war, ein verwegener und gottloser Mensch. Er tötete die Alten und die Jungen, und eine schreckliche Angst vor ihm kam über das Land. Er wütete unter ihnen mit Blutbefehlen, wie es in Ägypten geschah."

Wir wissen nicht, wie alt Jesus zu diesem Zeitpunkt war. Gewiss ist es reizvoll, sich vorzustellen, dass er beim Aufflammen der Supernova Anfang März 5 v. Chr. geboren wurde, und nichts spricht gegen diese Hypothese. Volkszählungen fanden immer im Winter statt, wenn bei den Bauern die Arbeit ruhte. Da allerdings in ganz Judäa ohnehin ab dem 15. Adar (in diesem Jahr der 24. Februar) von allen erwachsenen männlichen Juden die Tempelsteuer eingesammelt wurde, ist durchaus möglich, dass Herodes den Zensus gleichzeitig ansetzte. Die Präsenz von Hirten und Schafherden macht ebenfalls eine Datierung in die letzten Winterwochen plausibel. „Die Herden werden im *Nisan* (März) auf die Weiden gebracht und im *Marcheschwan* (November) zurück in die Ställe geführt", heißt es im *Talmud;* der 1. Nisan fiel 5 v. Chr. auf den 9. März. Schon Ende Februar sprießt in Bethlehem das Gras nach dem ersten Winterregen. Es entfaltet sich immer üppiger, bis es in der Glut der Frühlingssonne abstirbt. Während dieser Zeit finden größere Schafherden in den Hügeln und Auen zwischen dem Dorf und der Wüste reiche Nahrung. Die Nächte sind noch kühl, doch im Schein eines wärmenden Feuers können die Hirten in den Höhlen dieser Gegend Schutz finden. So passt auch das Szenario des Lukas gut zu einer Geburt Jesu im März. Das Lamm Gottes kam auf die Welt, als auch die Paschalämmer geboren wurden, so unschuldig und rein wie sie, deren Schicksal er einst teilen würde. Acht Tage nach seiner Geburt (und damit unmittelbar vor dem *Pessach*-Fest, das 5 v. Chr. am 22. März begann) wurde er als jüdischer Knabe beschnitten, nach 40 Tagen im Tempel „der vom Gesetz des Mose vorgeschriebenen Reinigung" unterzogen und dem Herrn geweiht (Lk 2,22). Das wäre dann gegen Ende April geschehen. Das nahe Wochenfest der Juden (am 12./13. Mai 5 v. Chr.) bot vielleicht Anlass, die anstrengende Rückreise mit dem Säugling noch ein wenig hinauszuzögern, als plötzlich die Magi auftauchten. So heißt es im *Protevangelium:* „Und siehe, Joseph hatte sich gerüstet, aus Judäa auszuziehen. Da entstand ein Lärm in Bethlehem, denn es kamen die Magier aus dem Morgenland …" Dem Rat der Sterndeuter folgend, kehrte die Heilige Familie jetzt nicht nach Nazareth zurück, sondern floh nach Ägypten. Sie benutzte dabei denselben Weg, auf dem Herodes 35 Jahre zuvor ebenfalls mit seiner Familie geflüchtet war, vorbei am Burgberg des Herodiums, vorbei am Toten Meer.

Innerhalb eines Jahres starb der alte König der Juden unter furchtbaren Qualen. Das Volk sah darin die gerechte Strafe Gottes für sein Wüten, für die unzähligen Morde. Er glaubte, er würde seine letzte Ruhe am Hang seiner liebsten Festung finden, den Blick auf Jerusalem gerichtet, das Zentrum seiner Herrschaft, aber auch auf Bethlehem, von wo er sie bedroht sah. Doch seine Totenruhe währte nicht lange, noch an seinem kostbaren Sarkophag und dem Leichnam nahm das Volk schreckliche Rache. Die Zeit des Tyrannen war vorbei. Doch den Frieden, der ihm verheißen worden war, hat Bethlehem bis heute nicht gefunden.

IV. Das Haus
seines Vaters

Wo Jesus betete

Jerusalem ist heute eine der wenigen Städte, deren Altstadt noch von einer völlig intakten Stadtmauer umgeben ist. Seine aktuelle Umwallung stammt zwar aus osmanischer Zeit, doch ihr Verlauf blieb unverändert seit den Tagen der Römer. Genauer gesagt, seit 135 n. Chr., als Kaiser Hadrian nach der Niederschlagung des Bar-Kochba-Aufstandes auf den Trümmern des alten Jerusalem die neue Stadt *Aelia Capitolina* gründete. Sie war benannt nach ihm selbst (er hieß vollständig Publius *Aelius* Hadrianus) und dem kapitolinischen Jupiter (Zeus), dem er auf dem Tempelberg ein Heiligtum errichtete. Den Juden dagegen verbot er, die Stadt zu betreten. Erst sein Nachfolger Antoninus Pius erlaubte ihnen, einmal im Jahr, am 9. Av, nach Jerusalem zu kommen, um dort ihre Niederlage, die Zerstörung des Tempels und ihre Vertreibung zu betrauern. Als Gedenkstätte wählten sie ein Stück der westlichen Stützmauer des Tempels, das dem Allerheiligsten einst am nächsten lag. Bis auf den heutigen Tag ist es als *Klagemauer* bekannt.

Die Tore der Stadtmauer wurden geschlossen, die Innenstadt hermetisch abgeriegelt, als Papst Benedikt XVI. am 12. Mai 2009 in das jüdische Viertel der Altstadt kam, um auf dem Tempelberg und an der Klagemauer zu beten. So geschieht es quasi unter Ausschluss der Öffentlichkeit, dass der Papst die Kluft zwischen den Weltreligionen mit bescheidener Nonchalance überwindet.

Es ist noch früh am Morgen, als seine schwarze Limousine bei strahlendem Sonnenschein durch das Löwentor in die Jerusalemer Altstadt einfährt. Sein erstes Ziel ist die Kuppel des Felsendoms, dessen Gold an diesem Tag noch heller strahlt. *„As salamu alaikum!"*, „Der Friede sei mit euch", begrüßt Benedikt XVI. den muslimischen Großmufti, der ihn dort oben schon erwartet. Und dann zieht der Papst die Schuhe aus. Denn der Felsendom, das will er damit sagen, ist auch den Christen heilig. Schließlich ist er keine Moschee, sondern ein Memorialbau, errichtet über dem Felsen, auf dem einst Abraham seinen Sohn Isaak opfern wollte, auf dem König Salomon den ersten Tempel errichtete, auf dem einst die Bundeslade stand. Hier befand sich das Allerheiligste, das Zentrum des Judentums, das selbst der Hohepriester nur einmal im Jahr, am Versöhnungstag, betreten durfte, um hier zu beten. Wenn in Jerusalem, der heiligen Stadt dreier Weltreligionen, ein Boden allen heilig ist, dann dieser.

Jetzt betet der Papst an dieser Stelle für die Versöhnung zwischen den Völkern und Religionen, die in so weiter Ferne zu liegen scheint. Anders als die übrigen Stationen seiner Reise ins Heilige Land wird dieser Moment nicht live im Fernsehen übertragen. Den Kameraleuten des Israelischen Staatsfernsehens, das sich die Übertragungsrechte für Benedikts Israel-Reise gesichert hatte, war von den Muslimen untersagt worden, den Tempelberg zu betreten. Seit der Zweiten Intifada sind Juden hier genauso unerwünscht wie zu Zeiten des Kaisers Hadrian.

Statt dessen kommt Benedikt XVI. anschließend zu ihnen. Über eine Brücke, die einst hinauf zum Tempel führte, fährt er hinunter zum Platz vor der Klagemauer, die jetzt offiziell *Western Wall*, „Westmauer", heißt. Dort, wo sonst gläubige Juden beten, sieht man jetzt hauptsächlich zwei Gattungen von Menschen: ein paar zugelassene Journalisten und viele, viele Sicherheitsbeamte. Alle tragen aus Respekt eine jüdische *Kippa* auf dem Kopf; das Haupt des Papstes ist, wie immer, mit einem weißen *Pileolus* bedeckt. Der Rabbiner der Klagemauer, Shmuel Rabinovich, begrüßt den Gast aus Rom, geleitet ihn zu einem Stehpult. Mit lauter Stimme trägt er dann auf hebräisch den 122. Psalm vor, den Benedikt XVI. auf lateinisch wiederholt:

„Zum Haus des Herrn wollen wir pilgern,
schon stehen wir in deinen Toren, Jerusalem ...
Wer dich liebt, sei in dir geborgen.
Wegen meiner Brüder und Freunde will ich sagen:
In dir sei Friede.
Wegen des Hauses des Herrn, unseres Gottes,
will ich dir Glück erflehen."

Es ist derselbe Psalm, den seit Urzeiten alle Jerusalem-Pilger gebetet haben, auch Jesus und seine Familie, als sie zu den drei großen

Festen des jüdischen Jahres – *Pessach*, Wochenfest *(Schawuot)* und Laubhüttenfest *(Sukkot)* – den Tempel aufsuchten. Doch das Gebet blieb bislang unerhört; noch heute hofft Jerusalem vergeblich auf Frieden. Er scheint mit jedem Jahr in weitere Ferne zu rücken.

Dann dreht der Papst sich um, geht direkt zu der Mauer. Wie vor neun Jahren der damals schon schwerkranke Johannes Paul II., so schiebt auch Benedikt XVI. einen zusammengefalteten Zettel mit seinem ganz persönlichen Friedensgebet in eine der Ritzen zwischen den mächtigen Quadern. Schweigend bleibt der schmale, kleine Mann in Weiß stehen vor der goldbraunen Mauer, und es ist, als würde die Zeit mit ihm innehalten. Tiefe Stille legt sich über den Platz, ja über ganz Jerusalem, unterbrochen nur durch die Rufe aufgeregter Sicherheitsbeamter. Ein leiser Wind kommt auf, erfasst die päpstliche *Mozetta*, als wolle er den Besucher aus Rom in den Himmel tragen. Eine Taube steigt herab und lässt sich in einem Kapernbusch über ihm nieder. Selbst das Zirpen zweier Schwalben, die hoch oben an der Mauer ihr Nest gebaut haben, ist noch deutlich zu hören. Erst als diese Minute in der Ewigkeit verschwunden ist, dreht sich der Papst um, geht zurück, die Hände noch immer gefaltet, und begrüßt eine Gruppe wartender Rabbiner.

Mein Freund Gary Krupp, der von New York aus die Papstreise verfolgt, ist in diesem Augenblick ein klein wenig enttäuscht. Seit Jahren setzt er ich mit seiner *Pave the Way-Foundation* für die Aussöhnung zwischen Juden und Christen ein. Er ist selber Jude und Päpstlicher Ehrenritter zugleich, ein treuer Freund Benedikts XVI. Als er drei Wochen zuvor bei mir in Düsseldorf zu Besuch war, schrieb er noch eine E-Mail an Monsignore Dr. Georg Gänswein, den Sekretär des Papstes. Wäre es nicht eine schöne Geste, wenn der Papst von der Klagemauer als „dem Ort, an dem auch Jesus betete", sprechen würde? Benedikt XVI. verzichtete auf die vorgeschlagene Formulierung, auch wenn sein Gebet selbst die tiefste Verneigung vor der Heiligkeit dieses Ortes war. Doch trotzdem geht mir Garys Formulierung nicht aus dem Kopf, an sie musste ich auch denken, als ich eine Woche vor dem Papstbesuch die Ausgrabungen rund um den Tempelberg besichtigte. Es gibt keinen heiligeren Boden als diesen und auch keinen authentischeren Ort der Begegnung mit dem historischen Jesus von Nazareth, der sein Leben lang hierher kam, um im „Haus seines Vaters" zu beten. Der

Tempel war das Zentrum des jüdischen Lebens im frühen 1. Jahrhundert n. Chr. – und damit auch des Lebens Jesu.

Der Tempel war aber auch das andere Gesicht des janusköpfigen Kindermörders von Bethlehem, quasi des Herodes Liebeswerben um das Herz seines Volkes. Er wusste, dass er mit diesem Projekt die Juden begeistern und jene versöhnen würde, die mit zunehmender Skepsis sein Romanisierungsprogramm Judäas, den Bau von Wagenrennbahnen, Theatern und prunkvollen Palästen, verfolgten. Es würde ihn, den Marionettenkönig Roms, als „neuen Salomon" und treuen Diener des jüdischen Gottes erscheinen lassen und damit auch seine Herrschaft legitimieren. Und es sollte die jüdische Elite zum Verstummen bringen, die zunehmend die Nase rümpfte über seine Herkunft, darüber, dass er kein Hasmonäer war, geschweige denn ein Davidide, ja nicht einmal ein richtiger Jude. Sein Vater Antipatros war Idumäer, Angehöriger eines kanaanitischen Volkes also, das erst unter König Johannes Hyrkanos zwangsweise zum Judentum konvertierte, seine Mutter sogar eine heidnische Nabatäerin aus der Felsenstadt Petra im heutigen Jordanien. „Du sollst nicht einen, der nicht dein Bruder ist, über dich setzen", lehrt die Tora, die von seinen Gegnern immer wieder gerne zitiert wurde. Also musste er um jeden Preis beweisen, dass er sehr wohl ein guter Jude war. Er tat es, indem er Gott einen Tempel baute, wie ihn die an prachtvollen Heiligtümern gewiss nicht arme antike Welt noch nie gesehen hatte.

Im 18. Jahr seiner Regierung, so Flavius Josephus, also 20/19 v. Chr., ließ er die Arbeiten beginnen. Das größte Bauprojekt der Antike seit Errichtung der Pyramiden wurde sorgfältig vorbereitet. Erst als Herodes 1000 Wagen zum Anfahren der Steine beschafft, 10.000 erfahrene Werkmeister ausgewählt, 1000 Priestern neue Gewänder gekauft und sie teils in der Steinmetzkunst, teils im Zimmermannshandwerk hatte ausbilden lassen, damit kein Unwürdiger den heiligsten Boden zu betreten brauchte, begann er sein Werk.

Zunächst ließ er die quadratische Plattform, auf der bereits der zweite Tempel stand, gehörig vergrößern. Betrug ihre Grundfläche zuvor 200 mal 200 Meter oder 40.000 Quadratmeter, wurde die neue Tempelbergplattform ein Trapez von 485 Meter Länge an der Westseite und 315 Metern Breite an der Nordseite sowie einer Grundfläche von über 140.000 Quadratmetern oder 14 Hektar.

Das entsprach einem jüdischen Flächenmaß von 144 *Dunam*, wohinter sich im Quadrat die Zahl Zwölf versteckt, die Anzahl der Stämme Israels. Damit schuf Herodes die größte Tempelplattform im Mittelmeerraum. Im Vergleich zu ihr musste sogar die Akropolis von Athen mit knapp drei Hektar Fläche oder der heilige Bezirk von Olympia mit dreieinhalb Hektar Fläche ärmlich erscheinen. Dieses riesige Areal wurde von einer viereinhalb Meter starken Stützmauer aus massiven Quadern umzogen, die bis zu 45 Meter hoch war. Sie wurde in einer leichten Schräge gebaut, um noch besser dem Druck von innen standzuhalten. Die Steine dazu stammten aus einem Steinbruch zwei Kilometer nordwestlich der Stadt, dort, wo sich jetzt die Mädchenschule des Jerusalemer Vororts Ramat Shlomo befindet; er wurde erst 2007 beim Bau der Schule entdeckt. Und einer von ihnen hat eine ganz besondere Geschichte, auf die auch Jesus Bezug nahm:

„Und Jesus sagte zu ihnen: Habt ihr nie in der Schrift gelesen: Der Stein, den die Bauleute verworfen haben, er ist zum Eckstein geworden; das hat der Herr vollbracht, vor unseren Augen geschah dieses Wunder?" (Mt 21,42).

Diesen Eckstein gibt es wirklich. Man findet ihn noch heute an der Südostecke des Tempels in der achten oberirdischen Steinlage, der 28. über dem Felsboden. Mit einem Gewicht von über 100 Tonnen ist er der wohl schwerste Stein der gesamten Außenmauer. Er diente offenbar als Stabilisator. Weil er mit 1,83 Metern Höhe viel größer war als die restlichen Steine der Tempelmauer, wurde die mit ihm begonnene Reihe von zwei Lagen extra kleiner gearbeiteter Quadern fortgesetzt. Offenbar hatten sich die Steinmetze bei seiner Anfertigung verrechnet. Jedenfalls hatte er, als er den Bauplatz erreichte, nicht die gewünschte Größe, und fast hätten ihn die Baumeister verworfen, wenn nicht einer von ihnen doch noch die rettende Idee gehabt hätte. Er ließ einfach auf beiden Seiten schmale Steine hochkant stellen, um die Zwischenräume aufzufüllen. So wurde der Stein mit den falschen Maßen doch noch zum Eckstein, und seine schiere Größe lässt auch uns noch staunen.

Gewöhnlich waren die verwendeten Kalksteinquadern gut einen Meter hoch, anderthalb bis zwei Meter lang und fünf bis sechs Tonnen schwer. Doch dort, wo die Belastung am stärksten war, unter dem Tempel selbst, legten die Baumeister Steine von bis zu 14 Metern Länge und 570 Tonnen Gewicht – eine Leistung, die erst anderthalb Jahrhunderte später beim Bau der Tempelplattform von Baalbek im Libanon übertroffen wurde. Der Zwischenraum zwischen der alten Plattform und der neuen Umgrenzungsmauer wurde nicht einfach mit Erdreich gefüllt, sondern durch eine dreistöckige Bogenkonstruktion stabilisiert und neutralisiert. Nach jüdischem Glauben war das nötig, falls sich noch alte Gräber in den Felshöhlen des Berges Moriah befanden. Erst der Freiraum, den die Bögen schufen, würde die Unreinheit, die von den Gräbern ausging, neutralisieren und einer Verunreinigung des Tempels vorbeugen.

Die ganze Tempelbergplattform ließ Herodes mit goldbraunen Kalksteinplatten pflastern und von Säulenhallen umgeben. So entstand ein riesiger Hof, der jetzt *Vorhof der Heiden* hieß, weil jeder, auch ein Nichtjude, ihn betreten konnte. Eine marmorne Balustrade in seinem Innern trennte den heiligen Bezirk ab, der ausschließlich Juden vorbehalten war. Steintafeln warnten davor, dass nichtjüdischen Unbefugten die Todesstrafe drohte.

Innerhalb dieses heiligen Bezirks, der in seinen Ausmaßen etwa der alten Tempelplattform entsprach, befand sich der eigentliche Tempel. Er lag auf einer Terrasse, zu der von allen Seiten Stufen führten, und war von einem zweigeteilten Vorhof umgeben. Der äußere Vorhof hieß *Vorhof der Frauen,* weil er allen Gläubigen offenstand. Obwohl er auf allen drei Seiten Tore hatte, war sein Haupteingang die sogenannte *Schöne Pforte* im Osten. Das Tor war aus feinstem, korinthischen Messing gefertigt und verschwenderisch verziert. Seine Türflügel waren so schwer, dass nur zwei starke Männer gemeinsam sie bewegen konnten. Im Innern war der Vorhof der Frauen auf drei Seiten von Säulengängen umgeben, in den Ecken befanden sich Kammern, in denen Brennholz, Öl und Wein gelagert wurden und sich Gläubige nach einer besonderen Reinigung oder einem Gelübde auf ihr Opfer im Tempel vorbereiten konnten. Vor ihnen standen mächtige Leuchter, die den Hof während des Laubhüttenfestes nachts erhellten. Dreizehn Truhen mit posaunenförmigen Aufsätzen dienten als Opferstöcke. Hier warfen die Pilger den Gegenwert des vorgeschriebenen Mindestopfers, zweier Turteltauben, ein.

Im Westen grenzte der Vorhof der Frauen an die marmorverkleidete Fassade des inneren Vorhofs, auch *Hof der Israeliten* genannt,

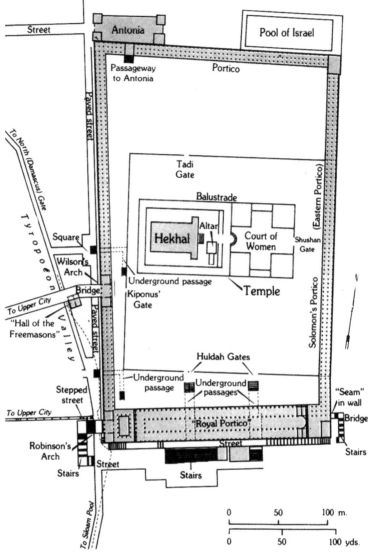

Plan des Tempels von Jerusalem zur Zeit Jesu

der ausschließlich männlichen Juden vorbehalten war, die sich zuvor einer kultischen Reinigung unterzogen hatten. Sein einziger

Zugang für Nicht-Priester war durch das reich verzierte, goldgeschmückte *Nikanor-Tor*, das, gleich wie die Himmelspforte, immer offen stand. Zu ihm hinauf führte ein halbrunder, 15stufiger Treppenaufgang, der in einen marmorgepflasterten Vorplatz endete. Auf ihm, vor dem geöffneten Tor, ereignete sich alles, was „im Angesicht des Herrn" zu geschehen hatte: Dort zeigten sich Aussätzige den Priestern nach ihrer Reinigung, tranken Frauen, die des Ehebruchs verdächtigt wurden, das sogenannte „Eifersuchtswasser", hier wurde das 40 Tage alte Jesuskind „im Tempel präsentiert".

Der 85 mal 62 Meter große Hof der Israeliten war noch einmal zweigeteilt. Eine niedrige Balustrade aus fein gearbeitetem Kalkstein trennte den Bereich der Laien von dem der Priester. In seinem Zentrum stand der 25 Meter breite, quadratische Opferaltar, auf dem ständig drei Feuer brannten, eines für die Tieropfer, ein zweites für Weihrauch und ein drittes, um die ersten beiden immer wieder neu zu entzünden. Zu ihm hinauf führte eine breite Steinrampe. Rechts davon wurden die Opfertiere festgebunden, bis sie an der Reihe waren. In einer Ecke des Hofes stand ein riesiges Wasserbecken aus Messing, das von zwölf Priestern gleichzeitig benutzt werden konnte. Ein perfektes Leitungsnetz sorgte dafür, dass der Tempel stets mit frischem Wasser versorgt wurde, während Schmutzwasser und Blut sofort abfließen konnten.

Hinter dem Altar führten noch einmal zwölf Stufen hinauf in den Tempel, dessen breite Front sich majestätisch über den Innenhof erhob. Seine von vier Säulen flankierte quadratische Fassade aus weißem Marmor ragte 50 Meter hoch in den Himmel. „Der äußere Anblick des Tempels bot alles dar, was Auge und Herz erzücken konnte", schwärmte Flavius Josephus, „auf allen Seiten mit schweren goldenen Platten bekleidet, schimmerte er bei Sonnenaufgang im hellsten Feuerglanz und blendete das Auge gleich den Strahlen des Tagesgestirns. Fremden, die nach Jerusalem pilgerten, erschien er von fern wie ein schneebedeckter Hügel; denn wo er nicht vergoldet war, leuchtete er in blendender Weiße."

Hinter der Fassade war er zweistöckig, im Innern noch einmal zweigeteilt in das Heiligtum und das Allerheiligste. Sein Eingang war von Weinranken aus purem Gold und mannsgroßen Goldtrauben umgeben. Ein prächtiger Vorhang entzog das Innere des Heiligtums den Blicken der Gläubigen. Es war nur den diensthabenden Priestern zugänglich. Hier standen der Siebenarmige Leuchter, der

Schaubrottisch und, im Zentrum, direkt vor dem Eingang ins Allerheiligste, der Räucheraltar. Eine Holzwand trennte das Allerheiligste ab, sein Eingang war mit einem schweren Vorhang verhängt. Sein Inneres war leer; die Bundeslade war schon in den Tagen des Ersten Tempels verschwunden. Dort, wo sie einst stand, ragte nur noch ein nackter Felsen aus dem Marmorboden. Ihn besprengte der Hohepriester mit Blut, wenn er einmal im Jahr, zum Versöhnungsfest, hier vor Gott treten durfte.

Doch der Tempel war weder das einzige noch das größte Gebäude auf der herodianischen Plattform. Quer über ihre Südseite erstreckte sich die *Königliche Halle*, eine der beeindruckendsten Bauten des Nahen Ostens. Sie glich einer dreischiffigen Basilika, war 185 Meter lang und 30 Meter hoch, dabei von vier mal 40 Säulen mit korinthischen Kapitellen getragen, mit einem erhöhten Mittelschiff, das noch einmal auf zweimal 40 Säulen ruhte. Der Anblick der Prunkhalle auf der an dieser Stelle ohnehin schon über 20 Meter hohen Plattform muss atemberaubend gewesen sein. „Das ganze Werk war eines der denkwürdigsten, welche die Sonne jemals beschienen hat", beschrieb sie Josephus, „ihr Anblick in so luftiger Höhe war schwindelerregend." In ihrer Apsis traf sich „40 Jahre vor der Zerstörung des Tempels", also seit dem Jahr 30 n. Chr., der *Sanhedrin*, der Hohe Rat der Juden, dem der Hohepriester vorstand. In den Seitenschiffen hatten die Geldwechsler und Opfer-Verkäufer ihre Stände. Hier war es, wo die Heilige Familie bei der Präsentation Jesu im Tempel 40 Tage nach seiner Geburt – also Ende April 5 v. Chr. – das vorgeschriebene Opfer kaufte, „ein Paar Turteltauben oder zwei junge Tauben". Das war das Mindestopfer für das Volk; wer es sich leisten konnte, brachte besser „ein einjähriges Schaf als Brandopfer" (Lev 12,6) dar. Archäologen, die am Fuße der Königlichen Halle gruben, fanden noch ein Steingewicht, in das auf hebräisch das Wort *korban* (Opfer) nebst zwei Tauben eingraviert war.

So beeindruckend die Bauten auf der Tempelplattform gewesen sein mussten, so monumental gestaltete Herodes die Aufgänge, die zu ihr führten. Der erste davon war die „Königliche Brücke". Sie überquerte das Tyropaion-Tal, das den Berg Moriah, auf dem der Tempel stand, von der Neustadt auf dem Westberg und damit auch vom Königspalast trennte. Noch heute sind der Anfang dieser Brücke und ihr erster, mächtiger Bogen erhalten. Er grenzt nördlich an die Klagemauer und wird heute von orthodoxen Rabbinern als Toraschule und Gebetsraum genutzt. Nach dem britischen Forscher, der ihn erstmals 1865 untersuchte, wird er auch *Wilsonbogen* genannt. Der zweite Monumentalaufgang überquerte den *Robinsonbogen*, nach dem Amerikaner Edward Robinson benannt, der ihn bereits 1838 identifizierte. Sein Endstück ragt noch heute aus der südwestlichen Tempelbergmauer. Von hier aus führte in zwei rechten Winkeln eine monumentale Hochtreppe hinauf zu einem prachtvoll verzierten Tor, das der „Königlichen Halle" vorgelagert war. „Wer den Tempel des Herodes nicht gesehen hat, hat niemals ein wirklich schönes Bauwerk kennengelernt!" schwärmte ein Rabbiner aus Babylon. Selbst heidnische Besucher Jerusalems konnten nicht anders, als dem zuzustimmen. Doch wie großartig, wie monumental die Anlage wirklich war, das konnte erst die Archäologie offenbaren.

Dabei darf auf dem Tempelberg selbst nicht gegraben werden. Was einst das höchste Heiligtum der Juden war, untersteht heute der *Waqf*, der muslimischen Verwaltung. Für sie ist der Ort nicht heilig, weil hier einst Jahwes Tempel stand (was die muslimischen Palästinenser heftig bestreiten), sondern weil sie glauben, dass Muhammad ihn eines nachts auf einem himmlischen Pferd besuchte. Im Felsen unter dem Felsendom wollen sie sogar den Hufabdruck dieses Wundertieres erkennen. Deshalb heißt bei ihnen der Tempelberg *Haram Asch-Scharif*, „das erhabene Heiligtum".

Ihre für einen Historiker nicht nachvollziehbare Leugnung einer jüdischen Vergangenheit des Heiligtums erklärt ihren verantwortungslosen Umgang mit seinen Überresten. Als die *Waqf* in den letzten Jahren neben der *Al Aqsa*-Moschee auf der Südseite des Tempelberges eine unterirdische Moschee baute, wurde tonnenweise Erdreich mit dem Bagger ausgehoben und wahllos auf Schutthalden in Ostjerusalem gekippt. Archäologen waren bei den Bauarbeiten nicht zugelassen, weil es angeblich nichts zu untersuchen gab. Zum Glück gelang es der Israelischen Altertümerverwaltung schließlich, die Schutthalden zu lokalisieren und noch einige Fragmente zu retten, die von der reichen Ausschmückung der Königlichen Halle zeugen.

Um so besser erforscht ist dagegen das Gelände zu Füßen der Südwestecke des Tempelberges, das zum jüdischen Viertel der Jerusalemer Altstadt gehört. Gleich nach der Eroberung Ostjerusalems im Sechstagekrieg begannen dort die Ausgrabungen. Dabei hatten die Archäologen gleich an zwei Fronten zu kämpfen: Auf der einen Seite standen die konservativen Rabbiner, für die eine archäologische Ausgrabung einer Profanisierung des heiligen Bodens gleichkam. Auf der anderen bezichtigte die *Waqf,* mit Unterstützung aus der arabischen Welt, die Israelis, sie wollten mit ihren Grabungen die *Al Aqsa*-Moschee zum Einsturz bringen. Gleich zweimal, 1968 und 1974, stand das Thema sogar auf der Tagesordnung der Vereinten Nationen; es war das erste Mal in der Geschichte, das eine archäologische Spurensuche zu einem Politikum von Weltrang wurde. Glücklicherweise ignorierten die Israelis die Resolutionen der UNO und ihrer Kulturbehörde UNESCO, selbst als sie 1974 ganz offiziell getadelt wurden. Im Gegenteil: die politischen Verurteilungen führten nur dazu, dass man jetzt auf Hochtouren arbeitete. War zu Anfang noch davon die Rede, die Grabungen „in unserer Generation" abzuschließen, schaffte man das plötzlich in zwölf Jahren. Dabei wurden über 300.000 Kubikmeter Erdreich ausgehoben und zumindest größtenteils auf Scherben und Gebäudefragmente untersucht. Was übrigblieb, endete auf Schuttlawinen, die sich ihren Weg hinunter ins Kidron- und Hinnom-Tal suchten. Wer als Jerusalem-Pilger eine authentische Antiquität aus der Zeit Jesu sucht, kann hier mühelos (und legal) Scherben, Henkel und Öllampenfragmente aus der Erde ziehen. Zeitweise bediente sich Grabungsleiter Meir Ben-Dov des Bulldozers, um schneller voranzukommen, eine Methode, die glücklicherweise anderenorts bei Archäologen verpönt ist. Seitdem gilt Ben-Dov bei seinen Kollegen als Paria, sein Buch *Im Schatten des Tempelbergs* wurde von keiner namhaften Fachzeitschrift rezensiert. Doch dass er trotz noch so kontroverser und rigoroser Methoden erstaunliche Entdeckungen machte, das bestreitet niemand.

Sein spektakulärster Fund war der große Tempelaufgang auf der Südseite der Plattform, der den beiden *Hulda-Toren,* dem *doppelten* und dem *dreifachen Tor,* vorgelagert war. Die Hulda-Tore waren Eingänge zu Tunneln, die unter der Königlichen Halle hinweg auf schräger Bahn hoch in den Tempelhof führten. Über 300 Fragmente der reichen Dekoration, die einst Wände und Decken der Passagen verzierte, wurden ebenfalls entdeckt. Obwohl beide Tore von den Muslimen zugemauert wurden, sind sie noch deutlich im Mauerwerk erkennbar. Auf dieser Treppe, die man heute im Archäologischen Park rund um die Südwestecke des Tempelberges besichtigen kann, haben Millionen jüdischer Pilger ihr höchstes

Heiligtum betreten – einer von ihnen war Jesus von Nazareth. Hier ereignete sich auch die einzige Episode aus der Kindheit Jesu, die uns Lukas überlieferte.

Der Vorfall, der sich wohl am 20. April 8 n. Chr. zutrug (in diesem Jahr fand *Pessach* vom 9.–17. April statt), ist kurz erzählt. Wie jedes Jahr (und das hebt der Evangelist eigens hervor, siehe Lk 2,41) waren die Eltern Jesu zum Paschafest nach Jerusalem gepilgert. Die Teilnahme an den großen Tempelfesten war für alle Juden verpflichtend, also ruhte im ganzen Land die Arbeit. Ganze Dörfer gingen gemeinsam auf Wallfahrt, halb Galiläa durchquerte das Land der Samaritaner als eine einzige, endlose Karawane. Für den zwölfjährigen Jesus war es das erste Mal, dass er mit durfte. Er sollte im nächsten Jahr seine *Bar Mitzwa* feiern und galt dann als religionsmündig, als vollwertiges Mitglied der Gemeinschaft gläubiger Juden. Fortan würde er beim Gottesdienst aus der Tora vorlesen dürfen und an Hand und Kopf die *Tefillin* tragen, Lederkapseln, in die man Verse aus der Tora nähte.

Nach Abschluss der achttägigen *Pessach*-Feier machte sich die Pilgerkarawane wieder auf den Rückweg. Da Familienclans und ganze Dörfer unterwegs waren, wird Maria und Joseph zunächst nicht aufgefallen sein, dass Jesus fehlte. Erst als die Pilgergruppe das Nachtlager aufschlug, merkten sie, dass er nicht dabei war. Wie es sich für gute Eltern gehört, suchten sie zunächst bei Verwandten und Bekannten. Als sie ihn dort nicht fanden, kehrten sie, wahrscheinlich mit den Nerven am Ende, nach Jerusalem zurück. Wir können buchstäblich hören, wie Joseph auf seine Frau einredete: „Sag, Maria, wo hast du den Jungen das letzte Mal gesehen? Versuch dich zu erinnern!" Immer wieder lautete die Antwort: im Tempel. Als sie endlich am Rande der Verzweiflung das Heiligtum erreicht hatten, trauten sie ihren Augen nicht. Da saß der Zwölfjährige seelenruhig und offenbar mitten in seinem Element. Er schien alles um sich herum vergessen zu haben, als er mit den Schriftgelehrten über das Wort Gottes diskutierte!

Kein Kind, das diese Worte nicht hundertfach aus dem Mund seiner Mutter gehört hat: „Wie konntest du das nur deinem Vater und mir antun?" Doch Jesus verstand ihre Aufregung nicht. Er war doch bei seinem Vater, hier im Tempel! Spätestens jetzt muss Joseph die Beherrschung verloren und den „frechen Ausreißer" an den Ohren nach Nazareth geschleift haben.

Ich habe diese Szene plastisch vor Augen, als wir vor den Treppen zu den Hulda-Toren stehen. Ein rabbinisches Buch, die *Tosefta Sanhedrin,* schildert, wie „Rabban Gamaliel und die Ältesten auf den Treppen zum Tempelberg saßen". Gut möglich, dass es hier war, wo der junge Jesus mit den Schriftgelehrten diskutierte. Denn direkt neben dem Aufgang zum dreifachen Tor stießen die Archäologen auf ein massives Gebäude aus herodianischer Zeit. Ein Inschriftenfragment, das zu seinen Füßen lag, trug auf hebräisch die Worte „(die) Ältesten" *(zequenim)* und könnte sich auf die Mitglieder des *Sanhedrin* beziehen. Sollte diese Deutung zutreffen, dann war dies vielleicht der Saal, in dem sich der Hohe Rat der Juden traf, bevor er 30 n. Chr. in die zu diesem Zeitpunkt gerade fertiggestellte Apsis der Königlichen Halle umzog.

Wir streifen durch das Gelände zu Füßen der antiken Tempelaufgänge. Überall finden wir Mikwen (hebr.: *Mikwaot),* jüdische Ritualbäder, die jeder Pilger benutzte, um sich kultisch zu reinigen, bevor er den Tempelberg betrat.

Tahara, rituelle Reinheit, und *Tumah,* rituelle Unreinheit, sind noch heute wichtige Konzepte im Judentum. Die Tora verlangt in bestimmten Situationen die Wiederherstellung der rituellen Reinheit. Für den Besuch des Tempels war sie Vorschrift. Als unrein galt jeder, der entweder mit einem Toten in Berührung kam oder körperliche Substanzen verlor, etwa männliche Samenflüssigkeit oder weibliches Menstruationsblut, aber auch krankheitsbedingte Absonderungen. Für Menschen, die *tameh* (unrein) geworden sind, waren Trennung von der Gemeinschaft und bestimmte Reinigungsrituale erforderlich, um sie in den ursprünglichen Zustand der *Tahara* zurückzuführen. Sie mussten sich zunächst gründlich reinigen, um abschließend mit dem ganzen Körper in „lebendigem" (fließendem, nicht stehendem) Wasser unterzutauchen. Das konnte in einem Fluss geschehen, doch der einzige Fluss in Israel, der tief genug war, um darin unterzutauchen, war der Jordan. Daher baute man in der Zeit des Zweiten Tempels besondere Bassins *(Mikwe =* „Sammlung des Wassers"), in die ein bestimmter Anteil an „lebendigem" (fließendem) Wasser eingespeist wurde oder die bis zum Grundwasser reichten. Stets führen Treppen in diese Wasserbekken. Bei vielen Mikwen sind die Stufen zweigeteilt, war eine Seite für den Einstieg, die andere für den Ausstieg bestimmt, damit der frisch Gereinigte nicht mit den alten Unreinheiten in Kontakt kam.

Wenn Lukas schreibt, dass die Heilige Familie vor der Präsentation Jesu im Tempel die „vom Gesetz des Mose vorgeschriebene Reinigung" (Lk 2,22) durchführte, dann kann das nur bedeuten: Sie badeten in einer der Mikwen rund um den Tempelberg. Sein ganzes Leben lang wird Jesus als gläubiger Jude eine dieser Mikwen aufgesucht haben, bevor er zum Tempel ging, um seinem Vater nah zu sein.

Die Evangelien lassen keinen Zweifel daran, dass der Tempel für Jesus auch das Zentrum seiner Lehrtätigkeit war, wenn er nach Jerusalem kam. „Tagsüber lehrte Jesus im Tempel; abends aber ging er zum Ölberg hinaus und verbrachte dort die Nacht. Schon früh am Morgen kam das ganze Volk zu ihm in den Tempel, um ihn zu hören", fasst Lukas (21,37–38) seinen Tagesablauf zusammen. Gewöhnlich wird er sich in der *Halle Salomons*, der Säulenhalle am Ostrand des Tempelberges, aufgehalten haben, die noch zur Zeit der Apostelgeschichte Treffpunkt der Urgemeinde war (Apg 3,11). Sie galt als der älteste Teil der Anlage. Aber auch im Vorhof der Frauen dürfte er gepredigt haben; hier sah er, wie eine arme Witwe ihr „Scherflein", zwei Kupfermünzen oder *Lepta*, in einen der Opferkästen warf (Mk 12,41–44; Lk 21,1–4).

Wie eng das öffentliche Auftreten Jesu mit den Tempelfesten verknüpft war und wie sehr er die Gelegenheit nutzte, dass zu diesen Anlässen alle gläubigen Juden zusammenkamen, zeigt der Bericht des Johannes über Jesu Wirken während des Laubhüttenfestes 29 n.Chr., das vom 19.–29. Oktober dieses Jahres stattfand.

Jesus folgte zunächst nicht seinen „Brüdern", sondern zog mit seinen Jüngern ein paar Tage später nach Jerusalem. Als schon die Hälfte der Festwoche vorüber war, also um den 25. Oktober, „ging Jesus zum Tempel hinauf und lehrte" (Joh 7, 14), was, wie wir gesehen haben, wörtlich zu verstehen ist: er erreichte die erhöhte Tempelplattform wahrscheinlich über den Südaufgang und das doppelte Hulda-Tor.

Das Laubhüttenfest war ein jüdisches Erntedankfest. Zugleich aber erinnert es an die Wanderung der Israeliten durch die Wüste. Darum sollen alle gläubigen Juden während dieses Festes eine Woche lang Tag und Nacht in Hütten aus Palmblättern und Laubzweigen leben, die auf den Dachterrassen der Stadt, aber auch auf den Freiflächen rund um die Stadt und auf dem Ölberg errichtet wurden. In der Festwoche schöpfte ein Priester vor dem Morgenopfer mit einer goldenen Kanne Wasser aus dem *Schiloach*-Brunnen. Ein zweiter, durch Los bestimmter Priester goss auf dem Altar dieses Wasser in eine silberne Schale, ein dritter brachte Wein als Trankopfer dar. Es folgten Prozessionen um den Brandopferaltar, Psalmen wurden rezitiert, bei bestimmten Versen schwangen die Teilnehmer ihr mitgebrachtes Bündel aus Palm-, Weiden- und Myrtenzweigen. Es war das einzige Mal im Jahr, dass alle männlichen Gläubigen den Raum zwischen Altar und Tempel passieren durften, der gewöhnlich den Priestern vorbehalten war. Am achten Tag des Festes unterblieb das Wasseropfer. An diesem Tag aber verkündete Jesus: „Wer Durst hat, komme zu mir, und es trinke, wer an mich glaubt. Wie die Schrift sagt: Aus seinem Inneren werden Ströme von lebendigem Wasser fließen" (Joh 7,37–38). Kein Ritual, kein Zeremoniell des Alten Bundes, konnte den Durst der Seele stillen. Der Geist aber, den alle empfangen, die an ihn glauben, wird alle Durstigen erquicken und reiner machen, als es das „lebendige Wasser" in der Mikwe oder im Schiloach-Teich vermag.

Auch auf ein anderes Bild des Festes bezog sich seine Predigt. Während der ganzen Festwoche warfen nachts die vier hohen Leuchter im Vorhof der Frauen ihr helles Licht über die Tempelplattform und die ganze Stadt. In seinem Glanz fand nachts ein Fackeltanz statt, begleitet von Musik. Zum Abschluss des Festes erloschen die Leuchter. Jesus aber verkündete: „Ich bin das Licht der Welt. Wer mir nachfolgt, wird nicht in der Finsternis umhergehen, sondern wird das Licht des Lebens haben" (Joh 8,12). Damit über diese Deutung auch ja kein Zweifel aufkommt, erwähnt Johannes sogar den Ort dieser Rede, ein Hinweis, den jeder Kenner des Tempels damals sofort verstand: „Diese Worte sagte er, als er im Tempel bei der Schatzkammer lehrte" (Joh 8,20) – gemeint waren die posaunenförmigen Sammelbüchsen im Vorhof der Frauen.

Der Hinweis auf die Schatzkammer des Tempels aber beinhaltete auch Jesu Kritik am Tempelkult, der zu offensichtlich Geistliches durch Materielles ersetzte. Der Tempelschatz *(korban,* vgl. Mk 7,11) war legendär, und selbst der römische Senator und prominente Redner Cicero lästerte über die ungeheuren Geldsummen, die von überallher nach Jerusalem flossen. Als der römische Feldherr Pompejus 63 v. Chr. Jerusalem eroberte und ins Allerheiligste des Tempels eindrang, staunte er nicht nur über den Schaubrottisch, den Leuchter und das Tempelgeschirr aus purem Gold. Er zählte auch 2000

Goldtalente (52.000 kg Gold im heutigen Wert von 1,1 Milliarden Euro) in dessen Schatzkammer. Trotzdem, und das rechneten ihm die Juden hoch an, verzichtete er darauf, sich auch nur einen Teil des Schatzes anzueignen. Doch woher stammte das Tempelvermögen?

Da waren zunächst einmal die Opfer und freiwilligen Abgaben. Auch der tägliche Verkauf von Opfertieren erwirtschaftete stattliche Gewinne. Doch die weitaus größten Einkünfte kamen aus der Tempelsteuer von einem halben Schekel, die jeder volljährige, männliche Jude einmal im Jahr entrichten musste. Am 1. Adar, dem Monat vor dem Paschafest, reisten Boten durch das Land und kündigten die Fälligkeit der Tempelsteuer an. Am 15. Adar stellte man überall Wechselstuben auf, an denen die Steuerpflichtigen die verschiedenen gängigen Münzen in die „Tempelwährung" umtauschen konnten, den Tyrus-Schekel oder *Stater* vom Wert einer Tetradrachme. Der trug zwar das Bild des heidnischen Gottes Melkart auf der Vorderseite, aber er bestand aus dem reinsten Silber, das damals in Umlauf war. Die Münze war derart geschätzt, dass die Juden sie in Jerusalem noch nachprägten, als Tyrus von den Römern längst das Münzrecht entzogen worden war. An dem Götterbild schien sich dabei niemand zu stören, offenbar galt das erste Gebot nicht für das gute Bare.

Auch Jesus bezahlte die Tempelsteuer, wie uns ausgerechnet das dem Zöllner Matthäus zugeschriebene erste Evangelium berichtet: „Als Jesus und die Jünger nach Kafarnaum kamen, gingen die Männer, die die Tempelsteuer einzogen, zu Petrus und fragten: Zahlt euer Meister die Doppeldrachme nicht? Er antwortete: Doch!" (Mt 17,24–25). Das war am 22. Februar des Jahres 30. Petrus wusste, dass Jesus schwere Repressalien drohten, wenn er sich weigern würde. Wer die Tempelsteuer nicht entrichtete, konnte sogar gepfändet werden. Trotzdem war es auch eine Frage des Prinzips. Als Sohn Gottes brauchte Jesus eigentlich an die Diener Gottes keine Steuern zu bezahlen. Doch „damit wir ihnen aber nicht Anstoß geben", ließ er Petrus im See einen Buntbarsch fangen, der als Maulbrüter zufällig auf dem Seeboden einen Stater aufgesammelt hatte: „Den nimm und gib ihnen für mich und für dich" (Mt 17,27).

Ab dem 25. Adar konnte die Tempelsteuer nur noch in Jerusalem, im Tempelbezirk entrichtet werden. Hier, in der Königlichen Halle, hatten die Geldwechsler ihre Stände, um die „unreinen" Lokalwährungen in die „reine" (aber mit einem Götzenbild versehene) Tempelwährung umzutauschen. Dabei durften sie für den Umtausch per Gesetz auf jeden halben Schekel einen Aufschlag von einem viertel Denar verlangen. Ein Denar war der Tageslohn eines Arbeiters, vier Denare entsprachen einer Tetradrachme oder einem Schekel, die Tempelsteuer betrug also zwei Denare, der Aufschlag der Geldwechsler nur für den Umtausch ganze 12,5 %. Doch ohne die „Tempelwährung" ging gar nichts, konnte der Pilger kein Opfertier kaufen, nicht einmal eine Spende abgeben.

Wie verhasst Jesus dieses System war, wie sehr er den Missbrauch der echten jüdischen Frömmigkeit zu kommerziellen Zwecken verabscheute, zeigt der Paukenschlag, mit dem er seine Mission in Jerusalem begann. Johannes berichtet:

„Im Tempel fand er die Verkäufer von Rindern, Schafen und Tauben und die Geldwechsler, die dort saßen. Er machte eine Geißel aus Stricken und trieb sie alle aus dem Tempel hinaus, dazu die Schafe und Rinder; das Geld der Wechsler schüttete er aus, und ihre Tische stieß er um. Zu den Taubenhändlern sagte er: Schafft das hier weg, macht das Haus meines Vaters nicht zu einer Markthalle!" (Joh 2,13–16).

Nur Johannes stellt die Tempelreinigung an den Anfang von Jesu Wirken, während die *Synoptiker* (wie Matthäus, Markus und Lukas aufgrund ihrer vielen Gemeinsamkeiten bezeichnet werden) sie wohl aus dramaturgischen Gründen auf die letzte Woche im Leben Jesu verschieben. Bei ihnen liefert sie den Anlass zur Festnahme Jesu nur ein paar Tage später, wie Markus etwa erklärt: „Die Hohenpriester und die Schriftgelehrten hörten davon und suchten nach einer Möglichkeit, ihn umzubringen. Denn sie fürchteten ihn, weil alle Leute von seiner Lehre sehr beeindruckt waren" (Mk 11,18). Jesu Aktion hatte den Lebensnerv des Großunternehmens Tempel und seines sadduzäischen Managements getroffen, das von diesem Tag an seine Ränke gegen ihn schmiedete. Tatsächlich aber wartete man doch noch zwei Jahre, bis man zum finalen Gegenschlag ausholte. Das geht unmissverständlich aus dem Bericht des Johannes hervor, der nicht nur die Darstellungen der drei Synoptiker kannte, sondern sie auch dort, wo es nötig war, gezielt korrigierte oder ergänzte.

Der jüdische Jesus-Forscher David Flusser stieß auf einen Hinweis, der Jesu spontanen Ausbruch heiligen Zorns noch besser erklärt. Die ursprüngliche, von Herodes errichtete Königliche Halle war 4 v. Chr. bei der Niederschlagung eines Aufstandes durch die Römer teilweise zerstört worden und musste wieder aufgebaut werden. Erst gegen Ende der 20er Jahre war auch ihr Inneres wiederhergestellt, seit Anfang des Jahres 30 tagte hier, wie gesagt, der *Sanhedrin*. Ihre Wiedereröffnung, vielleicht sogar kurz vor dem Paschafest des Jahres 28, das Jesus besuchte, brachte einige Veränderungen mit sich. So standen die Tische der Geldwechsler, die zuvor am Fuße des Tempelberges und vielleicht auch am Ölberg ihrem Geschäft nachgingen, jetzt in der frischrenovierten Halle. Vor allem aber wurde der *Hanuth*, der Markt für die Opfertiere, vom Ölberg hierher verlegt. Für viele Juden, so auch für Jesus, muss der Anblick von Schafen und Rindern im heiligen Bezirk ein Schock gewesen sein, drohten doch ihre Ausscheidungen den Tempel zu verunreinigen. Offensichtlich hatte damit die Kommerzialisierung des Tempelkults eine neue Dimension angenommen – nun war nichts mehr heilig, nun war Kommerz wichtiger als die Reinheit des Hauses Gottes. Für Jesus war das ein Frevel, den es mit aller Heftigkeit anzuprangern galt.

In allen vier Evangelien reagierte das Establishment (sprich: „die Hohenpriester und die Schriftgelehrten mit den Ältesten", siehe Lk 20,1) mit der Frage, mit welchem Recht und mit welcher Vollmacht Jesus lehrte und so handelte. Er antwortete mit einer Gegenfrage: Stammte die Taufe des Johannes vom Himmel oder von den Menschen? Sie wagten nicht, ihm zu antworten, denn das fromme Volk hielt den Täufer für einen Propheten, und so schwieg auch er. Matthäus ergänzt: „Sie hätten ihn gern verhaften lassen, aber sie fürchteten sich vor den Leuten, weil alle ihn für einen Propheten hielten" (21,46). Nur der Evangelist Johannes zitiert doch eine Antwort und liefert uns zugleich den entscheidenden Hinweis, wann dies geschah.

„Da stellten ihn die Juden zur Rede: Welches Zeichen lässt du uns sehen als Beweis, dass du dies tun darfst? Jesus antwortete ihnen: Reißt diesen Tempel nieder, in drei Tagen werde ich ihn wieder aufrichten. Da sagten die Juden: Sechsundvierzig Jahre wurde an diesem Tempel gebaut, und du willst ihn in drei Tagen wieder aufrichten? Er aber meinte den Tempel seines Leibes" (Joh 2,18–21).

Der Hinweis erlaubt uns eine sehr genaue Datierung. Von Flavius Josephus wissen wir, dass die Bauarbeiten erst unter dem römischen Statthalter Albinus (62–64 n. Chr.) abgeschlossen wurden. Daher kann Johannes nicht die gesamte Bauzeit gemeint haben, sondern die Jahre, die bis zu diesem Zeitpunkt vergangen waren. Da die Bauarbeiten 19 v. Chr. begannen, ereignete sich die Tempelreinigung Jesu kurz vor dem Paschafest des Jahres 28 n. Chr., das heißt: In der Woche vor dem 29. März dieses Jahres. Er blieb, wie es weiter heißt, das ganze Fest über und lehrte weiter im Tempel: Damals „kamen viele zum Glauben in seinem Namen" (Joh 2,23).

Die Worte Jesu klingen mir noch in den Ohren, als wir, am Robinsonbogen vorbei, eine Straße aus der Zeit des Herodes betreten, die von den Archäologen freigelegt wurde. Sie ist achteinhalb Meter breit, zu ihrer Rechten erhebt sich die Tempelplattform, links war sie von kleinen Läden flankiert. In ihnen fanden sich zahlreiche Kupfermünzen sowie die Überreste von Steingefäßen, Steingewichten und typisch herodianischer Keramik. Die Pflastersteine dieser Straße sind so gut erhalten, dass man annimmt, dass sie erst 64 n. Chr. gelegt wurden. Damals, nach Beendigung der Arbeiten am Tempel, waren so viele Bauhandwerker in Jerusalem arbeitslos, dass man mit einem rigorosen Renovierungsprogramm versuchte, sie anderweitig zu beschäftigen. In anderthalb Meter Tiefe unter ihr verläuft ein Abwasserkanal.

Heute ist diese Straße mit Steinbrocken übersät, die viele ihrer breiten Pflastersteine durchschlugen. Sie zeugen von der Zerstörung des Tempels durch die Römer im Jahre 70. Einer von ihnen trägt eine hebräische Inschrift: „Der Ort, an dem die Posaune geblasen wird, um ..." Von Flavius Josephus wissen wir, dass auf der Zinne des Tempelberges, die der Stadt zugewandt war, ein Priester die Posaune blies, wenn der Shabbat anbrach, und als er endete. Das geschah zum letzten Mal am vielleicht finstersten Tag der gewiss an dunklen Tagen nicht armen jüdischen Geschichte, dem 9. Av des Jahres 3830 nach der Erschaffung der Welt, nach unserem Kalender: am Samstag, dem 4. August 70 n. Chr.

Vier Jahre zuvor, im Mai 66, hatte der römische Statthalter Gessius Florus es in seiner Gier zu weit getrieben. Nachdem er aus dem Tempelschatz 17 Talente Gold entnehmen ließ, kam es in der ganzen Provinz Judäa zu Unruhen. Der Römer reagierte, indem er die wohlhabende Jerusalemer Oberstadt durch seine Soldaten überfallen und plündern ließ. Um ein Exempel zu statuieren, ließ er am selben Tag 3600 Männer, Frauen und Kinder geißeln und kreuzigen. Dann verlangte er, dass zwei aus der Provinzhauptstadt beorderte Kohorten römischer Soldaten auch noch freudig begrüßt würden. Das Volk spielte bis zu einem gewissen Punkt mit, um sich dann um so heftiger zu empören. Als auch diese Unruhe wieder brutal niedergeschlagen wurde, floh das Volk auf den Tempelberg, um sich dort zu verbarrikadieren.

Als Florus notgedrungen abzog, um Verstärkung zu holen, brach in der Stadt der Aufstand aus. Während die Oberschicht und die Priester sich noch immer um Einvernehmen mit Rom bemühten, brachten nationalistische Eiferer die Unterstadt und den Tempelbezirk unter ihre Kontrolle. Sie belagerten die Burg Antonia, den Sitz der römischen Garnison nördlich des Tempelbezirks, und setzten sie teilweise in Brand. Dann rückten sie gegen den Herodespalast in der Oberstadt an, in dem sich die Römer jetzt verschanzt hatten. Nach mehrtägiger Belagerung erbaten die Besatzer freien Abzug. Er wurde ihnen formal gewährt, doch kaum hatten sie die schützenden Mauern verlassen, metzelten die Aufständischen sie hinterrücks nieder. Nun waren die Juden wieder Herr über ihre Stadt, wurden im Tempel die Opfer für den Kaiser eingestellt. Doch sie sollten bald begreifen, dass sie zu weit gegangen waren.

Kaum hatte sich die Nachricht von der feigen Bluttat der nationalistischen Eiferer oder *Zeloten* verbreitet, kam es im ganzen Römischen Reich zu Meuchelmorden an Juden. Schließlich wurde Florus' Vorgesetzter Cestius, der Statthalter von Syrien, aktiv und beorderte die 12. Legion nach Judäa. Doch kaum hatte er den Norden Jerusalems eingenommen und zur Belagerung des Tempelbergs angesetzt, da verließ ihn plötzlich der Mut. Er befahl seinen Truppen den Rückzug, während die Aufständischen ihren ersten Sieg feierten. Jetzt schickten sie sich an, das ganze Land von der Fremdherrschaft zu befreien.

Doch die Weltmacht Rom war nicht bereit, eine Niederlage einzustecken. Kaiser Nero beauftragte seinen tüchtigsten Feldherrn, Vespasian, mit der Niederwerfung des Aufstands. Innerhalb eines Jahres war ganz Galiläa wieder fest in den Händen der Besatzer, marschierte ein 60.000 Mann starkes Heer gegen Jerusalem. Dort stritten die Aufständischen darüber, ob sie sich ergeben oder weiterhin Widerstand leisten sollten. Die radikale Fraktion obsiegte.

Der Tod Neros und die Wirren um seine Nachfolge lähmten den Feldzug. Doch schließlich wurde Vespasian zum neuen Kaiser ausgerufen und übertrug seinem Sohn Titus das Kommando. Der begann Anfang des Jahres 70 mit der Belagerung der Stadt. Nach monatelanger Zermürbungstaktik, nachdem täglich bis zu 500 Gefangene angesichts der Stadtmauer gekreuzigt wurden, um die Aufständischen zu entmutigen, und in der Stadt längst eine Hungersnot herrschte, gelang es Titus im Juli endlich, die Burg Antonia einzunehmen. Nach mehreren vergeblichen Versuchen, die Belagerten doch noch zur Aufgabe zu überreden, befahl er schließlich den Sturm auf den Tempel. Obwohl der Feldherr ausdrücklich befohlen hatte, das Heiligtum zu schonen, ging es bei den Kämpfen in Flammen auf. Während die Juden ihnen noch erbitterten Widerstand leisteten, zündeten die Legionäre Roms jetzt aus reiner Zerstörungswut auch die anderen Gebäude auf dem Tempelberg an. Die rauchenden Ruinen ließ Titus schleifen, schon um zu verhindern, dass sie wieder einmal Juden als Bollwerk dienten. Die Schatzkammern des Tempels wurden geplündert; das hier gehortete Gold und Silbergeld reichte aus, um anschließend in Rom davon das Kolosseum zu bauen. Nur die Tempelplattform selbst war zu mächtig, als dass man sie niederreißen konnte. So kündet sie heute als einziger Zeuge vom einstigen Glanz des „Heiligtums, das als eine der größten Errungenschaften menschlicher Baukunst" galt, wie sogar der gewiss nicht judenfreundliche römische Historiker Tacitus einräumen musste.

Heute gilt Jesu Prophezeiung von der Zerstörung des Tempels der modernen Bibelkritik als Beweis für die späte Entstehung der Evangelien. Zu sehr treffen seine Worte auf das tatsächliche Geschehen zu. So behauptet Markus:

„Als Jesus den Tempel verließ, sagte einer von seinen Jüngern zu ihm: Meister, sieh was für Steine und was für Bauten! Jesus sagte zu ihm: Siehst du diese großen Bauten? Kein Stein wird auf dem anderen bleiben, alles wird niedergerissen" (Mk 13,1–2; siehe auch Mt 24,1–2; Lk 21,5–6).

Wer heute über die „herodianische Straße" in dem Archäologischen Park an der Südwestecke des Tempelberges geht, findet tatsächlich diese Worte erfüllt. Kein einziges Bauwerk des Heiligtums, weder die Königliche Halle noch der Tempel selbst, ist der Zerstörung entgangen. Ihre Steine liegen zum Teil noch heute zu Haufen aufgetürmt am Fuße des Plattform.

Trotzdem halte ich das Argument, die Prophezeiung sei Jesus im nachhinein in den Mund gelegt, also eine *vaticinia ex eventu* und daher Beleg für die Entstehung der Evangelien nach 70, für ziemlich schwach. Tatsächlich ist Jesu Prophezeiung viel zu pauschal, um sie auf ein konkretes Ereignis und speziell den Tempelbrand zu beziehen. Zumindest ist sie nicht präziser als der 137. Psalm, der unbestritten aus vorchristlicher Zeit stammt. Dort wird der „Tag von Jerusalem" mit den Worten „Reißt nieder, bis auf den Grund reißt es nieder!" angekündigt. Wie gerne Jesus die Psalmen zitierte, zeigt sich daran, dass seine letzten Worte am Kreuz dem 22. Psalm entnommen sind. Und obwohl das Johannesevangelium zweifellos das jüngste der vier ist, verzichtet gerade sein Autor auf jeden Bezug zum historischen Tempelbrand und bezieht Jesu Worte statt dessen auf die Zerstorung seines Leibes, seinen Tod und seine Auferstehung. So kam der bekannte Heidelberger Theologe Klaus Berger mit derselben Logik wie die „Spätdatierer" zu dem Schluss, dann müsse ja zumindest das vierte Evangelium als erstes entstanden sein.

Aber warum sollen wir dem Sohn Gottes überhaupt die Fähigkeit absprechen, die Zerstörung des Tempels vorauszuahnen? Der Kirchengeschichtler Eusebius von Caesarea berichtet, dass die christliche Urgemeinde bereits vor Ausbruch des Jüdischen Aufstandes Jerusalem verließ und nach Pella im heutigen Jordanien ging, weil sie einer Prophezeiung folgte. Flavius Josephus, der damals in Jerusalem lebte, erinnert sich an einen anderen „Propheten". Vier Jahre vor Ausbruch des Krieges, also 62 n. Chr., wahrend des Laubhüttenfestes, begann ein ungebildeter Bauer namens Jesus, Sohn des Ananias, plötzlich zu schreien: „Wehe, wehe, Jerusalem!" Unter diesem Ruf zog er Tag und Nacht in allen Straßen umher, zum Ärger ihrer Bewohner, denen die unheilverkündenden Rufe gehörig auf die Nerven gingen. Nachdem er mehrfach zusammengeschlagen wurde und trotzdem keine Ruhe gab, zerrte man ihn vor den römischen Prokurator. Der ließ ihn geißeln. Doch bei jedem Geißelhieb, soweit es seine Kräfte noch zuließen, stieß der Unglückliche den Klageruf aus: „Wehe, Jerusalem!" Soll dieser Jesus prophetische Fähigkeiten gehabt haben, die Jesus von Nazareth nicht zuzutrauen sind?

Vielleicht ist es an der Zeit, dass wir vorgefasste Meinungen in Frage stellen und einfach zulassen, dass Gott auch in der Geschichte wirkt. Ist es denn wirklich unmöglich, die Zukunft vorauszuahnen? Im Jahre 1917 behaupteten drei Hirtenkinder in Fatima, einem entlegenen Dorf im Norden Portugals, dass ihnen die Mutter Gottes erschienen sei. In einem aus drei Teilen bestehenden „Geheimnis" hätte sie ihnen die Zukunft offenbart. Zwar starben zwei der drei Kinder innerhalb von zwei Jahren (auch das hatte ihnen die Madonna angekündigt), doch das dritte, ein Mädchen namens Lucia, ging ins Kloster und lebte bis 2005. Erst im Sommer 1941 schrieb die Ordensfrau auf Bitten ihres Bischofs die Prophezeiung nieder. Der Zweite Weltkrieg, der ihr vorausgesagt worden war, tobte bereits in ganz Europa, doch die anderen Ereignisse ließen noch auf sich warten: Etwa dass Russland „seine Irrlehren" in der ganzen Welt verbreiten, verschiedene Nationen „vernichten" und die Kirche drangsalieren würde. Dass ein Papst viel zu leiden habe, ja sogar Opfer eines Attentats würde, bevor sich Russland bekehrt. Nach der *ex eventu*-Methode müsste man daraus schließen, dass das Geheimnis von Fatima erst nach 1991, also nach dem Zusammenbruch der Sowjetunion, erdichtet wurde. Doch das Mädchen Lucia hat es nachweisbar ein halbes Jahrhundert vor Eintreffen der Ereignisse (und 40 Jahre vor dem prophezeiten Papstattentat) niedergeschrieben. Was nun? Müssen wir Jesus, dem fleischgewordenen Wort Gottes, etwa absprechen, wozu Hirtenkinder noch im 20. Jahrhundert in der Lage waren? Oder stößt der Rationalismus vielleicht doch an seine Grenzen, wo Gott wirkt?

Ich denke, die Evangelien entstanden zeitnah. Zu detailliert schildern sie Jerusalem, das nach 70 n. Chr. in Trümmern lag, zu genau kennen sie die Gebräuche und Lokalitäten im Tempel, die schon bald nach seiner Zerstörung in Vergessenheit gerieten. Erst langsam beginnen wir, mit Hilfe der Archäologie und der Schriftrollen vom Toten Meer, das Judentum der Zeit Jesu neu zu entdecken. Und plötzlich erscheint vieles, was bislang als legendär galt, in einem völlig neuen Licht.

V. IM THEATER VON SEPPHORIS

EINE JUGEND IN GALILÄA

Wer die Welt verstehen will, in der Jesus aufwuchs, darf nicht nur in der ländlichen Bescheidenheit Nazareths oder im Prunk und Pomp der Hauptstadt Jerusalem suchen. Denn so interessant das Spannungsverhältnis zwischen Land und Großstadt, zwischen dem unorthodoxen Prediger aus dem Dorf und dem mächtigen Tempel-Establishment auch sein mag, es liefert nur ein unvollständiges Bild. Ganze Generationen von Exegeten und Historikern haben geirrt. Der wahre Jesus von Nazareth war kein naiver Idealist aus dem konservativen, vielleicht etwas zurückgebliebenen Norden, der sich mit hilfloser Unschuld dem Zeitgeist der Moderne, der griechisch-jüdischen Welt, entgegenstellte und an ihren Machtstrukturen zerbrach. Statt dessen war er ein Kind seiner Zeit, aufgewachsen in einem Millieu, das längst von der ersten Globalisierungswelle der Geschichte erfasst wurde – und das trotzdem den Blick immer fest auf das Ewige gerichtet hielt.

Die moderne Welt begann für ihn nicht nach drei Tagesreisen hinter den Stadtmauern Jerusalems, sie war nur eine Stunde von ihm entfernt. Denn so dörflich Nazareth auch gewesen sein mag, so lag es doch im Hinterland einer Stadt, die zu den reichsten und prachtvollsten des Landes zählte. Diese Stadt geriet in Vergessenheit und mit ihr die Rolle, die sie für Jesus spielte. Dabei liefert sie uns den Schlüssel zu den „dunklen Jahren" im Leben des Gottessohnes, jenen, über die alle Evangelisten schweigen, die Zeit zwischen Jesu ersten Besuch im Tempel und dem Beginn seines öffentlichen Wirkens, sprich: den Jahren 8 und 27 n. Chr.

Über diese 19 Jahre ist viel spekuliert worden. Phantasiebegabte Autoren behaupteten schon in der Antike, Jesus sei in dieser Zeit erneut nach Ägypten gereist, um Magie zu erlernen, ihre modernen Nachfolger schicken ihn nach Indien, wo er den Lehren des Buddha begegnet sein soll. Andere lassen ihn solange als Mönch im Kloster Qumran leben. Alles Unsinn, mit Verlaub gesagt! Des Rätsels Lösung, was er in dieser Zeit tat, liegt in Sepphoris.

Zwei Wege gibt es in die vergessene Stadt. Der eine führt über Nazareth, das nur sechs Kilometer südlich liegt. Der andere, längere, ist sehr viel schöner, und den nehmen wir. Hinter Tiberias am See Gennesaret überqueren wir auf der Landstraße 77 einen Gebirgszug und passieren die Hörner von Hattin, den Ort, an dem die Kreuzritter 1187 ihre verheerendste Niederlage erlitten. Damals verloren sie nicht nur die Herrschaft über Jerusalem, sondern auch ihren heiligsten Schatz, die Reliquie des Kreuzes Christi. Alle Versuche, sie später den Arabern unter Salah ad-Din abzukaufen, scheiterten; das heiligste Holz sei verschwunden, hieß es nur aus Damaskus. Schließlich stoßen wir auf die Südseite der fruchtbaren Bet Netofa-Ebene. Wir umfahren Nazareth und seine Vororte, um dem Verkehr zu entgehen, und biegen ab auf die Landstraße 79, auf der die Abfahrt nach Zipori angezeigt ist, wie Sepphoris heute heißt. Und dann liegt sie schon vor uns, wie eine verzauberte Insel inmitten der Felder, umgeben von Bergzügen wie den Ufern eines Sees. Weithin sichtbar thront sie auf dem Rücken eines Hügels, so als hätte sie Jesus zu den Worten inspiriert: „Eine Stadt, die auf einem Berg liegt, kann nicht verborgen bleiben" (Mt 5,14). Dieser Lage verdankt sie ihren Namen. Denn *Zipori* bedeutet auf hebräisch „Wie ein kleiner Vogel", der gerne auf einem Bergrücken nistet.

Eine byzantinische Tradition behauptete, die hl. Anna, die Mutter Mariens, hätte aus Sepphoris gestammt. In ihrem Haus will ein Pilger aus Piacenza um 570 „den Eimer und das Körbchen der heiligen Maria" sowie den „Sessel, auf dem sie saß, als der Engel zu ihr kam", verehrt haben. Offenbar hatte man Reliquien aus Nazareth in die Stadt gebracht, vielleicht weil das Heilige Haus fest in den Händen der Judenchristen war. Über den Ruinen der Kirche, die der Pilger besuchte und die 614 von den Persern zerstört wurde, errichteten später die Kreuzfahrer eine imposante dreischiffige Basilika, die sie der hl. Anna widmeten. Ihre Überreste wurden 1870 von den Franziskanern erworben. Heute unterhalten St. Anna-Schwestern hier ein Waisenhaus und hüten die alte Tradition dieser vergessenen Stätte.

Ein Besuch von Sepphoris ist lohnend und sollte auf keiner Heiligland-Reise fehlen. Wir parken auf dem Besucherparkplatz und sind zunächst einmal überwältigt von der Schönheit dieses Ortes.

Der Hügel, auf dem das antike Sepphoris lag, ist heute bewaldet. Das satte Grün von Kiefern und Sträuchen wechselt sich ab mit den bunten Farben tausender Blumen und dem Hellbeige uralter Gemäuer. Gasse für Gasse durchstreifen wir die antiken Fundamente, laufen auf ihrem breiten *Cardo,* der Hauptstraße, überschreiten antike Türschwellen und stoßen immer wieder auf Mosaike. Es sind die schönsten in ganz Israel. Ganz unerwartet zeigen sie Motive aus der griechischen Mythologie: Orpheus und den Weingott Dionysos, den trunkenen Herakles, Mänaden und Satyre, Zentauren und Amazonen, aber auch das zauberhafte Portrait einer Unbekannten, von Archäologen „die Mona Lisa von Galiläa" getauft. Die Mosaike stammen aus dem 3. Jahrhundert, als Sepphoris seine Blütezeit erlebte.

Wir verlassen die reiche Unterstadt und steigen den Hügel hinauf, auf dem die Oberstadt lag. Hier konnten Archäologen die Überreste einer Befestigung aus dem 1. Jahrhundert freilegen. An der höchsten Stelle steht noch heute ein völlig intakter Turm, der aus Elementen dreier Perioden zusammengesetzt ist. Die oberen Mauern sind aus der mameluckischen Zeit, sein Kern ist eine Festung der Kreuzfahrer. Doch die großen, reich verzierten Quadern seines Fundaments sind eindeutig älter; sie stammen von einem Gebäude aus der Zeit Jesu. Im Innern des Turmes ist heute ein kleines Museum mit Funden aus den Ausgrabungen untergebracht. Zu seinen Füßen liegt das berühmteste und umstrittenste Bauwerk von Sepphoris: sein Theater. Es war zugleich das erste Zeugnis der antiken Stadt, das freigelegt wurde, als der Amerikaner Leroy Waterman hier 1931 erstmals den Spaten ansetzte.

Leider dauerte seine Ausgrabung nur eine Saison, dann ging ihm das Geld aus. Inmitten der Wirtschaftskrise war es unmöglich, ein archäologisches Projekt zu finanzieren. Entsprechend dürftig blieben die Nachwirkungen. Obwohl der Archäologe die ersten detaillierten Beschreibungen des Theaters, der Felsengräber, einer Ölpresse, eines Hauses, das er fälschlich für eine christliche Basilika hielt, und der beeindruckenden Zisternen von Sepphoris veröffentlichte, wurden seine Entdeckungen konsequent ignoriert. Man hielt die Funde schlichtweg für irrelevant. Noch 1949 argumentierte der deutsche Archäologe Albrecht Alt für viele überzeugend, Jesus könne Sepphoris gar nicht besucht haben, da ländliche Juden aus Prinzip die hellenistisch geprägten Städte gemieden hätten.

Erst Mitte der 1980er Jahre wendete sich das Blatt. Die *University of South Florida* begann mit einer systematischen Ausgrabung, ihr Grabungsleiter Richard Batey veröffentlichte ein populäres Buch, das die Bedeutung von Sepphoris im frühen Leben Jesu hervorhob. Mit Sicherheit hätte Joseph, der *tekton,* hier Arbeit gefunden – und seinen Sohn Jesus anlernen können. Der aber hätte in Sepphoris Eindrücke und Einsichten gewonnen, die ihn für sein weiteres Leben prägten.

Tatsächlich fällt Jesu Jugend in die bewegteste Phase in der Geschichte dieser Stadt. Dem Matthäusevangelium entnehmen wir, dass die Heilige Familie in Ägypten blieb, bis sie vom Tod des Herodes im März 4 v. Chr. erfuhr:

„Da stand er auf und zog mit dem Kind und dessen Mutter in das Land Israel. Als er aber hörte, dass in Judäa Archelaus an Stelle seines Vaters Herodes regierte, fürchtete er sich, dorthin zu gehen. Und weil er im Traum einen Befehl erhalten hatte, zog er in das Gebiet von Galiläa und ließ sich in einer Stadt namens Nazareth nieder" (Mt 2,22–23).

Der Tyrann hatte nur fünf Tage vor seinem Tod in seinem Testament verfügt, dass sein Sohn Archelaus sein Nachfolger werden würde. Seine Söhne Antipas und dessen Halbbruder Philippus sollten jedoch Teile des Reiches als abhängige *Tetrarchien* (Viertel-Königreiche) verwalten. Die letzte Entscheidung darüber aber lag beim Kaiser. So musste Archelaus, den Siegelring des Herodes und die Akten über den Staatshaushalt – also die Ergebnisse der Volkszählung aus dem Vorjahr – im Gepäck, zunächst einmal nach Rom reisen.

Schon bei der Abreise kam es zu Unruhen. Das Volk befürchtete wohl nicht zu Unrecht, dass der Sohn nach dem Vater kommen würde. Die Angehörigen der Opfer der Terrorherrschaft des Herodes verlangten Vergeltung, eine Absetzung seiner Günstlinge und eine Abrechnung mit den Mördern. In Jerusalem, wo gerade das Paschafest gefeiert wurde und Hunderttausende Pilger eingetroffen waren, brodelte es. Als Archelaus seine Soldaten losschickte, um die Rädelsführer des Aufstandes festzunehmen, eskalierte die Lage; das Volk stellte sich offen gegen die Soldaten, bei einer Konfrontation im Schatten des Tempels wurden 3000 fromme Juden niedergemetzelt. Die Festlichkeiten wurden abgebrochen, die Pilger gezwungen, in ihre Heimat zurückzukehren.

In Rom erlebte Archelaus die zweite unangenehme Überraschung: seine Familie hatte sich ebenfalls in die Hauptstadt begeben und bat den Kaiser inständig, dem brutalsten unter den Herodessöhnen nicht die Krone zuzusprechen. Der verstorbene König müsse bereits wahnsinnig gewesen sein, als er sein Testament aufsetzte. Am liebsten hätten sie einen römischen Statthalter gehabt, aber auch Antipas, der gleich mit einer eigenen Delegation nach Rom gereist war, erschien ihnen als das geringere Übel. Doch mit einer geschickten Geste der Unterwürfigkeit sicherte sich Archelaus die Sympathie des Kaisers, der schließlich geradezu salomonisch entschied. Das Reich wurde unter den drei Herodessöhnen geteilt. Philippus wurde zum unabhängigen, nur Rom gegenüber verantwortlichen Tetrarchen der Gaulanitis, Trachonitis und Batanäa im Nordosten des Landes ernannt. Antipas wurden Galiläa und Peräa zugesprochen, das jüdische Gebiet östlich des Jordans, das im Süden bis zur Festung Machärus am Ostufer des Toten Meeres reichte. Archelaus musste zwar ebenfalls auf die Krone verzichten, sollte aber als Ethnarch (Völkerherrscher) über Judäa, Samaria und Idumäa regieren, womit ihm das größte Erbteil zufiel. Das Manko des verlorenen Titels machten zumindest Antipas und Archelaus damit wett, dass sie sich fortan beide „Herodes" nannten, um der Welt zu zeigen, dass sich jeder von ihnen für den einzig legitimen Nachfolger seines Vaters hielt. Den Titel des *Königs der Juden* dagegen sollte Rom erst 41 Jahre später wieder an Herodes Agrippa verleihen.

Bis diese Entscheidung verkündet wurde, hatte das Machtvakuum das ganze Land in ein Chaos gestürzt. Nach der Abreise des Archelaus war der Statthalter von Syrien, Publius Quinctilius Varus, mit einer ganzen Legion (6000 Mann in Waffen) in Jerusalem eingerückt, um die öffentliche Ordnung aufrechtzuerhalten. Während Varus selbst nach einer Beruhigung der Lage in seinen Amtssitz Antiochia zurückkehrte, hatte ein kaiserlicher Beamter namens Sabinus das Vermögen des Herodes neu zu schätzen, sprich: zu überprüfen, ob die Angaben, die Archelaus in Rom machte, auch zutreffend waren. Sein rigoroses Vorgehen empörte die Juden, von denen gerade zum Wochenfest immer mehr in die Stadt strömten. Als die Pilger ihre Zeltstädte rund um das Lager der Legion aufbauten, fühlte Sabinus sich umzingelt und blies zum Angriff. Die

Juden flohen auf den Tempelberg, wo sie sich sicher glaubten, doch die Römer verfolgten sie dorthin. Also verteidigten die Flüchtigen ihr Heiligtum, indem sie von der *Königlichen Basilika* aus Steine auf die Legionäre schleuderten, die dort wohl zur weiteren Verwendung auf der Großbaustelle Tempel gelagert wurden. Ihr Widerstand endete in einem Regen brennender Pfeile, abgefeuert von den römischen Bogenschützen; die Prunkhalle des Herodes ging dabei in Flammen auf.

Für viele Daheimgebliebene war dies das Signal zum Losschlagen gegen die ungeliebten Römer. Im ganzen Herodesreich brachen jetzt Unruhen aus, teils aus politischen Motiven, teils nutzten Räuberbanden die Gunst der Stunde. In Sepphoris trommelte Judas, der Sohn des Räuberhauptmannes Ezekias, der von Herodes festgenommen worden war, genügend Männer zusammen, um die königlichen Zeughäuser zu stürmen. Dort fand er ausreichend Waffen, um seine Bande in eine Privatarmee zu verwandeln und fortan das Land zu terrorisieren.

Kaum hatte die Nachricht von den Unruhen Varus erreicht, marschierte dieser jetzt mit zwei Legionen zunächst in Galiläa ein, um dort ein Exempel zu statuieren. Flavius Josephus braucht nur einen Satz, um uns erahnen zu lassen, dass der Feldherr mit eiserner Faust gegen die Aufständischen vorging: „Dieser schlug die ihm entgegenrückenden Scharen in die Flucht, eroberte die Stadt Sepphoris, steckte sie in Brand und verkaufte die Einwohner in die Sklaverei". Dann nahm er Kurs auf Jerusalem, wo die Berichte aus Galiläa gerade für Panik gesorgt hatten. Die Einheimischen gaben den Pilgern die Schuld, von denen Varus 2000 Mann wohl aus Galiläa kreuzigen ließ. Damit war die Ordnung, der „römische Friede", wiederhergestellt, noch bevor der Ethnarch Archelaus in sein Land zurückkehrte. Varus hatte sich als effizienter Kommandant erwiesen, von dem der Kaiser jetzt wusste, dass er ihm auch schwierige Missionen anvertrauen konnte. So wurde der Ex-Statthalter von Syrien 7 n. Chr. als *legatus Augusti pro praetore* nach Germanien entsandt. Dort galt es, das Land zwischen Rhein und Elbe als römische Provinz zu sichern. Durch die verheerende Niederlage des Varus und seiner drei Legionen im Teutoburger Wald 9 n. Chr. scheiterten die römischen Pläne. Den Kopf des Feldherrn, den der germanische Heerführer Arminius nach Rom geschickt hatte, ließ Augustus in seinem eigenen Mausoleum beisetzen.

Glauben wir Matthäus, so hatte Joseph ursprünglich vor, nach Bethlehem zurückzukehren. Vielleicht wollte er auf dem Stück Land, auf dem die Geburtsgrotte lag, ein kleines Haus bauen, wie er es in Nazareth besaß. Dort hätten seine Frau und sein kleiner Stiefsohn gelebt, während er weiter seiner Arbeit auf dem Tempelberg nachgegangen wäre; immerhin musste die *Königliche Halle* nach ihrer Zerstörung durch die Römer neu aufgebaut werden. Doch die Kunde, dass Archelaus jetzt herrschte, vereitelte den Plan. Sein schlechter Ruf ließ nichts Gutes erwarten, zu sehr ähnelte der Sohn seinem Vater. Also kehrte Joseph mit Maria und dem gerade anderthalbjährigen Jesusknaben in seine Heimat, nach Nazareth, zurück.

Tatsächlich war die Sorge berechtigt. Archelaus erwies sich als launischer Tyrann, der seine Untertanen so sehr drangsalierte, dass sie sich neun Jahre später über ihn beim Kaiser beschwerten. Umgehend bestellte ihn Augustus nach Rom, enteignete ihn und schickte ihn nach Vienna in Gallien (das heutige Vienne) ins Exil.

Noch 30 Jahre später scheint Jesus auf ihn anzuspielen, als er das Gleichnis vom anvertrauten Geld erzählte. „Ein Mann von vornehmer Herkunft", so heißt es darin, „wollte in ein fernes Land reisen", um dort „die Königswürde zu erlangen". Wie Archelaus, so hatte auch dieser Mann seine Gegner: „Da ihn aber die Einwohner seines Landes hassten, schickten sie eine Gesandtschaft hinter ihm her und ließen sagen: Wir wollen nicht, dass dieser Mann unser König wird" (Lk 19, 12–14). Der Mann wird trotzdem König und rechnet bei seiner Rückkehr nicht nur mit seinen Verwaltern ab, sondern auch mit seinen Feinden: „Die nicht wollten, dass ich ihr König werde – bringt sie her und macht sie vor meinen Augen nieder!" (Lk 19,27) – das ist eine Reaktion, in der sich auch die Grausamkeit des Herodessohnes widerspiegelt.

6 n. Chr., Jesus war gerade zehn, wurde Judäa offiziell zur römischen Provinz erklärt. Ihre Hauptstadt war jetzt Caesarea; nur zu den drei großen Tempelfesten bezog der kaiserliche Präfekt den Herodespalast in Jerusalem, um die öffentliche Ordnung zu garantieren und eventuelle Unruhen im Keim zu ersticken. Der erste, der diesen Posten innehatte, war ein gewisser Coponius. Seine erste Aufgabe war, zusammen mit Quirinius, dem neuen Statthalter von Syrien und damit seinem unmittelbaren Vorgesetzten, einen aktuellen Zensus durchzuführen.

Wieder regte sich Widerstand. Ein Judas aus Gamala in der Gaulanitis (den heutigen Golan-Höhen) gründete eine antirömische Guerillabewegung, die sogenannten *Zeloten* (Eiferer). Sie wurden auch *Sikarier* (Dolchmänner) genannt, weil sie sich hinterrücks an ihre Opfer heranschlichen, um sie zu meucheln. Die Agitatoren des Widerstands verkündeten, es sei schmachvoll, Abgaben an die Römer zu entrichten und darüber hinaus außer Gott auch sterbliche Menschen als Gebieter anzuerkennen. Jahrzehntelang terrorisierten sie das Land. „Eine Unruhe nach der anderen brach aus, und es konnte nicht fehlen, dass die Juden unter den beständigen Angriffen schwer litten", schreibt Flavius Josephus über die Freischärler, „Räuber machten das Land unsicher, und viele der edelsten Männer wurden ermordet, angeblich um der Freiheit willen, in Wahrheit aber nur aus Beutegier. So kam es zu Aufständen und öffentlichem Blutvergießen, wobei bald die Bürger, um keinen von der Gegenpartei am Leben zu lassen, sich gegenseitig mordeten."

In diesem Millieu der Unsicherheit wuchs Jesus auf. Doch die neue Zeit bot auch Chancen. Die größte davon war die Globalisierung. Trotz aller Unruhen durch die Zeloten herrschte außenpolitisch Frieden – die *pax romana* – und innenpolitisch eine mit strenger Hand erhaltene Stabilität. Der Handel blühte, Im- wie Export, und wer seine Chance nutzte, konnte davon profitieren und Reichtümer anhäufen. Neue Güter und Waren, aber auch neue Ideen überschwemmten das Land. Die Traditionalisten mochten in allem Neuen und Fremden eine Bedrohung, eine Gefahr für den jüdischen Glauben und die jüdische Identität gesehen haben. Doch die neue Zeit zwang die Menschen auch, ihr liebgewonnenes, von der Außenwelt abgeschirmtes „Ghettodasein" aufzugeben und sich auf das Wesentliche zu besinnen. Es war eine Zeit der Veränderungen und Möglichkeiten, der Dialogs und des Austauschs.

Dass die Menschwerdung Gottes ausgerechnet zu diesem Zeitpunkt stattfand, ist vielleicht kein Zufall, sondern ein Hinweis auf das wunderbare Wirken der Vorsehung. Der Zeitpunkt für die Verkündigung des Evangeliums hätte nicht besser gewählt sein können. Zum ersten Mal in der Menschheitsgeschichte waren so viele Länder und Völker in einem Weltreich vereint, das, anders als das Reich des Alexander, stabil und von langer Dauer war. Zum ersten Mal sprachen Menschen in drei Kontinenten dieselbe Sprache, waren sie durch ein Straßennetz, das zwischen Spanien und dem Euphrat keine Grenzen kannte, miteinander verbunden. Nur so war es möglich, dass in nur einer Generation nach der Himmelfahrt Jesu, als das alte Judentum des Tempels mit einem Schlag aufhörte zu existieren, die Kunde vom Neuen Bund Gottes Gallien und Spanien im Westen, Parthien und Indien im Osten, Skythien im Norden und Äthiopien im Süden erreichte. Nur 300 Jahre später dominierte die von Jesus begründete Kirche das römische Weltreich, von Rom aus überdauerte sie die Zeiten bis auf den heutigen Tag.

Der erste intensivere Kontakt Jesu mit der damaligen globalen Kultur, der griechisch-römischen Zivilisation, fand in Sepphoris statt. Bei Flavius Josephus lesen wir, dass nach der Absetzung des Archelaus Antipas und Philippus in ihrem Amt bestätigt wurden. Sie bedankten sich bei Augustus auf dieselbe Weise wie ihr Vater für die ihnen erwiesene Gunst, indem sie ihm Städte widmeten. Philippus erweiterte die Stadt Paneas an den Quellen des Jordan, nannte sie Caesarea (um es vom Caesarea an der Mittelmeerküste zu unterscheiden: Caesarea Philippi) und machte sie zur Hauptstadt seines Reiches. Antipas ließ Sepphoris wiederaufbauen, taufte es auf den Namen *Autokratoris* (nach dem griechischen Titel des Kaisers, *autokrator)* und wählte es sich zur Hauptstadt. Wie sein Vater wollte er als Bauherr, als Gründer von Städten, in die Geschichte eingehen. Dabei sieht man Sepphoris an, dass es auf dem Reißbrett entstand. Im Schachbrettmuster wurden die Wohninseln entlang der von Nord nach Süd verlaufenden Längsachse, dem *cardo,* und der Querachse von Ost nach West, dem *decumanus* geplant. Auf zwei Märkten, dem „Oberen" und dem „Unteren Markt", boten die Bauern aus den umliegenden Dörfern, darunter Kana und Nazareth, ihre Waren an. An den Markttagen zogen ganze Eselskarawanen durch die Stadttore, beladen mit Säcken voller Obst und Getreide, während auf Karren schwere Amphoren mit Öl und Wein transportiert wurden. In einer fünfschiffigen weltlichen Basilika, die an die Königliche Halle auf dem Tempelberg erinnert, aber „nur" 1400 Quadratmeter Fläche hatte, wurden Luxusartikel angeboten: Glasgefäße und Trinkbecher, kostbare Stoffe und Parfüms, Balsam und Schmuck. Bis zu 12.000 Menschen, so schätzen die Archäologen, wurden in Sepphoris angesiedelt. Für einen Bauhandwerker wie Joseph war der Ausbau der benachbarten Stadt zur „Zierde von Galiläa" (so Josephus) ein absoluter Glücksfall. Quasi direkt vor der eigenen Haustür, nur eine Wegstunde von Nazareth entfernt, bot ihm das auf Jahre hin Arbeit und Einkommen.

Was machte Jesus zu dieser Zeit? Er „wuchs heran, und seine Weisheit nahm zu, und er fand Gefallen bei Gott und den Menschen", schreibt Lukas (2,52) ziemlich vieldeutig. Erst wenn die Evangelien über seinen letzten Besuch in Nazareth berichten, wird es konkreter. Zumindest Markus lässt uns an dieser Stelle wissen, dass Jesus auch einen ganz konkreten Beruf erlernt hat, fragten doch die Leute: „Ist das nicht der Zimmermann ...?" (Mk 6,3). Er übte also denselben Beruf wie sein Stiefvater aus. Das war kein Zufall. Vielmehr war es damals üblich, dass der Sohn den Beruf oder das Handwerk des Vaters erlernte. Daran änderte auch eine geistliche Berufung nichts, im Gegenteil. Im alten Judentum waren auch Priester, Rabbiner und sogar Propheten dazu verpflichtet, ein Handwerk zu beherrschen, um nicht dem Tempel, ihrer Gemeinde oder den Gläubigen finanziell zur Last zu fallen.

„Wer seinen Sohn kein Handwerk lehrt, ist ein Räuber", heißt es im Talmud, der das so erklärt: „Genauso wie man zum Lebensunterhalt seines Sohnes verpflichtet ist, muss man ihn auch einen handwerklichen Beruf lehren." Wenn auch die großen Rabbinen verlangten: „Besorge dir einen Beruf neben deinem Studium", dann wussten sie, wovon sie redeten: Der große Hillel war Holzfäller, der berühmte Rabbi Jehuda Bäcker, und von Paulus von Tarsus wissen wir, dass er das Handwerk des Zeltmachers erlernt hatte. Geistliche Berufung, wie sie Jesus offenbar schon früh verspürt hat (wie die Episode im Tempel beweist), stand also keineswegs im Widerspruch zur Werktätigkeit. „Ein Handwerker braucht sich vor den großen Gelehrten bei seiner Arbeit nicht zu schämen", heißt es ausdrücklich im Midrash. Bauhandwerker und Zimmerleute galten sogar als besonders gelehrt. So zitiert P. Levy in seinem *Wörterbuch über die Talmudim und Midraschim* (Berlin 1924, S. 338) ein gängiges Sprichwort aus dieser Zeit. Wenn es um ein besonders schwieriges theologisches Problem ging, dann fragten die Rabbinen: „Gibt es unter uns einen Zimmermann oder den Sohn eines Zimmermanns, der dieses Problem für uns lösen kann?"

Dass Jesus in diesem Beruf zu Hause war, zeigen seine vielen Gleichnisse, in denen es um Holz, das Bauen und um Bauten geht: den Einsturz des Turmes von Schiloach (Lk 13,4), den Turmbau im Weinberg (Mk 12,1), das „leichte Joch" (Mt 11,30), den „Stein, den die Bauleute verworfen haben" (Mk 12,10), die drei Tage, um den Tempel wiederaufzubauen (Joh 2,19), den Balken in deinem Auge und den Splitter im Auge deines Bruders (Mt 7,5) und natürlich die Rede vom Haus auf Fels, das ein kluger Mann baut, während ein unvernünftiger Mann sein Haus auf Sand errichtet (Mt 7,24–27).

Doch wenn Jesus bei seinem Stiefvater in die Lehre ging, von ihm mit auf die Baustellen genommen wurde, wo dann, wenn nicht in Sepphoris, wo es für das Vater/Sohn-Team jede Menge Arbeit gab? Es gab tatsächlich für ihn keine Möglichkeit, Sepphoris zu ignorieren, denn die Haupt-Verbindungsstraße zwischen der „Zierde Galiläas" und Jerusalem führte quer durch Nazareth. Dort, so schrieb Richard Batey in seinem bahnbrechenden Werk, „hätte Jesus aus erster Hand das Leben in einer neuen Stadt von ausgesprochen hellenistischer Prägung mit ihren vielen Neuankömmlingen, ihrem kosmopolitischen Flair, dem Theater und dem Königshof studieren können. Auf den Straßen und Marktplätzen kam er mit Menschen in Kontakt, die am wirtschaftlichen, politischen, religiösen und kulturellen Leben der Hauptstadt teilhatten – ein Leben, das sich grundlegend von dem in seinem Heimatdorf unterschied."

Doch wie weit reichten diese Einflüsse? Darum tobt seit Bateys Veröffentlichung ein geradezu erbitterter Gelehrtenstreit. Deuteten nicht die prachtvollen Mosaike mit ihren griechisch-mythologischen Motiven und das griechische Theater auf eine heidnische Präsenz hin? Das Jesaja-Wort aus der Assyrerzeit vom „Galiläa der Heiden" und eine oberflächliche Betrachtung der Funde von Sepphoris verführten in den frühen 1990er Jahren Autoren wie den amerikanischen Neutestamentler John Dominic Crossan zu einigen gewagten Thesen. Jesus, so glaubte Crossan, habe als gesellschaftlicher Außenseiter nach alternativen Lebensmodellen Ausschau gehalten und sei dabei in Sepphoris mit den philosophischen Schulen der Griechen in Kontakt gekommen. So sei er zum Anhänger einer dieser Schulen geworden, zu einem „ländlicher Kyniker", der aus Prinzip weltliche Besitztümer ablehnte und gesellschaftliche Normen in Frage stellte. Das Königreich Gottes, das er verkündete, habe nichts mit den endzeitlichen Vorstellungen der Juden zu tun gehabt. Vielmehr sei es ein gesellschaftliches Utopia gewesen, in dem die sozialen Schranken aufgehoben und Außenseiter aufgewertet würden. Crossans Jesus-Biographie wurde zum Bestseller, auch wenn seine Hypothese, wie wir heute wissen, einen kleinen Schönheitsfehler aufweist. Denn es gab keine griechischen Philosophenschulen in Sepphoris. Die Zeugnisse griechischer Kultur, die wunderbaren Mosaike der Villen seiner reichsten Bürger, stammen allesamt aus dem 3. Jahrhundert – einer Zeit, in der sich das Judentum geöffnet und zu einem gewissen Grad verweltlicht hat, als es keine Tempelhierarchie mehr gab und die Gesetze der Tora und der *Halacha* sehr viel laxer gehandhabt wurden. Doch während das Sepphoris des 3. Jahrhunderts, das sich längst *Diocaesarea* nannte – man kann streiten, ob mit *Dio* Jupiter oder Jahwe gemeint war –, nur noch eine jüdisch geprägte Stadt in einer römischen Provinz war, steht heute fest, dass es zur Zeit des Antipas komplett jüdisch gewesen sein muss. Hier hat nie ein heidnischer Tempel gestanden.

Rein jüdische Siedlungen der Zeit Jesu, so liest man in jedem Lehrbuch, erkennt man an fünf Indikatoren, den sogenannten „jüdischen Leitfossilien":

(1.) dem Fehlen von Schweineknochen. Bei Juden galt das Schwein als unrein, der Genuss von Schweinefleisch war ihnen streng verboten, während das Schwein bei den Heiden der beliebteste Fleischlieferant war; (2.) Mikwen (hebr.: *Mikwaoth).* Ärmere Wohnviertel oder Dörfer benutzten Gemeinschaftsmikwen, reiche Juden hatten ihre eigenen Reinigungsbäder, stets nach den Vorschriften der *Halacha.* Kultische Reinheit war eines der wichtigsten Elemente gelebten Judentums; (3.) Steingefäße, meist aus weichem, weißen Kalkstein gemeißelt, dienten ebenfalls der kultischen Reinheit. Nach der *Halacha* nimmt Stein keine Unreinheit an; Wasser, das in ihnen gelagert oder transportiert wurde, blieb kultisch rein. Ihre Benutzung endete mit der Zerstörung des Tempels, die eine so strikte Befolgung der *Halacha* obsolet werden ließ; (4.) jüdische Münzen der Hasmonäer, Herodianer oder Statthalter; (5.) hebräische Inschriften; (6.) Felsengräber mit Schiebestollen *(kokhim), Ossuarien.*

Auf die früheste Schicht von Sepphoris, die Stadt des 1. Jahrhunderts, treffen all diese Kriterien zu. Auch Flavius Josephus spricht von Sepphoris als rein jüdischer Stadt. Rabbinische Traditionen berichten sogar von Priestern aus Sepphoris, die im Tempel dienten; ihnen wäre aus Gründen ihrer kultischen Reinheit der Aufenthalt in einem heterogenen Umfeld verboten gewesen. Das hieße aber, dass es auch für Joseph und Jesus keinen einzigen Grund gegeben hätte, einen Bogen um die „Stadt auf dem Berg" zu machen.

In Sepphoris konnte Jesus einen Blick in die Welt werfen. Hat er dabei auch die Weltsprache Griechisch gelernt, zumindest *Koiné*, die Umgangssprache, die auch die einfachen Leute beherrschten? Die Archäologen fanden bislang wenige Inschriften aus dem 1. Jahrhundert in Sepphoris, doch von Bedeutung sind eine beschriftete Scherbe (ein sog. *Ostrakon*, der „Notizzettel" der Antike) und ein Gewicht. Auf der Scherbe steht in roten hebräischen Lettern das griechische Wort für „Schatzmeister" *(epimeletes)*, was darauf hindeutet, dass dieser einen griechischen Amtstitel benutzte. Das Gewicht besteht aus Blei und trägt eine griechische Inschrift. Auf der einen Seite ist das Gewichtsmaß selbst genannt, umgeben von der schematischen Zeichnung einer Kolonnade, auf der anderen Seite steht auf griechisch, wer es kontrolliert hat: „Unter der Marktaufsicht von Simon, dem Sohn des Aianos, Sohn des Justus". Beide Funde deuten darauf hin, dass die Markt- und Handelssprache in Sepphoris zur Zeit Jesu Griechisch war. Tatsächlich tragen auch die von Antipas geprägten Münzen griechische Aufschriften. Wenn Jesus aber Griechisch sprach – neben der Volkssprache Aramäisch und dem Hebräisch der heiligen Schriften –, dann besteht die Möglichkeit, dass die ursprünglich in dieser Sprache verfassten Evangelien einige seiner Aussagen im Originalwortlaut wiedergeben. Das könnte, und damit sind wir bei der jüngsten Kontroverse um Sepphoris angelangt, vor allem auf ein Wort zutreffen: *hypokritái*, im Deutschen gewöhnlich als „Heuchler" übersetzt. Ganze 17 Mal wird dieses Wort in den Evangelien benutzt, ausschließlich dann, wenn Jesus spricht. Es scheint ihm also regelrecht in Fleisch und Blut übergegangen zu sein. Doch „Heuchler" ist eine viel zu strenge Übersetzung für ein Wort, das eigentlich nichts anderes als „Schauspieler" bedeutet. Nun haben Schauspieler es sich zum Beruf gemacht, jemanden darzustellen, der sie in Wirklichkeit nicht sind, sprich: eine aufgesetzte Rolle zu spielen. Und genau das meinte Jesus, wenn er etwa sagte: „Wenn ihr fastet, macht kein finsteres Gesicht wie die Heuchler. Sie geben sich ein trübseliges Aussehen, damit die Leute merken, dass sie fasten" (Mt 6,16). Auch sie verstellen sich also, tragen im übertragenen Sinn eine Maske, eben wie ein Schauspieler.

Natürlich fragt man sich da: Wusste Jesus aus eigener Anschauung, was ein Schauspieler ist? Hat er vielleicht selbst einmal einem griechischen Drama oder einer Tragödie beigewohnt, womöglich – wo denn sonst? – im Theater von Sepphoris?

Das Problem bei dieser Hypothese ist, dass sich die Archäologen nicht einig sind, wann das Theater von Sepphoris mit seinen 4000 Plätzen und dem atemberaubenden Blick auf die Bet Netofa-Ebene überhaupt erbaut wurde. Als Leroy Waterman 1931 auf die Ruinen dieses beeindruckenden Bauwerks stieß, war für ihn klar: „Es kann kein Zweifel bestehen, dass das Theater schon zur Regierungszeit des Herodes Antipas existierte. Doch einige Erwägungen sprechen dafür, dass sein Vater der Erbauer sein könnte. Zweierlei ist dabei völlig sicher. Erstens ist es unter diesen Umständen nahezu ausgeschlossen, das Theater später als in die Zeit des Herodes Antipas zu datieren. Zweitens ist es gleichermaßen unmöglich, es vor Herodes den Großen anzusiedeln, denn kein hasmonäischer Jude kommt als Erbauer eines Theaters in Frage". Sein israelischer Kollege S. Yeivin stimmte ihm zu: „Zu keinem Zeitpunkt in der Geschichte der Stadt war die Errichtung eines solchen Gebäudes wahrscheinlicher als unter Herodes Antipas, der zweifellos versuchte, auf seine eigene kleine Weise dem großen Bauprogramm seines Vaters nachzueifern."

Dabei blieb es, bis 1983 die Universität von Florida die Ausgrabungen unter Leitung von J. Strange und R. Batey fortsetzte. Zwei Jahre später machte sich das gemeinsame israelisch-amerikanische *Sepphoris Project* unter Leitung von E. Netzer und E. M. Meyers auf der entgegengesetzten Seite des Theaters ans Werk. Strange und Batey gruben unter den Sitzen des Theaters und stießen auf eine intakte antike Auffüllung, in der noch Scherben steckten. Die ältesten von ihnen konnten in das 2. Jahrhundert datiert werden. Das hieße, dass das Theater erst um diese Zeit erbaut wurde, über ein Jahrhundert zu spät, um auch Jesus inspiriert zu haben. Damit wäre das Thema vom Tisch, hieße es nicht im Grabungsbericht von Netzer und Meyers aus dem Jahr 1985: „Bei einer Sektionsgrabung in der Struktur unter dem Fundament des Theaters wurden nur Scherben aus der späten hellenistischen und frühen römischen Periode identifiziert. Herodes Antipas ist damit der wahrscheinliche Erbauer dieses Theaters." Stichproben unter dem Fundament ein Jahr später bestätigten den Befund. Als 1987 der seitliche Ein-

(1) Das Innere der Verkündigungsbasilika in Nazareth

(2) Nazareth, Verkündigungsbasilika; die Säule links stammt aus der Synagoge Jesu

(3/4) Orte der Verkündigung: Marienbrunnen (Gabrielskirche), Verkündigungsgrotte

(5) Nazareth: Das römische Badehaus unter der Cactus-Gallery

(6) Aquädukt des Herodes bei Caesarea

(7) Das Herodium bei Bethlehem

(8) Das 2007 entdeckte Herodes-Mausoleum

(9) Magi: Mosaik in Ravenna (5. Jh.)

(10) Magi, Relief in Nemrut Dagi (1. Jh. v. Chr.)

(11) Das Löwenhoroskop

(12) Nemrut Dagi

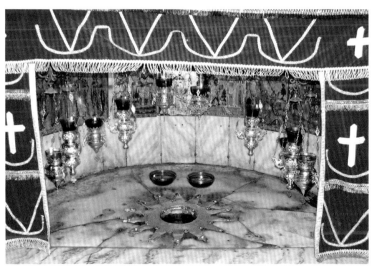

(13) Der Stern in der Geburtskirche von Bethlehem

(14) Bethlehem, Krippengrotte

(15) Orthodoxe Weihnacht in der Grabeskirche

(16) Jerusalem, Modell des Tempels (Israel-Museum)

(17) Opfer im Tempel (Gemälde im Temple-Institute)

(18) Jerusalem, Treppenaufgang zu den Hulda-Toren

(19) Herodianische Straße zu Füßen der Tempelplattform

(20) Die Südostecke des Tempels im Modell …

(21) … und heute

(22) Sepphoris, Theater des Antipas

(23) Bethanien jenseits des Jordans, Taufstelle

(24) Chirbet Kana

(25) Blick über die Ruinen von Chirbet Kana Richtung Nazareth

(26) Steingefäße in Jerusalem ...

(27) ... und in der griechischen Hochzeitskirche von Kafr Kenna

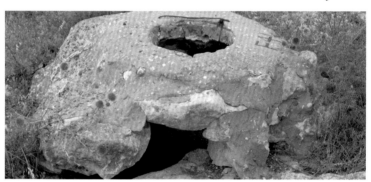

(28) Der Brunnen von Chirbet Kana

(29) Das „Jesus-Boot" von Ginnosar

(30) Kafarnaum, Blick auf das Petrus-Haus

(31) Kafarnaum, Fundamente aus dem 1. Jh. unter der „Weißen Synagoge"

(32) Betsaida, „Haus des Fischers“

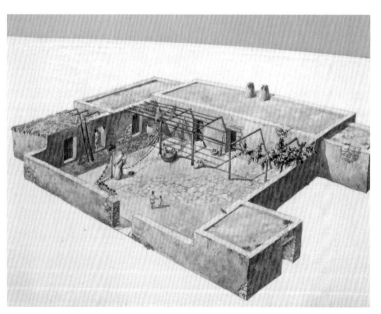

(33) Rekonstruktion

(34) Tabgha, Eremos–Grotte

(35) Blick von der Eremos–Grotte auf den See Gennesaret

(36) Tabgha, Brotvermehrungskirche

(37) Tabgha, Stein der Brotvermehrung, byzantinisches Mosaik

gangskorridor des Theaters freigelegt wurde, stammten wieder die spätesten Scherben aus der frührömischen Zeit. Seitdem wechseln sich widersprüchliche Datierungen ab, teils sogar in den Publikationen derselben Archäologen. Die wahrscheinlichste Lösung des Problems bot Batey schließlich 2006 an. Danach wurde das Theater tatsächlich von Antipas erbaut – um dann im 2. Jahrhundert, als die Stadt erneut wuchs, vergrößert zu werden.

Tatsächlich wäre eine Hauptstadt des Antipas ohne ein Theater schlichtweg undenkbar. Sein Vater Herodes stattete nicht nur Caesarea, Samaria, Jericho und sogar Jerusalem mit einem solchen aus, er ließ sogar am Hang des Herodiums sein eigenes, kleines Privattheater anlegen. Als junger Mann lebte Antipas in Rom, als Augustus das Theater zum Instrument seiner Kulturpolitik machte. Damals wurden das Balbus-Theater und das noch heute erhaltene Marcellus-Theater gebaut. Der Kaiser förderte nicht nur das Schauspiel, er besuchte auch regelmäßig die Aufführungen. Er verfasste sogar ein Drama über den griechischen Helden Ajax. Auf dem Sterbebett rief er seine engsten Freunde und Berater zusammen und fragte, ob er seine Rolle gut gespielt habe. „Nun, so klatscht Beifall", erwiderte er, als alle dies bejahten, „denn die Komödie ist zu Ende." Wer in einem solchen Umfeld seine prägenden Jahre verbrachte, der verlangt auch später nach Unterhaltung durch das Schauspiel.

Doch nicht nur der häufige Gebrauch des Wortes *hypokritái* spiegelt Jesu Erfahrung in Sepphoris wider. Auch einige seiner Gleichnisse erscheinen jetzt in einem anderem Licht. Bezog sich Jesu Bild von den Zweien, die auf dem Weg zum Richter sind, von Gerichtsdienern, der schwierigen Lage von Schuldnern und dem drohenden Gefängnis (Lk 12,58; Mt 5,25) auf Erfahrungen seiner Mitmenschen mit dem Gericht der Hauptstadt? Hat er erlebt, wie es zugeht, wenn ein König ein Festmahl hält und von überallher Gäste einlädt (Mt 22,1–14; Lk 14,15–24)?

„Herodianer" heißen in den Evangelien die Günstlinge des Antipas, des „Fuchses", wie Jesus ihn nennt. Sie gelten gemeinhin als Gegner Jesu. Doch im Lukasevangelium wird eine „Johanna, die Frau des Chuzas, eines Beamten des Herodes" (Lk 8,3) erwähnt, die Jesus und die Jünger offenbar finanziell unterstützte. Andere Übersetzungen nennen ihren Mann sogar einen „Verwalter", was auf Rang und Vermögen hindeutet. Stammte sie aus Sepphoris?

Zumindest verrät ihre Nennung, dass Jesus durchaus auch Anhänger in der gesellschaftlichen Oberschicht hatte, bis hin ins Umfeld des Tetrarchen, dessen eigenes Verhältnis zu Jesus irgendwo zwischen Angst, Feindschaft und Neugierde hin- und herpendelte.

Eine Lehre hat Jesus gewiss aus dem Schicksal von Sepphoris gezogen, nämlich die, dass es sinnlos war, Rom Widerstand zu leisten. Die Erfahrung aus dem Jahr 4 v. Chr. war gleichermaßen das Geburtstrauma wie das Credo der Stadt. So waren die Bewohner von Sepphoris um keinen Preis der Welt bereit, sich am Jüdischen Aufstand des Jahres 66 n. Chr. zu beteiligen. Dafür nahmen sie die Feindseligkeit ihrer gesamten galiläischen Nachbarschaft in Kauf. Als der römische General (und spätere Kaiser) Vespasian in Judäa an Land ging, kam ihm schon eine Delegation aus Sepphoris entgegen, die den Römer um Hilfe und Schutz vor den Widerständlern bat. Der Römer erkannte sofort die Chance und stationierte 1000 Berittene und 6000 Fußsoldaten in der Nähe der Stadt. (Was uns fragen lässt, welche Rolle Nazareth damals spielte, da auch die Christen Gegner des Aufstandes waren. Half das Dorf bei der Versorgung der Legionäre, entstand damals das römische Badehaus?) Um ihre Friedensliebe zu demonstrieren, ließen die Sepphoriter sogar Münzen prägen, die als Aufschrift „Zur Zeit Vespasians, die Stadt des Friedens und des Nero *(Eirenopolis Neronias)*, Sepphoris" trugen. Deutlicher konnte man dem General und dem Kaiser nicht signalisieren, auf wessen Seite man stand.

Und Jesus? Ihm hätte die Haltung der „Stadt auf dem Berg" gefallen. Ihn störten weder Steuereintreiber (siehe Mt 9,9) noch das römische Besteuerungssystem im allgemeinen, er war dafür, dem Kaiser zu geben, was dem Kaiser gehört (vgl. Mk 12,17). Er wusste, dass man das Reich Gottes in jedem politischen System finden kann, dass es galt, die Menschen von innen und durch Liebe zu befreien und nicht durch Gewalt. Er hatte auch erlebt, dass es durchaus möglich war, in einem römisch-hellenistischen Umfeld ein guter Jude zu sein, dass Weltoffenheit nicht im Widerspruch zum gelebten Glauben steht. Auch in dieser Hinsicht blieb immer ein Stück Sepphoris in ihm.

VI. DER VORLÄUFER

WO BEGANN DAS WIRKEN JESU?

Immer schneller klopfte sein Herz, während er mit dem Finger den letzten Schmutz entfernte, der noch das eine oder andere Detail verbarg. Shimon Gibson ahnte, dass er gerade eine Entdeckung gemacht hatte, deren Tragweite er langsam einzuschätzen begann. Denn je schräger er die Taschenlampe hielt, um besser die Konturen der Zeichnung zu erkennen, die vor anderthalb Jahrtausenden jemand in die längst fleckige Kalktünche auf dem Fels dieser Höhlenwand geritzt hatte, desto sicherer war er, dass sie Johannes den Täufer zeigt. Der bartlose Kopf war von einer Art Turban umgeben, die rechte Hand zum Segensgestus erhoben, ein Stab in der Linken wurde von einem Kreuz gekrönt. Seine Hüften umhüllte ein kurzes Gewand aus rauhem Kamelhaar, das ein Ledergürtel zusammenhielt, ein Lamm an seiner Seite schien das „Lamm Gottes" zu verkörpern, dessen Kommen er verkündete. Ein Loch unter dem Ritzbild diente offenbar einst der Verwahrung einer Reliquie. Darstellungen von Kreuzen, einem Kopf und einem Arm schmückten den Rest der Wand.

Bald erinnerte der Archäologe sich, wo er bereits etwas Ähnliches gesehen hatte. Ein vergleichbares Bild wurde nahe dem Taufbekken der alten Verkündigungskirche von Nazareth entdeckt und von den Archäologen noch in die „vorbyzantinische", sprich: römische Zeit datiert. Auch hier trägt ein bartloser Johannes einen Turban, den Stab, der in einem Kreuz endet, das rockförmige Gewand; nur in den Proportionen arbeitete der Künstler realistischer. Die Franziskaner, die für Nazareth verantwortlich sind, bezeichneten den beturbanten Täufer als typisch für eine frühe, noch von judenchristlichen Vorstellungen geprägte Ikonographie: als gläubiger Jude musste der Vorläufer Jesu sein Haupt bedeckt halten. Die Vorstellung von einem bärtigen, wildgelockten Johannes war dagegen ein Produkt der byzantinischen Kunst. Galt das Bild von Nazareth bislang als früheste bekannte Darstellung des Täufers, so hat Gibsons Entdeckung jede Chance, ihm diesen Rang streitig zu machen.

Damit begann für den Israeli ein archäologisches Abenteuer ersten Ranges. Immer wieder kehrte er in die feuchte, enge Höhle zurück, die er an jenem grauen Novembermorgen des Jahres 1999 auf Einladung des lokalen Kibbutz Tzova inspiziert hatte. Bald hatte er die Genehmigung in der Tasche, um mit Ausgrabungen zu beginnen. Die Ritzzeichnung hatte gezeigt, dass die Höhle schon in vorbyzantinischer Zeit ein Heiligtum war, in dem Johannes der Täufer verehrt wurde. Dass sie im Bergland von Juda liegt, nur fünf Kilometer westlich vom Geburtsort des Täufers in Ain Karem, verlieh der Entdeckung zusätzliche Bedeutung. Vor der Gründung des Kibbutz war hier Niemandsland, gab es in unmittelbarer Nähe, also zwischen Ain Karem und Tzova, weder ein Kloster noch ein Dorf. Hatte jemand trotzdem einen besonderen Grund, ausgerechnet hier den Täufer zu verehren?

Tatsächlich berichtete schon Adomnan, der Biograph des gallischen Bischofs und Heiligland-Pilgers Arkulf, um 670 von einem entlegenen Johannes-Heiligtum: „Dort sah Arkulf eine klare Quelle in der Wildnis, von der die Leute sagen, dass der hl. Johannes der Täufer von ihr trank. Ihr Steindach ist mit weißem Kalk bedeckt." Auf diese Tradition beruft sich heute die Einsiedelei *St. Johannes in der Wildnis*, drei Kilometer westlich von Ain Karem, jenseits des Hadassah-Klinikums. Dort, so heißt es, soll der junge Johannes die Einsamkeit gesucht haben, ganz wie es Lukas berichtete:

„Das Kind wuchs heran, und sein Geist wurde stark. Und Johannes lebte in der Wüste bis zu dem Tag, an dem er den Auftrag erhielt, in Israel aufzutreten" (Lk 1,80).

Das griechische Wort *eremos*, das in der *Einheitsübersetzung der Heiligen Schrift* als „Wüste" übersetzt wird, bedeutet tatsächlich nur „Wildnis" und bezeichnet ganz allgemein einen einsamen Ort in der unberührten Natur. Tatsächlich liegt die Einsiedelei an einer Quelle mit exzellentem Wasser. Sieben Stufen führen in eine Höhle, in deren Wand ein Steinbett gemeißelt ist, über den ein Altar errichtet wurde. Eine Nische im Felsen diente wohl zum Abstellen einer Öllampe. Kalkreste zeugen davon, dass die Felswände früher einmal verputzt waren. Oberhalb der Quelle liegt die Kapelle der hl. Elisabeth, errichtet über dem Grab der Mutter des Täufers. Sie soll verstorben sein, als Johannes gerade sieben Jahre alt war.

Welche Rolle aber spielte dann die Grotte, in der Gibson die Ritzzeichnung fand? Erste Grabungen ergaben, dass sie tatsächlich bis in die byzantinische und frühislamische Zeit genutzt wurde. Als er an einer Ecke der verputzten Wand den Spaten ansetzte, stellte der Archäologe fest, dass der Putz viel tiefer reichte als das byzantinische Bodenniveau. Das bedeutete, dass die Höhle schon zu einem früheren Zeitpunkt zu Kultzwecken hergerichtet worden war. Dort, wo die Tünche endete, stieß er auf eine neue Bodenschicht, in der Scherben von Gefäßen des 1. Jahrhunderts steckten. Treppen führten einen schmalen Gang hinab zu einem Becken, das der ganzen Anlage das Erscheinungsbild einer großen Mikwe verlieh. Am Rand des Beckens befand sich ein Kreis aus rohen Steinen, in dem einst ein Krug stand. Davor, unter einer Nische, lag ein großer, ovaler Fels, in den die Form eines rechten Fußes geschlagen war. Oberhalb der Fußform war ein fast rundes, untertassenförmiges Becken in den Stein gemeißelt, das mit ihr durch einen schmalen Durchfluss verbunden war. In der Höhle fanden sich Reste kleiner Ölkrüge, die perfekt in das Becken gepasst hätten. Gibson folgerte daraus, dass hier im 1. Jahrhundert Rituale stattgefunden haben, zu denen eine kultische Reinigung im Wasser, aber auch eine symbolische Fußsalbung mit Öl gehörten. Die Höhle selbst wurde schon in der Eisenzeit als Zisterne genutzt. Ob sie damals landwirtschaftlichen oder kultischen Zwecken diente, ist weiterhin ein Rätsel.

Es gibt eine alte, nicht ganz ernstgemeinte Archäologen-Regel, die da lautet: „Wenn du einen Fund nicht erklären kannst, bezeichne ihn einfach als Kultobjekt". Sie zitierten Kritiker, als Gibson seine Entdeckung 2004 in dem fast 400 Seiten starken Bestseller *The Cave of John the Baptist* (Die Höhle Johannes' des Täufers) publizierte. Für ihn ist die Felsenkammer nichts weniger als der Schlüssel zum Verständnis des Vorläufers Jesu, ein erster konkreter Beweis für sein Wirken und seine kultische Praxis. Das Ritzbild des Täufers, unter dem einst eine Reliquie eingelassen war, und die Nähe der Höhle zu Ain Karem lassen tatsächlich darauf schließen, dass man sie einst mit seinem frühen Wirken in Verbindung brachte. Ob er auch etwas zu tun hatte mit den rituellen Waschungen und Salbungen, die hier zu seiner Zeit stattfanden, ist eher fraglich.

Was uns die Diskussion um Gibsons Entdeckung aber zeigt, ist, wie wenig wir wirklich über den Mann wissen, von dem Jesus sagte: „Unter allen Menschen hat es keinen größeren gegeben als

Johannes den Täufer" (Mt 11,11; vgl. Lk 7,28). Nur dass er wirklich gelebt hat, ist glaubwürdig bezeugt. Als Antipas 33 n. Chr. eine herbe Niederlage gegen seinen Schwiegervater, den Nabatäerkönig Aretas, erlitt, sahen nicht wenige Juden darin die Strafe Gottes für die Hinrichtung des Täufers vier Jahre zuvor. So schreibt Flavius Josephus in den *Jüdischen Altertümern:*

> „(Ihn) nämlich hatte Herodes hinrichten lassen, obwohl er ein edler Mann war, der die Juden anhielt, nach Vollkommenheit zu streben, indem er sie ermahnte, Gerechtigkeit gegeneinander und Frömmigkeit gegen Gott zu üben und so zur Taufe zu kommen. Dann werde, verkündigte er, die Taufe Gottes angenehm sein, weil sie dieselbe nur zur Heiligung des Leibes, nicht aber zur Sühne für ihre Sünden anwendeten; die Seele nämlich sei dann ja schon vorher durch ein gerechtes Leben entsündigt. Da nun infolge der wunderbaren Anziehungskraft solcher Reden eine gewaltige Menschenmenge zu Johannes strömte, fürchtete Herodes, das Ansehen des Mannes, dessen Rat allgemein befolgt zu werden schien, möchte das Volk zum Aufruhr treiben, und hielt es daher für besser, ihn rechtzeitig aus dem Wege zu räumen ..."

Mit einem Bericht über das Wirken des Täufers beginnen Markus und Johannes ihre Evangelien, bei Lukas ist sein Auftreten die zweite wichtige Verankerung des Lebens Jesu in der Weltgeschichte. Der Historiker unter den Evangelisten weiß es präzise zu datieren, indem er die Mächtigen dieser Zeit nennt:

> „Es war im fünfzehnten Jahr der Regierung des Kaisers Tiberius; Pontius Pilatus war Statthalter von Judäa, Herodes Tetrarch von Galiläa, sein Bruder Philippus Tetrarch von Ituräa und Trachonitis, Lysanias Tetrach von Abilene; Hohepriester waren Hannas und Kajaphas. Da erging in der Wüste das Wort Gottes an Johannes, den Sohn des Zacharias. Und er zog in die Gegend am Jordan und verkündigte dort überall Umkehr und Taufe zur Vergebung der Sünden" (Lk 3,1–6).

Tiberius regierte als Co-Regent seit 13 n. Chr., als Alleinherrscher von 14–37, so dass hier von 27 oder 28 n. Chr. die Rede sein kann.

Dazu passen die anderen Angaben. Pontius Pilatus war von 26/27–36/37 Präfekt von Judäa, Herodes Antipas regierte von 4 v. Chr. bis 39 n. Chr., sein Halbbruder Philippus von 4 v. Chr. bis 33 n. Chr., von Lysanias liegen keine genauen Zahlen vor. Hannas war Hohepriester von 6–15 n. Chr., galt aber als „graue Eminenz" einer ganzen Dynastie: Seine fünf Söhne kamen nacheinander in den Besitz der Hohenpriesterwürde, sein Schwiegersohn Kajaphas amtierte von 18 bis 37 n. Chr.

Doch es geht noch genauer. Dass die Amtszeit des Tiberius zumindest in Judäa ab dem Jahr 13 (und nicht September 14) gerechnet wurde, beweisen die Münzen, die Pontius Pilatus in drei aufeinanderfolgenden Jahren prägen ließ. Die erste Prägeserie trägt die Jahresangabe LIF (Jahr 16) und die griechischen Inschriften *Tiberiou Kaisaros* und *Ioulia Kaisaros,* womit die Kaisermutter Livia gemeint ist, die mit dem Tod ihres Mannes in die Sippe der Julier aufgenommen und zur *Augusta* erklärt wurde. Schon Valerius Gratus, der Vorgänger des Pilatus, verewigte ihren Namen auf den Rückseiten seiner Münzen. Julia verstarb aber im September des Jahres 29, und so fehlt ihr Name auf der zweiten Münzserie, die als Jahresangabe LIZ (Jahr 17) trägt. Daraus lässt sich nur folgern, dass mit dem Jahr 16 das letzte Lebensjahr der Julia, also 28/29 gemeint war, das 15. Jahr daher 27/28 n. Chr. entsprach. Leider haben sogar Autoren numismatischer Fachbücher diesen Tatbestand ignoriert und die Pilatusmünzen falsch datiert.

Dieses Datum des Lukas deckt sich zudem mit dem Hinweis des Johannes, die Tempelreinigung zu Anfang von Jesu Wirken habe Ende März 28 n. Chr. stattgefunden. Es besteht also kein Grund, in Frage zu stellen, was der gelehrte Arzt Lukas offenbar präzise recherchiert hat. Auch sein nächster Hinweis zur Datierung passt: „Jesus war etwa dreißig Jahre alt" als dies geschah. Tatsächlich war er im Januar 28, als er wohl zu Johannes kam, genau 31 Jahre alt.

Wir wissen nicht, in welcher „Wüste", „Einöde" oder „Wildnis" sich der Täufer zuvor aufgehalten hatte, ob im Bergland von Juda oder in der Wüste von Judäa. Er muss ein Eremit gewesen sein, ein Einsiedler, der in Höhlen lebte, wenn es von ihm heißt: „Johannes trug ein Gewand aus Kamelhaaren und einen ledernen Gürtel um seine Hüften, und er lebte von Heuschrecken und wildem Honig." (Mk 1,6). Noch heute dienen Heuschrecken, auf dem Feuer geröstet oder kalt und mit Honig verspeist in Teilen Arabiens und Afrikas als Nahrung. Auch Einsiedler waren damals keine Seltenheit; Flavius Josephus berichtet etwa, dass er drei Jahre der „eifrige Schüler eines gewissen Banus" wurde, der „in der Wüste lebte, Kleider von Baumrinde trug, wildwachsende Kräuter aß und zur Reinigung sich öfters am Tage wie in der Nacht mit kaltem Wasser wusch."

Die Zeit, in die er kam, war erfüllt von endzeitlichen Spekulationen, messianischen Hoffnungen und religiösen Flügelkämpfen. Gleich nach dem Aufstand der Makkabäer hatten sich die drei „Parteien" oder „Sekten" gebildet, die das Judentum auch zur Zeit Jesu so entscheidend prägten. Die Sadduzäer (von hebr. *Saddiq*, „gerecht") hatten sich mit den jeweiligen Machthabern arrangiert und bildeten seit der Mitte des 2. Jahrhunderts v. Chr. die Aristokratie und den priesterlichen Adel im Land. Im 70köpfigen *Sanhedrin*, dem „Hohen Rat" der Juden, hatten sie die Mehrheit. Für sie galt nicht die Tradition, sondern nur das geschriebene Gesetz, die Tora; ihr Machtzentrum und Glaubensinhalt war der Tempel mit seinen Ritualen. In Opposition zu ihnen standen die Pharisäer (von hebr. *Perushim*, „Abgesonderte"). Sie gingen aus den *Chassidim*, den „Frommen", hervor, die noch Seite an Seite mit den Makkabäern um den Tempel gekämpft hatten. Dann aber lehnten sie die Herrscherfamilie und ihre Sadduzäerelite als zu opportunistisch ab, warfen Herodes schließlich den Ausverkauf Israels an die Römer vor. Ihr Name deutet an, dass sie sich von allem fernhielten, was rituelle Unreinheit zur Folge haben könnte. Die Speise- und Reinheitschriften der Tora hielten sie ebenso peinlich genau ein wie die 613 Reinheits- und Speisegebote der *Halacha*, der „mündlichen Tora", sprich: der Tradition, die für sie alle Bereiche des täglichen Lebens regelte. Eine dritte Gruppe, die Essener (von aram. *Chase*, „fromm") ging ebenfalls aus der Bewegung der Chassidim hervor, doch ihre Antwort auf die Hasmonäerherrschaft war die Totalopposition. Für sie war ein König, der nicht aus dem Hause Davids stammte, ebenso ein Usurpator wie ein nicht-aaronitischer Hohepriester. Ihr Gründer, der sich „Lehrer der Gerechtigkeit" nannte, bezeichnete den hasmonäischen Hohenpriester als „Frevelpriester" und „Lügenmann", die opportunistischen Sadduzäer als „Schmeicheleisucher". Dass sie die Kontrolle über Jerusalem und den Tempel hatten, war für ihn ein Zeichen dafür, dass man sich in den „letzten Tagen" befand, wenn die Kräfte des Bösen noch einmal an Macht gewinnen, bevor der Messias sie besiegt und das Gottesreich errichtet. Neben ihm, dem wahren *König der Juden,* der nur aus dem Hause Davids stammen konnte, erwartete er auch einen echten Hohenpriester (den *Messias-Priester)* aus dem Hause Aaron. Um sie frühzeitig finden und unterstützen zu können, unterhielt die Sekte enge Verbindungen zu den Davididen- und Aaroniten-Familien.

Seit der Entdeckung der Schriftrollen vom Toten Meer und des Klosters von Qumran gilt als sicher, dass Johannes mit den Essenern in Kontakt kam. Dafür spricht nicht nur die geographische Nähe zu seiner Taufstelle am Jordan, die nur 13,5 Kilometer Luftlinie entfernt liegt. Beide, Essener wie Johannes, wählten bewusst die Einsamkeit, um sich durch innere und äußere Reinigung auf eine „neue Landnahme", eine spirituelle Eroberung Israels, vorzubereiten. So bezeichneten die Frommen von Qumran die Gegend, in der ihr Kloster lag, als „die Wüste" und bezogen damit das Wort des Propheten Jesaja auf sich: „Eine Stimme ruft: Bahnt für den Herrn einen Weg durch die Wüste! Baut in der Steppe eine ebene Straße für unseren Gott!" (Jes 40,3). Es war dieselbe Prophezeiung, die Johannes nach einhelliger Aussage aller vier Evangelien durch seinen Auftrag erfüllt sah („Er sagte: Ich bin die Stimme, die in der Wüste ruft: Ebnet den Weg für den Herrn!, wie der Prophet Jesaja gesagt hat", Joh 1,23; vgl. Mt 3,3, Mk 1,2f., Lk 3,4f.).

Flavius Josephus berichtet: „Die Essener nehmen fremde Kinder auf, so lange dieselben noch in zartem Alter stehen und bildungsfähig sind, halten sie wie ihre Angehörigen und prägen ihnen ihre Sitten ein". Da Johannes mit nicht einmal einem Jahr seinen Vater, mit sieben Jahren seine Mutter verloren hatte, wuchs er als Waisenkind auf. Wahrscheinlich hatte die Sekte seinen Werdegang bereits aufmerksam verfolgt, stammte er doch aus der Sippe der Aaroniten, zu der die Essener in Kontakt standen. Dann wussten sie ebenso über die wundersamen Umstände seiner Geburt wie über die Ermordung seines Vaters durch die Männer des Herodes Bescheid, von der uns das *Protevangelium* berichtet. Dass er der Sohn eines Tempelpriesters war, wird sie nicht sonderlich gestört haben. Sie lehnten zwar die nicht-aaronitischen Hohenpriester und die sadduzäische Hierarchie ab, nicht aber den Tempel als Institution. Da sie zumindest anfänglich Herodes den Großen unterstützt hatten und unter seiner Herrschaft erstmals Quartier in Jerusalem bezogen, ist sogar anzunehmen, dass sie in die Planung des neuen Tempels integriert waren und dort besondere Privilegien genossen. So ist es gut möglich, dass sie den Jungen nach dem Tod seiner Mutter unter ihre Fittiche nahmen und ausbildeten.

Für eine Verbindung zu den Essenern spricht auch, dass das Wirken des Johannes, zumindest dem vierten Evangelium zufolge, an einem Ort namens „Bethanien, auf der anderen Seite des Jordan" (Joh 1,28) begann. Schon im 3. Jahrhundert störte sich Origenes daran, dass es keine Stadt dieses Namens gab. So folgerte er, dass die Kopisten einen Fehler gemacht haben und der Evangelist das Dorf Bethabara („Haus des Übergangs") nahe der Mündung des Jordan in das Tote Meer gemeint haben muss. Das erschien ihm schon deshalb plausibel, weil die tatsächliche Taufstelle (wie wir noch sehen werden) keine acht Kilometer davon entfernt lag. Aufgrund der ähnlichen Schreibweise, so Origines, sei es wohl zur Verwechslung mit dem Dorf Bethanien am Osthang des Ölbergs gekommen, wo Jesus den Lazarus wieder zum Leben erweckte. Heute wissen wir, dass Origenes es sich dabei zu einfach gemacht hat. Selbst in den frühesten Handschriften des vierten Evangeliums aus dem 2. Jahrhundert ist stets von „Bethanien" die Rede, erst aus der Zeit nach Origenes ist die alternative Schreibweise „Bethabara" bezeugt. Bethabara aber kann gar nicht gemeint sein, weil es aus jüdischer Perspektive „diesseits des Jordans" und eben nicht „auf der anderen Seite" lag und liegt. Auch eine Identifikation mit der Landschaft Batanäa, wie sie u. a. von Pater Bargil Pixner vorgeschlagen wurde, ist auszuschließen. Schließlich lag die Batanäa nicht am Jordan, in dem Jesus nach einhelliger Meinung aller vier Evangelisten getauft wurde, sondern östlich der Gaulanitis, der heutigen Golan-Höhen. Auch grammatikalisch scheidet sie aus, denn bei der Ortsangabe fehlt ein Artikel, wie er sprachlich notwendig gewesen wäre, um eine Landschaft zu kennzeichnen. Zudem ist die Batanäa auch viel zu weit entfernt, als dass sich „ganz Judäa und alle Bewohner Jerusalems" (Mk 1,5) dorthin begeben haben könnten. Eine ungefähre Entfernungsangabe finden wir schließlich im Johannesevangelium. Als sich Jesus im März des Jahres 30 erneut „auf der anderen Seite des Jordan, an dem Ort, wo Johannes zuerst getauft hatte" (Joh 10,40), aufhielt, dauerte es exakt einen Tag, dass ihn die Nachricht vom Tod seines Freundes Lazarus erreichte. Jesus blieb noch zwei Tage, dann legte er den Weg in einem weiteren Tag zurück, so dass Lazarus „schon vier Tage im Grab" (Joh 11,17) lag, als Jesus ihn erweckte. Eine Tagesreise entsprach 35–40 Kilometern, viel zu wenig also für die 140 Kilometer Luftlinie entfernte Batanäa, aber genau richtig, um das rechte Jordanufer bei Jericho zu erreichen (von Bethanien am Ölberg aus eine Wegstrecke von ca. 35 km).

Aber konnte es tatsächlich zwei Siedlungen mit demselben Namen gegeben haben, die eine bei Jerusalem, die andere am östlichen Jordanufer? Und war es ein Zufall, dass Jesus in beiden wirkte? Eine verblüffende Antwort auf diese Frage bietet der britische Neutestamentler Brian J. Capper von der *Canterbury Christ Church University* an.

Bethanien, so Capper, war zunächst einmal kein Ort, sondern eine Institution, Teil eines Netzwerkes essenischer Wohlfahrtshäuser und -Siedlungen, die *beth anya*, wörtlich: „Haus der Armen" genannt wurden. Hier kümmerten sich Angehörige des Ordens, unterstützt von reichen Gönnern, um die Bedürftigen. Das Netzwerk war Teil des Bestrebens der Essener, eine neue, gerechte und gottesfürchtige Gesellschaftsordnung zu begründen, die als *Neuer Bund* bezeichnet wurde. Hier fand schließlich Jesus, der ähnliche Werte vertrat, begeisterte Aufnahme.

Tatsächlich beschreibt auch Flavius Josephus die Essener-Gemeinschaft quasi als Vorläufer späterer christlicher Orden: „Den Reichtum verachten sie, und bewundernswert ist bei ihnen die Gemeinschaft der Güter ... alle verfügen wie Brüder über das aus dem Besitztum der einzelnen Ordensmitglieder gebildete Gesamtvermögen". In jeder Stadt gäbe es Gemeinschaftshäuser, in denen ein Essener alles finden würde, was er zum Leben braucht. Gleichzeitig betont er ihre Fürsorge für die Bedürftigen: „... in zwei Dingen besitzen sie völlige Freiheit, in Hilfeleistung nämlich und in der Ausübung der Barmherzigkeit. So ist es jedem gestattet, Unterstützungsbedürftigen beizuspringen, wenn sie dessen würdig sind, und den Darbenden Nahrung zu reichen."

Die *Tempelrolle* der Essener, die man in den Höhlen von Qumran fand, verlangt: „Du sollst auch machen drei Plätze östlich der Stadt, abgesondert voneinander, wo jene hingehen sollen mit einer Hautkrankheit, einem Ausfluss oder einem (nächtlichen) Samenerguss". Dort sollten diese Unreinen sich reinigen und warten können, bis es ihnen nach den jüdischen Reinheitsvorschriften gestattet war, die Stadt des Tempels zu betreten. Man kann sie mit gutem Recht mit den Pilgerhospizen des Mittelalters vergleichen, aus denen unsere Hospitäler entstanden. Diese „drei Plätze", so erfahren wir weiter in der Tempelrolle, sollten mindestens 3000 Ellen (etwa 1500 Meter) von der Stadt entfernt liegen und zwar so, dass man vom Tempel aus nichts Unreines sieht.

All diese Kriterien erfüllen drei Orte am Südostrand des Ölbergs, nämlich En-Shemesh, Betfage und Bethanien. Und auch aus einem weiteren Grund lagen sie günstig: Hier führte die Straße von Jericho nach Jerusalem vorbei, der Weg, den die meisten Pilger nahmen, die das aggressive Samaria mieden und lieber über die jüdischen Gebiete östlich des Jordans anreisten, um bei Jericho erneut den Fluss zu überqueren. Daher ist anzunehmen, dass hier die Essener ihre „Sozialstationen" im Zeichen des „Neuen Bundes" errichteten. Wer auf der Wanderschaft Opfer einer Hautkrankheit wurde, einen Ausfluss oder einen Samenerguss erlitt, konnte sich hier der drei- bis siebentätigen Reinigung unterziehen, die vorgeschrieben war, bevor der Tempel betreten werden durfte. Zugleich dienten die Häuser wohl der Fürsorge für die Notleidenden. Es waren Pilgerhospize, Armenküchen und Krankenhäuser in einem, behauptet Capper.

Eine ganze Reihe von Indizien spricht für diese These. Zunächst sind da einmal die Personen, die in den Evangelien als Bewohner von Bethanien am Ölberg genannt sind. An ihnen ist einiges auffällig. Da wäre einmal das Geschwistertrio Lazarus, Maria und Martha. Dass sie offenbar als Unverheiratete zusammenwohnten, obwohl es sich bei allen dreien um erwachsene Menschen handelte, war unter Juden mehr als ungewöhnlich. Schlielich galt ihnen eine frühe Ehe und das Zeugen von Kindern als Pflicht vor Gott. Die einzige Ausnahme bildeten die Essener, die, wie Flavius Josephus betont, „in Enthaltsamkeit und Beherrschung der Leidenschaften ... die Tugend erblickten. Über die Ehe denken sie gering" – die meisten von ihnen lebten zölibatär. Dann wäre da „Simon der Aussätzige", in dessen Haus Jesus zu Gast war und von dem wir nicht wissen, ob er einst wirklich an Lepra litt und geheilt wurde oder ob sein „Aussatz" nur eine Hautkrankheit, etwa Neurodermitis, war.

Lange wurde von Exegeten bestritten, dass die echte Lepra (auch *Hansen-Krankheit)* zur Zeit Jesu überhaupt in Palästina verbreitet war. Gerne erklärte man ganz pauschal alle „Aussätzigen" zu Trägern relativ harmloser Hautkrankheiten. Erst seit Juni 2000 weiß man, dass diese Erklärung falsch ist. Damals entdeckten die Archäologen James Tabor und Shimon Gibson auf dem „Blutacker"

Hakeldama auf der anderen Seite des Hinnom-Tales gegenüber der Südmauer Jerusalems ein altes Felsengrab. Es war vor kurzem ausgeraubt worden, die Fragmente von *Ossuarien* (steinernen Knochentruhen) und menschliche Gebeine lagen noch verstreut vor seinem Eingang. Was die Grabräuber nicht interessiert hatte, waren die zum Skelett zerfallenen Überreste eines Menschen, die, noch in die Überreste eines antiken Grabtuchs verhüllt, in einem der Schächte *(kokhim)* des Grabes lagen. Für die Archäologen war dies eine unglaubliche Entdeckung. Sofort schickten sie ein Fragment des Grableinens zur Radiokarbondatierung in die USA; es stammte aus dem 1. Jahrhundert. Gerichtsmediziner, die daraufhin die Knochenreste untersuchten, kamen zu dem Schluss, dass der Tote an Tuberkulose und Lepra litt. Ein Mittelfußknochen wies Veränderungen auf, wie sie als Folge der Hansen-Krankheit typisch sind. Damit war der Skelettfund der erste Beweis dafür, dass Lepra zur Zeit Jesu im Heiligen Land verbreitet war – und zumindest einige der „Aussätzigen", denen er begegnete, tatsächlich mit ihr infiziert sein konnten.

Dass dieser Simon *der Aussätzige* in Bethanien ein Haus hatte, scheint den Charakter der Siedlung als Essener-Kolonie für kultisch *Unreine* zu bestätigen. Daran ändert auch nichts, dass Simon offenbar ein Pharisäer war (Lk 7,36–44), denn die Essener sympathisierten mit den Pharisäern; ihre gemeinsamen Gegner waren die Sadduzäer, die „Tempellobby". Das stärkste Indiz aber ist archäologischer Natur. 1951 machte der bekannte Dominikanerarchäologe und Leiter der *École Biblique* in Jerusalem, Pater Pierre Benoit, in Bethanien eine sensationelle Entdeckung. Im Garten des Klosters der Vinzentinerinnen stieß er auf eine Anlage, die er zunächst für ein judenchristliches Baptisterium hielt. Über eine in den Kalkstein geschlagene Treppe steigt man in eine Höhle hinab, die in ein fünf Meter breites und vier Meter tiefes Becken mündete. Erstaunt stellte Benoit fest, dass die Treppe durch einen niedrigen Maueransatz in der Mitte der Stufen in einen Auf- und einen Abgang geteilt war. Die mit einer Kalktünche verputzten Wände waren über und über mit Graffiti bedeckt. Über einen Kanal war der „Taufkeller" mit einer Zisterne verbunden, die das Becken offenbar mit frischem Wasser versorgte.

Heute steht fest, dass die Anlage ursprünglich eine jüdische Mikwe war, durch die Zuleitung versorgt mit „lebendigem Wasser". Mikwen nach diesem Muster fanden sich in Qumran, auf dem Jerusalemer Zionsberg – wo sich laut Flavius Josephus das Essener-Viertel befand – und im unmittelbaren Tempelbereich. Sie war zu groß, zu aufwendig, um einem privaten Zweck zu dienen. Alles deutet darauf hin, dass sie das Reinigungsbad des Essener-Hospizes von Bethanien war. Hier könnten auch Jesus und seine Jünger gebadet haben, bevor sie in die Stadt des Tempels kamen.

Offenbar lag ein zweites *beth anya*, ein Hospiz für Jerusalempilger, am Ostufer des Jordan gegenüber von Jericho, dort, wo die Pilgerströme den Fluss überquerten. Von hier aus war es nur noch ein Tagesmarsch nach Jerusalem. Grund genug, an dieser letzten Etappe der Wallfahrt noch einmal innezuhalten, sich körperlich und spirituell zu reinigen und, wenn man Hilfe benötigte, die Fürsorge der Essener zu suchen. Für den Orden war der Ort von Bedeutung. Hier hatte einst Josua den Fluss überquert, um Kanaan zu erobern, hier wollten die Essener mit ihrer neuen, spirituellen Landnahme beginnen. Die geistige Verbindung zu Josua war Jesus von Geburt an mit auf den Weg gegeben. Denn Josua und Jesus sind nur zwei Variationen desselben biblischen Namens *Jehoshua* (Gott ist Hilfe), woraus zunächst in der Kurzform Joshua, später, zur Zeit des Zweiten Tempels, aber Jeshu wurde, der Name also, den wir zu Jesus latinisierten. Der Name war nicht selten. Flavius Josephus nannte 21 seiner Träger, bei jüdischen Ossuarien (Gebeinurnen)-Inschriften rangiert er an fünfter Stelle mit elf dokumentierten Beispielen, weshalb der Gottessohn außerhalb seiner Heimat nur durch den Zusatz „von Nazareth" *(ha-Nozri)* oder gleich als *der Nazarener (Nazari)* identifiziert wurde. Doch so häufig der Name war, er hatte eine tiefere Bedeutung, sonst hätte ihn nicht der Engel gleichermaßen seiner Mutter (lt. Lk 1,31) und seinem Stiefvater (lt. Mt 1,21) offenbart. Er war tatsächlich der neue Josua, der das neue Israel in das Reich Gottes führen würde, und auch er begann damit am Ostufer des Jordans. Es war also kein Zufall, dass ausgerechnet hier das öffentliche Wirken Johannes' des Täufers und Jesu seinen Anfang nahm.

Noch ein weiteres Detail ist interessant. Nach der essenischen *Gemeinderegel für das Israel der Endzeit,* die in der ersten Höhle von Qumran entdeckt wurde, gab es für jede Aufgabe in der Gemeinschaft ein Mindestalter. Mit 20 wurde ein Junge zum Mann, durfte er der Sekte beitreten und, wenn er nicht zölibatär leben wollte, auch heiraten. Mit 25 konnte er seinen Dienst in der Gemeinschaft beginnen, doch erst mit 30 galt er als mündig und reif, an einem Streitgespräch teilzunehmen oder eine Führungsaufgabe zu übernehmen. Johannes war 31, als er im Herbst 27, vor dem Versöhnungsfest, seine Mission begann, Jesus war 31, als er im Januar 28 an die Taufstelle am Jordan kam.

Doch es gab zwei große Unterschiede zwischen Johannes und den Essenern. Der eine lag in ihrer Zielgruppe. Der Orden war elitär, sonderte sich bewusst von der „Welt" und den „Männern des Irrtums" ab, der Täufer richtete seinen Ruf an alle Menschen. In den Qumran-Schriften begegnet uns eine Gesetzesfrömmigkeit, mit der sie sogar die penibelsten Pharisäer übertrafen. Selbst wenn ein Mensch am Shabbat in einen Brunnen fiel, war es den Essenern verboten, ihn zu retten. Aus ständiger Sorge um kultische Verunreinigung unterzogen sie sich mehrfach täglich rituellen Waschungen. Die Taufe des Johannes lehnte sich zwar in ihrer Form an diese Waschungen an – der Jordan als Fluss war die Ur-Mikwe, sein „lebendiges Wasser" genügte allen Vorschriften der *Halacha* –, doch er verfolgte mit ihr einen anderen Zweck. Es ging ihm nicht um die Reinigung des Körpers, sondern der Seele. Seine Wassertaufe war nur eine Vorbereitung auf die Taufe mit dem Heiligen Geist, die er kommen sah. Trotzdem scheint zumindest ein Teil der Essener erst Johannes, den sie für einen Propheten hielten, und dann auch Jesus unterstützt zu haben.

Bethanien jenseits des Jordan war für Johannes nicht nur deshalb interessant, weil hier Josua den Jordan überquerte, um das Gelobte Land zu erobern. Der Ort stand auch in enger Beziehung zu einem alttestamentarischen Propheten, mit dem er sich sehr verbunden fühlte: Elija. Auch von ihm heißt es (in 2 Kön 2,7), er habe an der Furt auf der Höhe von Jericho den Jordan überschritten, um auf der anderen Seite des Flusses in einem feurigen Wagen zum Himmel aufzufahren. Seit alter Zeit wurde dort eine Höhle verehrt, in der Elija gewohnt haben soll, und ein Hügel, von dem aus er in den Himmel geholt wurde. Der Prophet würde wiederkommen, um den Messias anzukündigen, hieß es bei den Juden. „Er wird mit dem Geist und der Kraft des Elija dem Herrn vorangehen, um das Herz der Väter wieder den Kindern zuzuwenden und die Ungehorsamen zur Gerechtigkeit zu führen" (Lk 1,17), hatte der Engel seinem Vater Zacharias vor der Geburt des Johannes verkündet. Wie sehr der

Täufer sich mit dem Propheten identifizierte, zeigt schon sein Auftreten. Von Elija heißt es: „Er trug einen Mantel aus Ziegenhaaren und hatte einen ledernen Gurt um die Hüften" (2 Kön 1,8), von dem Täufer berichten die Evangelien fast gleichlautend: „Johannes trug ein Gewand aus Kamelhaaren und einen ledernen Gürtel um die Hüften" (Mt 1,4; Mk 1,6). Auch Jesus erklärte seinen Jüngern: „Elija ist schon gekommen, doch sie haben ihn nicht erkannt, sondern mit ihm gemacht, was sie wollten ... da verstanden die Jünger, dass er von Johannes dem Täufer sprach" (Mt 17,12–13).

Die Erinnerung an seine Wirkungsstätte ist offenbar nie erloschen. Schon der erste Pilgerbericht aus dem Heiligen Land, das um 333 verfasste *Itinerarium* (Wegbeschreibung) eines Pilgers aus Bordeaux, vermeldet: „Von dort (vom Toten Meer) bis zur Taufstelle sind es 5 Meilen (7,5 km; tatsächlich sind es 8 km). Dort ist auch der Ort, oberhalb des Flusses, ein Hügel an jenem Ufer, wo Elija in den Himmel entrückt wurde."

Um 530 wurde der Jerusalemer Erzdiakon Theodosius genauer: „An der Stelle, an der Unser Herr getauft wurde, steht eine Marmorsäule, der ein Eisenkreuz aufgesetzt wurde. Dort befindet sich auch die Kirche des hl. Johannes des Täufers, die der Kaiser Anastasius gebaut hat. Sie steht auf einem großen Gewölbe, hoch genug für die Zeit der Jordanflut ... dort auf der anderen Seite des Jordans ist auch der kleine Hügel ... wo der hl. Elias aufgenommen wurde ... fünf Meilen weiter mündet der Jordan ins Tote Meer."

Vierzig Jahre später kam der Pilger aus Piacenza an die Stelle, „wo der Herr getauft wurde. Ein Obelisk ist errichtet, von Schranken eingeschlossen, und an der Stelle, wo das Wasser in sein Bett zurückkehrte, ist innerhalb des Wassers ein hölzernes Kreuz, und Stufen aus Marmor führen von beiden Seiten bis an das Wasser."

Schon 1899 identifizierte der Franziskanerpater Federlin die Stelle, von der die Pilger berichteten, am Ostufer des Jordans. Er beschrieb die Ruinen mehrerer Kirchen, von denen eine tatsächlich auf einem Gewölbe errichtet wurde, wie es Theodosius beschrieb. Noch 1955 will der griechische Mönch M. Kl. Karapiperis eine sechs Meter lange Marmorsäule in den Fluten des Jordan gesehen haben, wie der Heiligland-Kenner *par excellence*, Clemens Kopp, von ihm persönlich erfuhr. Doch trotzdem dauerte es nahezu ein Jahrhundert, bis hier systematische archäologische Ausgrabungen stattfanden.

Der Grund dafür war der Kriegszustand zwischen Israel und Jordanien. Seit 1967 war der Jordan die Grenze zwischen den verfeindeten Nationen, das Gelände wurde an beiden Ufern vermint und zum militärischen Sperrgebiet erklärt. Erst der Friedensschluss zwischen den beiden Staaten 1994 veränderte die Situation. Jetzt sah Jordanien, ansonsten arm an christlichen Stätten, seine Chance gekommen, ein Ziel für Pilgerreisen anzubieten. Das Land begann, mit dem englischen Slogan: *Jordan. The Land, and River of the Baptism* (Das Land und der Fluss der Taufe) zu werben. König Hussein gab den Startschuss zur Gründung einer „Königlichen Kommission zur Entwicklung eines Parks der Taufe des Herrn und Messias (Friede sei mit ihm) im Jordantal". Nachdem man die letzten Minen entfernt hatte, begannen an der Mündung des Wadi el-Kharrar 1996 die Ausgrabungen unter Leitung von Mohammad Waheeb, einem erfahrenen Archäologen der Jordanischen Altertümerverwaltung. Tatsächlich fand Waheeb hier die Ruinen von vier byzantinischen Kirchen, von denen eine einst auf einer eindrucksvollen Bogenkonstruktion stand. Die älteste Struktur war eine rechteckige Gebetshalle aus unbearbeiteten Feldsteinen, die schon im 3. Jahrhundert errichtet wurde. Ihren Boden schmückte ein schlichtes weißes Mosaik, ihre Decke bestand wahrscheinlich aus Holz. Mehrere gepflasterte Becken, die durch Kanäle gespeist wurden, dienten wohl in byzantinischer Zeit zu Massentaufen, falls der Jordan zu tief oder die Strömung zu heftig war. An einer anderen Stelle scheinen Treppen direkt an das damalige Jordanufer geführt zu haben – es sind wohl die Stufen, von denen der Pilger aus Piacenza berichtete. Heute verläuft der Fluss ganze hundert Meter westlich und ist nur noch ein schmaler Bach, da sein Wasser schon vorher zur Bewässerung der Dörfer und Plantagen Israels und Jordaniens abgeleitet wurde. Rund 1200 Millionen Kubikmeter Wasser sind es, die er im Jahr führt, rund 1000 davon zapfen zu gleichen Teilen seine beiden Anliegerstaaten ab. Was übrigbleibt und Jericho erreicht, ist eher dürftig. Sogar das Tote Meer droht in nicht allzu ferner Zukunft auszutrocknen. Doch noch in der ersten Hälfte des 20. Jahrhunderts wuchs der Jordan in den Frühlingsmonaten auf eine Breite von mehreren hundert Metern an.

Anderthalb Kilometer östlich, im Quellgebiet des Wadi el-Kharrar, dort, wo der Hügel des Elias liegt, stieß Waheeb auf einen byzantinischen Klosterkomplex. Er bestand aus drei Kirchen, einem

Taufbecken sowie einem ausgeklügelten Wasserleitungssystem. Eine mit einem prachtvollen Mosaikboden geschmückte Kirche lag direkt auf einem Hügel, an dessen Westhang ein zweites, wohl älteres Heiligtum eine Höhle als Apsis benutzte. Ein Autor namens Johannes berichtete um 600, dass hier hundert Jahre zuvor ein Mönch gleichen Namens auf seiner Wallfahrt zum Sinai eine mystische Vision hatte. Der Täufer selbst sei ihm im Traum erschienen und habe ihm versichert: „Diese kleine Höhle ist größer als der Berg Sinai. Unser Herr Jesus Christus daselbst kam hierher, um mich zu besuchen." In byzantinischer Zeit hieß die Klostersiedlung nach der nahegelegenen Quelle *Ainon* (Quellort) oder *Sapsaphas* (Weide), zwei Namen, die wir auch auf einer Mosaikkarte des Heiligen Landes finden, die im späten 6. Jahrhundert in der St. Georgs-Kirche von Madaba entstand. Noch um 1106 besuchte der russische Abt Daniel die Stätte, an der es längst kein Kloster mehr gab, und berichtete: „Nicht weit vom Fluss, zwei Bogenschüsse davon entfernt, ist der Ort, an dem der Prophet Elias in einem feurigen Streitwagen in den Himmel geholt wurde. Da ist auch die Höhle des heiligen Johannes des Täufers. Ein schöner wasserreicher Bach fließt über die Steine hinab bis zum Jordan. Das Wasser ist sehr kalt und schmeckt äußerst gut. Es ist das Wasser, das Johannes trank zu der Zeit, als er sich in der heiligen Höhle aufhielt."

Die menschlichen Siedlungsspuren – Ton- und Steingefäße, Münzen und Inschriften –, die hier von den Archäologen entdeckt wurden, stammten aus zwei Siedlungsphasen. Die erste begann im 2. Jahrhundert v. Chr., also zeitgleich mit der Gründung der Essener-Gemeinschaft, und endete im 2. Jahrhundert n. Chr. Von besonderer Bedeutung waren die Überreste massiver Steingefäße zu kultischen Reinigungszwecken, wie sie als „jüdische Leitfossilien" gelten. Sie zeugen von der Anwesenheit einer streng religiösen, mit den Regeln der *Halacha* vertrauten Gemeinschaft. Hier könnte sich also tatsächlich ein essenisches *beth anya*-Lager befunden haben. Die zweite Phase reichte vom 5. bis ins 8. Jahrhundert, also von der byzantinischen bis in die frühe islamische Periode, als das christliche Pilgerwesen seine erste Hochzeit erlebte.

Kein Wunder also, dass zur wachsenden Begeisterung der Jordanier die Kirchen diese Stelle für sich entdecken. Schon hat man an der Mündung des Wadi el-Kharrar neue Stufen gebaut, die hinunter zum Fluss führen, vor denen sich eine griechisch-orthodoxe

Kirche mit goldenen Kuppeln plaziert hat. Grund genug für Papst Benedikt XVI., den *Park der Taufstelle des Herrn* nicht nur auf das Programm seines Besuchs in Jordanien zu setzen, sondern gleich in Gegenwart von König Abdullah und Königin Ranja die Grundsteine zweier Kirchen zu segnen, die hier entstehen sollen – je eine für die Katholiken des lateinischen und des griechischen Ritus. Gleich nebenan bauen die Anglikaner und die Russen, Kopten und Armenier. Ein gut ausgezeichneter Weg verbindet die Klosteranlage am Elias-Hügel, wo die Johannes-Grotte liegt, mit dem Kirchenkomplex am Jordanufer. Es ist bislang eine bescheidene, aber gepflegte und ansprechende Anlage, die zum Besuch einlädt und immer mehr Pilger anzieht – bereits 280.000 im Jahr 2008.

Schlechte Karten also für die israelische Taufstelle, die genau gegenüber am westlichen Jordan-Ufer liegt. Sie verdankt ihre Existenz weniger dem Umstand, dass Origines Bethanien für Bethabara hielt, sondern vor allem der Sicherheit und Bequemlichkeit der Jerusalem-Pilger. Speziell in den letzten Wintermonaten, als der Fluss (damals noch) beachtlich anschwoll, war es schwierig, ihn zu überqueren. Zudem galt das Ostufer als unsicher; zu oft raubten Beduinenstämme die Pilger aus, später war das Gebiet fest in muslimischer Hand. Um das Fest der Epiphanie trotzdem am Jordan feiern zu können, entstanden am Westufer, auf einer Anhöhe über dem Jordan, im 6. Jahrhundert eine Kirche und ein Kloster. Beide müssen beim Einfall der Perser 614 zerstört worden sein. Über ihren Ruinen ließ Kaiser Manuel Komnenos (1143–1180) das orthodoxe *Prodromos*- („Vorläufer") Kloster errichten, das seinen Namen dem griechischen Titel des Täufers verdankt und aus gutem Grund einer Festung gleicht. Trotzdem wurde es nur ein Jahrhundert später wieder aufgegeben und erst 1882 vom griechisch-orthodoxen Patriarchat instandgesetzt und neu bemannt. Die syrischen Christen nennen es *Mar Yuhanna* (wörtlich: „Herr Johannes"), bei den Arabern heißt es aufgrund seiner Befestigungen *Qasr el-Yehud*, „Burg der Juden". Gleich daneben haben die Franziskaner 1935 eine Kapelle errichtet, etwas weiter südlich die Russen, die Rumänen und die Kopten. Da das alles im militärischen Sperrgebiet liegt, erlaubt Israel den Konfessionen nur zweimal im Jahr, an ihrem Epiphanie-Fest, an den Jordan zu kommen. Als Papst Johannes Paul II. im Jahr 2000 Israel und Jordanien besuchte, pilgerte er, ganz diplomatisch, zu beiden Taufstellen. Dass sein Nachfolger sich für die jordanische Seite entschied, mag Konkurrenzneid geschürt haben. Jedenfalls ließ sich Israel nicht lumpen, hat das Tourismusministerium 1,6 Millionen Euro für den Ausbau der Pilgerstätte am linken Jordanufer bewilligt. Bleibt nur zu hoffen, dass sie demnächst ganzjährig zugänglich ist und nicht, wie bisher, nur an zwei Tagen im Januar, wenn Christen sich, keinen Steinwurf voneinander entfernt, an den Ufern eines schmalen Baches gegenüberstehen und doch nicht gemeinsam das Fest der Taufe Jesu feiern können. Dabei ist sicher, dass Jesus weder auf israelischer noch auf jordanischer Seite getauft wurde – sondern mitten im Fluss, eben dort, wo die Grenze zwischen den Staaten verläuft.

Immer, wenn ich eine der Stellen besuche, spüre ich, wieviel Lokalkolorit die Evangelien atmen. Hier wird offensichtlich, dass sie auf Augenzeugenberichten beruhen. Liest man, dass Jesus die Menge über Johannes fragte: „Was habt ihr denn sehen wollen, als ihr in die Wüste gegangen seid? Ein Schilfrohr, das im Wind schwankt?" (Mt 11,7; Lk 7,24), dann gewinnen diese Worte an Kraft und Eindrücklichkeit, wenn man mit eigenen Augen sieht, wie reich an Schilf noch heute das Jordanufer ist. Oder nehmen wir die Schimpfrede des Johannes wider die Pharisäer, die er als „Schlangenbrut" (Mt und Lk 3,7) bezeichnete; den alten Pilgerberichten zufolge hat es im Wadi el-Kharrar von Schlangen nur so gewimmelt. Immer wieder fragen die Menschen den Täufer, ob er Elija sei (etwa Joh 1,21); auch diese Frage ist berechtigt, wirkte er doch an der Stätte der Himmelfahrt des Propheten, den die Juden für die Endzeit zurückerwarteten. Bezeichnend, wenn der Sohn eines Opferpriesters, der vielleicht selbst in seiner Kindheit Schafe hütete, Jesus das „Lamm Gottes, das die Sünde der Welt hinwegnimmt" (Joh 1,29), nennt.

So sehr sich die Berichte der drei Synoptiker – Matthäus, Markus und Lukas – gleichen, um so interessanter sind die Ergänzungen des Johannes. Ich schreibe „Ergänzungen", denn das vierte Evangelium entstand als Reaktion auf die ersten drei. Teils will es vertiefen, manchmal sogar korrigieren (so stellt Johannes ausdrücklich fest, dass das öffentliche Wirken Jesu parallel zum Wirken des Johannes begann, nicht erst nach dessen Verhaftung, wie man fälschlich aus den Synoptikern schließen könnte, siehe Joh 3,24), oft aber vervollständigen. Dabei brauchte sein Autor nicht zu wiederholen, was ohnehin schon aus drei Evangelien bekannt war. Das setzte er als gegeben voraus.

Unmittelbar nach der Taufe zog sich Jesus zunächst einmal in die Wüste zurück. Er wollte beten und fasten, um sich auf seine Mission vorzubereiten. Er wird sich dabei nicht zu weit von der Taufstelle entfernt haben, die ja am Rande einer Wüste lag. Wahrscheinlich zog er sich in die Berge westlich von Jericho zurück. Eine alte Tradition will sogar den „sehr hohen Berg" identifizieren, auf dem Jesus vom Teufel in Versuchung geführt wurde. Es ist eine Felswand, die oberhalb von Jericho fast steil und 348 Meter hoch über der Jordanebene aufragt. Nach dem 40tägigen Fasten wird der Berg *Quarantana* genannt, an seinem Abhang klebt ein griechisches Kloster, angeblich erbaut über der Höhle, in der Jesus in dieser Zeit lebte. Tatsächlich erstreckten sich, wie es scheint, „alle Reiche der Welt mit ihrer Pracht" (Mt 4,8) zu seinen Füßen, zumindest die fruchtbare Oase von Jericho mit der ebenso gigantischen wie luxuriösen Palastanlage des Herodes. Doch Jesus widerstand der Versuchung irdischer Macht und irdischen Reichtums.

Dann erleben wir bei den Synoptikern einen Bruch. Sie nehmen die Erzählung erst wieder auf, „nachdem man Johannes ins Gefängnis geworfen hatte" (Mk 1,14–15), lassen ihn in Galiläa wirken und dort seine Jünger berufen, so, als sei er ihnen dabei rein zufällig und zum ersten Mal begegnet. Doch ganz so war es nicht, weiß Johannes. Und so erzählt er alles, was zwischenzeitlich geschah, nicht ohne die Hintergründe der angeblich so spontanen Jüngerberufung aufzudecken.

Der vierte Evangelist setzt da ein, wo die Lücke bei den Synoptikern beginnt. Der Täufer verkündete, dass ein Größerer gekommen war. Am nächsten Tag sah er, wie Jesus aus der Wüste an den Jordan zurückkehrte. Jetzt legte er Zeugnis ab, verkündete, was er erlebt hatte, als er ihn vor 40 Tagen taufte: „Ich sah, dass der Geist vom Himmel herabkam wie eine Taube und auf ihm blieb ... Das habe ich gesehen, und ich bezeuge: Er ist der Sohn Gottes" (Joh 1,32–34). Am dritten Tag wies er zwei seiner Schüler ausdrücklich auf Jesus hin, der sich wohl auch irgendwo am Rande des *beth anya*-Camps eine Hütte aus Schilf gebaut oder eine Wohnhöhle bezogen hatte. Die Schüler wurden neugierig, folgten Jesus, der sie zu sich einlud. Sie hörten ihm zu, waren fasziniert; sie blieben bis „um die zehnte Stunde" (Joh 1,39), also bis 4 Uhr nachmittags. Einer der beiden Täuferschüler schien Johannes, Sohn des Fischers Zebedäus, der Autor des vierten Evangeliums, zu sein, der andere war Andreas, auch ein junger Fischer aus Betsaida in Galiläa. Der erzählte seinem Bruder Simon von der Begegnung, denn er war sicher: „Wir haben den Messias gefunden" (1,41). Als Jesus den Bruder des Andreas sah, war es, als würden sich zwei vertraute Seelen begegnen: „Jesus blickte ihn an und sagte: Du bist Simon, der Sohn des Johannes, du sollst Kephas heißen" (1,42). Das aramäische Wort bedeutet „Fels", auf griechisch übersetzt: *Petros*. Wir kennen ihn besser unter seinem latinisierten Namen *Petrus*. Noch ein weiterer Täuferschüler stammte aus Betsaida: Philippus. Auch ihn forderte Jesus auf: „Folge mir nach!" (1,43), ebenso einen vierten Galiläer: Nathanael. Zu sechst brachen die Männer in ihre Heimat, nach Galiläa auf. Gemeinsam besuchte man eine Hochzeit, ließ sich schließlich in Kafarnaum nieder, wo Petrus im Haus seiner Schwiegermutter wohnte. Natürlich pilgerte man als Gruppe zum Paschafest des Jahres 28 nach Jerusalem, wo die Jünger zu Zeugen der Tempelreinigung wurden. Anfangs schienen sie ein wenig irritiert angesichts der Heftigkeit der Reaktion Jesu, dann aber beruhigten sie sich. Stand nicht schon in den Psalmen (69,10): „Der Eifer für dein Haus verzehrt mich"? Sie erlebten aber auch, welchen Zulauf Jesus fand, spürten sein Charisma: „Während er zum Paschafest in Jerusalem war, kamen viele zum Glauben an seinen Namen, als sie die Zeichen sahen, die er tat" (Joh 2,23).

Später waren die fünf ersten Jünger Jesu dabei, als ihr Meister von einem der prominentesten Juden seiner Zeit aufgesucht wurde. Der Mann hieß Nikodemus, und Johannes lässt uns an anderer Stelle wissen, dass er ein Mitglied der Partei der Pharisäer im *Sanhedrin* war. Aus jüdischen Quellen wissen wir mehr. Etwa, dass sein vollständiger Name Nakdimon ben Guriyon (Nikodemus, Sohn des Gurion) lautete. Er war einer der drei reichsten Patrizier Jerusalems und ein Wohltäter von geradezu sprichwörtlicher Großzügigkeit. Er galt als „Gerechter" mit einem geradezu heiligmäßigen Lebenswandel; Johannes übertreibt also nicht, wenn er ihn als „Lehrer Israels" bezeichnet. Gleichzeitig unterhielt er beste Kontakte zur römischen Administration. Wie Jesus stammte er aus Galiläa (wie Joh 7,52 bestätigt) und hatte ausgedehnte Ländereien in Ruma. Während des Jüdischen Krieges brannten fanatische Rebellen seine Kornspeicher nieder. Vermutlich kam Nikodemus dabei ums Leben; er muss damals in den Siebzigern gewesen sein. Von seiner Tochter heißt es, sie habe fortan in tiefster Armut gelebt. Flavius Josephus erwähnt „Gorion, den Sohn des Nikodemus" (der offenbar nach dem Großvater benannt wurde), der zu Beginn des Jüdischen Aufstandes Teil einer Delegation war, die mit den Römern verhandelte. Dessen Sohn Josephus – also der Enkel des Nikodemus – wurde später zusammen mit dem Hohenpriester Ananus zum Oberbefehlshaber der Stadt Jerusalem gewählt, wohl um beide Parteien, Pharisäer wie Sadduzäer, zufriedenzustellen.

Jesus vertraute sich Nikodemus an. Er offenbarte ihm sogar sein Messiasgeheimnis, das er bis dahin für sich behalten hatte. Er sei der, „der vom Himmel herabgestiegen ist: der Menschensohn" –

„Und wie Moses die Schlange in der Wüste erhöht hat, so muss der Menschensohn erhöht werden, damit jeder, der (an ihn) glaubt, in ihm das ewige Leben hat. Denn Gott hat die Welt so sehr geliebt, dass er seinen einzigen Sohn hingab, damit jeder, der an ihn glaubt, nicht zugrunde geht, sondern das ewige Leben hat. Denn Gott hat seinen Sohn nicht in die Welt gesandt, damit er die Welt richtet, sondern damit die Welt durch ihn gerettet wird" (Joh 3,13–17).

Es sind die Schlüsselsätze des Johannesevangeliums. Offenbar war Nikodemus von dieser Offenbarung tief beeindruckt. Jedenfalls lesen wir bei Johannes, wie er ihn später, zum Laubhüttenfest des Jahres 29, vor dem Sanhedrin verteidigte. Als Jesus zum Tode verurteilt wurde, sorgte er zusammen mit Joseph von Arimathäa, einem anderen wohlhabenden Pharisäer aus dem Hohen Rat, dafür, dass er eine würdige, ja königliche Bestattung erhielt.

Wahrscheinlich zum Wochenfest des Jahres 28 kehrte Jesus mit seinen Jüngern nach Judäa zurück (Joh 3,22). Johannes hatte sich zu diesem Zeitpunkt eine andere Taufstelle gesucht, „und zwar in Änon bei Salim, weil dort viel Wasser war". Das griechische Wort *Ainon* bedeutet einfach nur „Quellen" (die Madaba-Karte benutzt es auch für die Quellen von Bethanien jenseits des Jordan), doch der Ortsname *Salim* hilft uns, die Stelle zu identifizieren. Tatsächlich geriet sie nie in Vergessenheit. Schon Eusebius von Caesarea schreibt in seinem *Onomasticon*, einem Verzeichnis biblischer Ortsnamen, um 300: „Die Stätte wird noch heute gezeigt, acht Meilen südlich von Skythopolis, nahe Salim und dem Jordan". Der Ortswechsel wird also einen politischen Grund gehabt haben. Bethanien am Jordan gehörte zur Peräa, dem jüdischen Ostjordanland, und damit zum Herrschaftsgebiet des Antipas. Wenn Johannes den König anprangerte, wie es einhellig die Evangelien und Flavius Josephus berichten, war es klug, dafür ein politisch neutrales Gebiet zu wählen – und in einem solchen lag Salim. Skythopolis, heute Beth She'an, gehörte damals der Dekapolis an, einem Bund freier, griechisch geprägter (und damit heidnischer) Städte, die sich im 1. Jahrhundert v. Chr. zusammengeschlossen hatten, um ihre Eigenständigkeit zu bewahren und sich dem Zugriff des Herodes zu entziehen. Hier brauchte der Täufer keine Repressalien zu befürchten.

Als die pilgernde Nonne Egeria im Jahre 383 die Stätte besuchte, schrieb sie: „Sofort begannen wir, zu Fuß durch das ganze überaus idyllische Tal zu gehen, bis wir zu einem sehr idyllischen Obstgarten kamen, in dessen Mitte (ein Priester) uns die Quelle mit bestem und reinstem Wasser zeigte, aus der gleich ein ganzer Fluss entsprang. Vor der Quelle aber befand sich so etwas wie ein See, wo, wie es schien, der heilige Johannes getauft hat."

Die Pilgerin erfuhr, dass der Garten seit ältester Zeit „Garten des heiligen Johannes" hieß und von Gläubigen besucht wurde. Auch die Madaba-Karte zeigt dieses „Ainon bei Salim" nahe Beth She'an. Tatsächlich befindet sich zwölf Kilometer südlich der Ruinen des antiken Skythopolis ein Gebiet mit zahlreichen Quellen und einem See, der heute als Fischweiher genutzt wird. Unter dem Hügel von Tell Shalem, nur anderthalb Kilometer davon entfernt, könnte das alte Salim gelegen haben. Sollte es mit dem Salem aus dem Buche Genesis identisch sein, dann war hier tatsächlich ein heiliger Ort. Denn in Salem war es, wo der Priesterkönig Melchisedek Abraham Brot und Wein brachte und ihn segnete, bevor der Urvater der Juden seinen ewigen Bund mit Gott schloss (Gen 14,18–20). An diesen Bund, an diese Segnung des Landes könnte Johannes bewusst angeknüpft haben. Leider ist der Tell Shalem noch nicht ausgegraben. Dabei will Egeria hier sogar die Ruinen des Melchisedek-Palastes gesehen haben. Doch in Israel hält man das für eine Erfindung der rivalisierenden Samaritaner, wird Jerusalem mit Salem identifiziert.

Während Johannes in Salim/Salem wirkte, übernahm Jesus das Lager von *bet'anya*. Zwar taufte er nicht selbst – das machten seine Jünger, die zuvor Täuferjünger gewesen waren, wie der Evangelist eigens betont (Joh 4,2) – doch er hielt sich dort auf, lehrte und setzte die Tradition seines Vorläufers fort. Präsenz zu zeigen, wo vielleicht viele Suchende hineilten, weil sie Johannes dort vermuteten, war ihm offenbar wichtig. Das irritierte wohl einige Täufer-Jünger, die empört berichteten: „Rabbi, der Mann, der auf der anderen Seite des Jordan bei dir war und für den du Zeugnis abgelegt hast, der tauft jetzt und alle laufen zu ihm." Doch ihr Meister beruhigte sie: „Er muss wachsen, ich aber muss kleiner werden" (Joh 3,26–30).

Was Johannes mit diesen Worten nur andeutete, erfahren wir von den Synoptikern. Kaum hatte sich auch Johannes auf den Weg zum Wochenfest gemacht und dabei Peräa, das jüdische Ostjordanland, betreten, wurde er von den Männern des Antipas festgenommen. Das war wohl eine Präventivmaßnahme. Natürlich nahm auch der König an dem Tempelfest teil, und mit der Verhaftung des prominenten Mahners versuchte er, gleich alle Kritik an ihm im Keim zu ersticken. Dabei ging es um eine ganz konkrete moralische Verfehlung, die sich ein König in seiner Vorbildfunktion nicht erlauben durfte. Er hatte seine eigene Frau verstoßen und seinem Bruder die Frau ausgespannt, um sie zu heiraten. Bei Flavius Josephus *(Jüdische Altertümer)* liest sich das so:

> „Als (Antipas) nun nach Rom reiste, kehrte er bei seinem Stiefbruder Herodes ... ein. Hier fasste er eine so heftige Neigung zu dessen Gattin Herodias, die ihres gemeinschaftlichen Bruders Aristobulus Tochter und Agrippas des Großen Schwester war, dass er mit dem Plan umging, sie zur Ehe zu nehmen. Herodias war damit einverstanden, und so kamen sie überein, dass sie gleich nach seiner Rückkehr aus Rom in sein Haus kommen solle ..."

Herodias' Bedingung für die Beziehung war, dass sich Antipas von seiner bisherigen Frau trennt, ausgerechnet der Tochter des Nabatäerkönigs Aretas. Die floh, gleichermaßen empört, enttäuscht und gedemütigt, zu ihrem Vater, der das Verhalten seines Ex-Schwiegersohnes als persönlichen Affront verstand und fortan Rache schwor. Fünf Jahre lang lauerte er auf die richtige Gelegenheit, dann lieferte ihm endlich ein Grenzkonflikt den Vorwand zum Zuschlagen. Damals, 33, erlitt Antipas die bereits erwähnte schwere Niederlage. In den Augen der Juden hatte sich die Kritik des Täufers als richtig erwiesen, kassierte der Tetrarch jetzt die gerechte Strafe Gottes. Nicht nur für seine unmoralische Beziehung, sondern vor allem dafür, dass er die Anklage des Gottesmannes ignoriert, die „Stimme des Rufers in der Wüste" zum Verstummen gebracht hatte. Denn die Anklage des Johannes war berechtigt. Die Heirat mit einer Frau, die nicht nur seine Schwägerin war, sondern auch seine Nichte, war ein schwerer Verstoß gegen gleich mehrere jüdische Gesetze, galt gleichermaßen als Ehebruch und Verwandtenehe.

Nichts anderes steht in den Evangelien, mit einem kleinen Unterschied: Markus (6,17; und infolgedessen auch Matthäus) nennt den Ex-Mann der Herodias Philippus. Da uns Josephus seinen richtigen Namen verschweigt (er wird gemeinhin als Herodes Boethos bezeichnet), wissen wir nicht, ob er wirklich so hieß. Genausogut ist möglich, dass Markus ihn mit dem Tetrarchen Philippus verwechselt, der kurz darauf Salome, die Tochter der Herodias, ehelichte. Lukas erkennt den möglichen Fehler und schreibt einfach: „Johannes tadelte auch den Tetrarchen Herodes wegen (der Sache mit) Herodias, der Frau seines Bruders, und wegen all der anderen Schandtaten, die er verübt hatte. Deshalb ließ Herodes Johannes ins Gefängnis werfen und lud so noch mehr Schuld auf sich" (Lk 3,19–20).

Als Jesus von der Verhaftung erfuhr, ahnte er, dass auch seine Freiheit bedroht war. Er war als Nachfolger des Täufers bekannt, er hatte einige seiner Schüler übernommen, und obgleich er politische Themen mied, könnte Antipas es auch auf ihn abgesehen haben. Er wusste, dass der Tetrarch ein „Fuchs" (Lk 13,32) ist, er wurde auch künftig immer wieder vor ihm gewarnt und war darauf bedacht, ihm zu entgehen. So kehrte er dieses Mal nicht über Peräa in seine Heimat zurück, sondern wählte den direkteren, wenn auch riskanteren Weg durch das feindselige Samaria. Es war nach wie vor Mai, Jesus erwähnte, dass in vier Monaten die Ernte bevorstand, gemeint war das Erntedankfest *Sukkot*. Jeder wusste, dass er ein Jude war, der gerade vom *Schawuot*-Fest im Tempel kam. Doch auch die Samaritaner begriffen, dass er mehr als ein Prophet war, ja sie erkannten: „Er ist wirklich der Retter der Welt" (Joh 4,42).

Daheim in Galiläa besuchte er zunächst den Ort, an dem er nur zwei Monate zuvor sein erstes Wunder gewirkt hatte: Kana, nicht weit von Nazareth.

VII. EINE HOCHZEIT UND SECHS KRÜGE

DIE SUCHE NACH KANA

Die Straße von Sepphoris nach Nazareth, der Weg, den Jesus in seiner Jugend so oft gegangen sein muss, verläuft durch ein lautes, arabisches Dorf namens Kafr Kenna, was soviel wie „Dorf der Schwiegertochter" bedeutet. Auf der linken Seite der Straße führt ein Schild in die *Church Road,* die so ganz anders ist als der Rest des Dorfes – beschaulich und einladend. Letzteres ist wörtlich gemeint: Auf beiden Seiten der engen Straße liegen christliche Souvenirläden, in denen den Touristen und Pilgern ein schwerer, süßer aber köstlicher Wein kredenzt wird, in der Hoffnung, dass sie gleich ein paar Flaschen davon erwerben. Das Etikett verrät, was den Wein so besonders macht. Er wird als *Kana Hochzeitswein* angepriesen.

Wir genießen die Weinprobe, entschließen uns aber nicht zum Kauf. Statt dessen setzen wir unseren Weg fort in die katholische *Hochzeitskirche,* die von den Franziskanern betreut wird. Wir ahnen nicht, dass wir am falschen Tag gekommen sind. Samstags wird hier geheiratet. Eine Gruppe äthiopischer Christen zieht in getanzter Prozession um den Altar, während andere singen und trommeln. Wir wollen nicht stören; dass wir nicht zur Hochzeitsgesellschaft gehören, das verrät schon unsere wenig festliche Kleidung. Also öffnen wir eine Tür, die hinunter zu den Ausgrabungen führt. Ein mächtiges Steingefäß soll an Jesu erstes Wunder erinnern, das sich angeblich hier zugetragen hat. Später finden wir in der schräg gegenüber liegenden griechischen Kirche ein zweites, ähnliches Steingefäß. In solchen Krügen soll Jesus auf der Hochzeit zu Kana Wasser in köstlichen Wein verwandelt haben. Der Evangelist Johannes, wahrscheinlich als einer der ersten Jünger Jesu ein Augenzeuge des Geschehens, berichtet:

„Am dritten Tag fand in Kana in Galiläa eine Hochzeit statt, und die Mutter Jesu war dabei. Auch Jesus und seine Jünger waren zur Hochzeit eingeladen. Als der Wein ausging, sagte die Mutter Jesu zu ihm: Sie haben keinen Wein mehr. Jesus erwiderte: Was willst du von mir, Frau? Meine Stunde ist noch nicht gekommen. Seine Mutter sagte zu den Dienern: Was er euch sagt, das tut! Es standen dort sechs steinerne Wasserkrüge, wie es der Reinigungsvorschrift der Juden entsprach; jeder fasste ungefähr hundert Liter. Jesus sagte zu den Dienern: Füllt die Krüge mit Wasser! Und sie füllten bis zum Rand. Er sagte zu ihnen: Schöpft jetzt und bringt es dem, der für das Festmahl verantwortlich ist. Sie brachten es ihm. Er kostete das Wasser, das zu Wein geworden war" (Joh 2,1–9).

Solche Steingefäße wurden in ganz Israel von Archäologen entdeckt. Sie fanden nur in einer einzigen, kurzen Phase der 4000jährigen Geschichte des Judentums Verwendung, nämlich zur Zeit des herodianischen Tempels, exakt zwischen 19 v. Chr. und 70 n. Chr. Hätten wir nur diesen einen Hinweis in einer alten Schrift, er genügte schon, um das Ereignis auf weniger als hundert Jahre genau zu datieren. Der Neubau des Tempels einerseits, den viele gläubige Juden für ein Vorzeichen der Ankunft des Messias und des nahenden Gottesreiches hielten, die zunehmende Überfremdung Judäas andererseits führten zu einer regelrechten Besessenheit der Gläubigen mit der *Halacha* und Fragen der kultischen Reinheit. Man fürchtete, sich schneller zu verunreinigen, während man gerade jetzt kultisch rein sein wollte, gleichermaßen zur Abgrenzung gegenüber den Fremdeinflüssen wie als endzeitliche Vorbereitungsmaßnahme. Die jüdische *Tosefta* beschreibt diese Situation mit den Worten „Reinheit brach aus in Israel". Sie findet sich auch in den Evangelien wieder, etwa bei Markus (7,2–23), wo Jesus ihr mit den Worten „Nichts, was von außen in den Menschen hineinkommt, kann ihn unrein machen, sondern was aus dem Menschen herauskommt, das macht ihn unrein" eine klare Absage erteilt. Welche Rolle die halachischen Reinheitsgebote im Judentum dieser Zeit spielten, spiegelte sich in der Gefäßkultur wider. Steingefäße gelten, wie gesagt, in der Archäologie geradezu als „jüdisches Leitfossil". Findet man sie an einer antiken Stätte, kann man sicher sein, dass hier im 1. Jahrhundert gläubige Juden lebten.

Es war kaum zu vermeiden, dass man sich verunreinigte. Jede Berührung mit Körperausflüssen, einer Geburt oder einer Frau während ihrer Periode galt als Verunreinigung. Ebenso der Kontakt mit dem heidnischen Götzenkult (einschließlich heidnischer Münzen), Hautkrankheiten, Kriechtieren oder einem Kadaver. Ein menschlicher Leichnam galt als „Vater der Väter der Unreinheit"; wer mit einem Toten in Kontakt kam, der wurde selbst zur „Quelle der Unreinheit" und mit ihm alles, was er berührte. Er selbst konnte sich in der Mikwe reinigen, doch die Tora nennt auch verschiedene Materialien von Haushaltsgegenständen, die ebenfalls unrein werden und Unreinheit übertragen können: Metall, Holz, Leder, Knochen und Ton. Nur Stein war von Natur aus *kosher*, da von Gott geschaffen, und konnte keine Unreinheiten übertragen. Deshalb durfte Wasser, das der kultischen Reinigung von Gegenständen galt, nur in Steingefäßen aufbewahrt und geschöpft werden. Zu Tausenden entdeckten Archäologen Gefäße aus weichem, weißen Kalkstein, die an moderne Kaffeetassen erinnern, aber als Schöpfbecher dienten. Geschöpft wurde entweder direkt aus der Mikwe oder aus den mächtigen, *Krater* oder (hebr.) *kallal* genannten Wasserkrügen, von denen man besonders prächtige Exemplare im jüdischen Viertel der Altstadt von Jerusalem fand. Weitere Kraterfragmente gruben Archäologen u. a. auf dem Herodium, in Qumran, Nazareth, Tiberias und – wir kommen noch darauf zurück – Kafr Kenna aus. Die letzten drei Beispiele zeigen, dass Galiläa von diesem Brauch keineswegs ausgenommen war. Wenn die *Einheitübersetzung der Heiligen Schrift* das Volumen der Krüge von Kana mit „ungefähr hundert Liter" angibt, ist das allerdings übertrieben. Im Originaltext ist von „zwei oder drei firkins" die Rede. Ein *firkin* („Bad") entspricht exakt 21,83 Litern, so dass man ihr Fassungsvermögen auf 44–66 Liter berechnen kann, was ein wenig unter dem Volumen der *Krater* aus Jerusalem lag.

Doch auch da verwundert es kaum, dass ein Spötter einst dem hl. Hieronymus vorhielt, dass Jesus über 300 Liter Wasser in allerbesten Wein verwandelt hätte, obwohl die Hochzeitsgesellschaft schon ziemlich angetrunken war. Soll sie etwa den neuen Wein auch noch genossen haben? „Nein", entgegnete ihm der Kirchenvater ruhig und mit feinem Humor, „wir trinken bis heute davon."

Tatsächlich ist die eucharistische Symbolik des ersten Wunders Jesu unübersehbar. Denn natürlich ging es ihm nicht darum, den Bräutigam vor einer Peinlichkeit zu bewahren oder eine heitere Hochzeitsfeier zu retten. Allzu originell wäre das „Weinwunder" auch nicht gewesen, denn dem heidnischen Gott Dionysos wurde ähnliches nachgesagt. Aber wie bei allen seinen Wundern, so versteckt sich auch hier auf einer Metaebene eine tiefere Bedeutung, weshalb Johannes ausdrücklich von einem *Zeichen* spricht. Der Wein, der damals so reich floss, ersetzte durch das Wirken Jesu nicht gewöhnliches Wasser, sondern das Wasser in den Steinkrügen, das speziell für kultische Reinigungen bestimmt war. Er wurde zum Symbol für das wahrhaft reinigende, alle Schuld und alle Sünde, sprich: alle seelischen Verunreinigungen tilgende Blut Christi. Mit ihm wurden im Neuen Bund die kultischen Reinigungen der *Halacha* überflüssig, bildlich das Wasser durch Wein ersetzt, der, um an Hieronymus anzuknüpfen, für alle Zeiten ausreicht und in alle Ewigkeit fließt. So wird die Episode von der Hochzeit zu Kana zu einer der bedeutungsvollsten des Neuen Testamentes.

Wir finden sie trotzdem nur bei Johannes, da sie sich vor dem Beginn der eigentlichen öffentlichen Mission ereignete, mit dem die Synoptiker ihre Schilderung fortsetzen. Sie muss sich irgendwann im März 28 zugetragen haben, nach der Taufe im Jordan, nach Jesu 40tägigem Fasten, nach seiner Rückkehr zu Johannes, der Berufung seiner ersten fünf Jünger, seiner Rückkehr nach Galiläa, aber noch vor dem Paschafest. Die Zeitangabe des Evangelisten („am dritten Tag") hilft uns leider nicht viel weiter. Es kann der dritte Tag nach seiner Ankunft in Galiläa, der dritte Tag des Monats Nisan 3788 (sprich: der 18. März 28) oder ein ganz gewöhnlicher Dienstag gewesen sein, ein Wochentag, an dem Juden gerne heirateten – wir wissen es nicht. Um so konkreter ist die Ortsangabe: „in Kana in Galiläa". Ein Kana im Libanon (dessen Christen behaupten, in ihrer Heimat habe das Wunder stattgefunden) können wir schon einmal ausschließen. Für die Nähe zu Nazareth spricht auch, dass offenbar Maria der wichtigere Gast war; Jesus und seine Jünger begleiteten sie nur, waren „auch" eingeladen. Damit entfällt die Möglichkeit, dass Nathanael der Bräutigam (oder ein Bruder des Bräutigams) war, obwohl wir von ihm wissen, dass er aus Kana stammt. Dieser Nathanael, dessen Name nur bei Johannes erwähnt wird, scheint mit dem Bartholomäus der Synoptiker identisch zu sein. Das ist wenig erstaunlich, heißt doch *bar tholmai* (Bartholomäus ist die latinisierte Version) nur „Sohn des Tholmai" und mag sein Rufname, aber eben nicht sein Vorname gewesen sein. Unklar ist, ob neben Nathanael bar Tholmai auch Simon Kanaanäus aus Kana stammte. Da er auch als „der Eiferer" (oder: „der *Zelot"*) bekannt war, ist eher wahrscheinlich, dass hier *Kanaanäus* von *Kananäu*, der aramäischen Übersetzung dieser Bezeichnung, abgeleitet wurde.

Natürlich fand die Hochzeit nicht in einem Privathaus statt. Wenn in einem Dorf geheiratet wurde, feierte mindestens die halbe Einwohnerschaft mit, und dazu reichte der Platz nicht in den engen Häusern. Dafür gab es dann das *triclinium*, ein anmietbares Speisezimmer, meist im ersten Stock eines Hauses gelegen, benannt nach der hufeisenförmigen Anordnung seiner Liegebänke, Matten oder Sitzkissen. Dass die Hochzeit von Kana in einem solchen mit Polstern ausgestatteten Obergemach (einem *katalyma*, wie es auch für Jesu Letztes Abendmahl bereitgestellt wurde) stattfand, zeigt schon der Hinweis auf den Mann, „der für das Festmahl verantwortlich ist", sprich: den Besitzer des *tricliniums*, der ausdrücklich kein Verwandter des Bräutigam ist. Er hat schon viele Feste organisiert und war um so erstaunter, dass auf diesem der schlechtere Wein (den offenbar der Bräutigam besorgt hat, vielleicht war er sogar Weinbauer) zuerst serviert wurde.

Doch wo lag Kana? Tatsächlich unter dem heutigen Kafr Kenna? Es gibt noch einen zweiten Kandidaten ganz in der Nähe. *Chirbet Kana*, „die Ruine von Kana", heißt es vielversprechend. Auf dem direkten Weg liegt es nur 13 km nördlich von Nazareth. Doch den können wir nicht nehmen, weil sich dazwischen die Bet Netofa-Ebene mit ihren bebauten Feldern und einem modernen Kanal erstreckt. Also fahren wir auf der Bundesstraße 79 und der Landstraße 784 bis nach Kfar Manda, ein Nest mit mehrheitlich muslimischer Bevölkerung am Nordwestende der Ebene. Von dort führt nur ein holpriger Feldweg von rund vier Kilometern Länge nach Chirbet Kana. Er verläuft am Nordrand der Ebene, zu Füßen des Har Azmon-Gebirges. Wir versuchen, die Schlaglöcher zu umfahren. Alle paar hundert Meter muss ich aussteigen, um einen Felsbrocken aus dem Weg zu räumen. Es dämmert, der Abend naht. Wir beten, dass unser Mietwagen die Fahrt heil übersteht. Wir wären hier, mitten im Nirgendwo, bei einem Unfall aufgeschmissen, in der Dunkelheit völlig verloren. Schließlich erkenne ich in der Ferne einen pyramidenförmigen Hügel, gut hundert Meter hoch. Das muss Chirbet Kana sein! Eine palästinensische Familie besitzt hier eine Hütte und ein paar Schuppen, treibt gerade ihre

Schafherde nach Hause. Yuliya schließt sich im Wagen ein, noch traumatisiert von der Erfahrung in Caesarea. Ich schnappe mir die Kamera, mache mich auf den Weg. Schon auf halber Höhe, auf dem Südhang des Hügels, werde ich fündig. Der Boden ist mit antiken Tonscherben übersät. Viele weisen feine Rillen auf, wie sie für herodianische Keramik charakteristisch sind. Deutlich erkenne ich die Umrisse Dutzender Häuser. Ein gewaltiger Steindeckel, in den ein kreisrundes Loch geschlagen wurde, bedeckt eine antike Zisterne. Am Südwesthang stoße ich auf ein Felsengrab, von seiner Form her typisch für das 1. Jahrhundert. Schließlich auf der Hügelkuppe angekommen, genieße ich den phantastischen Blick über die Bet Netofa-Ebene. Im Osten erkenne ich das ferne Ufer des Sees Gennesaret, im Süden den Bergrücken, hinter dem Nazareth liegt, dessen Ausläufer allmählich von ihm Besitz ergreifen. In der Ferne ragen die Hochhäuser der jüdischen Siedlung Nazaret Illit in den Himmel. Davor liegt Kafr Kenna mit seinen Hochzeitskirchen. An den nahen Hügel zu meiner Linken schmiegt sich eine Ölbaumplantage; alte Terrassen zeugen davon, dass er schon vor 2000 Jahren der „Garten" eines reichen Dorfes war.

Die strategisch günstige Lage von Chirbet Kana am Hange des Hügels, von dem aus sich kilometerweit das Hochland von Galiläa überblicken lässt, erinnert mich an die Autobiographie des Flavius Josephus. Als dieser zu Anfang des Jüdischen Aufstandes Kommandant von Galiläa war, hatte er wohl aus eben diesem Grund „in einem galiläischen Dorfe mit Namen Kana" sein Hauptquartier aufgeschlagen. Von dort aus marschierte er an der Spitze einer kleinen Einheit von 200 Mann „die ganze Nacht hindurch", um die Stadt Tiberias am See Gennesaret zu erreichen und sie zu schützen. Auch das passt besser zu dem ca. 28 Straßenkilometer entfernten Chirbet Kana als zu Kafr Kenna, das nur knappe 20 km westlich von Tiberias liegt.

Ausgrabungen, die zwischen 1998 und 2000 unter Leitung von Prof. Douglas Edwards von der *University of Puget Sound* und seines Kollegen Jack Olive in Zusammenarbeit mit der Israelischen Altertümerverwaltung in Khirbet Kana stattfanden, bewiesen schon durch Münzfunde eindeutig eine Besiedlung zur Zeit Jesu.

Der älteste Teil von Kana, so stellten die Archäologen fest, lag auf einem Sattel an der Nordseite des Hügels. Hier befanden sich auch die größeren Häuser, meist mit Innenhöfen ausgestattet. Als sich die

Besiedelung auf die Südseite ausdehnte, wurde in Terrassen gebaut. Die Hanghäuser richteten sich nach den natürlichen Begebenheiten. Die breiteren Straßen verliefen konzentrisch um die Hügelspitze, während schmalere Wege, oft mit Treppen ausgestattet, die Terrassen durchkreuzten und den Abhang hinunter führten. Man lebte offenbar von der Taubenzucht – zwei Kolumbarien wurden ausgegraben –, dem Ackerbau und der Ölproduktion, aber auch vom Handwerk. Die Werkstätten von Tuchfärbern und Ledergerbern wurden ebenso entdeckt wie eine kleine Glasmanufaktur. Ein Netz von Zisternen garantierte die Wasserversorgung, und natürlich gab es eine öffentliche Mikwe. Gekrönt wurde der Dorfhügel von einem öffentlichen Gebäude, das später von einer trapezförmigen Mauer umgeben wurde. Seine Ausrichtung auf Jerusalem und die sorgfältige Bauweise lassen darauf schließen, dass es eine Synagoge war, die durchaus aus dem 1. Jahrhundert stammen könnte. Ihr Hauptraum hatte 150 Quadratmeter Fläche und war mit drei Säulen ausgestattet. Ein Kalksteinkapitell glich dem der Synagoge von Gamla, einem Dorf im Golan, das während des Jüdischen Krieges zerstört und danach aufgegeben worden war. Drei ihrer vier Wände waren von einer durchgehenden Sitzbank umgeben. Ein kleineres Zimmer gleich nebenan, ebenfalls mit einer Sitzbank ausgestattet, könnte eine Synagogenschule gewesen sein. Das ganze Dorf war von mehreren Grabhöhlen umgeben, die alle mindestens 200 Meter von den Häusern entfernt lagen. Anhand ihrer Anzahl und Größe, aber auch der Häuserdichte kann die Anzahl der Bewohner von Khirbet Kana auf gut 1500 geschätzt werden. Damit war das Dorf beträchtlich größer als Nazareth, was die etwas überhebliche Reaktion Nathanaels erklärt, als er erfuhr, aus welchem Nest der Messias stammt: „Aus Nazareth? Kann von dort etwas Gutes kommen?" (Joh 1,46).

Ist Chirbet Kana also der Ort, an dem Jesus sein erstes Wunder wirkte? Die Frage könnte der mysteriöseste Fund der Archäologen beantworten. Im unteren Dorf, auf halber Höhe des Hügels, stießen sie auf einen Komplex von mindestens fünf in Stein geschlagenen Höhlen, der offenbar im 6. Jahrhundert ein wichtiges Pilgerziel war. Ihre Wände waren über und über mit Graffiti bedeckt, die in mehrere Schichten einer Kalkverputzung geritzt wurden. Ein angrenzender Bau könnte durchaus eine Kirche mit einem dazugehörigen Kloster gewesen sein. Was hier verehrt wurde, ist eindeutig. In der größten Höhle der Anlage, gleich an ihrem Eingang, wurde ein ehemaliger Sarkophagdeckel zu einer Art Altarfront umfunktioniert und mit einem Kreuz versehen. In den Altar waren ursprünglich sechs mächtige Steingefäße eingebaut, von denen zwei von den Archäologen noch *in situ* vorgefunden wurden. Marmorfragmente zeugen davon, dass dieses Höhlenheiligtum einst reich geschmückt war. Offenbar waren die byzantinischen Christen davon überzeugt, dass sich in dieser Höhle, vielleicht einst der Keller eines *tricliniums,* das erste Wunder Jesu zugetragen hat.

War also Chirbet Kana der Ort der Hochzeit? Während wir im warmen Licht der Abendsonne versuchen, die nächste Zufahrt zu einer Landstraße zu finden, will mir diese Frage nicht aus dem Kopf gehen. Leider sind die frühesten Pilgerberichte zu ungenau, um eine sichere Identifikation zu ermöglichen. Die hl. Paula erwähnt 386 nur, dass Kana „nicht weit von Nazareth" liegt; der hl. Hieronymus ergänzt, sie habe „in schneller Reise" „Nazareth ... Kana und Kafarnaum" durchquert. Eine der frühesten und genauesten Schilderungen stammt von dem Pilger aus Piacenza, der um 570 schrieb: „(Von Diocaesarea = Sepphoris) kamen wir drei Meilen weit nach Kana, wo der Herr zur Hochzeit war, und legten uns auf der nämlichen Speisebank nieder, an der ich Unwürdiger die Namen meiner Eltern anschrieb. Von jener (Hochzeit) sind zwei Krüge dort; ich füllte einen davon mit Wein, hob ihn voll auf die Schulter und brachte ihn am Altar dar; in der Quelle selbst wuschen wir uns zur Segnung."

Nun liegt Sepphoris aber 5,7 km von Kafr Kenna und 7,8 km von Chirbet Kana entfernt, so dass jede sichere Identifikation unmöglich ist. 40 Jahre zuvor hatte Theodosius noch geschrieben: „Von *Diocaesarea* (Sepphoris) bis nach Kana in Galiläa sind es fünf Meilen (7,5 km)", was mehr oder weniger auf Chirbet Kana zuträfe. Problematischer ist der Hinweis auf eine Quelle; eine solche gibt es in Chirbet Kana nicht, wo man auf Zisternen angewiesen war, sehr wohl aber in Kafr Kenna. Willibald (724/26) erwähnt in *Chana* „eine große Kirche, und in jener Kirche steht auf dem Altar einer der sechs Wasserkrüge, welche der Herr mit Wasser füllen ließ, welches in Wein verwandelt wurde. Und von jenem Wein teilen sie aus." Epiphanius (750–800) berichtet zudem von einem Kloster, von dem auch in späteren Schilderungen die Rede ist.

Konkreter werden erst die Zeugnisse aus der Kreuzfahrerzeit. Saewulf, der 1102 den ersten Pilgerbericht seit der Eroberung Jerusalems 1099 verfasste, schreibt: „Von Nazareth aus liegt Kana in Galiläa – wo unser Herr bei der Hochzeit Wasser in Wein verwandelte – 6 Meilen (ca. 10 km) weit im Norden, auf einem Hügel. Dort befindet sich nichts außer dem Kloster, das *Architriclinii* (Haus des Festmeisters) genannt wird." Tatsächlich liegt Chirbet Kana 13 km nördlich von Nazareth, Kefar Kenna dagegen 6 km im Nordosten. 1187 berichtet der anonyme Autor von *La citez de Jherusalem:* „Noch ist der Ort sichtbar, wo die Hochzeit abgehalten wurde ... es ist ein guter Bogenschuss bis zum Brunnen, aus dem das Wasser gewonnen wurde", während Thetmar (1217) den Brunnen eindeutig als „Zisterne" identifiziert. Burchard (1238) ist am aussagekräftigsten. Er findet das „Chana Galilee ... auf dem Abhang eines hohen, runden Berges. Zu seinen Füßen, auf seiner Südseite, erstreckt sich eine sehr weite Ebene ... sehr fruchtbar und schön, die bis nach Sepphoris reicht". Weiter schreibt er: „Man zeigt dort den Ort, wo die sechs Krüge standen, wie auch das *triclinium*, in dem die Tische waren. Es liegen aber diese Orte, wie fast alle anderen, an denen der Herr etwas gewirkt hat, unter der Erde, und man steigt zu ihnen in eine Krypta auf mehreren Stufen hinab." Das ist eindeutig eine Beschreibung der Anlage am Hang von Chirbet Kana. Noch 1422 stellt Poloner fest: „Der Ort der Hochzeit ist eine Krypta, im Felsen ausgehöhlt, die wenige Menschen umfasst". Und 1636 ergänzt Neitzschitz: „So weiset man auch noch den Ort und die Stelle, allda wo das Hochzeitshaus soll gestanden sein, welches man um so viel gewisser glauben muss, weil es tief in die Erde gehet, dass man etliche Stufen hinuntersteigen muss." Auch das weist auf das Höhlenheiligtum von Chirbet Kana hin. Es wurde also offenbar zwischen dem 6. Jahrhundert (wie der archäologische Befund zeigt) und dem 17. Jahrhundert als Stätte der Hochzeit verehrt. War es das auch? Und wenn ja, wie kam es zur Verlagerung der Tradition nach Kafr Kenna?

Die moderne Geschichte von Kafr Kenna als Pilgerort begann 1566, als die orthodoxen Griechen ein Grundstück nahe der lokalen Moschee kauften, um dort eine Kirche zu erbauen. Sie waren überzeugt, dass die Moschee über einem christlichen Heiligtum stand, einer Kirche, die schon von der hl. Helena über der Stätte des Weinwunders errichtet worden sei. Doch noch waren die Katholiken anderer Meinung. 1621 schickte König Louis XIII. seinen Gesandten Des Hayes de Courmenin ins Heilige Land, um die

Rechte der Franziskaner zu schützen. Seinem diplomatischen Geschick verdankte es der Orden, dass er 1620 das Gelände rund um die Verkündigungsgrotte von Nazareth übereignet bekam. Was Kana betrifft, so besuchte der Franzose „Caffar Cana ... von dem die orientalischen Christen meinen, dass hier der Ort sei, wo unser Herr das Wasser in Wein verwandelte, aber durch die Sorgfalt des Paters Thomas von Navaria fand man, dass dieses ein Dorf ist, das einfach Cana genannt ist." Statt dessen führte ihn der Pater nach Chirbet Kana, von dem er berichtet: „Man sieht hier die Ruinen einer Kirche, die, wie man glaubt, an demselben Orte gebaut wurde, wo das Wunder gewirkt wurde." Auch Neitzschitz führten die Franziskaner 1636 noch an beide Orte und zu der Überzeugung, dass Chirbet Kana das echte Kana ist. Doch in den nächsten drei Jahren wendete sich das Blatt. In seinem umfassenden Werk zur Topographie des Heiligen Landes kam der Guardian der Jerusalemer Franziskaner, Quaresmius, 1639 eher intuitiv als durch zwingende Gründe zu dem Schluss, dass Kafr Kenna das Kana des Hochzeitswunders gewesen sei. Chirbet Kana erschien ihm zu weit entfernt, außerdem störte ihn, dass es keine Quelle hatte, wie sie Antoninus beschrieb. *Hierosolyma locutur, causa finita* (Jerusalem hat entschieden, der Fall ist beendet)! Der deutsche Priester Clemens Kopp, einer der besten Kenner des Heiligen Landes und seiner Traditionen, vermutete allerdings eher praktische Gründe hinter der „Verlegung": „Die eigentlichen Gründe sind der völlige Verfall des echten Kana, das, nach Roger (1631) eine ‚Mördergrube' geworden war, wo die Pilger einen Tribut von einer Zechine, ungefähr zehn Goldmark, zu bezahlen hatten. Das trug sicher dazu bei, die Tradition in das gastlichere Kafr Kenna herüberzuziehen, das sich zudem durch einen gewissen Gleichklang im Namen empfahl."

Jedenfalls hatte sich der Orden nun festgelegt. Nur zwei Jahre später kauften die Franziskaner ein Grundstück direkt neben der Moschee, 1870 gelang es ihnen, die Moschee selbst zu erwerben und abzureißen, um auf dem Gelände eine Kirche zu bauen. Als besonders rührig erwies sich der damalige Leiter der Franziskanermission in Kafr Kenna, der österreichische Ordensmann Pater Egidius Geissler. Er gestaltete nicht nur die Fassade des 1906 eingeweihten Gotteshauses nach dem Vorbild des Salzburger Doms, er ließ im Vorfeld der Bauarbeiten auch archäologische Ausgrabungen durchführen. Dabei stieß man auf die Überreste einer antiken Basilika, von der er annahm, dass sie einst drei Apsen hatte, ähnlich wie die Pilgerkirchen von Nazareth und auf dem Berg Tabor. Etwas tiefer befanden sich die Überreste eines antiken Kornsilos. Dort fand er drei mächtige Steinkrüge, „wie riesige Blumentöpfe geformt", die fortan ausgestellt wurden. Über dieser Stelle wurde schon früh ein rechteckiges Gebäude errichtet, das nach Jerusalem ausgerichtet war. Zu ihm gehörte Geisslers spektakulärster Fund, ein Mosaikboden mit einer aramäischen Inschrift: „Gesegnet sei das Andenken an Joseh, Sohn des Tanhum, des Sohnes von Boda, und an seine Söhne, welche dieses Mosaik gemacht haben. Möge es ihnen zum Segen sein. Amen." Nach paläographischen Kriterien konnte die Inschrift in das 4. Jahrhundert datiert werden. Alles deutete darauf hin, dass dieses Mosaik den Boden einer Synagoge schmückte.

Jetzt könnte man einwenden, dass Juden nie eine Synagoge über dem Schauplatz eines christlichen Wunders errichtet hätten, doch so einfach ist die Sache nicht. Denn auch die Synagoge, über der die Kreuzfahrer die St. Anna-Kirche von Sepphoris errichtet hatten, war mit einem Mosaikboden ausgestattet, der offenbar auf denselben Stifter zurückging: „Gesegnet sei das Andenken an Rabbi Yudan, Sohn des Tanhum, Sohn des ..." Von Sepphoris heißt es bei Epiphanius, dass dort der zum Christentum bekehrte Jude Graf Joseph von Tiberias eine judenchristliche Synagoge stiftete. Auch wenn der Bischof Kafr Kenna nicht erwähnt, ist gut möglich, dass der Graf auch dort ein Bethaus für Judenchristen bauen ließ. Was wiederum zwar eine judenchristliche Gemeinde voraussetzt, nicht aber zwingend eine Identifikation mit dem Ort des Weinwunders. Doch zumindest belegt es eine christliche Präsenz schon für das 4. Jahrhundert.

Sondierungsgrabungen im Jahr 1969 durch Pater Loffreda und ausgedehntere Ausgrabungen in der zweiten Hälfte des Jahres 1997 durch Pater Alliata, beide von den Franziskanern, gaben zumindest weiteren Aufschluss über die Geschichte ihrer Kirche.

Tatsache ist, dass sie auf den Überresten von Gebäuden aus dem 1. Jahrhundert steht. Dazu gehören ein mit Steinplatten belegter Flur und ein rundes Steinbecken, das mit einer Zisterne verbunden war. Scherben herodianischer Öllampen und die Fragmente von Steinkrügen ermöglichten eine präzise Datierung. Über diesen

Gebäuden entstand im 4. Jahrhundert eine (judenchristliche?) Synagoge, der ein von einem Säulengang umgebenes Atrium vorgelagert war. In ihrem Zentrum befand sich die antike Zisterne. Im 5. oder 6. Jahrhundert wurde neben der Synagoge ein christliches Grabhaus errichtet, dessen Apsis nach Norden ausgerichtet war, wohl um neben der nach Süden (Jerusalem) orientierten Synagoge Platz zu haben. Erst im 14. Jahrhundert, also nach den Kreuzzügen, wurde über den beiden mittlerweile verlassenen Heiligtümern eine Moschee gebaut. Doch so interessant die Funde sind, Pater Alliata muss dennoch einräumen, dass „nichts ans Licht kam, das bestätigen würde, dass es sich bei Kefr Kenna um das Kana in Galiläa handelte, das mehrfach im Johannesevangelium erwähnt wird."

Mehr über das Kafr Kenna zur Zeit Jesu förderten die Ausgrabungen der Israelischen Altertümerverwaltung in Karem el-Ras, einem westlichen Ausläufer des Dorfes, zutage. Dort, zwischen 500jährigen Ölbäumen, stieß die Archäologin Yardenna Alexandre zwischen 1999 und 2006 auf eine ganze Reihe von Häusern aus herodianischer und frührömischer Zeit. Viele von ihnen waren mit privaten Mikwen ausgestattet, was auf strenggläubige Juden schließen lässt, die ein ansonsten eher bescheidenes Leben führten; Glasgefäße und andere Luxusgegenstände fehlten ganz. Statt dessen grub sie mehrere Fragmente großer Steingefäße aus, deren Durchmesser bei bis zu 40 Zentimeter gelegen haben muss. Sie waren für die Archäologin Grund genug, die Presse zu informieren: „Alle Indizien, die bei dieser Grabung zutage gefördert wurden, deuten darauf hin, dass das Kana der Hochzeit die Stätte war, die wir untersuchen", behauptete die gebürtige Britin. Das ist natürlich ein etwas gewagter Schluss, denn solche Steingefäße gab es in jedem jüdischen Dorf dieser Zeit.

Wo also lag das Kana der Hochzeit? Sicher ist, dass unsere beiden „Kandidaten", Chirbet Kana ebenso wie Kafr Kenna, zur Zeit Jesu bewohnt waren. Nichts spricht dagegen, dass beide Dörfer damals schon dieselben Namen trugen wie heute. Dann aber ist *Chirbet* (die Ruine) Kana der Ort, den wir suchen. Sollte nicht Johannes die verwirrend ähnlichen Ortsnamen verwechselt haben, dann fand Jesu erstes Wunder tatsächlich auf dem Hang des Hügels am Nordrand der Bet Netofa-Ebene statt. Unabhängig davon stiftete Joseph von Tiberias den Judenchristen von Kafr Kenna eine Synagoge. Ihre Existenz mag schon früh zu einer Verwechslung der

Orte geführt haben. Doch so lange es keinen eindeutigen Bezug gibt, zwingt uns nichts, eine Verbindung zwischen der Synagoge und dem Hochzeitswunder zu vermuten.

Doch auch nach diesem Zeichen blieb Kana für Jesus eine wichtige Wirkungsstätte. Zwar zog er nach der Hochzeit „mit seiner Mutter, seinen Brüdern und seinen Jünger nach Kafarnaum hinab" (Joh 2,12). Doch als er zweieinhalb Monate später von Jerusalem nach Galiläa zurückkehrte, machte er zunächst Station in Kana (Joh 4,46). Auf dem Weg dorthin muss er durch Nazareth gekommen sein, deutet doch Johannes mit den Worten „Jesus selbst hatte nämlich bestätigt: Ein Prophet wird in seiner eigenen Heimat nicht geehrt" (Joh 4,44) seine schroffe Zurückweisung in der Synagoge seiner Heimatstadt an. Bei Markus und Matthäus fand sie zwar erst nach der Hinrichtung Johannes' des Täufers statt, doch das ist eher unwahrscheinlich. So finden wir die Episode auch bei Lukas zu Beginn von Jesu Wirken in Galiläa und vor seiner Rückkehr nach Kafarnaum (Lk 4,16–30). Auch dieser Umstand spricht eher für Chirbet Kana, denn es ist unwahrscheinlich, dass Jesus sich, nachdem die Nazarener ihn gerade steinigen wollten, unmittelbar danach im Nachbardorf niederließ. Die erwähnte strategisch günstige Lage auf dem Hügel könnte auch ihn wie später Josephus veranlasst haben, hier sein Quartier aufzuschlagen. Hier war er sicher vor den Häschern des Antipas, deren Nahen schon früh bemerkt worden wäre.

Offenbar blieb er gleich ein paar Wochen in Kana, vielleicht sogar den ganzen Sommer über. Jedenfalls lange genug, dass die Kunde von seinem neuen Wirkungszentrum sich in ganz Galiläa verbreiten konnte. So wartete ein königlicher Beamter aus Kafarnaum, dessen Sohn im Sterben lag, nicht erst Jesu Rückkehr ab, sondern machte sich auf den Weg zu ihm. Inständig bat er Jesus: „Herr, komm herab, ehe mein Kind stirbt" (Joh 4,49). Gemeint ist: Vom Hochland hinunter an den See, eine geographisch absolut korrekte Formulierung. Doch Jesus wollte noch in Kana bleiben. „Geh, dein Sohn lebt!" versicherte er dem Beamten. Der glaubte und machte sich auf den Weg. Nach einem Marsch von rund 35 Kilometern spät abends zu Hause angekommen, erfuhr er, dass der Junge tatsächlich geheilt wurde – und zwar genau zur siebten Stunde, um ein Uhr mittags, als er Jesus begegnet war.

VIII. DER BETHESDA-TEICH

WARUM JOHANNES AUGENZEUGE WAR

Spätestens an diesem Punkt ist es an der Zeit, nach der Zuverlässigkeit unserer Quellen zu fragen. Immerhin wird uns seit Jahren geradezu gebetsmühlenartig eingeredet, dass die Evangelien
eben keine Jesus-Biographien, sondern „lediglich" frühchristliche
Glaubenszeugnisse seien. Als solche verrieten sie uns weniger vom
„historischen Jesus" als vom Christusbild der Gemeinde, in der
sie entstanden; natürlich möglichst zeitfern, jedenfalls allesamt
gegen Ende des 1. Jahrhunderts, ohne Zweifel nach der Zerstörung des Tempels, die Jesus (anders als die alttestamentarischen
Psalmen) nie und nimmer auch noch so unkonkret vorausgesagt
haben konnte. Sauber zu trennen gelte es zwischen dem semifik-
tiven *Jesus des Kerygma,* d.h. der nachösterlichen Glaubensverkün-
digung, und dem *historischen Jesus,* der zunächst einer gründlichen
Entmythologisierung unterzogen werden müsse. Was dann als
Ergebnis dieser vermeintlichen Entrümpelung übrigbleibt, der natürlich alles Übernatürliche zum Opfer fallen muss, zeigt uns der
Hollywood-Regisseur Paul Verhoeven in seinem respektlosen aber
zumindest konsequenten Buch *Jesus. Die Geschichte eines Menschen.*
Darin erscheint der Gottessohn dann tatsächlich nur noch als ge-
scheiterte Existenz, als freilich begabter und gewitzter jüdischer
Wanderprediger und Exorzist, der aber bald einer gigantischen
Selbsttäuschung zum Opfer fiel und am Ende glaubte, er könne
nur noch durch einen bewaffneten Aufstand das Gottesreich her-
beizwingen. Dass auch dieser Versuch scheitern musste, bekam er
auf schmerzhafteste Weise am Kreuz zu spüren, bevor sein Leichnam den Hunden vorgeworfen oder an der Hinrichtungsstätte verscharrt wurde und nur für seine längst geflohenen Jünger scheinbar
„verschwunden" war.

Doch dieser allzu menschliche Jesus wäre schon nach einer Generation vergessen worden, gleich, was seine Anhänger ihm angedichtet hätten. Apollonius von Tyana etwa, ein „Guru" des späten
1. Jahrhunderts, soll seinem Biographen Philostratus zufolge noch

größere Wunder als Jesus gewirkt haben, doch trotzdem war sein Name bald nur noch den Historikern ein Begriff. Dass Jesus tatsächlich viel mehr war als ein gescheiterter Träumer, daran lassen auch nichtchristliche Quellen keinen Zweifel. So schrieb Flavius Josephus in seinen um 94 verfassten *Jüdischen Altertümern:*

> „Um diese Zeit (als Pilatus Statthalter von Judäa war) lebte Jesus, ein weiser Mensch, wenn man ihn überhaupt einen Menschen nennen darf. Er war nämlich der Vollbringer ganz unglaublicher Taten und der Lehrer aller Menschen, die mit Freuden die Wahrheit aufnahmen. So zog er viele Juden und auch viele Heiden an sich. Er war der Christus. Und obgleich ihn Pilatus auf Betreiben der Vornehmsten unseres Volkes zum Kreuzestod verurteilte, wurden doch seine früheren Anhänger ihm nicht untreu. Denn er erschien ihnen am dritten Tage wieder lebend, wie gottgesandte Propheten dies und tausend andere wunderbare Dinge von ihm vorherverkündigt hatten. Und noch bis auf den heutigen Tag besteht das Volk der Christen, die sich nach ihm nennen, fort."

Zugegeben, das Zitat ist umstritten. Allerdings finden wir es in diesem Wortlaut schon in der *Kirchengeschichte* des Eusebius von Caesarea, die um 330 entstand. Flavius Josephus war in römischer Zeit ein beliebter Autor, seine Bücher galten als antike *Bestseller* und waren geradezu Pflichtlektüre eines jeden gebildeten Römers. Schon deshalb hätte sich Eusebius nie erlaubt, ihn falsch zu zitieren. Immerhin schrieb er zu einer Zeit, als die Mehrheit der Römer noch heidnisch war; die letzte Christenverfolgung im Ostteil des Reiches (durch Licinius) lag nicht einmal ein Jahrzehnt zurück. Eine Fälschung, zudem eine so leicht durchschaubare, hätte sich da schnell als Bumerang erweisen können. Auf der anderen Seite klingt das Messiasbekenntnis des Josephus, das sogenannte *Testimonium Flavianum,* schon verdächtig. Hatte der Jude, als er in römische Gefangenschaft geriet, sein Leben nicht dadurch gerettet, dass er den römischen Kaiser Vespasian zum wahren Messias erklärte? Gut möglich, dass er, wie viele Juden, an zwei messianische Gestalten, den priesterlichen und den königlichen Messias, glaubte. Doch auch eine minimale Korrektur durch Eusebius oder andere christliche Schreiber, etwa durch Weglassung der Worte „man sagte" vor „er war der Christus", ist möglich. Dass im Originaltext des Josephus tatsächlich von Jesus die Rede war, daran besteht kein Zweifel, denn an späterer Stelle spricht er von Jakobus, „dem Bruder Jesu, des sogenannten Christus" (tatsächlich war er sein Cousin).

Also gehörten die „unglaublichen Taten" ebenso wie die „unmögliche" Auferstehung von den Toten, die durch Augenzeugen bestätigt wurde, auch zu dem, was ein Jude unter Juden von Jesus gehört hatte.

Ich denke, man wird Jesus von Nazareth nie verstehen können, wenn man nicht bereit ist, das Wirken Gottes in der Geschichte zumindest für möglich zu halten. Dass Heilungen auf Autosuggestion zurückgehen können (und damit, wie Jesus es selbst lehrte, eben auf den Glauben der Betroffenen), steht ebenso auf einem anderen Blatt wie die Tatsache, dass alles im Leben Jesu auch seine Metaebene und damit gleichermaßen eine allegorische Bedeutung hatte. Diese Symbolsprache zu verstehen hilft uns die moderne Theologie. Doch das sollte uns nicht dazu verführen, die Ereignisse selbst a priori für fromme Fabeln oder christliche Lehrgeschichten zu halten. Man braucht nur die Geschichte kirchlich anerkannter Wunder wie etwa der Marienerscheinungen von Lourdes und Fatima oder die Viten der Heiligen zu studieren, um Demut vor dem Wirken Gottes zu entwickeln. Noch heute leben in Italien Tausende, die am eigenen Leib ein Wunder durch die Fürsprache des 1968 verstorbenen stigmatisierten Kapuzinerpaters Pio von Pietrelcina erlebt haben wollen, der 2001 von Johannes Paul II. heiliggesprochen wurde. Selbst eine Bekannte des letzten Papstes, die polnische Psychiaterin Dr. Wanda Poltawska, wurde plötzlich und unerklärlich von einem Krebsleiden im Endstadium geheilt, als der damalige Erzbischof von Krakau, Karol Wojtyla, den Wunderpater um sein Gebet bat. Zwei von Medizinern nicht erklärbare Wunderheilungen sind Voraussetzung, dass ein *Diener Gottes* heiliggesprochen wird, ein einziges genügt schon für die Seligsprechung. Ein Eingreifen Gottes in unserer Zeit ist also eine wissenschaftlich dokumentierbare Tatsache. Warum, um Himmels Willen, soll Jesus, dem menschgewordenen Antlitz Gottes, diese Macht abgesprochen werden?

Ein wunderbares Beispiel dafür, wie die moderne Exegese, mit Verlaub gesagt, auf die eigene (Spür-)Nase fallen kann, ist der Bericht des Johannes über die Heilung eines Gelähmten am Shabbat in Jerusalem. Nach seinem Sommer in Kana, so schreibt der Evangelist, zog Jesus wieder nach Jerusalem. Anlass war „ein Fest der Juden", gemeint ist wahrscheinlich das Laubhüttenfest *(Sukkot)*, das 28 n. Chr. vom 23. bis 29. September stattfand.

„In Jerusalem gibt es beim Schaftor einen Teich, zu dem fünf Säulenhallen gehören; dieser Teich heißt auf hebräisch Bethesda. In diesen Hallen lagen viele Kranke, darunter Blinde, Lahme und Verkrüppelte", behauptet Johannes (5,2–3).

In seinem 1954 erschienen Aufsatz *Fiktive Orte der Johannestaufe* behauptete der Theologe Norbert Krieger, Bethesda sei eine Erfindung des Evangelisten, seine Beschreibung voll versteckter Symbolik. Andere folgten ihm, erklärten die „fünf Säulenhallen" zum Symbol für die Tora, den Teich zum Taufbecken und das Schaftor zu einem Synonym für Jesus, der sich schließlich als „das Tor zu den Schafen" bezeichnete (Joh 10,7, auch wenn die *Einheitsübersetzung* daraus eine „Tür" macht). Allein schon der Name *Bethesda*, „Haus der Gnade", würde die Absicht der symbolischen Erzählung verraten. Nicht die Tora konnte den durch die vielen Vorschriften Gelähmten wieder auf die Sprünge verhelfen, sondern nur Jesus, der bewusst den Shabbat brach und damit den Menschen aus den Zwängen des mosaischen Gesetzes befreite. So weit, so gut, denn das kann tatsächlich die tiefere Botschaft, die Metaebene dieses „Zeichens" sein. Doch diese durchaus gelungene Entschlüsselung verführte zu voreiligen Schlüssen, ja zu einer ziemlich unchristlichen Arroganz der Quelle gegenüber. Auf jeden Versuch einer Lokalisierung dieses Bethesda-Teiches nämlich reagierte mancher moderne Theologe wie etwa der Amerikaner Edgar J. Goodspeed: „Man muss daran denken, dass Topographie und Chronologie mit das letzte war, was den Autor (Johannes) interessierte. Sein Kopf schwebte zwischen den Sternen. Er versuchte, die Stellung Jesu in einem spirituellen Universum und seine Beziehung zu den ewigen Wirklichkeiten zu bestimmen. Das waren Fragen, die ihn interessierten und absorbierten, nicht Reiserouten und Zeitpläne, so dass praktische, weltliche Fragen, die bei Markus, Matthäus und Lukas eine Rolle spielten, für seine Arbeit von geringer Bedeutung waren." Auch der deutsche Religionspädagoge Gerd Laudert-Ruhm behauptete noch 1996, das vierte Evangelium nehme „aus verschiedenen Gründen eine Sonderstellung ein und (eigne) sich am wenigsten als historische Quelle". So als würden Theologie und Christologie automatisch im Widerspruch zu Topographie und Historizität stehen. Dabei konnten sich die Vertreter einer rein symbolischen Deutung immerhin darauf berufen, dass Flavius Josephus den Teich mit keinem Wort erwähnt (obwohl er den nordöstlichen Teil von Jerusalem *Bezetha* nennt). Das allein reichte aus, um ihn zu einer Erfindung des Evangelisten zu erklären. Lediglich die Existenz des *Schafstores* brauchte nicht diskutiert zu werden; dieser Name für das Nordosttor Jerusalems ist schon im Buch Nehemia (3,1) für die Zeit des Alten Testaments bezeugt.

Doch dummerweise gab es auch den Teich. Hätten sich Krieger und seine Nachfolger die Mühe gemacht, spätantike Pilgerberichte zu studieren, wäre ihnen das schon ohne Zuhilfenahme der Archäologie klargeworden. Schon Eusebius, der ihn *Bezatha* nennt, bestätigt die Existenz eines „Teiches in Jerusalem, welcher der Schafteich ist, der einst fünf Hallen hatte". Es sei ein *Zwillingsteich*, dessen eines Becken sich mit Regenwasser füllte, während das Wasser des anderen rötlich erschien, angeblich vom Blut der früher hier geschlachteten Opfertiere. Letzteres ist unmöglich, denn die traditionelle Schlachtstätte war am Brandopferaltar vor dem Tempel. Der Pilger von Bordeaux, der 333 nach Jerusalem kam, sah ebenfalls einen „Doppelteich, der fünf Säulenhallen hat, welcher Betsaida heißt", womit natürlich Bethesda gemeint ist. Bischof Cyrill von Jerusalem nennt ihn den *Schafsteich* und erwähnt, dass von den fünf Hallen „vier ringsum liefen, die fünfte aber, in welcher die Menge der Kranken lag, durch die Mitte." Eben dort wurde um 450 eine Kirche erbaut, die zuerst *Kirche des Gelähmten* hieß, dann aber der *Heiligen Maria vom Schafsteich (Probatike)* geweiht wurde. Beim Einfall der Perser 614 wurde sie zerstört, danach wieder aufgebaut, dann von dem muslimischen Sultan Hakim abgerissen, um von den Kreuzfahrern in kleinerem Maßstab wieder aufgebaut zu werden. Als *Bethesda-Teich* galt fortan eine kleine Zisterne, was die Überlieferung freilich nicht glaubwürdiger erscheinen ließ.

Nach dem Krimkrieg 1856 erhielt Kaiser Napoleon III. vom Sultan das gesamte Gelände übereignet, seitdem wird es von französischen Dominikanern verwaltet. Doch bei den ersten Ausgrabungen 1873 legte man lediglich die Zisterne wieder frei. Daraus entstand schnell der Eindruck, die Byzantiner hätten eine x-beliebige Zisterne zum Bethesda-Teich erklärt, weil es die von Johannes beschriebene Anlage nie gegeben hätte. Bei weiteren Grabungen stießen französische Archäologen zwar bald auf eine zweite Zisterne, doch die war auch nicht viel eindrucksvoller. Zudem stellte sich heraus, dass sie aus einer späteren Zeit stammte. Der Evangelist schien bis auf die Knochen blamiert.

Erst 1914 zeichnete sich eine Wende ab. Südlich der beiden Zisternen und der Kirche entdeckten die Archäologen ein trapezförmiges Becken von 60 mal 50 Metern Größe. Zunächst aber unterbrach der Erste Weltkrieg die Ausgrabungen. Als sie 1931 wiederaufgenommen wurden, stellte sich heraus, dass die Zisternen und die Kirche auf einem Damm standen, der das trapezförmige Becken von einem zweiten, annähernd quadratischen künstlichen Teich auf dessen Nordseite trennten. Nach diesen ersten, vielversprechenden Ansätzen beschlossen die Dominikaner nach dem Zweiten Weltkrieg, auf dem Gelände systematische Ausgrabungen vorzunehmen. Die Ergebnisse der fünfjährigen Grabungskampagne (von 1957–1962) unter Leitung der Dominikanerarchäologen J.-M. Rousé und Pater Roland de Vaux von der *École Biblique* waren geradezu sensationell. Das Nordbecken, so stellte sich heraus, war der ältere Teil der Anlage. Es stammte vielleicht noch aus der Zeit des Ersten Tempels; es könnte sich dabei um den „oberen Teich" handeln, der im 2. Buch der Könige (18,17) erwähnt wird. Ursprünglich hat hier wohl nur ein einfacher Damm das Regenwasser gesammelt, das einen natürlichen Teich bildete. Später wurde dieser Teich zu einem künstlichen Becken von 40 mal 53 Metern Größe ausgebaut. Durch einen offenen Kanal floss das Wasser von hier aus zum Tempel.

Gegen Ende des 3. Jahrhunderts v. Chr. wurde ein zweites Wasserbecken von 60 mal 52 Metern Größe vom Hohenpriester Simon angelegt (siehe Jesus Sirach 50,3). Es befand sich südlich des jetzt sechs Meter breiten Dammes. Der Wasserkanal wurde zu einem Wassertunnel umgewandelt.

Mit dem Bau des herodianischen Tempels wurde die Anlage zu einer gigantischen Mikwe umfunktioniert. Dazu wurden die Becken von vier Säulenhallen umgeben; eine fünfte verlief quer über den Damm, der die beiden Becken voneinander trennte. Untersuchungen, die der israelische Archäologe Shimon Gibson im Auftrag der Israelischen Altertümerverwaltung ab 1995 durchführte, förderten ein ganzes System unterirdischer Leitungen zutage, die garantierten, dass das Wasser in Bewegung blieb und damit als *lebendiges Wasser* der kultischen Reinigung dienen konnte. Dabei wurde das Südbecken zum eigentlichen Reinigungsbad, das Nordbecken dagegen als Wasserreservoir *(otsar)* benutzt, aus dem frisches Wasser zugeleitet wurde. Tatsächlich ist nur das Südbecken an einer Seite mit Stufen ausgestattet, die den Einstieg ermöglichten. Auf alle drei bis vier Stufen folgte eine breitere Fläche, groß genug, um darauf ein Liegebett oder eine Trage abzustellen. Hier betraten die Reinigung suchenden Juden die Mikwe, hier musste ein Gelähmter darauf warten, dass ihn andere hineintragen. So heißt es bei Johannes:

„Dort lag auch ein Mann, der schon achtunddreißig Jahre krank war. Als Jesus ihn dort liegen sah und erkannte, dass er schon lange krank war, fragte er ihn: Willst du gesund werden? Der Kranke antwortete ihm: Herr, ich habe keinen Menschen, der mich, sobald das Wasser aufwallt, in den Teich trägt" (Joh 5,5–7).

Auch das Phänomen des „Aufwallens" gab Anlass zu allerlei Spekulationen, bis hin zu einer ziemlich phantasievollen Erklärung, die ein antiker Kopist, vielleicht einen jüdischen Volksaberglauben wiedergebend, in den Text einfügte. Danach hätten die Behinderten „auf die Bewegung des Wassers" gewartet: „Ein Engel des Herrn aber stieg zu bestimmter Zeit in den Teich hinab und brachte das Wasser zum Aufwallen. Wer dann als erster hineinstieg, wurde gesund, an welcher Krankheit er auch litt."

Tatsächlich stieß Gibson in der sechs Meter breiten Trennwand zwischen den Becken auf einen vertikalen Schacht, der zu einem horizontalen Tunnel führte, an dessen Ende eine Schleuse angebracht war. Durch diese Schleuse konnte Frischwasser nachgefüllt und das Wasser in der Mikwe in Bewegung versetzt werden, so dass es zu „lebendigem" Wasser wurde. Aufsteigende Blasen, ein Wasserwirbel und eine leichte Wellenbewegung werden den Wartenden signalisiert haben, dass jetzt der richtige Augenblick gekommen war, um die bestmögliche kultische Reinigung zu erfahren. Ein Abfluss auf der Südseite des Südbeckens sorgte dafür, dass das überschüssige Wasser abgeleitet wurde, vielleicht sogar bis zum Tempelberg. Eine Schicht roter Erde, die Gibson am unteren Ende der Trennwand fand, können zu der rötlichen Verfärbung des Wassers geführt haben, die Eusebius erwähnt.

Johannes hat also, ganz ohne Engel und andere übernatürliche Zutaten, nur akkurat beschrieben, wie die größte Mikwe Jerusalems funktionierte. Er gibt ihre Lage richtig an, er erwähnt ihre fünf Säulenhallen, ein Detail, das erst einen Sinn ergibt, wenn man von dem breiten Damm zwischen ihren beiden Becken weiß. So stark die Symbolkraft der Stätte auch ist, wie sie von den Theologen gedeutet wurde, es hat sie trotzdem gegeben, ihre Überreste kann jeder besichtigen, der nach Jerusalem kommt. Auch der Name, den Johannes ihr gab, ist mittlerweile historisch bezeugt. In der *Kupferrolle* von Qumran wird sie als 57. von 65 Verstecken für die Schätze und Kultgeräte der Bruderschaft genannt. Ihre Angabe übersetzte der polnische Qumran-Forscher T. L. Milik als „Ganz in der Nähe, in *Bet Eshdatajin*, im Teich, da, wo der Zugang zu dem kleinen Meer ist: Gefäß mit wohlriechenden Substanzen ...“ Mit dem „kleinen Meer“ ist wohl das Nordbecken des Doppelteiches gemeint, der hier *Beteshdatajin* (aramäisch: „Haus des Zwillingsbeckens“) heißt, was vielleicht vom Evangelisten, sehr viel wahrscheinlicher aber in der Jerusalemer Volksetymologie in *Bethesda* = „Haus der Gnade“ umgedeutet wurde, um zu signalisieren, dass man hier für den Tempelbesuch kultisch gereinigt wurde.

Doch es wurde ein Ort der Gnade auch für den Gelähmten. „Steh auf, nimm deine Bahre und geh!“ befahl ihm Jesus, und „sofort wurde der Mann gesund, nahm seine Bahre und ging“ (Joh 5,8–9). Natürlich machte er sich sofort auf den Weg in den Tempel, den Ort, den er schon so lange besuchen wollte, wozu er nur nie in der Lage war, weil ihm bislang die benötigte kultische Reinigung versagt blieb. Das Wunder, das wohl doch mehr war als eine rein symbolische Handlung, wurde Jesus fast zum Verhängnis, denn es fand an einem Shabbat statt (vielleicht sogar am 25. September 28, dem dritten Tag des Laubhüttenfestes?). Tausende Pilger, die ebenfalls in die Bethesda-Mikwe geströmt waren, wurden Zeugen des Zeichens, und auch der Gelähmte selbst fiel auf, weil er, obwohl es Shabbat war, seine Bahre trug. Natürlich rechtfertigte er sich damit, dass er gerade erst geheilt worden war. Als er auf dem Tempelhof Jesus traf, bestand kein Zweifel mehr, wer dafür die Verantwortung trug. So wurde Jesus der Shabbatschändung angeklagt. Seine Verteidigung, „Mein Vater ist noch immer am Werk, und auch ich bin am Werk“ (Joh 5,17), seine Gleichstellung mit Gott, löste das Problem nicht wirklich, sondern fügte dem ersten noch einen zweiten

Anklagepunkt hinzu, nämlich den der Gotteslästerung: „Darum waren die Juden noch mehr darauf aus, ihn zu töten ..." (5,18).

Offensichtlich hielt sich die Erinnerung an Jesu Wunder noch lange. Als Kaiser Hadrian im 2. Jahrhundert auf den Ruinen von Jerusalem das heidnische Aelia Capitolina errichten ließ, wurden die Teiche zu einem Heiligtum des Heilungsgottes Äskulap umfunktioniert. Ein ihm geweihter Tempel, Gewölberäume für Heilbäder, Mosaike, Fresken, Motivgaben und Münzten zeugen noch heute davon, dass hier, wie 333 der Pilger aus Bordeaux schrieb, „viele Jahre Kranke geheilt" wurden.

Ein Jahr nach der Heilung des Gelähmten, 29 n. Chr., blieb Jesus zwischen dem Laubhüttenfest *(Sukkot,* 11.–19. Oktober) und dem Tempelweihfest *(Chanukka;* 19.–26. Dezember) in Jerusalem. Irgendwann in dieser Zeit, wahrscheinlich Anfang Dezember, wieder an einem Shabbat, ereignete sich ein Parallelfall. Dieses Mal begegnete Jesus einem Mann, der seit seiner Geburt blind war. Da fragten ihn seine Jünger, wer denn die Schuld für dieses schwere Schicksal trage, wer hier gesündigt habe, der Blinde selbst oder seine Eltern? Doch Jesus winkte ab; der Sinn dieser Blindheit sei, das Wirken Gottes zu offenbaren, denn er sei das Licht der Welt:

„Als er dies gesagt hatte, spuckte er auf die Erde, dann machte er mit dem Speichel einen Teig, strich ihn dem Blinden auf die Augen und sagte zu ihm: Geh und wasch dich in dem Teich Schiloach! Schiloach heißt übersetzt: der Gesandte. Der Mann ging fort und wusch sich. Und als er zurückkam, konnte er sehen" (Joh 9,6–7).

Die Übersetzung des Namens *Schiloach* (oder *Siloam)* durch Johannes zeigt, dass sich der Evangelist durchaus bewusst war, dass Jesu Wunderzeichen Belehrungen sind, dass sie auf einer Metaebene symbolisch verstanden werden müssen, während sie gleichzeitig greifbar und real waren. Zum Glück ist der Name des Hauptbrunnens von Jerusalem in zeitgenössischen Quellen gut bezeugt, von 2 Könige 20,20 bis zu Flavius Josephus. Den Teich hatte König Hiskija anlegen lassen, als 701 v. Chr. die Belagerung Jerusalems durch den Assyrerkönig Sanherib drohte. Weil die Gihon-Quelle, die einzige Quelle der Stadt, außerhalb ihrer Mauern lag, hatte der

König in einer ingenieurstechnischen Glanzleistung einen Kanal von 350 Metern Länge quer durch den Fels schlagen lassen, um das Wasser in ein Becken innerhalb der Mauern zu *entsenden* (daher der Name). 1881 entdeckten Araber eine Inschrift in althebräischer Schrift, die vom erfolgten Durchbruch des Tunnels berichtet und damit den alttestamentarischen Bericht bestätigt. Später geriet das Meisterwerk in Vergessenheit; sogar Flavius Josephus kennt nur noch den Tunnelaustritt, den er als *Siloam-Quelle* bezeichnet. Da er sich am tiefsten Punkt von Jerusalem befindet, weist der Tunnel selbst ein leichtes Gefälle auf, das das Wasser aus seinem Ausgang hervorströmen lässt. Heute kann jeder, der Nässe nicht scheut und über festes Schuhwerk verfügt, den Tunnel durchqueren; geführte Touren beginnen im Archäologischen Park der Davidsstadt im arabischen Stadtteil Silwan (der dieser „Quelle" seinen Namen verdankt). Sie enden in einem Becken, das man lange für den Schiloach-Teich hielt. Dort nimmt uns Ismail Kanan in Empfang, ein sympathischer Araber, der sich immer wieder als guter Führer erweist. Er führt uns durch die jüngsten Ausgrabungen unter Leitung des Archäologen Ronny Reich von der Israelischen Altertümerverwaltung, bei denen er als Vorarbeiter mitgewirkt hat. Und wieder war es ein Zufall, dem wir eine der wichtigsten Entdeckung der neutestamentlichen Archäologie des letzten Jahrzehnts verdanken.

Reich und sein Kollege Eli Shukron gruben gerade im Bereich der Gihon-Quelle, wo der Tunnel beginnt, als die Stadtverwaltung eine Abwasserleitung reparieren musste, die quer durch Silwan verlief. Schweres Gerät wurde angefahren, der Boden geöffnet und Eli abkommandiert, sich zu vergewissern, dass dabei keine archäologischen Relikte zu Schaden kommen, von denen die Erde um Jerusalem voll ist. An der Baustelle angekommen, wurde er gerade Zeuge, wie zwei Stufen unter dem Erdreich hervorschauten. Sofort stoppte er die Bauarbeiten und rief Ronny herbei. „Das müssen Reste einer Treppe sein, die hinunter zum Siloam-Becken führten", mutmaßte dieser, „sie scheinen aus der Periode des Zweiten Tempels zu stammen". Schnell schoss er ein paar Fotos, um noch am selben Tag – es war im Juni 2004 – einen Bericht an Jon Seligman, den Bezirksarchäologen für Jerusalem, zu schicken. Zwei Tage später hatte er einen Auftrag der Israelischen Altertümerverwaltung in der Tasche, die „Treppe" auszugraben.

Doch es war keine Treppe, stellten die Archäologen bald fest; die Stufen schienen endlos breit. Jeweils auf drei oder vier Stufen folgte eine Verbreiterung, ganz wie bei den Treppen des Südbeckens von Bethesda. Nach ein paar Wochen hatten sie genug freigelegt, um einen ersten Eindruck zu gewinnen. Die Stufen gehörten, soviel war jetzt sicher, zu einem großen, trapezförmiges Becken von fast 60 Metern Länge und 70 Metern Breite, das durch einen Kanal aus der Siloam-„Quelle" gespeist wurde. Münzfunde belegen, dass es zu Ende der Hasmonäerzeit oder während der Regierungszeit des Herodes gebaut wurde. Es war offenbar das südliche Gegenstück zur Bethesda-Anlage: Eine zweite, riesige Mikwe, nur eben ohne Wasserreservoir, weil keine Zisterne, sondern die Siloam-Leitung sie mit „lebendigem Wasser" versorgte. Eine gut gepflasterte Straße führte von dort direkt hinauf zum Tempel.

Johannes war also mehr als präzise, als er Jesus den Blinden nicht etwa zur Siloam-„Quelle", sondern zum Schiloach-Teich schicken ließ. Dass es tatsächlich zwei Stätten gab, das Becken am Quellenausgang, aus dem die Bewohner Jerusalems ihr Wasser schöpften, und den Teich zu kultischen Reinigungszwecken, das wusste noch 333 der Pilger aus Bordeaux. Er beschreibt zutreffend „einen Teich, der Schiloach heißt. Er hat einen quadratischen Säulengang, und einen anderen großen Teich weiter draußen". Als die Kaiserin Eudokia (444–460) an der Stelle des Wunders eine Kirche bauen ließ, war der „andere große Teich" längst in Vergessenheit geraten. So entstand das Heiligtum nördlich der Siloam-„Quelle", dort, wo heute eine Moschee steht. Der wahre Schauplatz des Wunders kann mittlerweile auf dem Weg zur Quelle besichtigt werden; wer einen guten Führer sucht, sollte nach Ismail Kanan fragen. Doch abgeschlossen ist die Erforschung des Schiloach-Teiches noch lange nicht. Denn zur Hälfte liegt er auf Land, das der griechisch-orthodoxen Kirche gehört. Der Patriarch hat sich noch nicht entschieden, ob er mit den Israelis zusammenarbeiten will oder ob er eigene Ausgrabungen in Auftrag gibt. Lohnen würde sich das alle Male. Denn selbst in Jerusalem werden heilige Stätten, die erst noch der Ausgrabung harren, immer seltener.

Dass Johannes nicht nur in Jerusalem über exzellente Ortskenntnisse verfügt, zeigt seine Schilderung der Begegnung Jesu mit der Samaritanerin am Jakobsbrunnen. In der für ihn typischen Präzision berichtet der Evangelist:

„(Jesus) musste aber den Weg durch Samarien nehmen. So kam er zu einem Ort in Samarien, der Sychar hieß und nahe bei dem Grundstück lag, das Jakob seinem Sohn Josef vermacht hatte. Dort befand sich der Jakobsbrunnen. Jesus war müde von der Reise und setzte sich daher an den Brunnen; es war um die sechste Stunde. Da kam eine samaritische Frau, um Wasser zu schöpfen. Jesus sagte zu ihr: Gib mir etwas zu trinken! Seine Jünger waren nämlich in den Ort gegangen, um etwas zum Essen zu kaufen. Die samaritische Frau sagte zu ihm: Wie kannst du als Jude mich, eine Samariterin, um Wasser bitten? Die Juden verkehren nämlich nicht mit den Samaritern" (Joh 4, 3–9).

Die Geschichte des Konfliktes zwischen Juden und Samaritanern reicht zurück in die Zeit nach dem Tod Salomos (um 930 v. Chr.). Damals formierte sich in Sichem eine Opposition gegen das Jerusalemer Königtum, was schließlich zur Teilung des Reiches in Juda (mit Jerusalem als Hauptstadt) und Israel (mit Sichem als Hauptstadt) führte. Nach der Rückkehr aus dem babylonischen Exil waren die Nordstämme nicht bereit, sich am Aufbau des Jerusalemer Tempels zu beteiligen, sondern bauten ihren eigenen Tempel auf dem Garizim, ihrem „heiligen Berg", den sie für den Ort von Abrahams Opfer hielten. Dass der Hasmonäerkönig Johannes Hyrkanus diesen Tempel 107 v. Chr. zerstören ließ, säte noch mehr Hass zwischen den Brudervölkern. Immer wieder kam es zu Übergriffen, etwa zum Paschafest des Jahres 6 n. Chr., als eine Gruppe von Samaritanern menschliche Gebeine im Jerusalemer Tempel verstreute, um diesen zu verunreinigen, oder gegen 50 n. Chr., als ein galiläischer Pilgerzug von den Samaritanern angegriffen und „viele" Galiläer getötet wurden, wie Flavius Josephus berichtet. Ein Aufstand der Samaritaner 36 n. Chr. wurde von Pontius Pilatus so blutig niedergeschlagen, dass der Kaiser ihn abberief, um weitere Unruhen zu vermeiden. Da auch Jesus im Mai 28 den Pilgerweg über Samaria nach Galiläa benutzte – die Alternative über das jüdische Ostjordanland Peräa vermied er, um eventuellen Nachstellungen des Herodes Antipas zu entgehen –, wurde auch er mit diesen Spannungen konfrontiert. Doch glauben wir Johannes, so nutzte er sie konstruktiv und geradezu dialektisch: „Glaube mir, Frau, die Stunde kommt, zu der ihr weder auf diesem Berg noch in Jerusalem den Vater anbeten werdet ... Gott ist Geist, und alle, die ihn anbeten, müssen im Geist und in der Wahrheit anbeten" (Joh 4, 21–24). Um es vorwegzunehmen, das war keine *ex eventu*-Prophezeiung, denn obwohl Kaiser Hadrian 135 einen Jupitertempel auf dem Berg errichten ließ, gab es hier noch im 4. Jahrhundert eine Kultstätte der Samaritaner. Doch Jesus überzeugte. Bald sprach sich herum, dass er am Brunnen lehrte, und „viele Samaritaner aus jenem Ort kamen zum Glauben". Sie baten ihn sogar, bei ihnen zu bleiben, „und er blieb dort zwei Tage". Die Pointe der Geschichte ist schließlich, dass die rechtgläubigen Juden Jesus zurückwiesen, während sogar die Samaritaner erkannten: „Er ist wirklich der Retter der Welt" (Joh 4,39–42).

Der Jakobsbrunnen ist schnell identifiziert. Im Buch Genesis lesen wir, dass Jakob Land in Sichem kaufte (Gen 33,18–20), bei Josua, dass er es an Josef und seine Nachkommen vererbte und selbst dort beigesetzt wurde (Jos 24,32). Noch heute befindet sich der Brunnen – der einzige Ziehbrunnen im Umland – etwa 80 Meter vor den Ruinen der Stadt Sichem, direkt an der Kreuzung zweier Wege, von denen der eine die wichtige Nord-Süd-Verbindung, die Westroute der galiläischen Pilger, war. Hier stand schon in byzantinischer Zeit eine kreuzförmige Kirche, die von den Persern 614 zerstört wurde. Auch die Kreuzritter bauten hier und mussten ihre Kirche aufgeben, bis 1860 die griechisch-orthodoxe Kirche das Land kaufte und 1903 mit den Bauarbeiten an einer Basilika begann, die aus Geldmangel bis heute nicht fertiggestellt wurde.

Wenn Johannes diesen Brunnen mit gleich zwei griechischen Begriffen beschreibt, nämlich als *pege* (Quelle) und *phrear* (gebohrter Brunnen), dann versteckt sich dahinter kein Symbolismus und noch weniger sprachliche Inkonsequenz, es zeugt vielmehr von der Präzision seiner Wortwahl. Denn der Jakobsbrunnen ist beides; er wird im Winter aus einer unterirdischen Quelle gespeist, er reicht aber auch bis zu 50 Meter tief zum Grundwasser, wenn die Quelle im Sommer versiegt.

Kopfzerbrechen dagegen bereitete den Exegeten die Erwähnung der Stadt Sychar. Meinte der Evangelist etwa Sichem? Das wäre ein schwerwiegender Fehler gewesen, denn Sichem wurde von Johannes Hyrkanus zur gleichen Zeit wie der Garizim-Tempel, nämlich 107 v. Chr., zerstört und existierte zur Zeit Jesu lediglich als Ruine. Der Evangelist geht aber von einer bewohnten Stadt aus; Jesu Jünger kauften dort Brot, Schaulustige kamen an den Brunnen, Jesus wohnte zwei Tage in Sychar. Auch das nahegelegene Nablus, griechisch *Neapolis* (Neue Stadt), kann nicht gemeint sein, es wurde erst 72 n. Chr. von Vespasian gegründet. Doch auch Eusebius kennt ein „Sychar vor Neapolis", und der Pilger von Bordeaux unterscheidet es ausdrücklich von Nablus und Sichem, wenn er schreibt: „Von dort, am Fuß dieses Berges (Garizim), ist der Ort, dessen Name *Sechim* (Sichem) ist. Hier ist das Grab, wo Josef beigesetzt ist auf dem Landgut, das ihm sein Vater Jakob gab ... 1000 Schritte von dort ist der Ort, dessen Name *Sechar* ist, von wo die samaritanische Frau an den Ort hinabstieg, wo Jakob den Brunnen grub."

Eben dort, auf einer kleinen Erhebung, befindet sich heute das Dorf Askar, das tatsächlich einen Kilometer vom Jakobsbrunnen entfernt liegt. Existierte es schon zur Zeit Jesu? Noch fanden dort keine Ausgrabungen statt. Aber auch der jüdische *Talmud* kennt ein Dorf namens *Ain Sokher* mit einer benachbarten Quelle, und im *Jubiläenbuch,* einer jüdischen Schrift aus dem 2. Jahrhundert v. Chr., ist von einem „König von *Sachir*" die Rede, mit dem sich Jakobs Söhne auseinanderzusetzen hatten.

Es scheint also, als habe Johannes hier doch recht gehabt. Und wieder einmal ist er die einzige Quelle, die so präzise über diese fast vergessenen Stätten und Ereignisse berichtet, die bei den Synoptikern fehlen. Schon das belegt, dass das vierte Evangelium a) als Ergänzungsschrift entstand und b) das Werk eines Insiders ist. Es ist zwar das Evangelium mit der am weitesten entwickelten Theologie und Christologie, aber es enthält gleichzeitig die genauesten topographischen Angaben, die detailliertesten Schilderungen der jüdischen Sitten und Gebräuche zur Zeit Jesu und die sinnvollste Chronologie. Johannes benutzt korrekte hebräische und aramäische Toponyme und Begriffe und übersetzt sie für sein offenbar hellenistisches Publikum, genau wie er die Bedeutung jüdischer Feste und religiöser Vorschriften (speziell der halachischen Reinheitsgebote) erklärt. Seine Datierung des ersten öffentlichen Auftretens Jesu – 46 Jahre nach Beginn des Tempelbaus = 28 n. Chr. – deckt sich mit den Angaben des Lukas, seine Chronologie der dreijährigen Mission des Nazareners wirkt zwar weniger stringent als die lineare Gliederung der Synoptiker (Taufe am Jordan – Wirken in Galiläa – Wirken in Jerusalem – Tod und Auferstehung), dafür aber glaubwürdiger (warum soll sich ausgerechnet Jesus der religiösen Pflicht entzogen haben, dreimal im Jahr zum Tempel zu pilgern?).

Geographisch ist er bestens orientiert. Er kennt die Landschaften Judäas und Galiläas und weiß, wann es notwendig ist, „aufzusteigen", und wo der Wanderer „hinabsteigen" muss. Er ist der einzige, der den Herkunftsort der Apostel Philippus, Andreas und Petrus nennt, nämlich Betsaida (1,44), nur bei ihm spielt Kana eine Rolle, nicht nur als Schauplatz des Weinwunders, sondern auch als Heimat von Nathanael (21,2) und Basis des Wirkens Jesu im Sommer 28 (4,46). Seine Zahlenangaben sind, auch und gerade weil er ihnen eine Metaebene als numerische Symbole zubilligt, äußerst exakt. Er ist offenbar geradezu rührend darum bemüht, jedes auch nur halbwegs relevante Detail zu überliefern, bis hin zu Wochentagen und Uhrzeiten. Das spricht entweder für das exzellente Gedächtnis eines Augenzeugen oder für die kreative Phantasie eines Erzählers, doch da alle Angaben, soweit sie überprüfbar sind, zutreffen, wird eher das Erstgenannte die Antwort sein. So stellte auch der US-Theologe Paul Anderson 2006 fest, das Johannesevangelium sei „sehr viel näher am historischen Jesus, als die meisten Gelehrten seit gut einem Jahrhundert behaupten oder gedacht haben ... Vieles der Johannes-Tradition erscheint authentisch und ist den Darstellungen Jesu bei den Synoptikern sogar überlegen, was weitreichende Konsequenzen für die Jesus-Forschung hat". Zu ähnlichen Schlussfolgerungen kam der bekannte Heidelberger Theologe Klaus Berger. Dabei räumt auch Berger mit dem Mythos auf, die Theologie des Johannes sei „Gnosis-nah", also beeinflusst von einem antiken Synkretismus, der Jesus im Kontext eines zoroastrischen Dualismus oder der Initiationsriten antiker Mysterienreligionen interpretierte. Im Gegenteil, so Berger, wird „das religionsgeschichtliche Millieu, dem (das Evangelium) entstammt ... durch Qumranfunde und alexandrinische Philosophie (Philo) recht vollständig erhellt. Man könnte auch etwas allgemeiner von einer jüdisch geprägten ‚religiösen Philosophie der Kaiserzeit' sprechen." Das heißt: Die Theologie und Christologie des Johannes ist kein spät entstandenes Novum, sie hat vielmehr ihre Parallelen im zeitgenössischen Judentum, etwa in den Messiaserwartungen der Essener, wie sie in den Schriftrollen vom Toten Meer zum Ausdruck kommen. Sie könnte also sehr wohl Glaubensgut der frühesten Christen gewesen sein.

Diese Erkenntnis deckt sich mit der christlichen Tradition über die Entstehung des vierten Evangeliums. So berichtete der Kirchenhistoriker Eusebius von Caesarea um 330:

„Nachdem nun Markus und Lukas die von ihnen gepredigten Evangelien herausgegeben hatten, sah sich nach der Überlieferung schließlich auch Johannes, der sich ständig mit der mündlichen Predigt des Evangeliums beschäftigte, zur Niederschrift veranlasst, und zwar aus folgendem Grunde: Nachdem die zuerst geschriebenen drei Evangelien bereits allen und auch dem Johannes zur Kenntnis gekommen waren, nahm dieser sie, wie man berichtet, an und bestätigte ihre Wahrheit und erklärte, es fehle den Schriften nur noch eine Darstellung dessen, was Jesus zunächst, zu Beginn einer Lehrtätigkeit, getan habe.“

Es ist also tatsächlich ein Ergänzungs-Evangelium, ganz wie wir es aus textinternen Hinweisen geschlossen haben. Eusebius betont, sich auf Irenäus von Lyon (2. Jh.) berufend, dass Johannes „bis zu den Zeiten Trajans“ (98–117) lebte, also bis ca. 100 n. Chr. (was durchaus möglich ist, wenn er Jesus als junger Bursche traf). Das älteste Fragment des vierten Evangeliums, das in Ägypten entdeckt wurde – die Experten bezeichnen es als P52, „Papyrus 52“, es enthält Joh 18,31–33 und 37–38 –, wird auf zwischen 100 und 125 datiert. Es spricht also nichts dagegen, dass sein Text noch zu Lebzeiten des Apostels schriftlich fixiert wurde. Ansonsten wissen wir nur, dass es nach den drei Synoptikern, nach dem Tod des Petrus (64 oder 67 n. Chr.; darauf bezieht sich Joh 21,18–19), aber offenbar vor der Tempelzerstörung (Johannes bezog Jesu Prophezeiung noch auf die Auferstehung, siehe 2,21) verfasst wurde. Realistisch ist also ein Entstehungstermin um 68, als Johannes tatsächlich der einzige der Zwölf war, der noch nicht das Martyrium erlitten hatte, und sein Zeugnis wertvoller denn je war. Eben das kommt in seinen Worten zum Abschluss des vierten Evangeliums zum Ausdruck: „Dieser Jünger ist es, der all das bezeugt und der es aufgeschrieben hat, und wir wissen, dass sein Zeugnis wahr ist“ (Joh 21,24).

Und Matthäus, Markus und Lukas? Das lukanische Doppelwerk fand seinen Abschluss mit der Apostelgeschichte, die ganz plötzlich 62 n. Chr. mit dem Ablauf der „Untersuchungshaft“ des hl. Paulus endet. In seinem Vorwort beruft sich der Evangelist auf ausgiebige Recherchen und Gespräche mit Augenzeugen („Schon viele haben es unternommen, einen Bericht über all das abzufassen, was sich unter uns ereignet und erfüllt hat. Dabei hielten sie sich an die Überlieferung derer, die von Anfang an Augenzeugen und Diener des Wortes waren. Nun habe auch ich mich entschlossen, allem von Grund auf sorgfältig nachzugehen ...", Lk 1,1–3). Sie könnte der Paulus-Begleiter zwischen 57 und 59 durchgeführt haben, als der Völkerapostel zwei Jahre lang im Kerker des Statthalters Felix in Caesarea festgehalten wurde und Lukas in Jerusalem weilte. Sein Evangelium wäre dementsprechend zwischen 60 und 62 verfasst worden.

Zwischen Matthäus und Markus gibt es einen Streit um die richtige Reihenfolge, der auf einem Missverständnis basiert. Es geht zurück auf die früheste Quelle, die wir zur Entstehung der Evangelien haben, den Bischof Papias von Hierapolis (ca. 60–140). In den Zitaten aus seinen Schriften, die uns Irenäus von Lyon überliefert, schildert er, wie er schon früh bemüht war, Geschichten über Jesus aus dem Mund der noch lebenden Augenzeugen zu erfahren. So reiste er auch in das benachbarte Ephesus, um Johannes zu hören. Von ihm erfuhr er, dass zunächst „Matthäus in hebräischer Sprache die Reden (Jesu) zusammengestellt" habe. Später, als Petrus das erste Mal nach Rom reiste, hätte Markus als sein Dolmetscher fungiert. Nach der Abreise des Apostels baten ihn die Römer, all das, was er ihnen erzählt hatte, schriftlich zu fixieren. Da es sich stets um Anekdoten handelte, schrieb er sie zwar „genau, allerdings nicht der Reihe nach, auf".

Aufgrund dieses Zeugnisses galt das Matthäusevangelium jahrhundertelang als der Urtext, während man Markus für eine verkürzte Version hielt; noch heute steht es in jeder Druckausgabe des Neuen Testamentes an erster Stelle. Doch gegen Mitte des 19. Jahrhunderts machten deutsche protestantische Theologen eine interessante Entdeckung, aus der sie die *Zweiquellen-Theorie* ableiteten. Danach war nicht Matthäus das Vorbild für die „Kurzversion" des Markus, sondern Markus eine der beiden Hauptquellen für das Matthäusevangelium. Die andere war eine Sammlung der Worte Jesu, die gemeinhin als *Logienquelle Q* bezeichnet wird und die auch Lukas zur Verfügung stand. Doch während Lukas sie geschickt in seine „Biographie Jesu" einarbeitete, übernahm sie „Matthäus" fast als Block. Dieser eher undifferenzierte Umgang und die Abhängigkeit von Markus schließen es aus, dass ein Apostel der Verfasser des ersten Evangeliums, wie wir es kennen, ist. Als Augenzeuge und Begleiter Jesu hätte er es nicht nötig gehabt, eine von einem Dolmetscher Petri in nahezu willkürlicher Reihenfolge publizierte Anekdotensammlung zu kopieren.

Ganz anders aber sieht es aus, wenn wir annehmen, Matthäus sei der Verfasser von *Q* gewesen. Das deckt sich mit der Information des Papias, er habe (lediglich) „die Reden Jesu zusammengestellt"; nichts anderes bedeutet der Begriff *Logienquelle.* „Ja, wer denn sonst?", ist man versucht zu fragen. Denn sollte tatsächlich jemand die Reden Jesu quasi mitstenographiert haben, dann war Matthäus der einzige der Zwölf, der dazu die notwendigen Voraussetzungen mitbrachte. Schließlich war Levi Matthäus, Sohn des Alphäus, Zöllner – nicht nur Zollbeamter, sondern, wie uns der griechische Originaltext des ersten Evangeliums verrät, *telones,* Zollpächter. Ihm unterstand also die Zollstation Kafarnaum, die er vom König – Herodes Antipas – gepachtet hatte. Damit war er nicht nur ein wohlhabender, sondern auch ein gebildeter Mann. Als *telones* musste er in der Lage sein, schnell und knapp zu protokollieren. Dabei benutzte er wahrscheinlich die antike Form der Stenographie, die *Tachygraphie,* eine Kurzschrift.

Das Judentum ist eine Buchreligion. Es lebt von den schriftlichen Aufzeichnungen der Worte der Propheten, genau wie der Talmud die Dialoge und Aussagen bedeutender Rabbinen festhielt. Auch vor dem Osterereignis wird Matthäus, als er alles stehen und liegen ließ, um ihm nachzufolgen, in Jesus zumindest einen großen Propheten und Lehrer gesehen haben. Schon deshalb ist es mehr als wahrscheinlich, dass er seine Reden entweder mitprotokollierte oder zeitnah aufzeichnete. Die Urgemeinde wird zunächst über eine solche *Logiensammlung,* die weitgehendst der hypothetischen Konstruktion *Q* entsprach, verfügt haben. Das im 3. Jahrhundert im Raum Edessa entstandene gnostische *Thomas-Evangelium* kopiert ihre Form, was darauf hindeutet, dass sie zu dieser Zeit noch begrenzt im Umlauf war. Erst als das Markusevangelium, das kurz nach Petri Aufenthalt in Rom 42–44 entstanden sein soll, im Heiligen Land bekannt wurde, könnte bei den Judenchristen der Wunsch aufgekommen sein, etwas noch besseres zu schaffen und die Informationen aus dem Markus-Buch mit der *Logiensammlung* des Matthäus und ein paar lokalen Traditionen zu einem Text zu vereinigen. So könnte das heutige Matthäusevangelium entstanden sein, das wohl irgendwann zwischen 50 und 60 in seiner heutigen Form vorlag.

Und Markus? Gibt es ernstzunehmende Hinweise darauf, dass das zweite Evangelium tatsächlich schon um 45, also nur 15 Jahre nach der Auferstehung, in Rom entstanden sein könnte?

Der deutsche Papyrologe und Archäologe Carsten Peter Thiede, der leider 2004 im Alter von nur 52 Jahren verstarb, war davon überzeugt. Er ging so weit, dass er Anspielungen auf Kreuzigungen und leere Gräber in dem antiken Liebesroman *Kallirhoe*, der in den 40er Jahren entstand, und dem Schelmenroman *Satyricon* des Petronius Niger (um 60) als Anspielungen auf das Markusevangelium deutete. Noch interessanter sind textinterne Hinweise. So bezog der Evangelist eine Prophezeiung Jesu auf seine Zeit, zitiert ihn: „Wenn ihr aber den unheilvollen Greuel an dem Ort seht, wo er nicht stehen darf", um sofort einzuschieben: „der Leser begreife!" (Mk 13,14). Es ist offensichtlich, worauf sich Markus bezieht. Im Jahr 40, so lesen wir bei Flavius Josephus, sandte der größenwahnsinnige Kaiser Caligula den Legaten „Petronius an der Spitze eines Heeres nach Jerusalem, um seine Bildsäule im dortigen Tempel aufzustellen", was zu einem Aufstand führte. Eine Statue an sich verstieß schon gegen das Bilderverbot des Dekalogs, eine, die den Kaiser als Gott darstellte, würde den Tempel entweihen. Während der Kaiser ihnen mit Krieg drohte, sollten sie den Affront nicht billigen, waren die Juden zum Äußersten bereit: Zu Tausenden zogen sie dem Petronius entgegen und boten ihm ihre Nacken zum Köpfen an – lieber wollten sie sterben, als ein solches Sakrileg zu dulden. Zum Glück starb der Kaiser, bevor sein Befehl zum Angriff das Heer erreichte. Für Petrus, der zwei Jahre später nach Rom kam, war der Vorfall noch so frisch in Erinnerung, dass er ihn natürlich als Beispiel für eine eingetroffene Prophezeiung Jesu zitierte. Da man sich auch fünf Jahre später noch daran erinnerte, wusste Markus, dass seine Leser die Anspielung verstehen würden.

Ähnlich interessant ist bei Markus ein anderer Hinweis an seine Leser. Als er von Simon von Zyrene schrieb, dem Mann, der das Kreuz Christi trug, fügte er hinzu, das sei „der Vater des Alexander und des Rufus" (Mk 15,21). Dieser Querverweis ergibt natürlich nur dann einen Sinn, wenn die beiden Söhne der Urgemeinde bekannt waren. Schließlich führt niemand einen Unbekannten als Vater zweier noch weniger bekannter Söhne ein. Tatsächlich erwähnt Paulus im Römerbrief einen Rufus, bezeichnet ihn als „Auserwählten im Herrn" (Röm 16,13) und Mitglied der Hauptstadtgemeinde, an die sich auch Markus primär richtete. Und Alexander? Im Jahre 1941 öffneten Archäologen eine Grabkammer im Kidrontal zwischen Jerusalem und dem Ölberg. In ihr standen elf Ossuarien, steinerne Truhen zur Zweitbestattung der Gebeine von Toten, die allesamt beschriftet waren. Sie stammten aus der Zeit vor der Zerstörung des Tempels. Eine der Knochentruhen trug gleich zwei Inschriften, auf griechisch und hebräisch: „Alexander von Zyrene" und „Alexander, Sohn des Simon". So heikel es sein kann, jüdische Allerweltsnamen auf Ossuarien mit biblischen Gestalten in Verbindung zu bringen, hier ist der Fall ziemlich eindeutig. So viele Juden aus Zyrene im heutigen Libyen gab es dann doch nicht in Jerusalem. Dass ein zweiter auch noch einen Sohn namens Alexander hatte, das ist wohl eher unwahrscheinlich.

Dabei war Simon, als er Jesus traf, nur ein Pilger, der zum Paschafest nach Jerusalem gekommen war. Er kam gerade „vom Feld", heißt es bei Markus. Das heißt nicht etwa, dass er am Vortag des Festes noch arbeitete; „das Feld" nannte man das Zeltlager der Pilger im Westen der Stadt. Der schnellste Weg zum Tempel führte von dort durch das Ephraims-Tor, vor dem Jesus gekreuzigt wurde. Wahrscheinlich hatte er seine Söhne dabei; es bestand kein Grund, sie im Zelt allein zurückzulassen. Die Begegnung mit Jesus muss bei Simon und den beiden Jungen etwas ausgelöst haben, das ihr Leben veränderte. Offenbar blieben sie in Jerusalem, schlossen sich spätestens beim Pfingstfest der Urgemeinde an, was erklären würde, warum es der Name des Fremden überhaupt in die Evangelien schaffte.

Man kannte also den Rufus und den Alexander, den einen in Rom, beide in Jerusalem. Der Hinweis des Markus ist jedoch nur dann sinnvoll, wenn er sein Evangelium schrieb, als beide noch lebten – im Fall des Alexander heißt das: vor 70 n. Chr.

Ein Fund aus Qumran könnte der Spätdatierung den Todesstoß versetzen. Erst 1955 entdeckte man in der Höhle 7 oberhalb des Essener-Klosters, die eigentlich Wohn- und Arbeitsräume enthielt, 19 Fragmente antiker Schriftrollen und die Scherben der Krüge, in denen sie einst gelagert wurden. Zwei Eigenschaften unterschieden sie von allem, was man bisher in Qumram gefunden hatte. Zum ersten waren sie auf Papyrus geschrieben, nicht wie die Schriftrollen der Essener auf Leder. Und zweitens war ihre Sprache Griechisch, nicht Hebräisch oder Aramäisch. Kein Zweifel also, dass sie eine Sonderstellung einnahmen.

Da die meisten der Fragmente zu klein waren, um sie einem bekannten Text zuzuordnen, fanden sie bei den Wissenschaftlern, die an den Qumran-Texten arbeiteten, zunächst keine Beachtung. Erst 1972 ging der spanische Papyrologe José O'Callaghan – er hatte irische Vorfahren – mit einer spektakulären Deutung an die Öffentlichkeit. Seiner Überzeugung nach handelte es sich bei dem Fund zum Teil um Fragmente christlicher Texte. Vier der Papyrusschnipsel ordnete er dem Markusevangelium zu (7Q5,6,7 und 15), einen dem 1. Timotheusbrief, einen weiteren dem Jakobusbrief. Zwölf Jahre später griff Carsten Peter Thiede diese These wieder auf und vertrat sie mit der ihm eigenen Leidenschaft bis zu seinem Tod. Die Folge war eine nicht immer ganz sachlich geführte Debatte in der Fachwelt, die bis heute kein befriedigendes Ende gefunden hat. Die Buchstaben auf dem Papyrus sind im sogenannten *Zierstil* geschrieben, der für die Zeit bis 50 n. Chr. charakteristisch ist. Leider sind nur zehn von ihnen in vier Zeilen sicher zu lesen. Der Kernpunkt der Debatte ist, ob die Buchstaben *enne* zu dem Toponym *Gennesaret* oder dem Verb *egennesen* („zeugte") gehören, also ob es sich um die Markusstelle 6,52–53 oder eine jüdische Ahnentafel („x zeugte den y; y zeugte den z") handelt. Zwischenzeitlich bemühte Thiede sogar das kriminaltechnische Labor der israelischen Polizei, um Farbspuren zu identifizieren, die seine Lesart bestätigen würden; das Ergebnis gab ihm recht.

Verfolgt man die Debatte, so wird eines offensichtlich: Die Gegner der Callaghan/Thiede-Identifikation argumentieren ideologisch. Es kann nicht Markus sein, weil es nicht Markus sein darf. Das Evangelium sei später entstanden, zudem sei es undenkbar, dass die Essener sich für christliche Schriften interessierten. Weshalb die Essener denn ausgerechnet eine Ahnentafel ins Griechische übersetzten und dann noch auf das teure, da importierte aber weniger haltbare Papyrus schrieben, diese Frage wird ignoriert. Die Zeit aber scheint Callaghan/Thiede recht zu geben. So schrieb schon 1994 die renommierte italienische Papyrologin Orsolina Montevecchi: „An der Identifikation mit Markus 6,52–53 gibt es, wie es aussieht, keine vernünftigen Zweifel mehr ... Mir scheint, dass es jetzt an der Zeit ist, 7Q5 in die offizielle Liste der Papyri des Neuen Testaments einzutragen." Der bekannte Wiener Theologe und Bibelwissenschaftler Karl Jaroš hat diesen Schritt bereits vollzogen, als er 2006 das Fragment 7Q5 in seinen Katalog des *Neuen Testamentes nach den ältesten griechischen Handschriften* aufnahm. Sein Urteil: „ Die Hypothese, 7Q5 mit Mk 6,52–53 zu identifizieren, ist durch stichhaltige Argumente bestens abgesichert ... Wer das nicht zur Kenntnis nimmt, beharrt auf vorgefassten Meinungen." Auch Jaros datiert das Fragment auf 40–54 n. Chr.

Doch das eindeutigste Indiz für diese Identifikation ist ein zerbrochener Tonkrug, in dessen unmittelbarer Nähe das Fragment 7Q5 gefunden wurde. Er trägt gleich zweimal die hebräische Transkription des Namens *Rom*. Sollte das die Herkunft des Markus-Papyrus anzeigen, so wird dadurch mehr als eindeutig die christliche Tradition und mit ihr die Zuverlässigkeit der Evangelien bestätigt. Es scheint, als habe Lukas recht gehabt mit seiner Behauptung, sie enthielten nichts als die Überlieferungen von Augenzeugen. Es ist an der Zeit, sie endlich wieder ernst zu nehmen.

IX. DAS JESUS-BOOT

DIE STRASSE AM MEER

Besorgt schaute das ganze Land auf den See, der immer mehr zu schrumpfen drohte. Seit drei Jahren herrschte eine Dürre in Israel. Selbst der sonst so ergiebige Winterregen blieb aus, der gewöhnlich den Jordan anschwellen lässt und das größte Wasserreservoir des Landes, den See Gennesaret, auffüllt. Nur für Yuval und Moshe Lufan, zwei junge Männer aus dem Kibbuz Ginnosar am Nordwestufer des *Yam Kinnaret* (wie der See auf hebräisch heißt), war das ganze ein Abenteuer. Sie hatten eher zufällig in dem Schlamm, den das schrumpfende Gewässer zurückließ, ein paar jüdische Münzen aus der Zeit Jesu entdeckt. Jetzt kehrten die Brüder fast täglich an die Stelle zurück, hoffend, dass der See noch weitere seiner versunkenen Schätze freigeben würde.

Doch an diesem Abend im Januar 1986 war es keine Münze, die sie am Strand fanden, sondern ein alter Nagel. Fast hätten sie ihn ignoriert, doch dann nahm er von ihrer Phantasie Besitz. Während Yuval versuchte, ihn aus dem Sand zu ziehen, kam ein zweiter Nagel zum Vorschein, der ebenso unbeweglich schien. Ahnend, dass sie etwas Großem auf der Spur waren, gruben jetzt beide Brüder in der schlammigen Masse, bis sie auf eine hölzerne Planke stießen. Wie aus einem Mund stießen beide einen Freudenschrei aus, dann murmelten sie: „Das muss uralt sein. Vielleicht ein Schiff?"

Schmutzig und überglücklich liefen sie zu ihrem Vater. Sie brauchten ihm nicht viel zu erklären, ein Blick in ihre Augen verriet, wie wichtig es war. Am Ufer angekommen, versicherte er sich erst einmal, dass sie von niemandem beobachtet wurden. Dann kniete auch er sich hin und grub im Schlamm. Zwei Stunden später war er überzeugt, dass seine Söhne die Überreste eines alten Fischerbootes entdeckt hatten.

Doch wie alt konnte es sein? Zwei Wochen vergingen voller Sorge, jemand könnte ihren Fund entdecken und für sich beanspruchen, aber auch voller Angst vor einer Enttäuschung. Schließlich fassten sich die Brüder ein Herz und erzählten der Kibbuz-

Direktorin von ihrer Entdeckung. Die wusste sofort, wer das Wrack richtig einschätzen könnte. Mendel Nun aus dem Kibbuz Ein Gev am Ostufer gilt als wandelndes Lexikon in allen Fragen der Geschichte, Botanik und Zoologie des Sees Gennesaret. Die Nachricht, dass ein Schiffswrack an den Gestaden „seines" Sees entdeckt worden war, elektrisierte den Heimatforscher; nur Stunden später saß er im Wagen und machte sich auf den Weg. Zusammen mit ihrem Vater führten die Brüder ihn fast schweigend zur Fundstelle. Etwas Feierliches lag in der Luft, als Mendel die alte Planke inspizierte, weitergrub, immer aufgeregter, immer schneller, bevor es aus ihm hervorplatzte: „Freunde, das ist ein antikes Boot. Wir müssen die Altertümerverwaltung anrufen!" In dieser Nacht, es war ein Shabbat, fand in einem benachbarten Kibbuz der wöchentliche Tanzabend statt. Yuval konnte nicht anders, er musste tanzen. Die Freude, die Begeisterung, ließen ihn fast schwerelos werden.

Es war ein vernieselter, kalter Februarmorgen, und ganz Israel hoffte, dass mit ihm die Dürre endete, als Prof. Shelley Wachsmann und Dr. Kurt Raveh von der Israelischen Altertümerverwaltung aus Jerusalem an den See Gennesaret kamen, um das Boot zu inspizieren. „Wo müssen wir tauchen?" war ihre erste Frage, als sie in Ginnosar eintrafen. Als die beiden Unterwasserarchäologen erfuhren, dass das Wrack längst vom See freigegeben worden war, atmeten sie auf. Sein Wasser ist so schlammig, dass es kein Vergnügen ist, dort zu tauchen. „Werden Sie uns sagen können, wie alt das Boot ist?" war die Gegenfrage, die Moshe ihnen stellte. Die Antwort war positiv. Die Techniken beim Bootsbau hatten sich mit den Jahrhunderten verändert und ermöglichten eine grobe Datierung schon bei der ersten Inspektion. Typisch für die Antike ist eine Zapfenverbindung zwischen den Planken. Schließlich führten Mendel und die Brüder die beiden Archäologen ans Ufer. „Wo ist nun das Wrack?" wollte Wachsmann wissen. „Sie stehen drauf", erwiderte Yuval mit einem breiten Grinsen. Dann erkannten auch die beiden Archäologen die Planke, entfernten den Schlamm, nahmen dabei das Regenwasser zur Hilfe, das sich hier gesammelt hatte, bis sie auf ein wohlbekanntes Muster stießen: die Umrisse eines Zapfenlochs, in dem noch der abgebrochene Zapfen steckte. „Das Boot ist definitiv sehr, sehr alt", verkündeten sie den aufgeregten Brüdern, die ahnten, dass sie gerade Archäologiegeschichte geschrieben hatten. In diesem Augenblick öffneten sich die Schleusen des Himmels und überschütteten das Land mit Regen – dem heftigsten Regenfall seit drei Jahren, dem Regen, um den ganz Israel betete.

Minuten später endete der Schauer so plötzlich, wie er eingesetzt hatte. Der Geruch von Ozon erfüllte die jetzt klare, kühle Luft. Am Himmel teilten sich die Wolken, die Sonne brach durch. Und plötzlich entstand ein doppelter Regenbogen, der irgendwo mitten im See endete.

„Jetzt wissen wir zumindest, wem das Boot gehörte", spöttelte Mendel. „Wem denn?" wollte Wachsmann wissen. „Offensichtlich war es das Rettungsboot der Arche Noah!" Alle lachten, nur Yuval nicht. „Ich betrachte das als Genehmigung, das Boot auszugraben", meinte er feierlich, „und zwar von ganz oben." Für einen Moment kam sich Wachsmann vor, als sei er in einem Film gelandet. Doch er schaute noch einmal hoch – der Regenbogen war Wirklichkeit. Was er jedem Regisseur als „übertrieben" und „kitschig" angekreidet hätte, ereignete sich gerade vor seinen Augen. Der Archäologe musste sich kneifen, um sicherzugehen, dass er nicht träumte. Etwas in ihm zweifelte an seinen Sinnen. Etwas anderes in ihm fragte: „Warum nicht?"

Während sich die Nachricht von der Entdeckung eines alten Bootes wie ein Lauffeuer verbreitete und die Brüder alles taten, um potentielle Schatzsucher und Raubgräber in die Irre zu führen, bereiteten Wachsmann und Raveh die Ausgrabung vor. Der Kibbuz stellte genügend freiwillige Helfer, die Polizei war bereit, das Gebiet abzusperren und zu bewachen. In tagelanger Arbeit errichteten sie einen Damm rund um das Wrack, entwässerten den freigelegten Seeboden durch Pumpen und Rohre. Dann rückten die Archäologen an, um in sorgfältiger Handarbeit jede einzelne Planke vom Schlamm zu säubern und freizulegen. Ein Holzgerüst, das sie über der Fundstelle errichtet hatten, ermöglichte es ihnen, auch im Bootsinnern zu arbeiten, ohne sein aufgeweichtes, schwammiges Holz betreten zu müssen. Wie aber rettete man es vor Austrocknung und Zerfall? Erfahrungswerte gab es nicht – noch nie war in Israel ein antikes Schiff in einem Süßwassersee entdeckt worden. Doch zum Glück gab es Orna Cohen. Vor einem Jahr hatte die Altertümerverwaltung die junge Restauratorin eingestellt. Zwei Jahre zuvor hatte sie noch in London studiert – und sich eines Morgens in einem Seminar wiedergefunden, dessen Thema die Konservierung antiker Schiffswracks war. Ohne zu wissen, wozu sie es einmal brauchen würde, hatte sich die junge Frau aus Israel von dem Kurs geradezu magisch angezogen gefühlt. Jetzt, in Ginnosar, konnte sie zeigen, was sie gelernt hatte. Ohne sie, ohne ihr Wissen und Können, wäre das antike Fischerboot wohl nie gerettet worden.

2000 Jahre lang hielten Schlamm, Sand und Wasser die Holzplanken zusammen. Dabei saugte sich das Holz mit Wasser voll, bis es die Festigkeit nasser Pappe hatte. Würde es jetzt der Sonne und dem Wind ausgesetzt, drohten sich die feuchten Planken zusammenzuziehen, zu deformieren oder gar zu brechen. Nur mit Hilfe von Metallstangen als Stabilisatoren hielt man es provisorisch zusammen. Zudem wurde das Holz regelmäßig mit Wasser besprüht, um ein Austrocknen zu verhindern. Hohlräume wurden mit Glasfasern ausgefüllt.

Schon am ersten Tag nach Beginn der Grabungen konnten Form und Größe des Bootes bestimmt werden. Es war 8,20 Meter lang und 2,30 Meter breit. Eine Öllampe, die sich noch in seinem Innern befand, und ein Kochtopf aus Ton, der direkt neben ihm lag, halfen, sein Alter zu bestimmen. Es stammte aus herodianischer, spätestens frührömischer Zeit. Mit anderen Worten: aus der Zeit Jesu. Später sollte eine Radiokarbon (C14)-Datierung des Holzes diese Einschätzung bestätigen. Das Boot wurde danach zwischen 120 v. Chr. und 40 n. Chr. gebaut. Von Anfang an war es kein armseliger Nachen, sondern grundsolide, sauber konstruiert und geräumig. Seine Planken bestanden aus stabilem Zedernholz, das wohl aus dem Libanon importiert worden war, sein Rahmen aus Eichenholz. Es hatte einen Mast, an dem ein großes, quadratisches Leinensegel hing, zwei mächtige Steinanker von 19 und 31 Kilogramm Gewicht und zwei Ruderpaare sowie ein Steuerruder. Vier Mann waren seine Mindestbesatzung, bis zu 16 Personen fanden in ihm Platz. Später reparierte es ein Zimmermann, der reichlich Nägel verwendete. Immer wieder kam es zu Ausbesserungen, bis insgesamt zwölf Sorten Holz verbaut waren. Mindestens drei Generationen von Fischern muss das Ginnosar-Boot zum Broterwerb gedient haben. Dass es kein Einzelstück war, beweist ein Mosaik aus dem 1. Jahrhundert, das die Franziskaner bei ihren Ausgrabungen in Migdal, dem antiken Magdala, entdeckt hatten. Ein sorgfältiger Vergleich ergab, dass es nahezu baugleich mit dem Wrack von Ginnosar war.

Doch so leicht es war, seine einstige Funktion und sein Alter zu bestimmen, als so schwer erwies es sich, das Boot zu bergen. Dabei war Eile geboten. Zeitgleich mit dem Fund hatte die dreijährige Dürre in Israel geendet, der Wasserspiegel des Sees stieg fast täglich. Mit dem Ende des Winters und der Schneeschmelze im Hermon-Gebirge würde er noch mehr ansteigen. Der erste Plan war, jede Planke zu numerieren und das Boot in Einzelteilen aus dem Schlamm zu holen. Doch so aufgeweicht, wie das Holz war, so schnell, wie es sich in der trockenen Luft zusammenzog und deformierte, würde es wohl unmöglich sein, seine einzelnen Planken später wieder zusammenzusetzen. Die einzige Chance war, das Boot in einem Stück zu belassen. Dann hatte Moshe eine Idee. Er hatte in der Hühnerfarm des Kibbuz gearbeitet und dort Polyurethan-Schaum benutzt, um dem Federvieh einen Schutz vor der Sommerhitze zu bauen. Polyurethan-Schaum wird zur Isolierung verwendet. Kühlt er sich ab, dehnt er sich aus und wird so leicht, dass er selbst auf Wasser schwimmt. Dann müsste er fest genug sein, um das fragile Skelett des Bootes mühelos zusammenzuhalten.

Orna war zunächst skeptisch, als Moshe ihr von seiner Idee erzählte, doch dann war sie bereit, die Wirkung des Schaums an einem Holzstück auszuprobieren. Der Plan funktionierte! Nachdem das Boot von oben und unten mit Glasfaser-Rippen zusammengehalten wurde, besprühte sie es von allen Seiten mit Polyurethan-Schaum, der sich wie ein schützender Mantel um das fragile Holz legte. Hatten die Helfer bislang das ständig steigende Seewasser aus der Ausgrabungszone gepumpt, wurde diese jetzt geflutet, und das Boot schwamm. Seine letzte Seereise führte in den Hafen des Kibbuz Ginnosar. Von dort hob es ein Kran in ein eigens gebautes Betonbecken, das für die nächsten 14 Jahre seine Heimat werden sollte. In dieser Zeit wurde unter Aufsicht von Orna Cohen allmählich das Wasser in den Zellen seiner Planken durch eine Lösung aus synthetischem Wachs (Polyethylen-Glykol – PEG) ersetzt. Heute steht das Boot in einem kreisrunden Betonbunker und ist längst zur Touristenattraktion geworden. Das Marketing, das es dazu werden ließ, war genial. Es appellierte gezielt an die religiösen Gefühle potentieller Israel-Pilger und erklärte das Wrack zum Jesus-Boot, quasi einer Art Reliquie. Die Umstände seiner Entdeckung, sein Alter und die Nähe zu Magdala genügten, um diese Verbindung plausibel zu machen. Es war sogar im Gespräch, das Boot auf einer Sonderausstellung zum Heiligen Jahr 2000 im Vatikan zu zeigen, bis die Sorge überwog, es würde den Transport nicht überstehen.

Tatsächlich aber bringen die Archäologen den Fund eher mit einem anderen historischen Ereignis in Verbindung, nämlich der Seeschlacht von Migdal. Sie ereignete sich 67 n. Chr., als Flavius Josephus noch das Kommando über die aufständischen Juden in Galiläa hatte. Die Bewohner von Tiberias waren sich nicht sicher, ob sie sich dem Aufstand anschließen oder zu den langsam vorrückenden Römern überlaufen sollten. Um sie einzuschüchtern und von der Stärke der Aufständischen zu überzeugen, bediente sich Josephus einer List. Die Bewohner von Magdala, wo er nach Kana sein zweites Quartier aufgeschlagen hatte, waren bereit, ihm dabei zu helfen. So ließ er jedes Fischerboot auf dem See konfiszieren, insgesamt 230 Boote, und mit der Minimalbesatzung von vier Mann in einiger Entfernung vor Tiberias aufkreuzen. Er selbst bestieg eines der Boote mit einer Handvoll Soldaten, die zumindest den Eindruck erweckten, als seien sie zum Angriff bereit, und fuhr direkt auf die Stadt zu. Deren Einwohner, die das Schauspiel von der Stadtmauer aus beobachteten, mussten denken, der Angriff einer riesigen Flotte stünde bevor. Um unnötiges Blutvergießen zu vermeiden, ergaben sie sich. Damit sie es sich nicht anders überlegten, ließ Josephus daraufhin den 600köpfigen Stadtrat und 2000 Bürger von Tiberias auf den 230 Booten als Geiseln nach Migdal bringen.

Trotzdem gelang es den Aufständischen nicht, den Vormarsch der Römer zu stoppen. Josephus konnte sich gerade noch in einer Zisterne verstecken, als er verraten wurde. Doch wieder rettete ihn seine *Chuzpe*. Er prophezeite dem römischen Feldherrn Vespasian, er würde Kaiser werden. In ihm erfülle sich die Prophezeiung vom Messias, der vom Land der Juden aus die Weltherrschaft antritt. Als die Römer Vespasian nach dem Selbstmord Neros und dem Scheitern der Generäle Galba, Otho und Vitellius tatsächlich zu ihrem neuen Kaiser krönten, war der selbsternannte Prophet Josephus ein gemachter Mann.

Vorher aber galt es, den Jüdischen Aufstand niederzuschlagen. Als die Römer Migdal belagerten, flohen seine Bewohner auf die 230 Boote, die offenbar noch immer im Hafen der Fischerstadt lagen, und fuhren hinaus auf den See. Titus, der Sohn des Vespasian, ließ kurzerhand eine Flotte aus Flößen bauen und schickte seine Soldaten hinterher. Nach einer erbitterten Seeschlacht, der ersten und letzten in der Geschichte des jüdischen Volkes, war das Ufer des Galiläischen Meeres von Wracks, Trümmern und Leichen bedeckt.

Eine Pfeilspitze, die noch im Holz des Wracks von Ginnosar steckte, verrät, dass auch dieses Boot an der Seeschlacht beteiligt war. Woher Josephus es geholt hatte, wem es vorher gehörte, ist nicht mehr festzustellen. Doch mit Sicherheit fuhr es schon auf dem See Gennesaret, als Jesus gleich nach der Hochzeit von Kana an seinen Ufern zu wirken begann.

Das war im März 28, und es war eine gute Entscheidung. Das Hochland von Galiläa, seine Heimat, hatte zwar mit Sepphoris ein Tor zur Welt, doch gleichzeitig blieb es provinziell und abgelegen. Um das Evangelium zu verkünden, brauchte er Verkehrswege, Anschlüsse, Verbindungen. Selbst Herodes Antipas mag die Sehnsucht nach mehr Dynamik dazu getrieben haben, seine Residenz 20 n. Chr. von Sepphoris an das Westufer des Sees Gennesaret zu verlegen. Dort erbaute er eine neue Stadt und nannte sie nach dem neuen Kaiser *Tiberias*. Er stattete sie mit einem Stadion am Seeufer, einem Theater, einer großen Synagoge und einem prachtvollen Palast aus, den er die nächsten Jahre bewohnte. Doch anders als Sepphoris wurde Tiberias von gläubigen Juden nie akzeptiert. Beim Bau der Stadt, so berichtet Flavius Josephus, kamen alte Gräber zum Vorschein, womit sie nach jüdischem Glauben „unrein" war. Noch schlechter kam an, dass der Palast des Tetrarchen mit Statuen geschmückt war, was dem jüdischen Bilderverbot widersprach. Um trotzdem seine Vision zu verwirklichen, siedelte Antipas Arme und Landlose, Freigelassene und Soldaten in der neuen Stadt an, aber auch neureiche Emporkömmlinge ohne religiöse Bindungen. Kein Wunder also, dass Jesus die neue Hauptstadt offensichtlich mied. Erwähnung findet sie nur bei Johannes, der den See Gennesaret auch als „See von Tiberias" (Joh 6,1) bezeichnet (einen Namen, den er tatsächlich zwischen 20 und 61 n. Chr., solange Tiberias die Hauptstadt von Galiläa war, trug) und Jesus-Sucher in ihren Booten „von Tiberias her" kommen ließ (Joh 6,23).

Statt dessen suchte Jesus sich Kafarnaum als neue Wirkungsstätte, wohin er laut Johannes „mit seiner Mutter, seinen Brüdern und seinen Jüngern" (2,12) zog, um dort „einige Zeit" – nämlich mit Unterbrechungen bis März 30 – zu bleiben. Natürlich war das *Dorf des Nahum*, benannt nach dem alttestamentarischen Propheten, keine Weltstadt; es war ein Fischerdorf mit vielleicht 1500 Einwohnern. Doch es lag strategisch äußerst günstig. Von seinem Hafen aus konnte man bequem jeden anderen Ort am Seeufer mit dem Boot erreichen. Nur wenige Kilometer östlich, mit dem Jordan als Grenzfluss, begann das Reich des Philippus, des tolerantesten und verträglichsten aller Herodessöhne. Würde es Antipas auf Jesus abgesehen haben, wie auf Johannes den Täufer, so konnte er schnell auf dem See- wie auf dem Landweg dessen Reich verlassen. Auf der anderen Seite des Sees begann die Dekapolis; heidnisches Gebiet, das Jesus ebenso in seinen Missionsreisen berücksichtigte wie Sidon und Tyrus in Phönizien, die nur einen Tagesmarsch in nordwestliche Richtung entfernt lagen. Zudem war Kafarnaum eine Zollstation auf der *Via Maris*, der uralten Karawanenroute, die Ägypten mit Damaskus verband und von dort aus in das Zweistromland bis nach Babylon führte. Seit Herodes an der Stelle, an der sie das Mittelmeer erreicht, seine Hafenstadt Caesarea Maritima errichtet hatte, endete auch dieser Weg in Rom. Der Kontakt mit der Hauptstadt wurde so eng, dass Fisch, den man im See Gennesaret fing, auf den Märkten der Hauptstadt als besondere Delikatesse ins Angebot kam. Er wurde über die Via Maris nach Caesarea gebracht und dort in Schiffe verladen, um auf dem Seeweg nach Puteoli und Ostia zu gelangen, die beiden Häfen Roms. Damit der Fisch die weite Reise unbeschadet überstand, entwickelte sich in Magdala eine ganze Industrie. Die Stadt, die ihren Namen (von *Migdal Nunaya*, „Fischerturm") wahrscheinlich einem Binnenleuchtturm verdankte, wurde unter ihrem griechischen Namen *Taricheai* berühmt, was nichts anderes bedeutet als „Fischpökelei". Gepökelter und geräucherter Fisch aus Taricheai stand bei den römischen Gourmets so hoch im Kurs, dass selbst Strabo in seiner *Geographie* eigens auf den *Tilapia Galilaea*, den Buntbarsch aus dem See Gennesaret, verwies.

Den ersten Christen galt der Fisch als Erkennungssymbol. Das lag natürlich daran, dass die Anfangsbuchstaben des griechischen Glaubensbekenntnisses *Iesous Christos Theou 'Yios Soter* (Jesus Christus, Sohn Gottes, Erlöser) das Wort *Ichthys* = „Fisch" ergaben. Doch es erinnerte auch an das Umfeld, in dem das Evangelium verkündet wurde, an die Jünger, von denen viele Fischer waren, bevor sie zu „Menschenfischern" berufen wurden, und daran, dass Jesus gleich zweimal die Gläubigen mit Brot und Fischen speiste. Und es war zumindest bezeichnend, dass der Handel mit der Ware Fisch den Weg vorzeichnete, den das Wort Gottes einmal nehmen würde, vom See Gennesaret über die Via Maris nach Rom. Doch für seine Jünger erfüllte sich mit Jesu Auftreten in Kafarnaum vor allem eine Prophezeiung des Jesaja aus der Zeit, in der Galiläa noch assyrisch und damit heidnisch war: „Das Land Sebulon und das Land Naftali, die Straße am Meer, das Gebiet jenseits des Jordan, das heidnische Galiläa; das Volk, das im Dunkel lebte, hat ein helles Licht gesehen ..." – so zitiert sie der Evangelist Matthäus (5,15–16) zu Beginn seines Berichtes über Jesu Wirken am See Gennesaret. Er setzt nach der Verhaftung des Täufers, nach dem Sommer in Kana und dem Laubhüttenfest in Jerusalem, ein, als Jesus nach Kafarnaum zurückkehrte.

Es ist jedes Mal wieder ein Erlebnis, an das *Galiläische Meer* zu kommen. Doch die Fahrt mit dem Auto über Tiberias offenbart nur annähernd die Schönheit dieser Landschaft. Darum bietet das Israelische Fremdenverkehrsamt seit neuestem einen *Jesus-Trail* an, eine Möglichkeit, das Land quasi in den Fußstapfen des Gottessohnes wandernd zu erkunden. Die beste Jahreszeit dafür ist der Frühling, wenn es noch nicht zu heiß und Galiläa von Blumen übersät ist. Die schönste Strecke, die sich dem wandernden Pilger anbietet, ist der uralte Weg von Nazareth an den See durch das *Nahal Arbel* oder Arbel-Tal, arabisch *Wadi al-Hamam* (Taubental) genannt. Zwei Quellen verwandeln das uralte Flussbett in eine grüne Oase, von Weiden und grünen Auen gesäumt. Bald türmen sich zu beiden Seiten bizarre Felswände auf, wie ein Käse durchlöchert von Höhlen, in denen sich in Zeiten des Jüdischen Aufstandes Rebellen versteckten. Der steile Berg Arbel trägt auf seinem Rücken die Überreste einer alten jüdischen Stadt, aber auch einer Burg aus der Kreuzritterzeit. Er bewacht den Zugang zum See, der in tiefem Blau wie ein gigantisches Auge zum Himmel blickt. Sein heutiger hebräischer Name, *Yam Kinneret*, deutet an, dass er die Form einer Harfe (hebr. *kinnor)* hat. Doch seine Fischer schwören, dass sein Rauschen wie das Singen einer Harfe klingt.

Die erste Stadt, die den Wanderer begrüßt, ist Migdal, das alte Magdala, dessen berühmteste Tochter eine wohlhabende Witwe namens Maria war. Sie schloss sich Jesus an, als er ihr sieben Dämonen ausgetrieben hatte, und scheint ihn und seine Jünger fortan auch finanziell unterstützt zu haben (Lk 8,2–3).

In Migdal wird noch immer archäologisch geforscht. Laut Flavius Josephus lebten hier einst 40.000 Menschen, eine Zahl, die freilich mit Vorsicht zu genießen ist. Archäologen schätzen, dass es höchstens 6000 waren, für damalige Verhältnisse noch immer eine stolze Zahl. So oder so galten ihre Bewohner als Gewinner der Globalisierung, die der Anschluss Judäas an das römische Weltreich mit sich gebracht hatte. Vor der Gründung von Tiberias war Magdala die wichtigste und größte Stadt am Westufer des Sees. Der Handel mit gepökeltem und geräuchertem Fisch, aber auch ihre Webereien und die Zucht von Opfertauben machten ihre Bewohner schnell reich, ein Wohlstand, der sich in den archäologischen Funden widerspiegelt. Die Ausgrabungen der Franziskaner unter Leitung von Virgilio Corbo und Stanislao Loffreda legten ein von Säulengängen gesäumtes Forum mit Basaltpflasterung frei und eine römische Villa, deren Mosaikboden zeigt, womit ihr Besitzer sein Geld verdiente – dort ist das erwähnte Fischerboot zu sehen. Eine erstaunlich kleine Synagoge von nur 6 mal 6,5 Metern Größe zeugt nicht gerade vom Glaubenseifer der neureichen Magdalener. Sie besteht aus massiven Basaltblöcken, drei ihrer Wände waren von Säulen gesäumt. In den Ecken befanden sich doppelte Säulen von einem herzförmigen Querschnitt, eine Form, die als typisch für galiläische Synagogen gilt. An der vierten Wand entdeckten die Ausgräber die Überreste von Stufen, die wohl als Sitzbänke dienten. Zwischen den Säulen und der Wand floss ein schmaler Wasserkanal, der von einer Quelle gleich nebenan gespeist wurde. Dieser Umstand führte dazu, dass Kritiker das Gebäude eher für ein Brunnenhaus als für eine Synagoge halten. Wohl zu Unrecht, denn die Synagoge von Gamla im Golan – einer jüdischen Stadt, die von den Römern 67 n. Chr. zerstört und nie wieder aufgebaut wurde – wies dieselbe Grundform auf. Direkt neben der Synagoge stießen die Archäologen auf die Überreste einer Mikwe, die ebenfalls in das 1. Jahrhundert datiert werden konnte.

Zu den jüngsten Funden der Franziskanerarchäologen gehören die Überreste des alten Hafens von Magdala und ein antikes Thermalbad aus der Zeit Jesu. In einem Becken stießen die Ausgräber auf die Überreste hölzerner Teller und Becher, die wohl zur

Ausrüstung römischer Legionäre gehörten. Ein anderes Becken schien ausschließlich Frauen vorbehalten zu sein. Hier fanden sie Broschen und Haarspangen, aber auch Fläschchen aus Terrakotta und Glas, zum Teil noch versiegelt, die bis auf den heutigen Tag kostbares Salböl enthalten. Seine Inhaltsstoffe werden derzeit in chemischen Labors analysiert. „So könnten wir erfahren, welches Salböl Maria Magdalena benutzte", hofft der Franziskanerarchäologe Pater Stefano De Luca, der die Ausgrabungen derzeit leitet. Auch wenn die heutige Exegese schon lange nicht mehr die Magdalenerin mit der Sünderin, die Jesu Füße salbte, identifiziert; lohnend ist eine solche Untersuchung allemal.

Um so besorgter klingt Pater Stefanos Stimme, wenn man ihn auf die Zukunft seiner Ausgrabungen anspricht. Investoren planen nämlich, Migdal durch den Bau von Hotels, Restaurants, einem Einkaufszentrum und Parkplätzen in eine Tourismushochburg zu verwandeln. „Wir haben gerade 1 % der antiken Stadt ausgegraben", erklärt der Archäologe, „ein Bauprojekt dieser Größenordnung könnte unwiederbringlich zerstören, was von der Stadt aus der Zeit Jesu noch unter der Erde verborgen ist."

Mit leichter Wehmut steigen wir in den Wagen und fahren weiter durch eine Landschaft, die schon vor 2000 Jahren paradiesisch war. Auch Flavius Josephus schwärmte von der Gegend zwischen Migdal und Kafarnaum, die schon damals, wie heute der Kibbuz mit dem „Boot aus der Zeit Jesu", Ginnosar oder *Gennesar* hieß:

„Den (See) Gennesar entlang erstreckt sich eine gleichnamige Landschaft von wunderbarer natürlicher Schönheit. Infolge der Fettigkeit des Bodens versagt sie keinerlei Gewächs, und es haben sie denn auch die Bewohner mit allen möglichen Arten davon bepflanzt, zumal das ausgezeichnete Klima ebenfalls zum Aufkommen der verschiedensten Gewächssorten beiträgt. Nussbäume, welche am meisten der Kühle bedürfen, wachsen dort in großer Menge ebenso wie Palmen, die nur in der Hitze gedeihen; nahe bei ihnen stehen wieder Feigen- und Ölbäume, denen eine gemäßigte Temperatur mehr zusagt ... der Boden bringt die verschiedensten, anscheinend einander fremden Obstsorten nicht bloß einmal im Jahre, sondern lange Zeit hindurch fortwährend hervor. So liefert er die königlichen Früchte, Weintrauben und Feigen, zehn Monate lang ohne jede Unterbrechung, während die übrigen Früchte das ganze Jahr hindurch mit jenen der Reihe nach reif werden. Zu dem milden Klima gesellt sich dann noch die Bewässerung durch eine sehr kräftige Quelle, die von den Eingeborenen des Landes Kafarnaum genannt wird."

Auch Ginnosar (oder Gennesaret) wird bei den Synoptikern erwähnt als Schauplatz von Krankenheilungen Jesu. Tatsächlich lag auf dem *tell el-oreme* in der gleichnamigen Ebene die bronzezeitliche Metropole Kinnereth, bekannt aus den Büchern Mose (Dtn 3,17) und Josua (11,2; 19,35), die einst dem See seinen Namen gab. Sie wurde aber von den Assyrern zerstört; in römischer Zeit stand hier nur ein einzelnes Haus. Allerdings sprechen die Evangelien auch nicht von einer Stadt oder einem Dorf, sondern bloß von einer Anlegestelle („Sie fuhren auf das Ufer zu, kamen nach Gennesaret und legten dort an" – Mk 6,53). Erst der niedrige Wasserspiegel des Sees vor dem Januar 1986 ermöglichte es Mendel Nun, das Rätsel zu lösen. Rund um den See stieß der Heimatforscher und Hobby-Archäologe auf die Überreste von 14 antiken Hafenanlagen aus der Zeit Jesu. Eine davon, auf halber Strecke zwischen dem Kibbutz Ginnosar und Tabgha, konnte er als das Gennesaret der Evangelien identifizieren. Wieder zeigte sich, wie genau die Evangelisten berichteten, wie gut sie die Häfen, Fischerdörfer und Anlegestellen des Sees kannten.

Als Deutscher hat man auf der Welt nicht viele Privilegien, doch das hier ist eines: Auf halber Strecke zwischen Ginnosar und Kafarnaum, am Nordwestufer des Sees, liegt Tabgha. Der arabische Ortsname ist eine Verstümmelung des griechischen *Heptapegon*, was soviel wie „Siebenquell" bedeutet. Diese sieben Quellen wurden schon zur Zeit Jesu zur Bewässerung der Ebene von Ginnosar benutzt, worauf sich Josephus bezieht. Sie verwandeln Tabgha noch heute in einen Paradiesgarten am Ufer des Sees Gennesaret. Und in diesem Garten Eden spricht man Deutsch.

Diesen Umstand verdanken wir dem schwäbischen Maurermeister Franz Keller, einem *tekton* also, wie einst Joseph und sein Ziehsohn Jesus es waren. Keller kam 1879 aus geistlicher Sehnsucht ins Heilige Land. Er hatte das Neue Testament, aber auch die von Clemens Brentano herausgegebenen Schriften der stigmatisierten Nonne Anna Katharina Emmerick aus Coesfeld in Westfalen gelesen, die in ihren Visionen detailgetreu das Wirken und die Passion Christi beschrieb. Als tüchtiger Maurer verdiente er sich sein Brot in den Klöstern, während er in seiner Freizeit ganz Palästina durchwanderte. Als Keller 1885 Tabgha erreichte, war es Liebe auf den ersten Blick. Er wusste, er spürte, das war heiliger Boden. Mit der ihm eigenen Zähigkeit gelang es ihm, zunächst einmal den *Deutschen Palästinaverein* mit Sitz in Aachen, den heutigen *Deutschen Verein vom Heiligen Lande,* vom Kauf dieses Landstriches zu überzeugen, der als malariaverseucht galt. Dann begann die eigentliche Schwierigkeit. Ganze drei Jahre vergingen, bis die lokalen Beduinen zum Verkauf bereit waren und die türkischen Landesherren dem Geschäft zustimmten. Doch schließlich war der Landerwerb unter Dach und Fach. Der 6. Februar 1889 wurde zur „Geburtsstunde des deutschen Tabgha". Etwa zeitgleich hatten italienische Franziskaner unter ähnlichen Schwierigkeiten die Nachbarparzelle erworben.

Nur ein Jahr später errichtete der Deutsche Palästinaverein auf dem Gelände ein Pilgerheim, zu diesem Zeitpunkt das erste am See. Unter Leitung des luxemburgischen Pfarrers Zephirin Biever entstand in seinem Umfeld eine kleine Landwirtschaft. Zudem beherbergte man Heiligland-Pilger aus der ganzen Welt, darunter 1900 den Schriftsteller Karl May, der sich gerade auf einer Orient-Reise befand. Er fühlte sich in Tabgha so wohl, dass er dem Haus eine ganze Sammlung seiner Werke schenkte. Trotz zweier Weltkriege blieb das Gelände mit kleineren Unterbrechungen im deutschen Besitz, auch wenn es von 1952 bis 1993 an den Staat Israel vermietet werden musste, der hier eine Jugendherberge unterhielt. Seit es 1993 wieder dem Deutschen Verein vom Heiligen Lande untersteht, konnte die Anlage großzügig ausgebaut werden. Aus dem Pilgerhaus wurde seit der Neueröffnung 2002 eine großzügige, moderne und komfortable Anlage, die es mit jedem Vier-Sterne-Haus leicht aufnehmen kann. Zweistöckige Gästehäuser umgeben Terrassen, Grünflächen und Brunnen in einem Zaubergarten am Ufer des Sees, an dem einst Christus wirkte.

Auch dieses Mal wohnen wir wieder in Tabgha und genießen es. Nachts, wenn die letzten Stimmen auf den Terrassen verstummt sind, zieht es mich an den See. Der Vollmond spiegelt sich in den ruhigen Wassern wider, ein paar Wolken hängen über dem Land. Grillen zirpen, leise Wellen klatschen an das steinerne Ufer. Und für einen Augenblick verschmelzen Gegenwart und Vergangenheit, bleibt die Zeit stehen. Dann ist es möglich, Seine Gegenwart zu verspüren, hier, wo alles begann.

Auf diesem Uferweg, vielleicht ein paar hundert Meter weiter östlich, ging Jesus im November 28, um seine Jünger wieder einzusammeln. Er wusste, wo sie arbeiten. Es war schon kühl zu diesem Zeitpunkt, und die Fische tummelten sich in Ufernähe, speziell um den warmen *Siebenquell* von Tabgha, der ein ideales Fanggebiet für die Fischer aus dem benachbarten Kafarnaum war. Hierhin zog sich vor allem der auf tropische Temperaturen eingestellte Buntbarsch zurück, der heute auch als Petrus-Fisch bekannt ist und tatsächlich köstlich schmeckt. Dort, direkt hinter der franziskanischen Primatskapelle, unterhalb der Hasil-Quelle, fand Mendel Nun, der Gennesaret-Experte aus dem Kibbuz En Gev, 1986 Überreste eines antiken Fischerhafens, den er treffenderweise *Hafen des Petrus* nannte. Im Wasser der Quellen wuschen die Fischer nach dem Fang ihre Netze.

„Als Jesus am See von Galiläa entlangging, sah er Simon und Andreas, den Bruder des Simon, die auf dem See ihr Netz auswarfen; sie waren nämlich Fischer. Da sagte er zu ihnen: Kommt her, folgt mir nach! Ich werde euch zu Menschenfischern machen. Sogleich ließen sie ihre Netze liegen und folgten ihm. Als er ein Stück weiterging, sah er Jakobus, den Sohn des Zebedäus, und seinen Bruder Johannes; sie waren im Boot und richteten ihre Netze her. Sofort rief er sie, und sie ließen ihren Vater Zebedäus mit seinen Tagelöhnern im Boot zurück und folgten Jesus nach. Sie kamen nach Kafarnaum" (Mk 1,16–21).

Von Tabgha sind es nur zweieinhalb Kilometer bis Kafarnaum, eine halbe Stunde zu Fuß oder fünf Minuten mit dem Auto. Der Parkplatz ist übersät mit Reisebussen, deren Aufkleber verraten, woher die Pilgergruppen stammen, die mit ihnen gekommen sind. Früher waren es überwiegend Amerikaner und Italiener, heute dominieren Russen und Polen. Das Ausgrabungsgelände ist zu Recht das meistbesuchte Pilgerziel am See. Kein anderer Ort der Welt dürfte sich anmaßen, den Titel „die Stadt Jesu" zu führen. Doch Kafarnaum trägt die Bezeichnung zu Recht; schon der Evangelist Matthäus nennt es „seine Stadt" (Mt 9,1).

Kafarnaum war leicht zu finden. Als der amerikanische Forscher E. Robinson 1838 an das Nordufer des Sees Gennesaret kam, fand er die Gegend von Trümmern übersät. „Der ganze Ort macht einen öden und traurigen Eindruck", schrieb er, „einige Araber des Semekiyeh-Stammes zelten hier und haben zwischen den Ruinen ein paar Hütten gebaut, die sie als Lagerräume benutzen." In kurzer Entfernung vom See bemerkte er „die zerfallenen Überreste eines Gebäudes, welches an Arbeitsaufwand und Ornamentierung alles übertrifft, was wir bis jetzt in Palästina gesehen haben". Bei einem zweiten Besuch identifizierte er dieses Bauwerk als antike Synagoge. 1894 gelang es den Franziskanern nach zähen Verhandlungen, das Ruinenfeld von den Beduinen zu kaufen. Um es vor weiterer Zerstörung zu schützen, wurde es zunächst eingezäunt und durch Steinmauern geschützt. 1905 erlaubten die Ordensbrüder den deutschen Archäologen Kohl und Watzinger die Ausgrabung der Synagoge, zwischen 1906 und 1915 wurde ihre Arbeit von dem Franzosen Wendelin von Menden weitergeführt. Zwischen 1921 und 1926 restaurierte der junge Franziskaner Gaudentius Orfali die Synagoge und legte Teile einer achteckigen Kirche frei, die sich etwa 30 Meter weiter südlich befand. Nach seinem plötzlichen Tod dauerte es 40 Jahre, bis der Orden die Ausgrabungen fortsetzte. So blieb der größte Teil der Arbeit den beiden Franziskanerarchäologen Virgilio Corbo und Stanislao Loffreda vorbehalten, die zwischen 1968 und 1991 das gesamte Zentrum der Stadt Jesu freilegten.

Das antike Kafarnaum, so stellte sich heraus, erstreckte sich auf einer Fläche von 60.000 Quadrametern. Seine vielleicht 1500 Einwohner lebten nicht nur vom Fischfang, sondern auch von der Landwirtschaft, wie ausgegrabene Olivenpressen, Mahlsteine für Weizen und Getreide, Steinschüsseln und -trichter belegen. Ein weiteres Standbein war die Herstellung von Glasgefäßen, von denen einige besonders schöne Exemplare bei den Ausgrabungen zutage gefördert wurden. Die Wohnhäuser waren einfach, aber nicht ärmlich. Große soziale Unterschiede scheint es nicht gegeben zu haben. Wände und Pflastersteine waren aus einheimischem Basaltstein im Naturzustand. Wände wurden ohne wirkliche Fundamente errichtet, und die einstöckigen Räume waren selten höher als drei Meter, was aus einigen Treppenaufgängen ersichtlich ist, die auf die Dächer führten. Sie bestanden aus Schilf oder Holzlatten, bedeckt mit Erde oder Stroh. Die wenigen halbwegs geraden

Straßen waren ebensowenig wie die verwinkelten Gassen zwischen den „Wohninseln" gepflastert, sondern nur mit kleinen Steinen und Erde planiert. Eine Wasserversorgung gab es nicht, der nahe See machte sie wohl unnötig. So fand man auch keine Mikwen, da ein Bad im „lebendigen Wasser" des Sees nach halachischen Maßstäben vorzuziehen war. Die Privathäuser bestanden meist aus mehreren überdachten Räumen, die um einen Innenhof herum gruppiert waren. Sie dienten wohl den Großfamilien als Schlaf- und Lagerräume, während sich das eigentliche Leben in den Innenhöfen abspielte. Hier bereiteten die Frauen die Mahlzeiten vor, hier spielten die Kinder, hier arbeiteten die Handwerker.

Doch ein einzelnes dieser Wohnhäuser fiel auf. Es machte eine ganz besondere Entwicklung durch.

Als die Franziskaner ihre Ausgrabungen begannen, stach ihnen ein achteckiges Bauwerk ins Auge, dessen Form so gar nicht in das rechtwinklige Muster des antiken Kafarnaum passte. Pater Orfali fand in den 1920er Jahren heraus, dass es aus drei konzentrischen Oktogonal-Ringen bestand, dessen breitester einen Durchmesser von 25 Metern hatte, während der Kleinste gerade einmal sieben Meter breit war. Er wurde von acht Säulen getragen und von einem Dach überragt. Das ganze Gebäude war mit Mosaiken verziert, simplen Blumenmustern, aber auch einem Pfau, einem frühen christlichen Symbol für die Unsterblichkeit. Alles sprach dafür, dass es sich bei der Anlage um eine christliche Kirche handelte, ein Verdacht, der bestätigt wurde, als die Archäologen eine nach Osten ausgerichtete Apsis und ein Taufbecken freilegten. Achteckige Kirchen – so die konstantinische Geburtskirche oder die *Kathisma-Kirche* in Bethlehem – waren in byzantinischer Zeit fast immer Memorialbauten, errichtet über einer heiligen Stätte. Diese hier schien aus dem 5. Jahrhundert zu stammen.

Der erste Verdacht erhärtete sich, als die Franziskaner die Mosaiken vorsichtig entfernt hatten, um unter ihnen zu graben. Dabei stießen sie auf einen noch älteren Sakralbau, dessen Wände über und über mit christlichen Graffiti bedeckt waren. „Christus, hab Erbarmen" oder „Herr Jesus Christus, hilf deinem Diener" lauteten die frommen Anrufungen, dazwischen waren Kreuze eingraviert. Dass neben griechischen Graffiti auch solche in Aramäisch und Hebräisch zu finden waren, deutete darauf hin, dass das Heiligtum gleichermaßen juden- wie heidenchristliche Pilger anzog. Dieses

Gebäude schien aus dem 4. Jahrhundert zu stammen und war neun mal acht Meter groß. Sein Dach wurde von einem zwei Stockwerke hohen Bogen über der Mitte des Raumes getragen. Seine Wände waren mit farbigen Fresken geschmückt, die Granatäpfel, Blumen, Feigen und geometrische Muster zeigten, aber figürliche Darstellungen vermieden, wohl weil die Künstler oder ihre Auftraggeber Judenchristen waren. Dem Eingang war ein Atrium mit einem gut gepflasterten Aufgang vorgelagert. Der ganze Komplex war offenbar zu seinem Schutz ummauert.

Doch die Ursprünge dieses Heiligtums reichten noch weiter. Sein zentraler Raum lag direkt über dem größten Zimmer eines Privathauses, das wohl zu Beginn der römischen Periode – nach 63 v. Chr.- errichtet wurde. Dieses Haus bestand aus schwarzen Basaltbrocken, nur seine Türschwellen waren bearbeitet, als Boden diente festgetretene Erde. Es hatte zwei Innenhöfe, im hinteren stand noch ein Ofen, in dem offenbar das Essen für eine Großfamilie zubereitet wurde. Im vorderen, größeren Hof wurden Angelhaken gefunden. In nichts unterschied sich dieses Wohnhaus zunächst von den anderen in Kafarnaum, außer dass es vielleicht etwas großzügiger angelegt war, was auf einen bescheidenen Wohlstand seiner Bewohner hindeutet.

Doch schon gegen Mitte des 1. Jahrhunderts veränderte es sich auffallend. Plötzlich wurden die Wände und der Boden dieses einen Zimmers verputzt, was in Kafarnaum einzigartig war. In den nächsten Jahrhunderten wurde es mehrfach renoviert und verschönert. Auch sein Inventar veränderte sich. Fand man in der ältesten Schicht noch Kochtöpfe und Krüge, verschwanden diese ganz; plötzlich schien man hier nur noch Öllampen und Vorratsbehälter zu benutzen. Offenbar diente das Zimmer, ja das ganze Haus keinen Wohnzwecken mehr, wurde hier nicht mehr regelmäßig gegessen. Statt dessen war aus dem einstigen Wohnraum ein Kultraum geworden.

Warum? Zwei Graffiti bezogen sich auf Petrus. Als die Pilgerin Egeria 383 Kafarnaum besuchte, schrieb sie in ihren Reisebericht: „In Kafarnaum aber ist aus dem Haus des Apostelfürsten eine Kirche geworden; die Mauern stehen bis heute so, wie sie waren. Dort heilte der Herr den Gelähmten." Zweihundert Jahre später, als längst die achteckige Memorialbasilika errichtet worden war, berichtete der Pilger aus Piacenza: „Ferner kamen wir nach Kafarnaum in das Haus des seligen Petrus, welches jetzt eine Kirche ist." Die Franziskaner hatten also das Haus des ersten Papstes entdeckt (siehe Hesemann, *Der erste Papst*, 2003)!

Es gehörte ursprünglich seiner Schwiegermutter, wurde aber auch von Petrus und seiner Frau, seinem Bruder Andreas (Mk 1,29–30) sowie zeitweise von Jesus (Mt 17,25) bewohnt. Hier heilte er die Schwiegermutter des Petrus (Mk 1,31; Mt 8,14–15; Lk 4,38–39), hier brachte man am Abend, als die Sonne untergegangen war, alle Kranken und Besessenen zu ihm, so dass Markus (dessen Evangelium immerhin auf Erzählungen des hl. Petrus zurückgeht) berichten kann: „Die ganze Stadt war vor der Haustür versammelt" (Mk 1,33). Die Formulierung setzt voraus, dass vor dem Haus viel Platz zur Verfügung stand, was in Kafarnaum mit seinen oft verwinkelten Gassen keine Selbstverständlichkeit war. Doch in diesem Fall trifft es zu. Das „Haus des Petrus" lag tatsächlich an einer Hauptstrasse, der Nord-Süd-Achse des Dorfes, und zwischen der breiten Straße und dem Zugang zum Innenhof des Hauses befand sich ein zusätzlicher offener Bereich. Wenn es irgendwo in Kafarnaum möglich war, dass eine Menschenmenge zusammenströmte, dann hier. Später schreibt Markus: „Als (Jesus) einige Tage später nach Kafarnaum zurück kam, wurde bekannt, dass er (wieder) zu Hause war. Und es versammelten sich so viele Menschen, dass nicht einmal vor der Tur Platz war" (Mk 2,1–2). Auch diese Formulierung muss sich auf den kleinen Platz bezogen haben, den die verbreiterte Straße vor dem Toreingang bildete. Jesus „verkündete ihnen das Wort" (Mk 2,2) und wahrscheinlich saß er dabei in dem mit 46 Quadratmetern nicht allzu großen Zimmer, das später zu einer Hauskirche werden sollte. „Da brachte man einen Gelähmten zu ihm; er wurde von vier Männern getragen. Weil sie ihn aber wegen der vielen Leute nicht bis zu Jesus bringen konnten, deckten sie dort, wo Jesus war, das Dach ab, schlugen (die Decke) durch und ließen den Gelähmten auf seiner Tragbahre durch die Öffnung herab" (Mk 2,3–4). Tatsächlich lag das später verehrte Zimmer zur Straße hin und direkt neben dem Eingang zum Hof. Man konnte also ohne Schwierigkeiten von der Straße aus auf sein Dach klettern, vom Innenhof aus führte sogar eine Treppe hinauf. Da das Dach, wie alle Dächer in Kafarnaum, nur leicht gedeckt war, konnten die Männer problemlos eine Öffnung schaffen. Nur der Evangelist Lukas, der nie in Galiläa war und sich die Szene in seiner Phantasie ausmalen musste, glaubte, die Männer „deckten die Ziegel ab" (Lk 5,19). Kein Haus in Kafarnaum hatte ein Ziegeldach! Hätte sich Johannes diesen Schnitzer erlaubt, müssten wir an der christlichen Tradition zweifeln, doch bei Lukas ist er entschuldbar.

Auch eine dritte Szene im Markusevangelium spielte sich in diesem Haus ab:

„Da kamen seine Mutter und seine Brüder; sie blieben vor dem Haus stehen und ließen ihn herausrufen. Es saßen viele Leute um ihn herum und man sagte zu ihm: Deine Mutter und deine Brüder stehen draußen und fragen nach dir. Er erwiderte: Wer ist meine Mutter und wer sind meine Brüder? Und er blickte auf die Menschen, die im Kreis um ihn herumsaßen, und sagte: Das hier sind meine Mutter und meine Brüder. Wer den Willen Gottes erfüllt, der ist für mich Bruder und Schwester und Mutter." (Mk 3,31–35)

Wieder illustrieren die Ausgrabungen den biblischen Bericht. Maria und Jesu Halbbrüder oder Vettern standen draußen am Hofeingang, Jesus lehrte quasi um die Ecke in dem großen Raum. Bis auf den Hof drängten sich seine Zuhörer, in der Hoffnung, seine Worte zu erheischen. Sie versperrten den Besuchern den Weg – nur durch Weitersagen erreichte die Kunde Jesu. Mit seiner Antwort wurde das Haus des Petrus zur ersten Kirche, die Versammelten zu ihrer ersten Gemeinde.

Wie gut, dass die Ausgräber Franziskaner waren. Sie zögerten nicht lange, die Stätte wieder ihrer ursprünglichen Bestimmung zuzuführen. Die futuristisch-moderne Kirche, die sie 1990 über den Ruinen errichteten, erinnert zwar an ein Raumschiff auf Landebeinen, doch sie macht es möglich, genau über dem Zimmer, das durch Jesus geweiht wurde, die Eucharistie zu feiern.

Von dort aber fällt der Blick unweigerlich auf die prachtvolle Synagoge von Kafarnaum. Ganz aus sauber bearbeitetem weißen Kalkstein geschaffen, von 16 Säulen mit korinthischem Kapitell getragen, gilt sie heute als schönstes antikes Gebetshaus Israels. Stand sie schon zur Zeit Jesu? Davon war Pater Orfali, der sie freilegte, noch überzeugt, während israelische Archäologen sie später in das 2. oder 3. Jahrhundert datierten. Erst die Grabungen durch

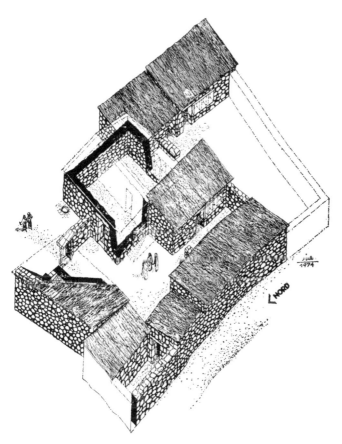

Rekonstruktion des Petrus-Hauses von Kafarnaum

die Patres Corbo und Loffreda zeigten, dass sie allesamt falsch lagen. Denn in ihrem Verlauf stießen die beiden Franziskaner auf einen Schatz von mehr als 30.000 spätrömischen Münzen, der zweifelsfrei bewies, dass die *Weiße Synagoge* erst gegen Ende des 4. Jahrhunderts errichtet worden sein konnte. Dabei scheidet die lokale Gemeinde als Bauherr aus; sie war zu arm, um einen so aufwendigen Prachtbau zu finanzieren. Ihr Erbauer war aller Wahrscheinlichkeit nach der römische Kaiser Theodosius I. (379–395), der damit ein Zeichen der Versöhnung zwischen Juden, Judenchri-

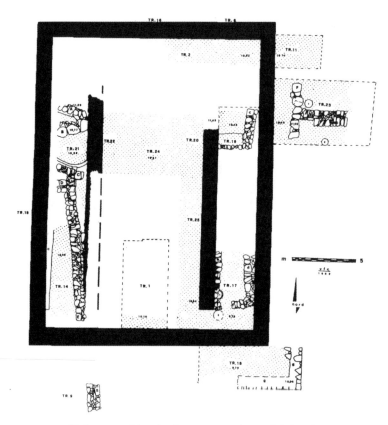

Kafarnaum: Plan der Synagoge aus dem 1. Jahrhundert

sten und Heidenchristen setzen wollte, vielleicht auch als Tribut an die Erstgenannten, um den Heidenchristen den Zugang zum Petrushaus zu erleichtern. Schon 383 besuchte Egeria den vielleicht gerade eingeweihten Neubau, betonte, dass die Synagoge „aus viereckigen Steinen errichtet" wurde und man zu ihr „über viele Stufen hinaufsteigt", was auch heute noch zutrifft.

Doch auf die erste Enttäuschung der Ausgräber, nicht auf die Synagoge aus der Zeit Jesu gestoßen zu sein, folgte bald eine Überraschung. Denn die Weiße Synagoge stand auf einem künstlichen Podium, was den Treppenaufgang erst notwendig machte. Unter ihren Quadern befanden sich Basaltsteine, die jedoch, im Gegensatz zu ihrer Verwendung in den Wohnhäusern, hier behauen und mit Mörtel überzogen waren. Statt die scheinbar minderwertige Unterlage einfach zu entfernen, hatten sich die Baumeister des 4. Jahrhunderts geradezu rührend darum bemüht, sie zu erhalten. Das ging so weit, dass sogar die kostbaren Kalksteinquadern teilweise unbarmherzig zurechtgeschnitten wurden, um bloß nichts von der älteren Schicht zu entfernen. Und noch ein Detail fiel auf: Eine von den vier Kalksteinstufen, die zur Weißen Synagoge führen, wurde eigens ausgehöhlt, anscheinend um die in sie hineinreichende frühere Basaltstufe nicht zerstören zu müssen.

An zwei Stellen entfernten die Archäologen die Bodenplatten der Weißen Synagoge, um festzustellen, was sich darunter befindet. Dabei stießen sie auf ein noch völlig erhaltenes Basaltpflaster, das wiederum auf Scherben und Münzen aus späthellenistischer Zeit lag. Damit konnte es eindeutig in die Jahre der Zeitenwende datiert werden. Ein gepflasterter Boden fand sich in keinem der Privathäuser Kafarnaums und war ein starkes Indiz für ein öffentliches Gebäude. Sein charakteristischer Grundriss ließ keinen Zweifel daran, dass es sich um eine Synagoge gehandelt haben muss, deren Überreste offenbar unter dem Neubau aus dem 4. Jahrhundert erhalten bleiben sollten. Nur eine Antwort erklärt diese Sorgfalt: Man wusste, dass diese alte Synagoge heiliger Boden war, man wollte sie so prachtvoll wie möglich wieder aufbauen, aber niemals ersetzen. Die Weiße Synagoge von Kafarnaum war nichts als ein riesiges Reliquiar für das unscheinbare Gebetshaus, das dadurch geheiligt worden war, dass Jesus einst in ihm lehrte.

Wir kennen ihren Erbauer, den heidnischen Centurio, der eine Hundertschaft Soldaten kommandierte, die wahrscheinlich östlich von Kafarnaum, im Grenzgebiet, stationiert war. Sein Diener war krank, und so bat er einige der jüdischen Ältesten, für ihn bei Jesus ein gutes Wort einzulegen. „Er verdient es, dass du seine Bitte erfüllst, denn er liebt unser Volk und hat uns die Synagoge erbaut", zitiert Lukas (7, 4–5) sie. Jesus ging mit ihnen in die römische Siedlung, die sich etwa dort befand, wo heute eine griechische Kapelle mit gleich mehreren auffallend roten Kuppeldächern steht. Hier stieß der Archäologe Vassili Taferis 1985 auf eine Reihe typisch römischer Bauten aus behauenem Kalkstein, daneben ein römisches Badehaus mit *Hypokaustum* und *Caldarium, Frigidarium* und *Tepidarium* (einem Laubaderaum). Scherbenfunde erlauben die Datierung zumindest eines Teils der Anlage ins 1. Jahrhundert.

Als Jesus nicht mehr weit vom Haus des Hauptmanns entfernt war, sprach dieser fast dieselben Worte, die wir heute vor dem Empfang der Eucharistie sprechen: „Herr, ich bin nicht würdig, dass du eingehst unter mein Dach, aber sprich nur ein Wort, so wird mein Diener gesund". Der Centurio, offenbar ein gottesfürchtiger Mann, wusste, dass es gläubigen Juden nicht erlaubt war, mit Heiden zu verkehren. Dass sie sich kultisch verunreinigen, wenn sie das Haus eines *Goi*, eines Nichtjuden betraten. Jesus war beeindruckt von seiner Demut und seinem Glauben, wie er ihn nicht einmal in Israel, bei den gottesfürchtigsten Männern Jerusalems, gefunden hatte. In diesem Augenblick wurde der kranke Diener geheilt.

Wir kennen auch den Vorsteher der Synagoge, einen Mann namens Jairus, dessen zwölfjährige Tochter im Sterben lag. Jesus kehrte gerade von einer Reise an die andere Seite des Sees zurück und wurde bereits – wahrscheinlich am Petrushafen von Tabgha – von einer großen Menschenmenge erwartet. Als er sich endlich durchgedrängt hatte, fiel er vor dem Gottessohn auf die Knie und bat ihn um Hilfe. Sofort ging Jesus mit ihm, doch nach Kafarnaum waren es noch zweieinhalb Kilometer, ein Fußweg von einer halben Stunde Länge. Endlich im Dorf angekommen, kamen ihnen schon die Trauernden entgegen: Das Mädchen war gerade verstorben. Nur von Petrus, Johannes und Jakobus begleitet trat Jesus trotzdem in das Haus des Jairus, ging in das Zimmer des toten Mädchens, das aufgebahrt in seinem Bett lag, reichte ihm seine Hand und sprach zwei Worte auf aramäisch: *„Talita kum"* – „Mädchen, steh auf!" Das Mädchen richtete sich auf und war wieder gesund.

Für den Christen aber ist die Synagoge von Kafarnaum vor allem der Ort, an dem Jesus das Geheimnis der Eucharistie offenbarte. Nur Johannes berichtet uns davon, wohl weil seine Worte schon damals anstößig waren, ja sogar zu einer Spaltung unter den Jüngern führten. Das alles ereignete sich im April des Jahres 29, zur Zeit des Paschafestes, quasi als Höhepunkt seiner Wirkungszeit am See Gennesaret, die Exegeten den *Galiläischen Frühling* nennen. Die Menschen hatten von Jesu erstem Brotwunder gehört, die Nachricht hatte sich am ganzen Seeufer herumgesprochen, selbst aus Tiberias kamen sie mit ihren Booten. Als sie feststellten, dass er die Stätte der Brotvermehrung verlassen hatte, fuhren sie hinüber nach Kafarnaum, denn sie waren sich sicher, ihn dort, in „seiner Stadt", zu finden. Doch er hatte ihre Sensationsgier und Wundersucht durchschaut. Statt sie noch einmal zu speisen, erklärte er ihnen den Sinn dieses Zeichens. Er selbst sei „das Brot des Lebens; wer zu mir kommt, wird nie mehr hungern, und wer an mich glaubt, wird nie mehr Durst haben." Er selbst, geboren in einem Dorf namens Bethlehem („Haus des Brotes"), würde sich als Himmelsbrot hingeben, damit jene, die davon essen, das ewige Leben erlangen: „Wer mein Fleisch isst und mein Blut trinkt, der bleibt in mir und ich bleibe in ihm" (Joh 6,35; 56).

Ein Jahr später, im April des Jahres 30, wurde diese Verheißung erfüllt, sollte sich vollenden, was er in Galiläa begonnen hatte.

Doch damit der Ort, an dem Jesus das Versprechen der Eucharistie machte, nie vergessen wird, fügte Johannes, der Augenzeuge, ausdrücklich hinzu: „Diese Worte sprach Jesus, als er in der Synagoge von Kafarnaum lehrte" (Joh 6,59).

X. FRÜHLING IN GALILÄA

DIE STÄTTEN SEINER WUNDER

Der geographische Raum, in dem Jesus im *Galiläischen Frühling* des Jahres 29 wirkte, ist leicht abgesteckt und kann an einem Tag durchwandert werden. Der Nestor der deutschen Exegese, der mittlerweile 93jährige Theologe Franz Mußner, prägte den Begriff vom *Evangelischen Dreieck,* dessen Zentrum Kafarnaum und dessen Eckpunkte Tabgha, Chorazin und Betsaida sind. Von Chorazin wissen wir wenig, außer dass es zusammen mit Betsaida und Kafarnaum von Jesus wegen seines Unglaubens getadelt wurde:

„Dann begann er den Städten, in denen er die meisten Wunder getan hatte, Vorwürfe zu machen, weil sie sich nicht bekehrt hatten: Weh dir, Chorazin! Weh dir, Betsaida! Wenn einst in Tyrus und Sidon die Wunder geschehen wären, die bei euch geschehen sind – man hätte dort in Sack und Asche Buße getan ... Und du, Kafarnaum, meinst du etwa, du wirst bis zum Himmel erhoben? Nein, in die Unterwelt wirst du hinabgeworfen" (Mt 11,20–23).

Heute ist Chorazin, gerade einmal dreieinhalb Kilometer Luftlinie nördlich von Kafarnaum gelegen, ein trostloser, gottverlassener Ort aus schwarzem Basalt. Sehenswert sind allerdings die Ruinen seiner Synagoge aus dem 2. oder 3. Jahrhundert, darunter ein beschrifteter und reich geschmückter Steinsitz zum Verlesen der Tora, der „Thron des Moses". Laut dem Historiker Eusebius wurde die Stadt im 4. Jahrhundert verlassen, allerdings zeugen archäologische Spuren davon, dass sich hier bis ins 7. Jahrhundert immer wieder Menschen ansiedelten.

Auch die Ostecke des Dreiecks, Betsaida, galt lange als verschollen. Dabei war das Fischerdorf immerhin die Heimat von bis zu fünf Aposteln – der Brüder Petrus und Andreas, des Philippus und vielleicht auch der Zebedäus-Söhne Johannes und Jakobus – und der Ort der Heilung eines Blinden (Mk 8,22–26). Zuletzt wird es als Schauplatz einer Schlacht im Jüdischen Krieg von Flavius

Josephus erwähnt. Es fand sogar Aufnahme in die *Naturgeschichte* Plinius' des Älteren, der es als „eine von vier lieblichen Städten am Galiläischen Meer" bezeichnet. Danach verschwindet Betsaida, das mittlerweile Julias hieß, von der Bildfläche. Erst 17 Jahrhunderte später, 1838, kletterte der Amerikaner Edward Robinson auf der Suche nach der vergessenen Stadt auf eine Anhöhe östlich der Jordanmündung, von den Beduinen einfallslos *et-Tell* („der Hügel") genannt, und entschied, dass hier einst Betsaida gelegen haben muss. Ein halbes Jahrhundert später stellte der Deutsche Gottlieb Schumacher diese Identifikation in Frage. Et-Tell liegt ganze zweieinhalb Kilometer nördlich des Seeufers, zu weit also für ein Fischerdorf, das den bezeichnenden Namen „Fischhausen" trug und dessen Fischreichtum auch im Jerusalemer Talmud (dort heißt es einfach *Zajjdan)* gerühmt wird. Er schlug statt dessen vor, die Ruinen von *el-Araj* am See mit Betsaida zu identifizieren. Gleich nach der israelischen Eroberung des Golan im Sechstagekrieg 1967 machte sich der rührige Benediktinerpater Bargil Pixner auf eine geradezu abenteuerliche Suche (ich beschreibe sie in meinem Buch *Der erste Papst).* Mauerreste auf dem et-Tell überzeugten ihn, dass Robinson richtig lag.

Endgültig gelöst wurde das Problem jedoch erst 1988, als der israelische Archäologe Rami Arav und sein amerikanischer Kollege Richard Freund auf dem et-Tell nach Betsaida zu graben begannen. Tatsächlich stießen sie auf die Ruinen einer uralten Stadt, deren Ursprünge bis ins 14. Jahrhundert v. Chr. zurückreichen. Nach ihrer Zerstörung durch die Assyrer wurde der Hügel in der hellenistischen Periode neu besiedelt. Zur Zeit Jesu war Betsaida ein blühendes Dorf, seine Häuser besser gebaut und geräumiger als in Kafarnaum. Nicht sprach also gegen eine Identifikation mit der Heimat des hl. Petrus. Die Ruinen von el-Araj dagegen, so stellte sich heraus, stammten erst aus byzantinischer Zeit.

Eine umfangreiche geologische Untersuchung ergab schließlich, dass et-Tell vor 2000 Jahren an einer natürlichen Bucht des Sees Gennesaret lag. Erst die Schlammmassen, die der Jordan in jedem Frühjahr mit sich trug, und ein Landrutsch, den ein starkes Erdbeben 115 n. Chr. verursachte, schnitten es vom Wasser ab. Damals war es, als seine Bewohner die von Jesus verfluchte Stadt aufgaben.

Die Ausgrabungen des *Betsaida Exploration Projects* (BEP), an dem auch die Universität München beteiligt war, dauerten bis ins

Jahr 2000 an. Dabei bestätigten die Archäologen, was die Evangelien nur andeuteten. Das Dorf in der Gaulanitis, im Reich des Philippus, stand unter einem stärkeren hellenistischen Einfluss als seine Nachbarn am Westufer. So war es kein Zufall, dass mindestens zwei der Jünger Jesu, die aus Betsaida stammten, griechische Namen trugen (nämlich Andreas und Philippus; der Name Simon kam bei Griechen wie Juden vor) und offenbar exzellentes Griechisch sprachen; als beim Paschafest des Jahres 30 „einige Griechen" (also Diasporajuden) mit Jesus sprechen wollten, traten sie zunächst an Philippus („der aus Betsaida in Galiläa stammte", wie der Evangelist Johannes, 12,21, ausdrücklich betont) und Andreas heran. Übrigens darf die Formulierung „Betsaida in Galiläa" nicht irritieren, auch wenn deswegen bereits über ein zweites Fischerdorf dieses Namens westlich der Jordanmündung spekuliert wurde. Die politischen Realitäten der Jahre 4 v. Chr. – 33/34 n. Chr., als Betsaida zum Reich des Philippus und damit offiziell zur Gaulanitis gehörten, änderten nichts an seiner landschaftlichen Zugehörigkeit. So wurde auch der Zelot Judas aus Gamla im Golan, ein Zeitgenosse Jesu, als „Judas aus Galiläa" bekannt, obwohl er, strenggenommen, Gaulaniter war. Spätestens als Kaiser Caligula 37 n. Chr. die einstige Tetrarchie des Philippus und, zwei Jahre später, das Reich des Antipas seinem Freund Herodes Agrippa II. übereignete, waren die Landesgrenzen aus der Zeit Jesu aufgehoben.

Die politischen Begebenheiten erklären auch, weshalb Betsaida bei Markus und Matthäus als „Dorf", bei Lukas und Johannes aber als „Stadt" bezeichnet wurde. Philippus nämlich, so lesen wir bei Josephus, erhob „den Flecken Betsaida, der am See Gennesar(et) lag, zum Range einer Stadt, verschaffte derselben Einwohner und Hilfsquellen und nannte sie nach des Caesars Tochter ebenfalls Julias." Münzfunde verraten uns den Zeitpunkt der Erhebung zur Stadt und korrigieren einen Fehler des jüdischen Historikers. Denn nicht nach der leichtlebigen und deshalb von ihrem Vater ins Exil geschickten Augustustochter wurde die Stadt benannt, sondern nach der Mutter des Tiberius, Livia Drusilla, der Frau des Augustus, die nach dessen Tod den Namen *Julia Augusta* annahm und 29 n. Chr. verstarb. Zu ihrem ersten Todestag, am 22. September 30, ließ Philippus Münzen prägen, die auf der einen Seite sein Portrait, auf der anderen das der Julia tragen. Am selben Tag verlieh er Betsaida die Stadtrechte und nannte es *Julias*. Lukas und Johannes hatten also rein formal recht, denn als sie ihr Evangelium schrieben, war Betsaida-Julias längst eine Stadt; und doch erlaubten sich beide, anders als Markus und Matthäus, einen Anachronismus.

Von der Stadtgründung durch Philippus zeugen auch die Ruinen eines römischen Tempels, der vergöttlichten Julia geweiht, den die Archäologen über den Ruinen des eisenzeitlichen Stadttores von Betsaida ausgruben. Kein Wunder also, dass gläubige Juden die Verwandlung von Betsaida in Julias mit Unwillen verfolgten und sich weigerten, den neuen, an den Kaiserkult anknüpfenden Namen zu benutzen.

Zu den wichtigsten Entdeckungen der Archäologen in Betsaida gehören zwei großzügige Hofhäuser, von denen eines offenbar einem Weinhändler, das andere einem wohlhabenden Fischer gehörte. Hier fanden die Ausgräber Netzgewichte, Anker, Nadeln und Angelhaken. Ein Tonsiegel zeigt zwei Männer, die von einem Boot aus die Netze auswerfen. Es ist zumindest nicht ausgeschlossen, dass es dem Vater von Petrus und Andreas gehört haben könnte.

Als Johannes Paul II. im März 2000 Israel besuchte, arrangierte Pater Pixner eine Begegnung mit dem Leiter des *Betsaida Excavation Projects,* Richard Freund. Der Amerikaner erzählte dem Papst von der Entdeckung und überreichte ihm die Kopie eines Schlüssels aus dem 1. Jahrhundert, der in den Ruinen entdeckt worden war. „Der Schlüssel Petri?“ fragte der Nachfolger des Apostelfürsten. Dem Amerikaner blieb nichts übrig, als die Mutmaßung zu bestätigen. Am Abend desselben Tages ließ der Papst es sich nicht nehmen, die Geburtsstadt seines großen Vorgängers mit dem Helikopter zu überfliegen.

Gleich neben dem Haus machten die Archäologen 1994 einen noch spektakuläreren Fund. In eine Tonscherbe aus dem späten 1. Jahrhundert war ein gleichschenkliges Kreuz eingraviert. Bislang war man davon ausgegangen, dass das Kreuz erst im 4. Jahrhundert, unter Konstantin dem Großen, zum wichtigsten Symbol der Christenheit wurde. Es ist gut möglich, dass uns diese Entdeckung zum Umdenken zwingt.

Der dritte Eckpunkt des *Evangelischen Dreiecks* ist Tabgha westlich von Kafarnaum. Als der deutsche Vermessungstechniker G. Schumacher 1889 zu den *Sieben Quellen* kam, um das von Franz Keller erworbene Land zu inspizieren, schrieb er in seine Karte:

„Gebiet, auf welchem Ausgrabungen vorgenommen werden sollten". Mauerreste, Marmor- und Mosaikfragmente waren schon anderen Besuchern aufgefallen. Doch erst im März 1911 begann Prof. Paul Karge im Auftrag der *Görresgesellschaft* mit archäologischen Ausgrabungen in der Nähe des Seeufers. Das erste, worauf er stieß, war ein antikes Mosaik. Es gehört heute zu den berühmtesten da symbolträchtigsten Werken frühbyzantinischer Mosaikkunst überhaupt, denn es überzeugt durch seine schlichte Schönheit und Aussagekraft. Das Mosaik zeigt zwei Fische, die einen Korb mit vier Broten flankieren. Es lag inmitten der Ruinen einer antiken Kirche.

Ungeklärte Besitzverhältnisse und der Ausbruch des Ersten Weltkriegs verhinderten weitere Untersuchungen. So dauerte es zwei Jahrzehnte, bis der Salvatorianerpater Andreas Evarist Mader die Arbeiten im Februar 1932 wieder aufnahm. Dabei legte Mader nicht nur sämtliche Grundmauern der frühen Basilika frei, er entdeckte auch ihr größtes Heiligtum. In der Mitte ihres Presbyteriums stieß er auf den Stein, auf den nach alter Überlieferung Christus bei der „Speisung der Fünftausend" die Brote und Fische gelegt hatte.

Der Vorfall ereignete sich im März 29. Herodes Antipas hatte auf Drängen der Tochter seiner neuen Frau Herodias, der damals vielleicht 17jährigen Salome, auf der Festung Macchärus am Ostufer des Toten Meeres Johannes den Täufer hinrichten lassen. Als Jesus davon erfuhr, ließ er sich im Boot „in eine einsame Gegend" (Mt 14,13) bringen, um dort mit seinen Jüngern alleine zu sein und zu trauern. Es war kurz vor dem Paschafest, und er begriff, dass er dieses Mal nicht nach Jerusalem pilgern konnte, weil das für ihn viel zu riskant gewesen wäre. Bevor er bereit war, sich zu opfern, musste er zuerst das Evangelium verkünden. Doch ihm war keine Ruhe, keine Zeit der Trauer um seinen Vorläufer vergönnt. Die Menschen wussten offenbar, wo er sich aufzuhalten pflegte, und zogen auf dem Landweg dorthin. Wo aber lag dieser „einsame Ort", griechisch *Eremos?* Weit von Kafarnaum entfernt bestimmt nicht, denn die Menge war schon dort und wartete, als das Boot mit Jesus gerade eintraf (Mk 6,33). Jesus sah diese suchenden Menschen und hatte Mitleid mit ihnen. Sie erschienen ihm „wie Schafe, die keinen Hirten haben" (Mk 6,44). Und so belehrte er sie, bis es Abend wurde.

Es wurde spät, Zeit für das Abendessen. Die Jünger rieten Jesus, die Menschen wegzuschicken, in die umliegenden Dörfer und Städte, nach Kafarnaum, Ginnosar und Magdala, und sich dort etwas zum Essen zu kaufen. Doch Jesus wollte selbst den Hunger dieser Menschen stillen. Die zwei Fische und fünf Brote, die die Jünger bei sich hatten, genügten, um 5000 Männer zu sättigen. Als man später die Reste einsammelte, blieben zwölf Körbe übrig.

Die Symbolik hinter diesem *Zeichen* ist offensichtlich. Die fünf Brote symbolisierten den Pentateuch, die fünf Bücher Moses, die zwei Fische vielleicht die Bücher der Weisheit und der Propheten, mit deren kristallklarer Auslegung Jesus zunächst den spirituellen Hunger seiner Zuhörer stillte. Was übrigblieb, reichte, um von den zwölf Aposteln an die zwölf Stämme Israels verteilt zu werden. Doch auch ein reales Ereignis hinter der Symbolik können wir nicht ausschließen. Schon der Prophet Elija und sein Schüler Elischa sollen Mehl, Öl und Brot auf wunderbare Weise vermehrt haben, ja selbst dem hl. Giovanni Don Bosco (1815–1888) wird ähnliches nachgesagt: Als eines Tages kein Geld mehr da war, sammelte er 20 Brote, die er an 300 junge Männer verteilte, ohne dass die Brote weniger wurden. Daher plädiere ich hier, wie bei allen Wundern Jesu, für ein *Zwei-Schichten-Modell*. Es gab ein wie auch immer geartetes konkretes Ereignis, das auf einer Metaebene zum Instrument der Verkündigung, zur *Zeichen*-Sprache Jesu wurde.

Denn alles „Wunderbare" a priori abzulehnen, hieße die Intelligenz antiker Leser zu unterschätzen, die bei aller auch heute noch nicht ausgerotteten Sensationsgier sehr wohl merkten, wann man ihnen einen Bären aufband. So versicherte auch Petrus in seinem 1. Brief seinen Zuhörern, er sei „nicht irgendwelchen klug erdachten Geschichten gefolgt", sondern sei selbst zum „Augenzeugen seiner Macht und Größe" geworden, zu einem Zeitpunkt (nämlich um 63), als noch genügend andere Augenzeugen lebten, waren doch seit den geschilderten Ereignissen gerade einmal 34 Jahre vergangen. So hält der Altphilologe Ulrich Victor mit zwingender Logik die Berichte der Evangelien für zuverlässig: „Wären sie es nicht gewesen, hätten sich die Verfasser unglaubwürdig gemacht, und dass Unglaubwürdigkeiten solcher Art eine christliche Kirche hätten begründen können, ist seinerseits völlig unglaubwürdig." Ein solches Vertrauen in unsere Quellen stellt nicht die Leistung der modernen Theologie in Frage, die es uns erst ermöglicht, die tiefere Bedeutung der *Zeichen* Jesu zu verstehen, sondern stellt sie nur auf ein solideres Fundament. Keine anonymen Gemeinden erdichteten die Taten Christi, um uns ihren Osterglauben zu vermitteln, sondern Jesus selbst offenbarte sich durch sie!

Offenbar blieb der Ort der *ersten Speisung* den Menschen in Erinnerung. Als die pilgernde Nonne Egeria 383 an den See Gennesaret kam, beschrieb sie auch Tabgha: „Dort liegt am See eine Wiese mit viel Gras und vielen Palmen, und nahe dabei fließen sieben Quellen ... Auf dieser Wiese sättigte der Herr das Volk mit fünf Broten und zwei Fischen. Und in der Tat, der Stein, auf den der Herr das Brot legte, ist nun zum Altar gemacht worden." Die älteste Kirche, auf deren Überreste Prof. Karge und Pater Mader stießen, stammte aus der ersten Hälfte des 4. Jahrhunderts. Es war ein einfaches Gebäude im syrischen Stil, das parallel zur alten Straße gebaut und noch nicht nach Osten ausgerichtet war. Eine Inschrift, deren Original leider verlorenging, nannte einen *Josepos* als ihren Erbauer. Wahrscheinlich war es derselbe Graf Joseph von Tiberias, der mit Erlaubnis Konstantins des Großen auch in Nazareth, Sepphoris und Kana judenchristliche Synagogen baute. Im 5. Jahrhundert entstand an ihrer Stelle eine dreischiffige Basilika mit einem großzügigen Atrium, die mit filigranen Mosaiken ausgeschmückt war. Im 6. Jahrhundert gab der Erzdiakon Theodosius den Ort der Brotvermehrung genau an: Er läge zwei Meilen hinter Magdala und zwei Meilen vor Kafarnaum. Tatsächlich sind es rund fünf Kilometer von Migdal und zweieinhalb von Kafarnaum, aber so genau darf man antike Entfernungsangaben nicht nehmen. Dass bereits der pilgernde Bischof Arkulf um 670 hier nur noch „Ruinen" sah, bedeutet, dass die byzantinische Basilika beim Einfall der Perser 614 zerstört wurde.

Zum Schutz der Mosaiken errichteten die Deutschen zunächst eine provisorische Holzkirche. Papst Paul VI. verweilte dort bei seinem Besuch im Heiligen Land 1964. Doch bald befand sich das Provisorium in einem derart maroden Zustand, dass Abhilfe nötig war. So entschloss sich der Deutsche Verein vom Heiligen Lande 1976 zu einem Neubau, der nahezu ein Wiederaufbau war. Das Ergebnis ist mehr als gelungen, es ist eine Wohltat. Denn die Kirche gleicht nicht nur ihrem Vorläuferbau aus dem 5. Jahrhundert, sie lässt auch den Geist dieser Blütezeit des christlichen Pilgerwesens wieder lebendig werden. Deutsche Benediktinermönche aus dem benachbarten Kloster zelebrieren hier, in einer Basilika, die wie geschaffen ist für Gregorianische Gesänge und klösterliche Mystik. Ihr Altar erhebt sich über dem Stein, auf dem Jesus das Brot segnete, gleich hinter dem berühmten Mosaik. Es ist, als würde Seine Hand noch immer über ihm ruhen.

Doch wenn hier, bei Tabgha, die „Wiese" lag, auf der die Menschen Jesus zuhörten und von ihm das Brot empfingen, wo war dann der *Eremos*, die „einsame Gegend", an die er sich zurückzuziehen pflegte? Pater Bargil Pixner, selbst ein regelmäßiger Gast in Tabgha, wusste eine Antwort. Am Hang des Berges, der Tabgha überragt, stieß er auf eine natürliche Höhle. Von ihr hatte die Pilgerin Egeria geschrieben: „Dort auf dem Berg in der Nähe (der Brotvermehrungskirche) liegt die Höhle, von der aus der Erlöser hinaufstieg, als er die Seligpreisungen sprach."

Ich parke an der Seeuferstraße, der alten Via Maris, und sehe schon die Hohle. Der Aufstieg ist nicht sonderlich beschwerlich. Sie ist von Gräsern und Blumen umgeben, ein Ölbaum ragt aus ihr hervor. Hier könnte Jesus Schatten gesucht haben, hier hat er gebetet, hier traf er sich mit seinen Jüngern. Ruhe und tiefer Friede erfüllen mich, als ich eintrete. Jemand hat hier eine kleine Bank gebaut, vielleicht war es sogar Pater Bargil selbst. Ich setze mich hin und bin überwältigt von der Schönheit des Ausblicks. Vor mir streben die Palmen von Tabgha der Sonne entgegen, dahinter erstreckt sich der See, dessen Blau sich mit dem Stahlblau des Himmels vereint, getrennt nur durch die Bergkette, vor der Magdala und hinter der Nazareth liegt. Ich greife zur Kamera, versuche, diesen Augenblick einzufangen, immer wieder, so als sei jedes Bild eine Reliquie, die etwas vom Segen dieses Ortes in sich trägt. Vielleicht hat Pater Bargil recht, und das Wort *Eremos* in den Evangelien, gewöhnlich als „einsamer Ort" übersetzt, kennzeichnet nicht selten dieses ganz spezielle „Versteck". Dann bezog sich Markus auf diese Höhle, wenn er schrieb, dass Jesus in keiner Stadt mehr Ruhe fand: „Er hielt sich nur noch außerhalb der Städte an einsamen Orten auf. Dennoch kamen die Leute von überall zu ihm" (Mk 1,45). Auch Johannes weiß von einem solchen Versteck. Als die Menschen Jesus nach der Brotvermehrung „in ihre Gewalt bringen und zum König machen" wollten, „zog er sich wieder auf den Berg zurück, er allein" (Joh 6,15).

Hier, am Hang des Berges, muss es gewesen sein, wohin er Anfang des Jahres 29 ging, „um zu beten. Und er verbrachte die ganze Nacht im Gebet zu Gott" (Lk 6,12). Als es Tag wurde, rief er seine Jünger zusammen und erwählte aus ihnen die Zwölf, „die er bei sich haben und die er dann aussenden wollte, damit sie predigten und mit seiner Vollmacht Dämonen austrieben", und deren Namen uns mit leichten Variationen die Synoptiker überliefern: Simon Petrus, Andreas (sein Bruder), Jakobus (Sohn des Zebedäus), Johannes (sein Bruder), Philippus, Bartholomäus, Thomas, Matthäus (bei Markus und Lukas: Levi, Sohn des Alphäus), Jakobus (Sohn des Alphäus – und Bruder des Matthäus?), Thaddäus (bei Lukas: Judas, Sohn des Jakobus), Simon Kananäus (bei Lukas: Simon der Zelot) und Judas Iskariot.

Nicht weit von dieser Stelle hielt er seine wichtigste Predigt. „Scharen von Menschen aus Galiläa, der Dekapolis, aus Jerusalem und Judäa und aus dem Gebiet jenseits des Jordans folgten ihm", berichtet Matthäus, „als Jesus die vielen Menschen sah, stieg er auf einen Berg. Er setzte sich und seine Jünger traten zu ihm. Dann begann er zu reden und lehrte sie ..." (Mt 5,1).

Heute steht auf dem Gipfel des *Eremos*-Berges eine Kapelle, die 1928 von italienischen Christen gestiftet wurde. Über ihren Fenstern sind in acht Feldern die acht Seligpreisungen wiedergegeben. Im benachbarten Pilgerheim empfangen freundliche Franziskanerschwestern ihre Gäste. Der Blick von hier auf den See ist grandios, speziell im Frühjahr, wenn der Berghang von Blumen bedeckt ist, die der Winterregen sprießen ließ. Rote Anemonen und blaue Iris strecken dann ihre sich langsam öffnenden Kelche der noch sanften Sonne entgegen, wie damals, als sie Jesus zu seinen unsterblichen Worten inspirierten: „Lernt von den Lilien, die auf dem Feld wachsen: Sie arbeiten nicht und spinnen nicht. Doch ich sage euch: Selbst Salomo war in all seiner Pracht nicht gekleidet wie eine von ihnen" (Mt 6,28–29). Doch kein Denkmal, auch nicht die italienische Kapelle, kann den Geist der Bergpredigt so spürbar werden lassen, wie es Papst Johannes Paul II. tat, als er am 24. März 2000 auf einer Anhöhe bei Korazim unter freiem Himmel eine Messe zelebrierte. Sie sollte zum Höhepunkt seiner historischen Pilgerfahrt ins Heilige Land werden, die aus Anlass des Heiligen Jahres und Großen Jubiläums der Kirche stattfand. Frühmorgens war ich aufgebrochen, hatte meinen Mietwagen einfach am Straßenrand abgestellt und bin den Menschenmassen gefolgt, die ihr Ziel jenseits der sanften Hügel anstrebten. In der Nacht zuvor hatte ein Gewitter über Israel getobt und die begrasten Auen in einen Morast verwandelt. Davon unbeeindruckt wateten Zehntausende durch den Schlamm, bis sie endlich das Gelände vor der überdimensionalen Altarplattform mit dem Bild des lehrenden Christus erreicht hatten. Im Hintergrund erschien der See wie ein ovaler Spiegel, grau wie die Wolken, die tief über ihm hingen. Doch obwohl ein kalter Wind mich frösteln ließ, wirkten die Freude, das Beten und Singen der Hunderttausend meist jugendlichen Pilger herzerwärmend und ansteckend. Um so größer war der Jubel, als endlich das weiße Papamobil erschien und mit ihm die ersten Sonnenstrahlen die Wolkendecke durchbrachen. Die Predigt des Papstes klang dann wie eine Neuauflage der Bergpredigt. Hier, an der Wiege des Christentums, rief er zur Solidarität mit den Armen, den Unterdrückten und den Verlierern der Gesellschaft auf. Und schließlich entließ er die Hunderttausend, die aus der ganzen Welt zusammengeströmt waren, in dem Gefühl, dass sie eine große Familie in Christus waren.

Dabei ist die Bergpredigt, wie wir sie kennen, wahrscheinlich ein Zusammenschnitt aus mehreren Lehrreden Jesu, die alle hier, im Umfeld der *Eremos*-Höhle, auf dem Hang oder zu Füßen des Berges gehalten wurden in diesem *Galiläischen Frühling* des Jahres 29. Mindestens einmal nutzte Jesus auch die Akustik des Naturhafens zwischen Tabgha und Kafarnaum, der sich etwa 700 Meter östlich der *Eremos*-Höhle befindet. Hier könnte seine Gleichnisrede, die sogenannte *Seepredigt*, gehalten worden sein, von der Markus schrieb: „Ein andermal lehrte er wieder am Ufer des Sees, und sehr viele Menschen versammelten sich um ihn. Er stieg deshalb auf ein Boot auf dem See und setzte sich; die Leute aber standen am Ufer. Und er sprach lange zu ihnen und lehrte sie in Form von Gleichnissen" (Mk 4,1–2). Tatsächlich haben amerikanische Akustiker unter Leitung von B. C. Crisler dieses natürliche Amphitheater 1976 auf seine akustische Wirkung hin untersucht und sie als ausgezeichnet bewertet. Wer vom Zentrum der Bucht aus spricht, ist noch in 50 Metern Entfernung gut zu hören. Pater Bargil war selbst in der Lage, diesen Effekt zu überprüfen. Als er wieder einmal eine Pilgergruppe nach Tabgha führte, stellte er sich auf einen Felsblock im See und hielt eine kleine Predigt, deren exzellente Verständlichkeit er sich anschließend von den Teilnehmern bestätigen ließ.

Jesus sprach dabei in Gleichnissen, wie sie die jüdischen Fischer am See Gennesaret am besten verstanden:

„Weiter ist es mit dem Himmelreich wie mit einem Netz, das man ins Meer warf, um Fische aller Art zu fangen. Als es voll war, zogen es die Fischer ans Ufer; sie setzten sich, lasen die guten Fische aus und legten sie in Körbe, die schlechten aber warfen sie weg. So wird es auch am Ende der Welt sein ..." (Mt 13,47–49).

Ihr wichtigstes Handwerkszeug war das Zugnetz, das manchmal bis zu 300 Meter lang sein kann und in Ufernähe eingesetzt wird. Mit Gewichten ausgestattet, wird es parallel zum Küstenverlauf ausgespannt, um später an beiden Seiten von bis zu 16 Männern eingeholt zu werden. Dann umschließt es die Fische, die sich aus seiner Umklammerung nicht mehr befreien können und mit dem Netz an Land gezogen werden. Eine Unterscheidung zwischen „guten" und „schlechten" Fischen war dabei ausschließlich bei Juden denkbar. Bei ihnen galten nur Fische mit Schuppen und Flossen als *kosher*, während Aal, Steinbutt und Stör, hier aber vor allem der im See Gennesaret beheimatete afrikanische Wels, gemieden wurden. Wir können mit Sicherheit davon ausgehen, dass dieses Jesuswort nicht von einer wo auch immer beheimateten Großstadtgemeinde erdacht wurde, sondern aus seinem Mund stammt, gesprochen im Milieu eines Fischerhafens am See. Es ist nur eines von vielen Beispielen für Fischerwissen in den Evangelien, das deutlich auf die Herkunft der Augenzeugen verweist, speziell bei Markus und Johannes.

Am Abend desselben Tages, so berichtet Markus weiter, wollte Jesus hinüber an das andere Ufer fahren. So schickten seine Jünger „die Leute fort und fuhren mit ihm in dem Boot, in dem er saß, weg; einige andere Boote begleiteten ihn. Plötzlich erhob sich ein heftiger Wirbelsturm, und die Wellen schlugen in das Boot, so dass es sich mit Wasser zu füllen begann. Er aber lag hinten im Boot auf einem Kissen und schlief" (Mk 4,36–38).

Markus in seiner Funktion als Dolmetscher Petri liefert wieder einmal völlig plausible Details, die uns spüren lassen, dass seine Quelle dabei war. Es gibt keinen Grund, an der Seepredigt zu zweifeln, denn eine Bucht zwischen Tabgha und Kafarnaum bietet das dazu notwendige akustische Ambiente. Auch das plötzlich wechselnde Wetter ist typisch für den See Gennesaret im Frühling. Unvermittelt kann, gewöhnlich am Abend, von Nordosten der gefürchtete *Scharkije*-Sturm über das Land fegen und den See aufwühlen, doch genauso schnell kann sich das Wetter auch wieder beruhigen. Wie das Boot beschaffen war, das verrät uns der Fund von Ginnosar. Es war jedenfalls groß genug, um bis zu 16 Mann Platz zu bieten. Doch bot es auch einen Schlafplatz im Heck? Das Ginnosar-Boot gehörte Fischern, die mit großen und schweren Ziehnetzen arbeiteten. Für sie wurde eine breite Ablage, ein eigenes Deck im Heckbereich gebaut. Auf diesem Deck zu schlafen, auf dem auch der Steuermann stand, wäre nicht zu empfehlen und gerade bei Sturm ein eher feuchtes Vergnügen. Der Bereich unter dem Achterdeck aber war trocken und geschützt. Und das „Kissen"? Der bestimmte Artikel im griechischen Urtext (da lag er auf „dem Kissen" statt, wie in der *Einheitsübersetzung*, auf „einem Kissen") deutet an, dass es zur Bordausrüstung gehörte. Noch zu Beginn des 20. Jahrhunderts hatten die Fischerboote der Araber an der Küste Palästinas ein oder zwei Sandsäcke als Ballast an Bord. Sie wurden *Mechadet zabura*, „Ballastkissen", genannt. Und wenn einer der Seeleute müde war, kroch er einfach unter das Achterdeck und legte sich auf ihnen schlafen, so wie Jesus es in dieser Nacht tat.

Ein *Scharkije* tobte auch in der Nacht nach der Speisung der Fünftausend. Jesus wollte am nächsten Tag „ans andere Ufer nach Betsaida" (Mk 6,45), das, wie gesagt, jenseits der Jordanmündung und damit am Ostufer des Sees lag. Dort, im Reich des Philippus, war er sicher, sollte Antipas nach der Hinrichtung des Täufers auch seine Festnahme angeordnet haben. Er hatte die Jünger mit dem Boot bereits vorausgeschickt, um sich in aller Ruhe von den Menschen verabschieden zu können. Danach „ging er auf einen Berg, um zu beten", vielleicht zog er sich auch in seine Höhle am Berghang zurück. Betsaida war auf dem Landweg nur sieben Kilometer von Tabgha entfernt, ein Weg, den Jesus mit Leichtigkeit in maximal anderthalb Stunden zu Fuß zurücklegen konnte. Es war „um die vierte Nachtwache", im letzten Quartal der Nacht also, das nach römischer Zeitrechnung um 3 Uhr früh begann, als er von der Uferstraße aus „sah, wie sie sich beim Rudern abmühten, denn sie hatten Gegenwind" (Mk 6,48). Auch hier stimmen wieder alle topographischen und meteorologischen Details. Da das Fischerboot auf direktem Nordostkurs war, blies ihnen der *Scharkije* frontal entgegen und ließ sie nicht vorwärtskommen.

Ob Jesus dabei wirklich auf dem Wasser ging, ist nicht nur Glaubens-, sondern auch Interpretationssache. Die dramatische Szene des Matthäus, der Petrus seinem Meister entgegenlaufen und untergehen lässt, findet sich auffälliger Weise nicht bei Markus, dem Dolmetscher Petri. Johannes gibt die Fahrtrichtung (von Tabgha „auf Kafarnaum zu", also in nordöstliche Richtung) ebenso präzise an wie die bereits zurückgelegte Strecke (25–30 Stadien, also 5–6 km, was bedeutet: bis knapp vor die Jordanmündung), doch bei ihm spielt sich das Wunder eher unspektakulär in Ufernähe ab: „Sie wollten ihn zu sich in das Boot nehmen, aber schon war das Boot am Ufer, das sie erreichen wollten" (Joh 6,21). Um so wichtiger ist seine Botschaft. Wie schon das erste Sturmwunder lehrt es uns, dass Rettung nur für den möglich ist, der ganz auf Jesus vertraut, der sich nicht durch äußere Stürme von seinem Glauben abbringen lässt.

In beiden Fällen lag das Ziel Jesu in einem nicht mehr rein jüdischen Gebiet. Das Reich des Philippus vereinte Juden und Heiden, die Dekapolis, die bis zum Südostufer des Sees reichte, war ausschließlich hellenistisch-heidnisch geprägt. In welchen Konflikt das Jesus als gläubigen Juden zunächst brachte, zeigt das Beispiel der Syrophönizierin. Auf seiner weitesten Reise „in das Gebiet von Tyrus und Sidon" (Mt 15,21) fiel ihm eine Frau, „von Geburt Syrophönizierin ... eine Heidin" (Mk 7,26) zu Füßen: Ob er ihre Tochter, die von einem Dämon besessen war, heilen könnte. Jesus zögerte. Ja er antwortete zunächst mit der typischen Arroganz eines überzeugten Rechtgläubigen: „Es ist nicht recht, das Brot den Kindern wegzunehmen und den Hunden vorzuwerfen". „Hunde" war ein jüdisches Schimpfwort für die *Gojim*, die Ungläubigen, mit den „Kindern" waren die Kinder Israels gemeint. In diesem Augenblick war Jesus ganz Mensch. Doch dann entsann er sich vielleicht der Worte des greisen Simeon, als seine Mutter ihn im Tempel präsentierte: „Meine Augen haben das Heil geschaut, das Gott vor allen Völkern bereitet hat, ein Licht zur Erleuchtung der Heiden und zur Herrlichkeit seines Volkes Israel" (Lk 2,30–32). Oder er erinnerte sich an die Prophezeiung des Jesaja: „Es ist zu wenig, dass du mein Knecht bist, nur um die Stämme Jakobs aufzurichten und die Verschonten Israels zurückzuführen. Ich mache dich zum

Licht für die Völker, damit mein Heil bis an die Enden der Erde reicht" (Jes 49,6). Jedenfalls erkannte er den großen Glauben der Frau und befreite ihre Tochter von dem Dämon. Damit wurde der Vorfall zum Wendepunkt im Leben und in der Sendung Jesu. Er trat zum ersten Mal als Erlöser der ganzen Menschheit auf, nicht nur als Messias von Israel.

Wahrscheinlich über die alte Straße, die Tyrus mit Dan und Caesarea Philippi verband, kehrte Jesus zuerst in das Reich des Philippus, dann, den Jordan entlang, an den See zurück. Doch dieses Mal war sein Ziel nicht mehr Kafarnaum, sondern das Gebiet der Dekapolis, das Land der Heiden. Als wolle er ein Zeichen setzen, dass auch die Heiden „an den Tisch des Herrn" geladen sind, wiederholte er hier die Speisung einer Menschenmasse, nur dieses Mal mit sieben Broten, ein paar kleinen Fischen und 4000 hungrigen Zuhörern.

Nur Markus und Matthäus berichten von diesem Zeichen, doch sie versäumen es, den Ort zu nennen, an dem es sich zutrug. Von Markus wissen wir nur, dass er „am See" und schon in der Dekapolis lag, womit das gesamte Südostufer vom *Wadi Samak* gleich nördlich von Kursi bis an den Jordan-Ausfluss in Frage käme. Matthäus ergänzt, es sei eine „unbewohnte Gegend" und erwähnt einen Berg, auf den sich Jesus setzte, als die Lahmen, Krüppel, Blinden, Stummen und andere Kranke zu ihm gebracht wurden. „Als die Menschen sahen, dass Stumme plötzlich redeten, Krüppel gesund wurden, Lahme gehen und Blinde sehen konnten, waren sie erstaunt und priesen den Gott Israels" (Mt 15,31), der ihnen vorher so fremd war.

Bargil Pixner verortete das zweite Brotwunder in *Tel Hadar* südöstlich von Betsaida, wo er sogar einen Gedenkstein aufstellen ließ. Dabei berief er sich auf Lukas, der in seiner Schilderung der Speisung der Fünftausend (sic!) behauptet, sie habe „in der Nähe der Stadt Betsaida" (Lk 9,10) stattgefunden. Tatsächlich konstruiert Lukas aus den zwei Speisungen eine, doch er setzt diese zeitlich direkt nach der Hinrichtung des Täufers an, also zeitgleich mit der ersten. Doch weder lag Tel Hadar in der Dekapolis noch war das Umland von Betsaida eine „unbewohnte Gegend". Da Lukas kein Augenzeuge war und Galiläa nicht kannte, hat seine Aussage hier wenig Relevanz; gut möglich, dass er einfach Betsaida und Kafarnaum verwechselte oder das bekanntere Betsaida als

Referenzpunkt benutzte; schließlich lag Tabgha von dort nur 7,5 Kilometer entfernt. Wie präzise Markus dagegen ist, wird spürbar bis zur Wortwahl. Bei der ersten Speisung füllten die Reste zwölf *kophinoi*, zweihenklige Korbtaschen, die so typisch jüdisch waren, dass sie in den Schriften des römischen Satirikers Juvenal als Erkennungszeichen des Juden schlechthin herhalten mussten. Bei der zweiten Speisung dagegen sind es sieben *spurides* (oder *spyrides)*, die gängigen Henkelkörbe der griechisch-hellenistischen Welt. Das unterstreicht, dass sie eben nicht in der Nähe des jüdisch geprägten Betsaida, sondern in der rein hellenistischen Dekapolis stattfand. Auch die Fische sind andere; *Ichthuas*, richtige Fische, Buntbarsche wahrscheinlich, die im Quellgebiet von Tabgha besonders häufig sind, werden sie bei der ersten Speisung genannt, *Ichthudia*, „Fischlein", bei der zweiten. Dass dies keine Jungfische waren, darauf lässt schon die Jahreszeit schließen; es war Sommer. Wahrscheinlicher ist, dass damit die *Kinnaret-Sardine* gemeint ist, der kleinste Fisch im See. Mit Brot gegessen, gehörte sie zur täglichen Kost der Seebewohner. Die größten Schwärme halten sich vor Kursi am Ostufer auf. *Kursi* heißt auf arabisch „Thron". Könnte sich der Name auf den Berg bezogen haben, auf dem Jesus saß und die Kranken heilte?

Wir fahren von Tabgha nach Kursi, wollen den Ort inspizieren. Uns begrüßt eine weite, flache Ebene am Seeufer, über der sich ein zweigeteilter Hügel erhebt. Unten in der Ebene befinden sich die Überreste einer byzantinischen Basilika und eines Klosters. Treppen führen den Hang hinauf zu einer Plattform, auf der einst eine Kapelle stand. Beide wurden erst entdeckt, als Israel 1967 das ehemals syrische Nordostufer des Sees Gennesaret erobert hatte und Verbindungsstraßen zu den Golan-Höhen baute. Dabei stießen die Bagger zunächst auf die Ruinen der Basilika und des dazugehörigen Klosters, die 1979 von der Israelischen Nationalparkbehörde vollständig freigelegt und restauriert wurden. Bei den Ausgrabungen entdeckte der Archäologe Vassili Tsaferis die Hangkapelle, die noch älter war. Ihr Mosaikboden war mit Kreuzen geschmückt, eine Sitte, die 427 von Kaiser Theodosius II. verboten wurde. Sie könnte also schon im 4. Jahrhundert errichtet worden sein. Ihre Apsis, die sich an den Felsen lehnt, ist von einer halbrunden Steinbank mit zwölf Sitzen umgeben. Vor der Kapelle liegt ein sieben Meter hoher Felsen, der von einer Steinmauer eingefasst ist.

Die Basilika in der Ebene und das befestigte Kloster wurden gegen Ende des 5. Jahrhunderts gebaut und ein Jahrhundert später um ein Baptisterium erweitert. Eine Weiheinschrift erwähnt den byzantinischen Kaiser Mauritius und kann daher präzise in das Jahr 585 datiert werden. Offenbar war das Heiligtum von Kursi so gut besucht, dass neben dem Kloster noch ein Pilgerheim und sogar ein Badehaus entstanden. Beim Persereinfall 614 wurde es nur leicht beschädigt, doch seit der arabischen Eroberung Palästinas blieben die Pilger aus. Nach einem schweren Erdbeben 741 wurde die Anlage offenbar ganz aufgegeben.

Leider gibt es keine antiken Pilgerberichte, die uns weitere Details verraten. Wir wissen lediglich, dass Mar Saba, der große Klostergründer, 491 den Ort *Korsia* besuchte und dort betete. Erst in byzantinischer Zeit berichten Quellen von den sogenannten „Zwölf Thronen, wo Christus unser Gott saß und lehrte und die Viertausend sättigte". Offenbar stellte man sich vor, dass Jesus am Hang des Berges thronte wie ein König, umgeben von seinen zwölf Jüngern. Hier sprach er wie auf einer Kanzel zu den Viertausend, die sich in der Ebene zu seinen Füßen versammelt hatten. Der eingefriedete Felsen, den man wohl als „Thron Christi" verehrte, und die zwölf Sitze, die in die Apsis der Kapelle eingearbeitet waren, könnten der *Dodekathronos,* das Heiligtum der *Zwölf Throne,* gewesen sein und Kursi seinen Namen gegeben haben. Dafür, dass das zweite Brotwunder in Kursi stattfand, spricht auch der Mosaikboden der unteren Basilika. Er zeigt abwechselnd Fische und Henkelkörbe mit Broten – eben jene hellenistischen *spurides,* die im Evangelium explizit erwähnt werden.

Die Lokalisierung ware eindeutig, wäre Kursi nicht längst als Schauplatz eines anderen Wunders Jesu in Beschlag genommen worden, nämlich der Heilung des Besessenen. Auch das kann sich nur in der Dekapolis zugetragen haben, gut ein halbes Jahr vor der Speisung der Viertausend und unmittelbar nach Jesu Seepredigt und dem darauffolgenden ersten Sturm.

Nachdem der *Scharkije* sich gelegt hatte, erreichte das Boot mit Jesus und den Zwölf eine Gegend, die Matthäus als „das Gebiet von Gadara" (Mt 8,28) bezeichnet. Kaum hatten sie angelegt, da lief ihnen ein Besessener (bei Matthäus sind es zwei) entgegen, der dort „in den Grabhöhlen und auf den Bergen" (Mk 5,5) hauste. Er galt als gefährlich, denn oft genug schlug er wie wild um sich und konnte nicht einmal durch Ketten gebändigt werden. Als Jesus den Mann sah, befahl er dem Dämon, aus ihm auszufahren. Was wir dann erleben, gleicht einem Exorzismus, wie er noch heute in vielen Ländern von katholischen Priestern praktiziert wird. Der Dämon bettelt darum, in seinem Opfer bleiben zu dürfen, der Exorzist verlangt nach seinem Namen, um Macht über ihn zu gewinnen. Auf die Frage Jesu, wie er hieße, antwortete der „unreine Geist" durch den Mund des Besessenen: „Mein Name ist *Legion;* denn wir sind viele" (Mk 5,9). Schließlich baten ihn die Dämonen, in eine Schweineherde ausfahren zu dürfen, die in der Nähe graste. Jesus erlaubte es ihnen, die „unreinen Geister" fuhren in die Schweine, und laut quiekend stürzte sich die Herde den Abhang hinab in den See.

Nur von Februar bis April, während der Regenzeit, können Schweine am Seeufer weiden. Das passt zu dem Wintersturm, der der Szene vorausgegangen ist. Die Symbolik ist eindeutig. Offensichtlich fand der Exorzismus in der heidnischen Dekapolis statt, denn eine Schweineherde wäre im Land der Juden undenkbar; die Tiere galten als unrein. Schon die Kanaaniter opferten ihren Göttern Schweine, die Griechen setzten diesen Brauch fort. Als ihren Namen geben die Dämonen *Legion* an, was auf die Waffenmacht der verhassten römischen Besatzer verweist. So „flehten sie Jesus an, sie nicht aus dieser Gegend zu verbannen" (Mk 5,10). Zudem trug die X. Legion *Fretensis,* die in Syrien stationiert und an der Niederschlagung der Aufstände 4 v. Chr. und 6 n. Chr. beteiligt war, den Eber auf ihrer Standarte. Der Besessene lebte in Grabhöhlen, einer toten und zudem für Juden unreinen Welt, dem Heidentum, dessen Götter für sie nur Dämonen waren. Dann aber kam Jesus und besiegte diese „unreinen Geister". Er ließ zudem 2000 unreine Schweine im See ertrinken und damit kultisch reinigen. Auch diese Zahl hat vielleicht einen konkreten Bezug. 2000 galiläische Pilger hatte Varus 6 n. Chr. kreuzigen lassen. Der Gekreuzigte galt als von Gott verflucht und verlassen, seine Seele fand keinen Frieden. So kann der Glaube aufgekommen sein, dass die Seelen der 2000, statt in ihre Heimat zurückzukehren, hier, an der Grenze zu Galiläa, in einen Mann einfuhren, der vielleicht in diesem Jahr geboren wurde. Erst durch Jesus fanden sie Befreiung, wobei sie sich – in einem Zug bissiger Ironie – am Wappentier der *Legio Fretensis* rächten und 2000 Schweine in den Tod rissen. Der

Mann, der von seiner Besessenheit geheilt wurde, wollte aus Dankbarkeit bei Jesus bleiben. Die anderen Menschen aber, die Zeugen des Ereignisses wurden, darunter die Schweinehirten, die gerade ein Vermögen verloren hatten, reagierten verängstigt und erschüttert. Sie baten Jesus, ihr Gebiet zu verlassen.

Doch wo ereignete sich dieser Massivangriff auf die Finsternis des Heidentums?

Alle drei Synoptiker berichten über den Vorfall, doch die Angaben über den Ort schwanken nicht nur von Evangelium zu Evangelium, sondern von Handschrift zu Handschrift. Drei Schreibweisen sind am häufigsten: Gerasa, Gadara und Gergesa. Tatsächlich sind Gerasa und Gadara Städte der Dekapolis. Doch Gerasa, das heutige Jerash in Jordanien, scheidet aus; es liegt 50 Kilometer vom See entfernt. Ein Ort namens Gergesa ist nirgendwo bezeugt. Die Lesart stammt von Origenes, einem christlichen Gelehrten des 3. Jahrhunderts, der im Alten Testament bei Josua las: „Er wird die Kanaaniter, Hetiter, Hiwiter, Perisiter, Gergesiter, Amoriter und Jebusiter vor euren Augen vertreiben" (Jos 3,10). Also folgerte er, auf welcher Grundlage auch immer, dass die Gergesiter, wohlbemerkt vor der Landnahme der Israeliten, einst am Ostufer des Sees eine alte Stadt namens Gergesa bewohnt hätten, deren Name (von hebr. *geraschim*, „die Vertriebenen") sogar prophetisch ankündigte, was sich hier 1500 Jahre später durch Jesus zutragen würde. Daraus soll sich der spätere Ortsname Kursi entwickelt haben. Die Kapelle auf dem Felsvorsprung würde dann die Klippe kennzeichnen, von der aus die Schweine in den See stürzten.

Wäre dies der Fall, hätten sie allerdings mit einem Hechtsprung 500 Meter überbrücken müssen, denn so weit ist die „Klippe" vom See entfernt. Tatsächlich befinden sich in dem benachbarten Felsen einige Höhlen, ob sie einst als Gräber dienten ist unbekannt. Doch sie sind dann auch das einzige Indiz, das eine Identifikation Kursis mit Gerasa/Gadara/Gergesa erlauben würde. Dass aber auf der Hügelkuppe Schweine gegrast haben sollen, wo es doch zu Füßen des Hügels eine saftige Weide gab, ist schwer nachvollziehbar. Deshalb halte ich Kursi für die Stätte der „Speisung der 4000", aber nicht der „Heilung des Besessenen" (laut Eutychius von Alexandria, der um 940 schrieb, galt Kursi zu seiner Zeit als Stätte beider Wunder!). Nur der Vollständigkeit wegen sei erwähnt, dass kein einziges Mosaikbild in Kursi ein Schwein zeigt.

Bleibt die dritte Lesart *Gadara*. Auch Gadara war zur Zeit Jesu eine Stadt der Dekapolis, das heutige Umm Qeis in Jordanien, nur neun Kilometer südöstlich des Sees Gennesaret gelegen. Wichtiger aber ist die Tatsache, dass Gadara über einen eigenen Hafen am See verfügte, der beim heutigen *Tel Samra* lag. Gadarenische Münzen zeigen stolz den Bug eines Schiffes, auf dem See inszenierte man Seeschlachten zur Volksbelustigung. 1985 gelang es dem Heimatforscher und Amateurarchäologen Mendel Nun, den Hafen von Gadara südlich des Tel Samra auf dem Gelände des Kibbuz Ha'on zu identifizieren. Er war der größte Hafen am Ostufer, mit einem Wellenbrecher von 250 Metern und einem Kai von 200 Metern Länge. Sein Pier war 500 Meter lang. Kein Fischerdorf, sondern nur eine Metropole wie Gadara konnte sich eine solche Anlage leisten. 1989 entdeckten Archäologen die Überreste einer byzantinischen Kirche auf dem Tel Samra neben dem Hafen; könnte sie an die Heilung des Besessenen erinnert haben?

Tatsächlich stimmt hier die Geographie. Gleich hinter dem Kibbuz Ha'on reicht ein Ausläufer des Golan bis an den See. An seinem Hang befinden sich Höhlen, hier wurden drei Sarkophage entdeckt. Etwa anderthalb Kilometer südwestlich, auf dem Gelände des Kibbuz Ma'agan, erhebt sich eine Klippe direkt über dem See. Stürzten von hier aus die Schweine in den Tod? Auch ein weiteres Detail der Geschichte bei Markus und Matthäus scheint zu passen: „Die Hirten (der Schweine) flohen und erzählten alles in der Stadt und in den Dörfern. Darauf eilten die Leute herbei, um zu sehen, was geschehen war", heißt es bei Markus (5,14). Und Matthäus ergänzt: „Und die ganze Stadt zog zu Jesus hinaus. Als sie ihn trafen, baten sie ihn, ihr Gebiet zu verlassen" (8,34). Im Fall Kursis wäre die nächste Stadt das 7,5 Kilometer entfernte Hippos. Falls es hier ein paar Fischerhütten gab, gehörten sie zum Umland, zur *Chora* dieser Stadt. Doch der Name Hippos wird in keiner Evangelienhandschrift erwähnt. Das Gebiet um den Tel Samra war der Hafen von Gadara, das aufgeregte Schweinehirten in anderthalb Stunden erreicht haben könnten. Sein „Villenvorort" Emmatha (heute Hammat Gader), berühmt für seine heißen Quellen, war sogar nur 6 Kilometer weit entfernt. Jeder seiner Einwohner kannte den Weg. Nichts spricht dagegen, dass sich hier alles so zugetragen haben könnte, wie es die Evangelien schildern.

(38) Migdal, das biblische Magdala

(39) Die Synagoge von Chorazin

(40) Caesarea Philippi, Pan-Heiligtum

(41) Kursi. Hier speiste Jesus die Viertausend

(42) Jerusalem, Blick vom Ölberg

(43) Derselbe Blick vor 2000 Jahren (Modell im Israel–Museum)

(44) Modell des Bethesda-Teiches

(45) Ruinen des Bethesda-Teiches

(46) Ruinen des Schiloach-Teiches aus der Zeit Jesu

(47) Der byzantinische Schiloach–Teich

(48) Stufen vom Zionsberg zum Schiloach-Teich aus der Zeit Jesu

(49) Überreste der judenchristlichen Synagoge unter dem Abendmahlssaal

(50) Das Essenertor am Fuße des Zionsberges

(51) St. Peter in Gallicantu über den Ruinen des Kajaphas-Palastes

(52) Die Mikwe des Hohenpriesters

(53) Das Gefängnis Jesu

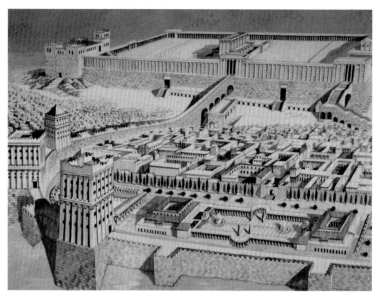

(54) Jerusalem, Blick auf den Herodes-Palast (Rekonstruktion im Museum der Zitadelle)

(55) Das Tor zum Herodes-Palast

(56) Das Prätorium des Pilatus? Modell des Hasmonäer-Palastes

(57) Ausgrabungen gegenüber der Klagemauer, wo der Palast einst lag

(58) Ecce Homo – Gemälde von Antonio Ciseri

(59) Die Kreuzesinschrift von Rom

(60) Die zweisprachige Dan-Inschrift

(61) Der Pilatus-Stein von Caesarea

(62) Reste der herodianischen Stadtmauer in der St. Alexander Nevski-Kirche

(63) Das Tor nach Golgotha

(64) Die herodianische Torschwelle

(65) Der Fels von Golgotha in der Grabeskirche

(67) Kajaphas-Ossuarium im Israel-Museum, Jerusalem

(66) Der Steinring, der das Kreuz Jesu hielt

(68) Gekreuzigt: Der Tote von Giv' at ha-Mivtar

(69) Apsismosaik der Basilika S. Pudenziana in Rom

(70) Das Herodianergrab in Jerusalem

(71) Die Basilika von Emmaus (Nikopolis)

(72) Die Stufen von Tabgha

(73) Tabgha, Mensa Christi

(74) Denkmal der Einsetzung Petri in Tabgha

(75) Papst Benedikt XVI. betet am leeren Grab Christi

Ein halbes Jahr später, im Spätsommer des Jahres 29, unternahm Jesus eine letzte Reise in die halbheidnische Gaulanitis. Zunächst gelangte er nach Betsaida, wo man einen Blinden zu ihm brachte. Offenbar wollte Jesus dieses Mal kein Aufsehen erregen. So nahm er den Mann an der Hand und führte ihn „vor das Dorf hinaus" (Mk 8,23), wo er ihn heilte. Er bat ihn sogar ausdrücklich, nicht nach Betsaida zurückzukehren, wo sich die Nachricht von dem Wunder wie ein Lauffeuer herumgesprochen hätte. Nichts sollte ihn mehr aufhalten auf dieser Reise.

Sein Ziel lag im äußersten Norden des Landes, es waren die „Dörfer bei Caesarea Philippi", der Hauptstadt des Tetrachen an der Jordanquelle.

Die alte Straße von Betsaida nach Caesarea Philippi, die er damals benutzte, kann heute noch in der Landschaft ausgemacht werden. Sie führte ihn quer durch die Gaulanitis, die bis zum Berg Hermon reichte. Lebten im Süden noch viele Juden, bildeten sie im Norden nur noch eine Minderheit; hier wurde überwiegend Griechisch gesprochen. Herodes Philippus, der in Rom aufwuchs und erzogen wurde, trug seinen Teil dazu bei, dass die Region ihren Anschluss an die römisch-griechische Welt fand. Da Juden in seinem Reich in der Minderheit waren, brauchte er sich wenig um ihre religiösen Befindlichkeiten zu kümmern. Er prägte Münzen, die Augustus, Tiberius oder die Kaisermutter Julia und ihn selbst zeigen, ohne sich darum zu sorgen, dass dies dem jüdischen Bilderverbot widersprach. Auch wenn er weder den Reichtum noch das Format seines Vaters besaß, eiferte er ihm nach, was die Gründung von Städten betraf. An der Jordanquelle, wo seit dem 3. Jahrhundert v. Chr. ein Heiligtum des heidnischen Naturgottes Pan stand, errichtete er seine Hauptstadt, die er, so wie die wichtigste Gründung seines Vaters, zu Ehren des Kaisers Caesarea nannte. Zur Unterscheidung von Caesarea am Mittelmeer *(Caesarea Maritima)* hieß sie bald nur noch *Caesarea Philippi,* das Caesarea des Philippus. Flavius Josephus beschreibt den Tetrarchen als ausgeglichenen, gerechten Herrscher, der regelmäßig sein Reich durchreiste, um vor Ort Recht zu sprechen und seinen Untertanen nah zu sein. Nur mit der Zeugung von Nachkommenschaft tat er sich schwer. Er war bereits 49 oder 50, als er 29/30 seine vielleicht 32 Jahre jüngere Nichte Salome heiratete, die Tochter seines Halbbruders Herodes Boethos und seiner Nichte Herodias, die zu diesem Zeitpunkt bereits mit Antipas verheiratet war. Es ist die selbe Salome, die im März 29 vor Antipas tanzte, um den Kopf des Täufers Johannes zu fordern. Die Ehe blieb kinderlos, bis Philippus drei oder vier Jahre später verstarb.

Auf dem Weg nach Caesarea Philippi kamen Jesus und die Jünger an einem schneeweißen Tempel vorbei, der einsam auf einer Anhöhe stand. Herodes der Große hatte ihn gegen 20 v. Chr. errichten lassen, um dem Kaiser dafür zu danken, dass er ihm auch das einstige Ituräergebiet im Norden übereignet hatte. Josephus beschreibt den „sehr schönen Tempel aus weißem Stein", gibt als seinen Standort aber nur „nahe einem Ort namens Paneion" an. *Paneion*, das Pan-Heiligtum, war der alte Name von Caesarea Philippi.

Tatsächlich befinden sich dort, neben dem Höhlenheiligtum des Pan oberhalb der Jordanquelle, die Ruinen eines antiken Tempels, den Generationen von Archäologen für das *Augusteum* des Herodes gehalten haben. Doch Tempel für den Kaiser wurden immer separat und an auffälligen Stellen errichtet, nie dicht gedrängt neben den Heiligtümern anderer Götter. Trotzdem dauerte es bis zum Sommer 1998, dass der Irrtum aufgeklärt wurde. Damals stieß der Archäologe Moti Aviam von der Israelischen Altertümerverwaltung auf einer Inspektionsreise durch den gerade von einer Trockenheit und Buschbränden verwüsteten Nordosten des Landes bei Omrit auf die beeindruckende Ruine. Heute, nach zehnjährigen Ausgrabungen an der Stätte, besteht kein Zweifel mehr an seiner Identifikation. Zu offensichtlich entspricht das Bauwerk den Darstellungen des Augusteums, die Philippus zum Zeichen seiner Kaisertreue auf die Rückseite seiner Münzen prägen ließ. So bleibt der Tempel von Omrit ein stummer Zeuge für den römischen Kaiserkult, der Julius Cäsar zum Gott und Augustus zum „Sohn des Göttlichen" *(Filius Divi,* wie sein offizieller Titel lautete) erklärte, woraus man sofort im griechischsprachigen Osten *'Yios Theou,* „Sohn Gottes" machte. „Wir schwören bei Caesar (Augustus), Gott, von einem Gott abstammend", lautete eine Eidesformel aus dem Jahre 30 v. Chr., die durch einen im ägyptischen Oxyrhynchus entdeckten Papyrus belegt ist. Diesem „lebendigen Gott" *(Deus vivus)* wurden schon zu Lebzeiten im ganzen Reich Tempel errichtet, nicht nur von Herodes. Als Augustus starb, wurde auch er vom Senat Roms zum Gott erklärt, ging der Titel „Sohn des lebendigen Gottes" auf seinen Nachfolger Tiberius über.

An dieser Stelle muss es gewesen sein, als Jesus seine Jünger fragte: „Für wen halten mich die Menschen?" (Mk 8,27). Sie antworteten, dass die einen glaubten, er sei ein zweiter Johannes der Täufer, für andere war er der zurückgekehrte Elija, für wieder andere einer der großen Propheten. „Ihr aber, für wen haltet Ihr mich?" hakte Jesus nach. Nur Matthäus überliefert uns die vollständige Antwort des Petrus, in der etwas mitschwingt vom Genius loci dieses Ortes: „Du bist der Messias, der Sohn des lebendigen Gottes!" (Mt 16,15). Du, nicht Augustus, nicht Tiberius, nicht der Machthaber in Rom, der sich anmaßt, ein Gott zu sein, für den Tempel gebaut werden, obwohl er nur ein ganz gewöhnlicher Sterblicher, ein Sünder, ja ein Unterdrücker ist.

Jesus wusste, wie gefährlich diese Antwort war, dass sie einen diametralen Angriff auf den Kaiser und damit auf die weltliche Macht darstellte. Daher verbot er dem Petrus und den anderen Jüngern zu reden. Der Konflikt mit Rom wäre sonst schon jetzt vorprogrammiert gewesen.

Doch zuvor schuf er ein Imperium, das die Weltherrschaft der Kaiser überdauerte, eine geistige Weltmacht, die Kirche. „Du bist Petrus, und auf diesen Felsen werde ich meine Kirche bauen, und die Mächte der Unterwelt werden sie nicht überwältigen" (Mt 16,18), versprach er seinem Jünger, der gerade das Wesen Christi so kristallklar durchschaute, dass er in ihm den wahren menschgewordenen Gott erkannte.

Bestimmt ist es kein Zufall, dass sich das so nah an den Quellen des Jordan ereignete, nicht weit entfernt von einem Heiligtum des Gottes Pan. *Pan* heißt auf griechisch „allumfassend". Der bocksfüßige Hirtengott stand für die unerlöste Natur, die Mächte der Unterwelt, was ihn zum Vorläufer des christlichen Teufels werden ließ. Seine Macht hat Jesus eben dort gebrochen durch die Gründung einer Kirche, die nicht nur „allumfassend", sondern „universal" (griech.: *katholikos*) sein sollte, unüberwindbar für die Macht des Bösen.

Der antike Autor Plutarch (45–125 n. Chr.) berichtet, dass zur Zeit des Tiberius ein ägyptischer Steuermann vor der griechischen Küste eine Stimme gehört habe, die ihm befahl, in Palodes kundzutun, dass der große Pan gestorben sei. Als er dies tat, hörte er von der Küste her das Wehklagen vieler Stimmen. Der Kaiser, der bald von dem Vorfall erfuhr, nahm die Sache so ernst, dass er Untersuchungen anstellen ließ. Welche Erklärung diese Geschichte auch immer hat – wahrscheinlich handelte es sich um einen rituellen Ausruf im Rahmen der Adonis/Tammuz-Mysterien – ist von sekundärer Bedeutung, denn ihr Kern ist wahr. Der große Pan ist tot, er ist zur Zeit des Tiberius in Caesarea Philippi besiegt worden durch Jesus Christus! Schließlich musste das Heidentum dem Evangelium weichen.

Natürlich wird die Authentizität dieser Szene gerne bestritten, speziell von liberalen Theologen, die nicht glauben wollen, dass Jesus eine Kirche gründete. Doch es besteht kein Grund zur Skepsis. Schließlich wurde die Metaebene, die uns ihre Bedeutung erschließt, von den Evangelisten nicht einmal angedeutet. Kein Rezipient der Evangelien in den juden- und heidenchristlichen Gemeinden außerhalb Judäas wird den Ortsnamen Caesarea Philippi gleich mit dem Pan-Heiligtum oder gar dem Augusteum assoziiert haben. Hätten die Evangelisten die Szene erfunden, die so sehr vom Lokalkolorit bestimmt ist, sie hätten sich zumindest einen Hinweis erlaubt. Doch keine noch so kleine Anspielung ihrerseits, sondern die Archäologie des 20. und 21. Jahrhunderts hat uns den Schlüssel zum tieferen Verständnis der Antwort Petri geliefert.

Sicher hat Jesus das Wort *Kirche* nicht in seiner heutigen Bedeutung benutzt; in der griechischen Übersetzung des Matthäusevangeliums steht *ekklesia*. Dasselbe Wort wird in der *Septuaginta,* der griechischen Übersetzung des Alten Testamentes, für die „Versammlung des Herrn" (Num 23, 2–5), die sich vor Gott versammelnden Gläubigen, benutzt. Das aramäische Wort, dessen sich Jesus damals bediente, dürfte *qahal* gewesen sein, was ebenfalls soviel wie „Gemeinschaft" oder „Versammlung" bedeutet. Eine solche Gemeinschaft hatte er bereits im Haus des Petrus in Kafarnaum begründet und definiert (siehe Mk 3,32–35). Wenn er jetzt also von „seiner Kirche" sprach, so war das kein Anachronismus, sondern die logische Konsequenz aus den Entwicklungen der letzten Monate seit der Berufung der Jünger.

Doch auch das Messiasbekenntnis des Apostelfürsten war nur eine Vorbereitung auf den nächsten Schritt der Selbstoffenbarung Jesu. Es war quasi die Ouvertüre zu seiner Verklärung.

Diesmal sind die Evangelien erstaunlich vage. Nur von einem „hohen Berg" ist da die Rede, auf den Jesus seine drei engsten Vertrauten Petrus, Jakobus und Johannes führte, die dort schauten, wie er, in blendend weißes Licht gehüllt, von Elija und Moses bestätigt und von Gott verherrlicht wurde. Noch einmal, wie vormals bei der Taufe im Jordan, erscholl eine Stimme: „Das ist mein geliebter Sohn; auf ihn sollt ihr hören" (Mk 9,7). Drei Jahrzehnte später beschrieb ein Augenzeuge, Petrus, in seinem 2. Brief diese Szene:

> „Denn wir sind nicht irgendwelchen klug erdachten Geschichten gefolgt, als wir euch die machtvolle Ankunft Jesu Christi, unseres Herrn, verkündeten, sondern wir waren Augenzeugen seiner Macht und Größe. Er hat von Gott, dem Vater, Ehre und Herrlichkeit empfangen; denn er hörte die Stimme der erhabenen Herrlichkeit, die zu ihm sprach: Das ist mein geliebter Sohn, an dem ich Gefallen gefunden habe. Diese Stimme, die vom Himmel kam, haben wir gehört, als wir mit ihm auf dem heiligen Berg waren" (2 Petr 1,16 18).

Ein weiterer Augenzeuge, der Apostel Johannes, hat seinen Eindruck in einem einzigen, um so prägnanteren Satz zusammengefasst: „Wir haben seine Herrlichkeit gesehen, die Herrlichkeit des einzigen Sohnes vom Vater, voll Gnade und Wahrheit" (Joh 1,14).

Leider geben uns weder Petrus oder Johannes noch die Synoptiker den geringsten Aufschluss, wo die Verklärung Jesu stattgefunden hat. Eine frühe christliche Tradition verortet sie auf dem Berg Tabor südöstlich von Nazareth. Tatsächlich ist die Vorstellung reizvoll; wie eine umgekehrte Gralsschale erhebt sich der Berg, der schon den Kanaanitern heilig war, aus der Ebene Jezreel. Er war Jesus von Kindheit an vertraut, er muss ihn geradezu magisch angezogen haben. Noch heute heißt er bei den Arabern schlicht *et-tor*, der Berg, ganz wie in den Evangelien und im Petrusbrief nur von „dem Berg" die Rede ist. Es ist derselbe Name, den sie auch dem Sinai, dem Ölberg und dem Berg Garizim der Samaritaner geben. Doch trotzdem sprechen zwei Argumente dagegen, dass Jesus sich hierher in Begleitung seiner drei engsten Freunde zurückgezogen hatte.

Da ist einmal der Aspekt der Chronologie. Auch wenn die Verklärung „sechs" (Mt 17,1 und Mk 9,2) bis „etwa acht" (Lk 9,28) Tage nach Jesu Auftreten bei Caesarea Philippi angesetzt wird, scheinen Jesus und seine Jünger erst danach nach Galiläa zurückgekehrt zu sein (Mk 9,30: „Sie gingen von dort weg und zogen durch

Galiläa"), auch wenn dieser Schluss nicht zwingend ist. Relevanter ist die Tatsache, dass auf dem Gipfel des Tabor zur Zeit Jesu eine Festung stand. Sie wurde noch in hellenistischer Zeit gebaut, dann von den Hasmonäern unter Alexander Jannaeus erobert, schließlich 63 v. Chr. von den Römern unter Pompejus besetzt. Als Josephus zu Beginn des Jüdischen Krieges Galiläa befestigte, errichtete er in 40 Tagen eine Mauer rund um den Berg. Beide Ruinen wurden von Archäologen freigelegt. Es ist zumindest möglich, dass diese Burg auch zur Zeit des Antipas besetzt war, lag die Festung doch strategisch günstig nahe der Südgrenze seines Reiches.

So legt sich schon die früheste Quelle zum Berg der Verklärung, Eusebius von Caesarea, nicht fest. Statt dessen zitiert der Verfasser der ersten Kirchengeschichte den Psalm 89: „Tabor und Hermon jauchzen bei deinem Namen" und ergänzt: „auf diesen Bergen haben jene wunderbaren Verklärungen (sic!) unseres Erlösers stattgefunden". Wir haben also die Wahl. Dass der 2814 Meter hohe, schneebedeckte Hermon im Grenzgebiet zu Syrien und dem Libanon auch bei den Heiden als „der heilige Berg" schlechthin galt, beweisen die Ruinen von über 20 Tempeln und Altären, die Archäologen auf seinem Rücken entdeckten.

Auch der irische Theologe Sean Freyne plädiert für den Hermon als Berg der Verklärung, weil er eine Relevanz in der Eschatologie der Essener und damit im mystischen Judentum allgemein hatte. Dem zur Zeit Jesu sehr populären *Buch Henoch* zufolge stiegen die *Wächter des Himmels* in den Tagen vor der Sintflut vom Hermon herab, um aus irdischen Gelüsten ihre heiligen Pflichten zu verraten. Die Essener pflegten die sadduzäische Priesterschaft mit diesen „gefallenen Engeln" zu vergleichen. Nur vier Kilometer westlich von Caesarea Philippi, „im Lande Dan, das südlich des Hermon liegt", widerfuhr dem „Schreiber der Gerechtigkeit", dem Ur-Propheten Henoch, eine Traumvision, in deren Verlauf er in den Himmel gebracht wurde und „die große Herrlichkeit" Gottes schaute. Freyne verweist auf den Psalm 133, dem zufolge „Tau vom Hermon den Zion" bewässert, und stellt fest: „Ebenso könnte der Hermon als Sitz des Gerichtes gegen diejenigen, die ihren Verpflichtungen gegenüber dem Heiligtum nicht nachgekommen sind, fungieren."

Dabei ist irrelevant, ob Jesus tatsächlich auf den Gipfel des Hermon stieg oder bloß auf einen Berg des Hermon-Massivs. So erhebt sich auf halber Strecke zwischen Dan und Caesarea Philippi ein Berg, der in seiner Form dem Tabor nicht unähnlich ist. Vielleicht war dies der „hohe Berg" im Lande Dan, im Schatten des Hermon, auf dem sich Jesu mystische Verklärung ereignete.

Soll sie tatsächlich, im Anklang an Henoch, das bevorstehende Gericht für die neuen *Wächter,* die gefallene Priesterschaft des Tempels, angekündigt haben, so war der nächste Schritt in der Mission Jesu, sein nächstes Ziel, jetzt vorgegeben. Baute Petrus ganz spontan drei Hütten für Jesus, Moses und Elija, so enthält das schon einen Hinweis auf den Termin. Und tatsächlich berichtet Johannes im 7. bis 9. Kapitel seines Evangeliums von Jesu Auftreten und Selbstoffenbarung zum Laubhüttenfest des Jahres 29, das in diesem Jahr vom 19. bis 29. Oktober stattfand, in Jerusalem.

Nachdem sie durch seine Worte und Taten selbst zu der Einsicht gekommen waren, dass Jesus der Messias ist, hat er sich seinen Jüngern in der Herrlichkeit Gottes offenbart. Noch einmal würde der Menschensohn erhöht werden, wieder auf einer Anhöhe, die dann den Namen Golgotha trägt. Nicht Moses und Elija sollten ihn dann flankieren, sondern zwei Verbrecher. Doch das geschah vor aller Augen, im hellsten Licht der Geschichte, an einem öffentlichen Platz vor den Toren Jerusalems. Nicht eine göttliche Stimme verkündete damals, dass er der Messias, der „König der Juden", ist, sondern ein hölzernes Schild, beschriftet vom römischen Statthalter, dem Vertreter des Kaisers, der sich selbst für den „Sohn des lebendigen Gottes" hielt. An diesem Tag würde sich Jesus in die Tiefen menschlichen Leidens begeben, bevor er den Tod besiegt.

XI. DER KÖNIG DER JUDEN

SHOWDOWN IN JERUSALEM

Begründerin der christlichen Archäologie ist die hl. Helena, Mutter des ersten christlichen Kaisers von Rom, Konstantins des Großen. Sie war als Pilgerin ins Heilige Land gekommen, hatte aber gleichzeitig von ihrem Sohn den Auftrag erhalten, über den Stätten der Geburt und der Himmelfahrt, des Leidens und der Auferstehung Jesu Christi Kirchen zu errichten.

Wo diese lagen war zuverlässig überliefert, denn es hatte immer eine christliche Präsenz in Jerusalem gegeben. Nur drei Jahre nach der Zerstörung Jerusalems 70 n. Chr. hatte sich schon wieder eine judenchristliche Gemeinde unter Leitung des Herrenbruders Symeon auf dem Zionsberg angesiedelt. Als Kaiser Hadrian 135 allen Juden den Zutritt zu ihrer heiligen Stadt verbot, übernahmen offiziell Heidenchristen zumindest vorübergehend die Leitung dieser Gemeinde. Sie wurden Zeugen, wie der heidnische Kaiser in seinem Bemühen, das Judentum in allen seinen Formen auszurotten, auch die christlichen Heiligtümer zu heidnischen Kultstätten umfunktionierte. So ließ er das Gelände, aus dem sich der Golgotha-Hügel erhob, mitsamt der Felswand, in die das leere Grab gemeißelt war, mit einer Plattform überbauen, auf der das neue Westforum der Stadt entstand. Über dem Grab Christi sollte ein Tempel der Liebesgöttin Aphrodite oder ihres syrischen Gegenstückes Astarte gebaut werden. Auf den Stumpf des Hügels Golgotha, der nach wie vor aus der Plattform des Forums ragte, ließ Hadrian eine Statue der Göttin setzen. Wahrscheinlich dachte er daran, dass sie es war, die jedes Jahr in die Unterwelt hinabstieg, um ihren Geliebten Adonis oder Tammuz zu erwecken, dessen „Auferstehung" zum Frühlingsanfang gefeiert wurde. Oder daran, dass ein altes Aphrodite-Heiligtum auf ihrer „Geburtsinsel" Zypern den Namen Golgoi trug. Jedenfalls versuchte er, die Auferstehung Christi im Kontext der heidnischen Mysterienreligionen umzudeuten und sie damit ihrer Einmaligkeit zu berauben, so als sei die Symbolik eines Mythos mit einer geschichtlichen Realität gleichzusetzen.

Zwar zog er sich damit auf alle Zeit den Zorn der Christen zu, doch immerhin trug seine Zweckentfremdung dazu bei, dass die Lage von Golgotha nicht vergessen wurde. Denn auch damals gab es schon vereinzelte Pilger, wie etwa Bischof Meliton von Sardes in Kleinasien, der um 160 nach Palästina reiste, um sich die Stätten zeigen zu lassen, „an denen diese Dinge gelehrt wurden und sich ereigneten". Dass Golgotha jetzt auf dem Westforum lag, empörte ihn so sehr, dass er in seiner Osterpredigt, einem erschütternden Dokument des christlichen Antijudaismus, wohlbemerkt den Juden vorwarf, Jesus „in der Mitte der Stadt, auf dem Hauptplatz", gekreuzigt zu haben. Im Jahre 212 kam Alexander von Kappadozien nach Jerusalem und gleich zweimal, 215 und 230, der Kirchenschriftsteller Origenes, „um durch Nachforschungen von den Spuren Jesu und seiner Jünger ... zu erfahren". Auch er traf auf andere Pilger und erwähnt „Besucher aus der ganzen Welt". Dass sie sogar aus dem Westen des Reiches kamen, beweist eine Ritzzeichnung, die in der armenischen Varthan-Kapelle vor der Kreuzauffindungsgrotte unter der Grabeskirche gefunden wurde. Sie zeigt ein Schiff über der lateinischen (!) Inschrift: DOMINE IVIMUS, „Herr, wir sind gekommen!", vielleicht in Erfüllung eines Gelübdes, auf jeden Fall aber in Anklang an den 122. Psalm. Definitiv stammt das Graffito aus der Zeit vor dem 4. Jahrhundert, der israelische Archäologe Shimon Gibson datiert es sogar „ins 1. oder 2. Jahrhundert", vor Errichtung des hadrianischen Westforums. So oder so bestätigt es eine Kontinuität der Überlieferung, auf der man beim Bau von Heiligtümern und Gedenkstätten im 4. und 5. Jahrhundert zurückgreifen konnte.

Als Konstantin der Große 325 das Konzil von Nicäa einberief, um den Streit zwischen den Bischöfen und der Sekte der Arianer zu schlichten, kam er mit dieser Tradition in Kontakt. So konnten ihm die palästinensischen Bischöfe, allen voran Eusebius von Caesarea und der damalige Bischof von Jerusalem, Makarios, versichern, dass die Lage des Heiligen Grabes und des Golgotha-Hügels überliefert und bekannt waren. Dabei müssen sie so überzeugend argumentiert haben, dass der Kaiser umgehend den Befehl erteilte, das Forum mit den heidnischen Tempeln abzureißen, die heiligen Stätten freizulegen und über ihnen eine Memorial-Basilika zu errichten, größer und prachtvoller als die Kirchen über den Apostelgräbern Roms.

Die Überwachung der damit verbundenen Ausgaben unterstellte er seiner Mutter, die offiziell als Co-Regentin fungierte und den Titel *Augusta* trug. Helena nutzte die Gelegenheit, sich den lang gehegten Wunsch einer Pilgerfahrt ins Heilige Land zu erfüllen, vor allem aber hatte sie wohl die Neugierde gepackt. Die rüstige alte Dame, fast 80jährig, wollte dabei sein, wenn, zum ersten Mal seit fast 200 Jahren, das leere Grab Christi wieder zum Vorschein kam.

Glauben wir ihren Lebensbeschreibungen, die ein halbes Jahrhundert später in Umlauf kamen, wurde sie damals auch Zeugin einer noch spektakuläreren Entdeckung. Östlich des Golgotha-Hügels stießen die Arbeiter auf eine alte, längst ausgetrocknete Zisterne, die offenbar von den frühen Christen als geheimer Treffpunkt und Versteck benutzt worden war. Darin, so heißt es, befanden sich immer noch die Überreste dreier Kreuze oder ihrer Querbalken, drei Nägel und eine Holztafel, auf die in Hebräisch, Griechisch und Latein die Worte „Jesus von Nazareth, König der Juden" eingeritzt waren. Diesen Fund soll die Kaisermutter aufgeteilt haben: Einen Teil schickte sie ihrem Sohn, der gerade in Nikomedia residierte, einen Teil nahm sie mit nach Rom, der größere Rest blieb in Jerusalem.

Was wie eine fromme Legende klingt, die Geschichte von der Kreuzauffindung, könnte durchaus einen wahren Kern haben. In seiner Konstantin-Biographie zitiert Eusebius von Caesarea einen Brief des Kaisers an den Bischof von Jerusalem, entstanden um 325, in dem ausdrücklich davon die Rede ist, dass „das Zeugnis Seiner allerheiligsten Passion, das so lange unter der Erde begraben lag ... jetzt befreit wurde". Das Zitat kann sich weder auf das Grab beziehen, das Zeugnis seiner Auferstehung, nicht seines Leidens war, noch auf den Hügel Golgotha, der schon immer aus dem Boden des Westforums ragte. Neben der runden, von einer mächtigen Kuppel überragten Grabeskirche (oder *Anastasis*, Auferstehungskirche, wie sie noch heute bei den orthodoxen Christen heißt) entstand damals das *Martyrion*, eine längliche Basilika direkt über der Zisterne, in der das *wahre Kreuz* gefunden worden sein soll. Der Stumpf des Golgotha-Hügels dagegen erhob sich fortan am Rande eines Atriums zwischen den beiden Kirchen. Nur 23 Jahre nach seiner Entdeckung, nämlich 348, erwähnt Bischof Kyrill von Jerusalem die Verehrung des „heiligen Holzes des Kreuzes" in der

Grabeskirche, von dem man Partikel an Pilger verteilt hätte, die „jetzt fast den gesamten Erdkreis erfüllten". Drei Jahre später, 351, bestätigt er in einem Brief an Kaiser Constantius II., den Sohn Konstantins des Großen, dass unter seinem Vater „das heilbringende Holz des Kreuzes in Jerusalem gefunden wurde." Die Verehrung der in Jerusalem verbliebenen Teile des Kreuzes und der Inschrift bezeugt auch die Pilgerin Egeria für das Jahr 383. Die Kirchengeschichtler Gelasius (388), Rufinus (um 400), Theodoret (um 440), Sokrates Scholastikus (um 440) und Sozomenos (444) berichten ebenso über den Fund wie die Kirchenväter Ambrosius von Mailand (395) und Johannes Chrysostomos (398). Rufinus, Sokrates und Sozomenos bestätigen, dass die Inschrift des „Titulus" (also der Kreuzestafel) dreisprachig war, Sozomenos erwähnt, dass das Holz offenbar Reste weißer Farbe trug. Auch der Pilger aus Piacenza, der um 570 nach Jerusalem kam, konnte die Reliquie noch verehren und beschreibt sie als Tafel aus Nussbaumholz, auf der nur noch die Worte *Rex Iudaeorum*, „König der Juden", geschrieben standen. Sozomenos zufolge lautete die ursprüngliche Inschrift freilich „Jesus von Nazareth, König der Juden", entsprechend ihrer Wiedergabe im Johannesevangelium (19,19). Offenbar wurde sie also ebenfalls zerteilt. Dann aber müsste die andere Hälfte, ein Stück weißgetünchtes Nussbaumholz, den Namen *Jesus Nazarenus* getragen haben.

Als im Jahre 1492 in Rom die *Basilica di Santa Croce in Gerusalemme* renoviert wurde, stießen die Arbeiter auf einen Ziegel, der die Inschrift *Titulus Crucis*, „Tafel des Kreuzes", trug. Als sie ihn vorsichtig entfernten, kam eine Bleikassette zum Vorschein. Sie trug das Siegel des Kardinals Gerardus, der 1144 zum Papst gewählt wurde und sich seitdem Lucius II. nannte. St. Croce war seine Titelkirche, er hatte sie renovieren und ausbauen lassen. Man öffnete die Bleikassette und fand in ihr eine alte, an drei Seiten stark verwitterte Tafel aus Nussbaumholz, bedeckt mit Resten einstmals weißer Kalktünche. Eine saubere Schnittkante auf der linken Seite legt nahe, dass sie geteilt wurde. In sie waren in Hebräisch, Griechisch und Latein von rechts nach links, bei letzteren in Imitation semitischer Schreibweise, die Worte I NAZARINUS eingraviert. Der Fund war um so interessanter, weil er zur Geschichte der Basilika passte. Ihr ältester Teil, in dem die Tafel gefunden wurde, war Teil eines römischen Kaiserpalastes, des *Ses-*

sorianums. In ihm residierte, wie Inschriften belegen, die Kaiserin Helena. Ein Raum, den sie mit Erde vom Kalvarienberg in Jerusalem pflastern ließ, diente als ihre Privatkapelle. Hierher brachte sie ihre kostbarsten Reliquien, ließ sie, wie es in der Spätantike üblich war, in die Wände einmauern. Nach ihrem Tod vererbte sie den ganzen Palast dem Papst, der ihn zur Kirche umbauen ließ. War die Holztafel also Teil ihrer Reliquiensammlung, die sie aus Jerusalem mit nach Rom brachte? War sie vielleicht sogar ein Fragment der Schuldtafel Jesu, die Pontius Pilatus allen vier Evangelien zufolge am Kreuz des Erlösers anbringen ließ und die den Grund für seine Verurteilung zum Kreuzestod angab?

Diese Frage stellte ich mir, als ich in den 1990er Jahren erstmals die Basilica di Santa Croce besuchte, wo die Tafel noch heute gezeigt wird. Wenn ja, das war mir klar, wäre sie ein Objekt von welthistorischer Bedeutung, ein juristisches Dokument des folgenreichsten Prozesses der Geschichte. Zumindest war sie es wert, untersucht zu werden.

Ich wusste, dass es eine Möglichkeit gab, ihr Alter und vor allem die Echtheit der Inschrift ziemlich genau zu bestimmen. Man nennt diese wissenschaftlich anerkannte und bei der Datierung antiker Inschriften regelmäßig angewandte Methode *vergleichende Paläographie*. Mit jedem Jahrhundert verändert sich der Stil der Schrift, die Schreibweise von Buchstaben. Daher lässt sich das Alter von Inschriften bestimmen, wenn man sie mit anderen Inschriften vergleicht, die dadurch datiert sind, dass sie etwa einen Herrschernamen enthalten. Wie genau diese Methode ist, zeigte sich etwa bei den Schriftrollen vom Toten Meer. Erst Jahrzehnte nach ihrer paläographischen Datierung ins 2.–1. Jahrhundert v. Chr. untersuchte man ihr Alter mit der Radiokarbonmethode, die zu demselben Ergebnis kam.

Mein Plan, die Inschrift auf der Holztafel paläographisch datieren zu lassen, wurde der Päpstlichen Akademie der Wissenschaften präsentiert, dann vom vatikanischen Staatssekretariat genehmigt. Mit einer Reihe detailgetreuer Fotos, die der römische Fotograf Ferdinando Paladini geschossen hatte, flog ich nach Israel, um die Inschrift sieben Experten für hebräische, griechische und lateinische Paläographie im Heiligen Land zu präsentieren, nämlich Dr. Gabriel Barkay, Prof. Dr. Hanan und Dr. Ester Eshel, Dr. Leah Di Segni (alle Hebräische Universität Jerusalem), Prof. Dr. Israel

Roll, Prof. Dr. Ben Isaac (Universität Tel Aviv) sowie dem Deutschen Papyrologen Prof. Carsten Peter Thiede, der an der Universität Beer-Sheva lehrte. Ihr Ergebnis war eindeutig. Die schlecht erhaltene hebräische Zeile wurde ins 1.–3. Jahrhundert datiert, die griechische und lateinische Zeile stammte eindeutig aus dem frühen 1. Jahrhundert n. Chr. Darüber verfasste ich einen Bericht, den ich im Dezember 1998 Papst Johannes Paul II. in einer persönlichen Audienz in seiner Bibliothek übergab, bevor ich die Ergebnisse meiner Nachforschungen mit Genehmigung des Heiligen Stuhls im Mai 1999 an der Päpstlichen Lateran-Universität auf einer Fachkonferenz präsentierte. Ein halbes Jahr später erschien mein Buch *Die Jesus-Tafel* (1999). Seitdem bestätigten Prof. Thiede *(Das Jesus-Fragment,* 2000) und die römische Kirchengeschichtlerin Dr. Maria Luisa Rigato *(Il Titulo della Croce di Gesu,* 2005) meine Ergebnisse.

Dann genehmigte der Vatikan eine Radiokarbondatierung durch Physiker der Universität *Roma Tre,* deren Ergebnisse 2002 in der Zeitschrift *Radiocarbon* veröffentlicht wurden. Das Resultat war niederschmetternd. Angeblich sei das Holz nur 1020 (+/- 30) Jahre alt, stamme die Inschrift also aus der Zeit zwischen 950 und 1010; später errechnete man sogar eine Entstehungszeit zwischen 980 und 1146.

Doch es ist schwer vorstellbar, dass die Physiker damit richtig liegen. Denn im Mittelalter hatte sich noch niemand über Paläographie Gedanken gemacht, wäre es unmöglich gewesen, die Inschrift in drei Sprachen und Schriften so überzeugend zu fälschen. Ein Beispiel dafür ist die berühmt-berüchtigte Urkunde der *Konstantinischen Schenkung.* Im 8. Jahrhundert präsentierte der Papst Stephan II. dem Frankenkönig Pippin das vermeintliche Dokument, mit dem Kaiser Konstantin der Große dem Papst die Herrschaft über ganz Italien zugesichert haben soll; es wurde zur juristischen Grundlage für die Schaffung des Kirchenstaates. Erst im 15. Jahrhundert entlarvten sprachliche Fehler, erst im 19. Jahrhundert paläographische Kriterien den frommen Betrug. Das heißt aber auch, dass selbst die klügsten Köpfe der päpstlichen Kanzlei des frühen Mittelalters nicht in der Lage waren, eine überzeugende Fälschung zu fabrizieren. Datierte Inschriften aus dem Heiligen Land, die man hätte kopieren können, lagen im 10. Jahrhundert schon mal gar nicht vor; sämtliche Beispiele, anhand derer die

229

von mir konsultierten Experten arbeiten, wurden in den letzten Jahrzehnten bei archäologischen Ausgrabungen in Israel entdeckt. Dazu gehört eine zweisprachige Weiheinschrift aus Dan im äußersten Norden des Landes, die aus der hellenistischen Zeit stammt und erst im letzten Jahrzehnt bei Ausgrabungen des *Hebrew Union College* zum Vorschein kam. „Dem Gott, der in Dan ist" steht auf ihr in Griechisch und Aramäisch. In Jerusalem fand man Dutzende zweisprachig beschrifteter Ossuarien, also Gebeinurnen zur Zweitbestattung, die zum Vergleich geeignet sind. Sie stammen fast ausschließlich aus dem 1. Jahrhundert. Und schließlich ist da die berühmteste Inschrift aus der Zeit Jesu, der sogenannte *Pilatus-Stein* aus Caesarea Maritima, der 1961 von italienischen Archäologen entdeckt wurde. Bei der Erweiterung des römischen Theaters im 3. Jahrhundert war er einfach umgedreht und wiederverwendet worden. Wahrscheinlich war das *Tiberieum,* auf das seine Inschrift sich bezieht, der von Pilatus renovierte Leuchtturm der Hafenstadt. Die meisten Historiker lesen sie als

(...)S TIBERIEUM
(Pon)TIUS PILATUS
(Praef)ECTUS IUDA(ea)E
(Fecit, d(E)dicavit)

(„Dieses Tiberieum wurde von Pontius Pilatus, dem Präfekten von Judäa, erbaut und eingeweiht"), während strittig ist, ob die erste Zeile auf die Götter *(Dis Augustis),* die Einwohner *(Incolis)* oder die Seeleute *(Nautis)* Bezug nimmt und die letzte Zeile auch einfach als *refecit* („erneuerte") gelesen werden kann. Die Ähnlichkeit zwischen dem Schriftbild der Pilatus-Inschrift und der Jesus-Tafel ist so augenscheinlich, dass man fragen muss, ob nicht beide auf eine Vorlage aus derselben Hand zurückgehen, was das Pilatus-Zitat in Johannes 19,22 („Was ich geschrieben habe, habe ich geschrieben") andeuten könnte. Interessant ist, wo die *Titulus-*Inschrift von Johannes 19,19 abweicht. So ist die griechische Zeile, anders als im Evangelium, das sie als *Nazoraios* zitiert, lediglich eine Transkription des lateinischen NAZARINUS (nämlich *Nazarenous),* was auf ein in Latein verfasstes Urteil hinweist; der Schreiber hat sich einfach nicht die Mühe gemacht, die Herkunftsbezeichnung Jesu in grammatikalisch korrektes Griechisch zu übertragen. In der lateinischen Zeile heißt es nicht, wie üblich, *Nazarenus*, sondern eben NAZARINUS, offensichtlich als frühe Latinisierung des hebräischen *ha-Nazari*, aus dem umgangssprachlich *ha-Nozri* wurde.

Ich bin kein Physiker, doch ich denke, dass das völlig indiskutable Ergebnis der C14-Datierung darauf zurückgeht, dass die Tafel rund 1100 Jahre in einer Bleikassette steckte. Blei ist der effektivste Strahlungsschutz. Die Radiokarbonmethode misst aber den radioaktiven Zerfall von C14, wenn es der natürlichen kosmischen Strahlung ausgesetzt ist. Eine konstante Abschirmung müsste diesen Prozess eigentlich aufhalten und das Material scheinbar „verjüngen".

Sollte die C14-Methode irren und sich die paläographische Datierung als richtig erweisen, handelt es sich bei der Tafel nicht nur um den wichtigsten Fund der Ausgrabungen unter Aufsicht der Kaisermutter Helena, sondern um eines der brisantesten historischen Dokumente überhaupt. Denn es wäre nicht nur das einzige zeitgenössische Zeugnis vom Leben Jesu, es nennt auch den Grund für seine Verurteilung am Kreuz.

„Gelitten unter Pontius Pilatus" – diese Worte, schon von den frühen Christen in das Apostolische Glaubensbekenntnis aufgenommen, sind die dritte Verankerung der Heilsgeschichte in der Weltgeschichte. Tatsächlich ist der Prozess Jesu ein unbestreitbares historisches Ereignis. Das wird nicht nur durch Flavius Josephus bestätigt, sondern auch durch den römischen Historiker Tacitus, der um 98 in seiner Chronik der römischen Kaiserzeit auch auf die Christen zu sprechen kommt und feststellt: „Dieser Name stammt von Christus, der unter Tiberius vom Prokurator Pontius Pilatus hingerichtet worden war." Als früheste heidnische Quelle erwähnt der syrische Stoiker Mara Bar Sarapion in einem kurz nach 73 verfassten Brief die Hinrichtung des „weisen Königs" der Juden, die er für den Grund hielt, weshalb Jerusalem 40 Jahre später zerstört wurde. Noch in der ersten Hälfte des 2. Jahrhundert verwies der christliche Apologet Justin der Märtyrer († 165) gleich zweimal auf einen Bericht des Pilatus an den Kaiser über den Prozess Jesu, den er in den römischen Staatsarchiven eingesehen haben will.

Pontius Pilatus ist nicht nur durch die Caesarea-Inschrift historisch bezeugt, sondern auch durch die Schriften des Flavius Josephus und eines anderen gelehrten Juden und Zeitgenossen Jesu, Philo von Alexandria. Dabei ist das Bild, das sie uns von dem

Statthalter und Richter Jesu vermitteln, ziemlich einseitig, denn beide verfolgten mit ihren Darstellungen eine bestimmte Absicht. Philo, der zur Zeit des Kaisers Caligula schrieb, beschwerte sich über die schlechte Behandlung seiner jüdischen Landsleute, Josephus versuchte, den Jüdischen Aufstand durch das Fehlverhalten unfähiger römischer Statthalter zu rechtfertigen.

Tatsächlich spricht seine lange Amtszeit – ganze zehn Jahre – in einer so schwierigen Provinz wie Judäa eher für ein nicht unbeachtliches taktisches Geschick. Auch die Vorfälle, die uns Philo und Josephus schildern, um zu beweisen, welch „boshafter und unversöhnlicher Mensch" (Philo) er gewesen sei, wirken rückblickend eher wie Bagatellen. Dass Pilatus, als er den Herodespalast von Jerusalem bezog, Standarten mit dem Bild des Kaisers hineintragen ließ, zeugt zwar von mangelnder Sensibilität gegenüber dem Bilderverbot der Juden, wäre aber in jeder anderen Provinz eine Selbstverständlichkeit gewesen. Eine öffentliche Demonstration der Juden, die lieber sterben wollten als den Frevel hinzunehmen (Josephus), oder eine Intervention beim Kaiser (Philo), führte jedenfalls dazu, dass er sie bald wieder zurück nach Caesarea bringen ließ. Ein anderes Mal, wahrscheinlich vor dem Paschafest des Jahres 29, wollte Pilatus Tempelgelder dafür verwenden, eine Wasserleitung von einer rund 40 Kilometer entfernten Quelle (den sogenannten *Teichen Salomos* bei Bethlehem) nach Jerusalem zu bauen. Da die größten Wassermengen in Jerusalem für rituelle Waschungen verwendet wurden, war auch das nicht ganz falsch gedacht. Trotzdem führte es zu einem Aufstand, den Pilatus zuerst mit Knüppeln, dann mit Waffengewalt zu unterdrücken versuchte. Wahrscheinlich geschah bei der Niederschlagung dieser Unruhen, wovon das Lukasevangelium erzählt: „Zu dieser Zeit kamen einige Leute zu Jesus und berichteten ihm von den Galiläern, die Pilatus beim Opfern umbringen ließ, so dass sich ihr Blut mit dem ihrer Opfertiere vermischte" (Lk 13,1). Selbst Josephus räumte ein, dass damals die Legionäre „mit größerem Ungestüm" vorgegangen waren, „als es in der Absicht des Pilatus lag." Sollte es sich tatsächlich um denselben Vorfall gehandelt haben, und alles spricht dafür, dann fällt auf, dass der Protest nicht von der Tempelhierarchie ausging, um deren Gelder es doch immerhin ging, sondern von besonders konservativen Pilgern aus Galiläa. Der amtierende Hohepriester Kajaphas scheint statt dessen mit dem Römer zusammengearbeitet zu haben. Der Aquädukt wurde jedenfalls gebaut, sein Verlauf kann heute noch ziemlich genau rekonstruiert werden, da Archäologen gleich an mehreren Stellen Überreste entdeckten.

Selbst die Münzen, die der Statthalter in den Jahren 28 bis 31 prägen ließ, wirken erst auf den zweiten Blick provokant. Sie zeigen mal ein *simpulum*, ein Kultgefäß für Weinopfer, mal einen *lituus*, den Stab der römischen Auguren; heidnische Symbole zwar, aber doch ziemlich subtile und das ohne jeden Verstoß gegen das mosaische Bilderverbot. Auch das war nicht neu, so findet man schon auf Münzen des Statthalters Valerius Gratus (15–26 n. Chr.) etwa den Hermesstab und gekreuzte Füllhörner. So stellte der renommierte Historiker Alexander Demandt in seiner Pilatus-Biographie ganz klar fest: „Ein Religionskrieg mit Symbolen lag den Römern fern. Dafür gibt es kein Beispiel."

Erst ein dritter Vorfall im Jahr 36 kostete Pilatus den Posten als Statthalter. Damals versammelte ein falscher Prophet die Samaritaner auf dem Berg Garizim und versprach, die heiligen Gefäße vorzuzeigen, die Moses dort einst vergraben hätte. Der Römer schickte seine Reiterei und Fußsoldaten, trieb die Menge auseinander und ließ ihre Anführer gefangennehmen und hinrichten. Daraufhin beschwerte sich der Hohe Rat der Samaritaner bei seinem Vorgesetzten Vitellius, dem Prokurator von Syrien, der Pilatus nach Rom beorderte, um sich beim Kaiser zu verantworten. Gewiss hatte Pilatus hier überreagiert, doch weshalb? War es, um einen Aufstand zu verhindern, wie Josephus behauptet, oder handelte er auf Antrieb von Kajaphas, der die Entstehung eines zweiten Tempels und damit eine Konkurrenz im Land der verhassten Samaritaner befürchtete? Als Pilatus nach einer langen und beschwerlichen Schiffsreise endlich die Hauptstadt erreichte, war Tiberius schon tot. Daher werden wir nie erfahren, was er zu seiner Verteidigung vorgebracht hätte. Doch auffallend ist, dass der Hohepriester nur ein halbes Jahr später ebenfalls durch Vitellius seines Amtes enthoben wurde. Das weitere Schicksal des Pontius Pilatus ist unbekannt. Der Legende nach ging er nach Gallien oder Helvetien ins Exil und starb dort durch Selbstmord.

Vielleicht war er manchmal rabiat in der Wahl seiner Mittel, übereifrig und dem Kaiser gegenüber zu devot, dabei provokant, störrisch, zynisch und arrogant, aber ganz gewiss nicht der gewissenlose Mann „unerträglicher Grausamkeiten", zu dem ihn Philo und in gewissem Maße auch Josephus abstempeln. Das Pilatus-Bild, das uns die Evangelien vermitteln, ist da schon realistischer, denn es ist differenzierter.

Auch der dritte Protagonist des historischen Passionsspiels, der Ankläger Jesu, ist bezeugt. Der Hohepriester Kajaphas wird nicht nur als „Joseph, der auch Kajaphas hieß", bei Flavius Josephus erwähnt. Man fand auch sein Grab. Im November 1990 stießen Arbeiter bei der Anlage des *Friedenswaldes* im Süden Jerusalems auf eine Felsenkammer, in der sechs völlig intakte Ossuarien standen. Die Überreste von zehn weiteren Knochentruhen und menschliche Gebeine lagen dazwischen zerstreut und zeugten von einer teilweisen Plünderung durch Grabräuber. Die Kalksteinkisten waren reich verziert, fünf von ihnen trugen Inschriften. Eine davon lautete *Qaifa*, die eines besonders kunstvoll geschmückten Exemplars *Jehosaf Bar Qaifa*, „Joseph, Sohn des Kajaphas". Darin befanden sich neben anderen, offenbar später hinzugefügten Knochen, die Skelettreste eines etwa 60jährigen Mannes. In einem weiteren Ossuarium, im Schädel einer jungen Frau, fand sich eine Münze aus dem 6. Herrschaftsjahr des Herodes Agrippa I., dem Jahr 42/43, nach dem sie offenbar ums Leben kam. Damit war das Grab sicher in die Zeit Jesu datiert.

Wie der Evangelist Johannes ganz richtig feststellt, hatte dieser Kajaphas auch im Todesjahr Jesu das Amt des Hohenpriesters inne, die Fäden aber hielt ein anderer fest in der Hand. Kajaphas war der Schwiegersohn des Hannas, der das Amt des Hohenpriesters von 6–15 n. Chr. bekleidete, bis ihn der Statthalter Valerius Gratus absetzte. Diese Absetzung wurde von vielen Juden nicht anerkannt, die in ihm nach wie vor den legitimen Hohenpriester sahen. Fortan fungierte er als eine Art „graue Eminenz", als Strippenzieher hinter den Kulissen, der dafür sorgte, dass das Amt in der Familie blieb; ganze sechs der achtzehn bis zur Zerstörung des Tempels auf ihn folgenden Hohenpriester entstammten seinem Clan. Dass er sich damit auch Feinde machte und offenbar über ein ganzes Netz von Zuträgern verfügte, enthüllt ein Vers aus einem Spottlied auf die herrschenden Priesterfamilien, das der Babylonische Talmud überlieferte: „Wehe mir des Hauses des Hannas wegen, wehe mir wegen ihrer Denunzianten … Denn sie waren Hohepriester und ihre Söhne Kämmerer und ihre Schwiegersöhne Verwalter, und ihre Diener schlagen die Leute mit Knüppeln".

Auch das Grab des Hannas konnte nach den Beschreibungen des Josephus identifiziert werden, obwohl es geplündert und größtenteils zerstört wurde. Es liegt unweit des „Blutackers" *Akeldama* auf der anderen Seite des Hinnom-Tales, gegenüber der Südmauer Jerusalems. Als einziges Grab in ganz Jerusalem war es auch innen reich verziert. Sein Vorraum wurde von einer Kuppel überragt, in die eine Rosette, flankiert von zwölf Palmzweigen, eingearbeitet war. Seine Fassade war dem dreifachen Huldator des Tempels nachempfunden, sie überragte ein Aufbau, der an den Querschnitt der Königlichen Halle erinnerte. Es war ein Grab, das auffallen sollte und noch lange nach dem Tod auf das Amt, die Würde, den Rang und die Bedeutung des Clanchefs und emeritierten Hohenpriesters verwies.

Zweifellos waren Hannas und Kajaphas im Jerusalem des Jahres 30 die beiden mächtigsten Männer und zugleich die größten Arbeitgeber der Stadt. Der Tempel, der ihnen unterstand, beschäftigte ganzjährig etwa 7000 Priester und 10.000 Leviten. Durch den Opferbetrieb wurden Viehzüchter und Opferverkäufer reich, der noch andauernde Tempelbau beschäftigte 18.000 Arbeiter und Handwerker, Weber, Färber und Schneider stellten Gewänder her, Schreiber protokollierten sorgfältig alle Vorgänge. Vor allem aber standen sie einer kleinen, intimen Clique aus vermögenden Priestern und Laien vor, allesamt Sadduzäer, die von Josephus als „die zehn Ersten" bezeichnet werden und in ihrer Funktion mit einem Ministerrat vergleichbar sind. Zu ihnen gehörten auch der Tempeloberst, der die Tempelpolizei befehligte, die drei bis vier Schatzmeister sowie fünf oder sechs Tempelaufseher, die sich in Kult- und Rechtsfragen auskannten. Nach dem Tod des Herodes und der Absetzung des Archelaus, so berichtet Flavius Josephus, „wurde die Verfassung (Judäas) zur Aristokratie und die Hohenpriester wurden mit der Führung der Nation betraut". Die römischen Statthalter übertrugen dem Hohenpriester die Pflicht, den Frieden in der Provinz zu sichern und die öffentliche Ordnung aufrechtzuerhalten. Dabei wurde von ihm erwartet, dass er mit der Besatzungsmacht kooperiert; wenn er das nicht tat oder sich als unfähig erwies, wurde er formlos seines Amtes enthoben.

In dem engsten Kreis um den Hohenpriester finden wir die eigentlichen Drahtzieher hinter der Verhaftung und Verurteilung Jesu. Sein selbstbewusstes Auftreten im Tempel, seine Popularität und sein Anspruch, als Gesandter Gottes zu wirken, stellten das ganze Machtgefüge der „Tempelclique" in Frage. Seine Aktionen, angefangen mit der Tempelreinigung, hatten den Lebensnerv des Großunternehmens Tempel und seines sadduzäischen Managements getroffen. „Ihr bedenkt nicht, dass es besser für euch ist, wenn ein einziger Mensch für das Volk stirbt, als wenn das ganze Volk zugrunde geht", zitiert der Evangelist Johannes (11,51) die Begründung des Kajaphas. Alles, was den Status quo und damit auch das guteingespielte Verhältnis zur römischen Besatzungsmacht gefährdete, war kategorisch abzulehnen und zu beseitigen.

Das Vorspiel zu dem Drama von Jerusalem ereignete sich Mitte März des Jahres 30. Jesus wusste, dass dieses Paschafest die Entscheidung bringen würde und dass sein Platz jetzt in Jerusalem war. Doch zuvor besuchte er noch einmal Bethanien am Ostufer des Jordans, den Ort, an dem alles angefangen hatte, um dort zu den Pilgern zu predigen, die wie er auf dem Weg in die Stadt des Tempels waren. Dort war es, wo ihn die Nachricht von der schweren Erkrankung des Lazarus erreichte. Jesus zögerte zunächst, reagierte nicht sofort. Erst nach zwei Tagen zog er los, um zu erfahren, dass sein Freund bereits seit vier Tagen tot war. Keine Chance also, dass er nur bewusstlos oder scheintot war; „er riecht aber schon" (Joh 11,39), versicherte ihm Martha, die Schwester des Verstorbenen.

Das Grab des Lazarus kann heute noch besichtigt werden, vorausgesetzt man schafft es, den Mauern in der Landschaft und in den Köpfen zu trotzen und sich ins Palästinensergebiet vorzuwagen. Der Ort, das *beth anya* oder Bethanien am Ölberg, trägt heute sogar seinen Namen, *El-Azariye*, das *Lazarium*. Ganz präzise gibt Johannes Auskunft: „Bethanien war nahe bei Jerusalem, etwa 15 Stadien entfernt" (Joh 11,18), also 2,8 Kilometer, was sich auf den Fußweg bezieht; auf dem Luftweg sind es nur 1,8 Kilometer. Grotten, Zisternen, die Grundmauern von Häusern, eine Bäckerei und Getreidesilos, speziell aber herodianische Öllampen und steinerne Messbecher, die der Franziskanerarchäologe Sylvester J. Saller hier zwischen 1949 und 1953 fand, belegen eine Siedlung aus der Zeit Jesu. Ein Gräberfeld befindet sich in östlicher Richtung, an der Straße nach Jericho. In Stein geschlagene Stollengräber lassen sich unschwer in das 1. Jahrhundert datieren. Sie waren nicht mit Rollsteinen verschlossen, sondern mit kleineren Steinpropfen.

Das erklärt, weshalb Johannes in seinem Evangelium nicht vom „Wegrollen" sondern vom „Wegnehmen" (wörtlich „Abheben") des Verschlusssteines spricht.

Heute führen 22 enge Felsstufen in das einstige Grab des Freundes Jesu, doch sie stammen aus dem 16. Jahrhundert, als die Muslime den ursprünglichen Eingang versperrten. Ursprünglich bestand es aus einem Vorraum und der eigentlichen Grabkammer, die durch zwei Stufen und einen engen Gang miteinander verbunden waren. Die Grabkammer selbst ist 2,30 mal 2,45 Meter groß. Auf den ersten Blick sind ihre Wände glatt. Doch Lücken zeigen an, dass auf drei Seiten im Felsen Nischen waren, die sich nach unten hin erweiterten. Die Toten lagen einst auf kleinen Erhöhungen des Bodens an der Wand, eingehüllt in Leinenbinden.

Dieses Grab wurde nie vergessen. Schon Eusebius erwähnte es um 330, ebenso drei Jahre später der Pilger aus Bordeaux sowie 383 Egeria. Der hl. Hieronymus schrieb um 390, dass nahe der „Stätte des Lazarus" eine Kirche erbaut worden sei, die auch der Pilger aus Piacenza um 570 besuchte. Doch warum berichtet nur Johannes von Jesu größtem Wunder, warum verschweigen die Synoptiker die Erweckung des Lazarus? Vielleicht, um ihn zu schützen. „Die Hohenpriester aber beschlossen, auch Lazarus zu töten, weil viele Juden seinetwegen hingingen und an Jesus glaubten" (Joh 12,10–11), weiß der Evangelist. Der ostkirchlichen Überlieferung nach ging der Erweckte schließlich nach Zypern, wo er als Bischof von Larnaka wirkte, während eine französische Legende behauptet, er sei nach Marseille geflohen. Als Johannes sein Evangelium schrieb, muss er schon tot gewesen sein, bestand also kein Grund mehr für rücksichtsvolles Schweigen.

Auch Jesus brachte sich nach der Erweckung des Lazarus zunächst einmal in Sicherheit. Die Nachricht von dem Wunder direkt vor den Toren Jerusalems muss die Tempelhierarchie in einen Alarmzustand versetzt haben. Laut Johannes berief Kajaphas sogar den *Sanhedrin* ein, um über die weitere Vorgehensweise zu beraten. „Von diesem Tag an waren sie entschlossen, ihn zu töten" (Joh 11,53) Als Jesus davon erfuhr, so Johannes, ging er zunächst nach Efraim, in das heutige et-Taijibe, etwa 20 Kilometer nordöstlich von Jerusalem. Der Ort liegt auf einer Kuppe am Osthang eines Gebirges und bietet freie Sicht nach Süden. Seine Jünger konnten ihn also warnen, sollten sich seine Verfolger nähern.

Am Sonntag, den 2. April des Jahres 30, „sechs Tage vor dem Paschafest" (Joh 12,1; bei den Synoptikern sind es „zwei Tage", siehe Mt 26,1 und Mk 14,1), kehrte Jesus nach Bethanien am Ölberg zurück. Dort fand im Hause Simons des Aussätzigen (bzw. des Pharisäers, siehe Lk 7,36–44) ein Mahl statt, an dem auch Lazarus und seine Schwestern Maria und Martha teilnahmen. Offenbar kümmerte es diese Gruppe im essenischen *beth anya* vor Jerusalem nicht, dass die Sadduzäer Jesus quasi mit Haftbefehl suchten, im Gegenteil: durch die Einladung versicherten sie ihn ihrer unbedingten Treue. Dabei kam es zu einer erst auf den zweiten Blick verständlichen Szene, die vielleicht sogar der eigentliche Zweck der feierlichen Zusammenkunft war. Maria, die Schwester des Lazarus, kam „mit einem Alabastergefäß voll echtem, kostbarem Nardenöl, zerbrach es und goss das Öl über sein Haupt" (Mk 14,3). Dann „salbte (sie) Jesus die Füße und trocknete sie mit ihrem Haar" (Joh 12,3). Johannes gibt die Menge des Öls als „ein Pfund" und seinen Wert als „dreihundert Denare" an, eine Angabe, die auch Markus (14,5) bestätigt. Das entsprach dem Jahreseinkommen eines Tagelöhners und zeigt, wie wohlhabend diese Familie offenbar war – wahrscheinlich reich genug, um das „Armenhaus" von Bethanien zu finanzieren. Trotzdem stieß dieser Akt auf Kritik seitens des Judas Iskariot, aber auch anderer Jünger (Mt 26,8; Mk 14,4–5): Man hätte das Geld auch den Armen geben, sprich: für karitative Zwecke im Rahmen des Hauses verwenden können. Jesus, der die Geste verstand, lenkte ein. Mit den Worten „Die Armen habt ihr immer bei euch, mich aber habt ihr nicht immer bei euch" (Joh 12,8) verwies er auf die Ausnahmesituation, bestätigte aber auch die Aufgaben des Armenhauses. Dann hob er die große Bedeutung dieser Geste hervor: „Amen, ich sage euch; überall auf der Welt, wo das Evangelium verkündet wird, wird man sich an sie erinnern und erzählen, was sie getan hat" (Mk 14,9; Mt 26,13). Wusste er auch, dass damit quasi sein Todesurteil ausgesprochen war, als er Maria bescheinigte, dass „sie es für den Tag meines Begräbnisses tue" (Joh 12,7)? Der britische Neutestamentler Brian J. Capper, den ich schon im 6. Kapitel zitierte, glaubt das und hat eine plausible Erklärung für den Vorgang. Maria von Bethanien hätte „Jesus zum Messias der Armen erklärt, indem sie das Ritual der Salbung an ihm vollzog". Die Salbung eines Königs war der religiöse Bestandteil der jüdischen

Krönungszeremonie. Man war sich sicher, dass auch der künftige Retter ein König sein würde, und nannte ihn daher *Meschiach*, „der Gesalbte", auf griechisch: *Christos*. Maria machte aus dem Anspruch eine Tatsache. Sie verkündete der Welt, dass Jesus von Nazareth tatsächlich der Messias, der Gesalbte war, dessen *Euangelion* („frohe Botschaft") die Welt erlösen würde. Doch durch ihren Akt, der gewiss im Einverständnis mit ihrer Gemeinschaft vorher geplant war (vergleichbar mit der „spontanen" Krönung Karls des Großen durch den Papst bei der Weihnachtsmesse des Jahres 800), provozierte sie gleichermaßen die sadduzäische Hierarchie wie die römische Besatzungsmacht. „Maria hatte Jesus zum Messias der Armen, zum Oberhaupt eines essenischen Netzwerkes karikativer Einrichtungen in Judäa erklärt, das zur Grundlage einer neuen, gerechten Gesellschaftsordnung, genannt der *Neue Bund*, werden sollte", erklärt Capper. Damit war er automatisch zum Rivalen all jener geworden, die das alte System um jeden Preis aufrechterhalten wollten.

Gleich am nächsten Tag, am Montag, den 3. April 30, zog Jesus, gewissermaßen als Reaktion auf seine Salbung, als Messias-König in Jerusalem ein. Es ist davon auszugehen, dass er und seine Jünger sich zunächst in der großen Essener-Mikwe der Siedlung einer rituellen Waschung unterzogen. Die Stadt war voller Pilger aus allen Teilen des Landes und der Diaspora, die wie er zum Paschafest gekommen waren oder gerade auf den Straßen aus allen Richtungen auf sie zuströmten – bis zu drei Millionen nach der (wohl übertriebenen) Schätzung des Josephus, an die 400.000 aber ganz bestimmt und damit fünfmal so viel wie Jerusalem (nach neueren Schätzungen) Einwohner hatte (nämlich um die 80.000). Wer Verwandte in der Stadt des Tempels hatte, der wohnte bei ihnen in den jetzt überfüllten Häusern und Privatgrundstücken, die anderen lagerten rund um ihre Mauern in weißen Zeltstädten. Jesus hatte mit seinen Jüngern in Bethanien übernachtet. So benutzte er, um an diesem Morgen nach Jerusalem zu kommen, den Fußweg über Betfage – eine weitere Essener-Kolonie – und von dort aus die nur 500 Meter entfernt gelegene Römerstraße, die den Ölberg im Norden umrundete. Die kürzere Strecke vorbei an der Kirche *Dominus Flevit*, die bis zum Mauerbau auch von der traditionellen Prozession zum Palmsonntag genommen wurde, war wohl zu steil für den Esel und zu eng für die Menschenmenge, die ihm folgte.

Durch das Schafstor am Bethesda-Teich – passend für das Lamm Gottes – wird er Jerusalem betreten haben.

Dass Betfage zwischen dem 8. Jahrhundert v. Chr. und dem 2. Jahrhundert n. Chr. ununterbrochen besiedelt war, bewiesen Ausgrabungen, die der Franziskanerarchäologe S. Saller hier durchführte. Als geradezu spektakulär erwies sich die Entdeckung einer offenbar christlichen Grabanlage, die einst (wie das Grab Jesu) mit einem Rollstein verschlossen wurde. Ihre Wände waren über und über mit judenchristlichen Graffiti bedeckt, die von Pater Testa untersucht und gedeutet wurden. Sie beziehen sich auf die Erlösung, das Paradies, das Tausendjährige Reich und auf den Namen Christi und zeugen von einer ununterbrochenen Verehrung der Stätte, an der sich Jesus von Nazareth das erste Mal öffentlich als der Messias offenbarte.

Wie es scheint, legte der Gottessohn dabei großen Wert auf die Inszenierung dieses Augenblicks. So schickte er eigens seine Jünger in das Dorf, um dort einen (möglicherweise von der dortigen Essener-Community bereitgestellten) jungen Esel abzuholen. Auf dem ritt er, in Erfüllung der Prophezeiung des Sacharja (9,9) vom kommenden Friedenskönig:

„Juble laut, Tochter Zion! Jauchze, Tochter Jerusalem! Siehe, dein König kommt zu dir. Er ist gerecht und hilft; er ist demütig und reitet auf einem Esel, auf einem Fohlen, dem Jungen einer Eselin."

Nicht nur seine zwölf Jünger und die übrigen Begleiter, die mit ihm aus Galiläa gekommen waren, folgten ihm, sondern offenbar auch die gesamte Belegschaft des essenischen Armenhauses: „Die Leute, die bei Jesus gewesen waren, als er Lazarus aus dem Grab rief und von den Toten auferweckte, legten Zeugnis von ihm ab", betont Johannes (12,17). Von ihrer Begeisterung angesteckt, reagierte das Volk frenetisch auf die messianische Selbstinszenierung des Mannes aus Nazareth. Viele breiteten ihre Kleider auf der Straße aus, andere rissen Palmzweige, seit jeher Symbole des Friedens, von den Bäumen und legten sie vor ihm auf den Weg. „Hosanna dem Sohn Davids", jubelten sie ihm zu und, den 118. Psalm zitierend, der seit jeher auf die Ankunft des Messias bezogen wurde: „Gesegnet sei er, der kommt im Namen des Herrn!" Das Friedensreich des Messias war angebrochen, jetzt zog er in der Stadt des Tempels ein, um seine wahre Bestimmung zu erfüllen. „Die Stunde ist gekommen, dass der Menschensohn verherrlicht wird", erklärte Jesus in seiner letzten öffentlichen Rede vor einer Gruppe hellenistischer Juden und schien in den Augen seiner Begleiter den bevorstehenden Triumph anzudeuten: „Und ich, wenn ich über die Erde erhöht bin, werde alle zu mir ziehen" (Joh 12, 23;32). Noch ahnte niemand, dass er an diesem Paschafest das Opferlamm sein würde.

Während seine Gegner alarmiert waren und das Schlimmste befürchteten, entzog Jesus sich unmittelbar nach seiner Ankunft in Jerusalem der Menge. Auch in den nächsten Tagen blieb er in Bethanien und besuchte nur in Begleitung seiner vier engsten Vertrauten Petrus, Jakobus, Johannes und Andreas (Mk 13,3) den Tempel. Auf dem Rückweg, wenn der Abend dämmerte, sprach er mit ihnen über die Zukunft, prophezeite Kriege und Verfolgungen und schließlich seine Wiederkunft, trug ihnen auf: „Vor dem Ende aber muss allen Völkern das Evangelium verkündet werden ... und ihr werdet um meines Namens willen von allen gehasst werden; wer aber bis zum Ende standhaft bleibt, der wird gerettet" (Mk 13,10–13).

Wenn wir die Berichte der Evangelisten lesen, fällt uns ein scheinbarer Widerspruch auf. Bei den Synoptikern nämlich ist das Paschafest offenbar bereits am Dienstag abend angebrochen, worauf schon die Datierung des Sonntags als „zwei Tage vor dem Fest" hinweist. So fragten seine Jünger Jesus „am ersten Tag des Festes der Ungesäuerten Brote, an dem man das Paschalamm schlachtete" (Mk 14,12; siehe Mt 26,17 u. Lk 22,7), wo er denn gedenke, das Fest zu feiern. Das ist an sich schon seltsam, denn das Paschamahl oder, wie es bei den Juden auch heißt, das *Seder*, findet gewöhnlich am Vorabend des Festes statt. An den übrigen Tagen der Festwoche isst man lediglich *Matzen*, eben die „ungesäuerten Brote". Noch verwirrender wird es, wenn bei Johannes die Juden am Karfreitag das Prätorium des Pilatus meiden, „um nicht unrein zu werden, sondern das Paschalamm essen zu können" (Joh 18,28), und der Evangelist den Zeitpunkt der Verurteilung Jesu benennt: „Es war der Rüsttag des Paschafestes, ungefähr um die sechste Stunde" (19,14). Bestätigt wird er dabei von Paulus, der im Jahre 53 und damit unbestritten mindestens anderthalb Jahrzehnte vor dem Johannesevangelium den Korinthern schrieb, Christus sei „als unser Paschalamm geopfert worden" (1 Kor 5,7). Danach dürfte das

Fest erst am Freitag abend und nicht schon am Dienstag begonnen haben.

Tatsächlich gibt es eine ganz einfache Erklärung für diese unterschiedlichen und nur scheinbar widersprüchlichen Angaben. Denn seit der Entdeckung der Schriftrollen vom Toten Meer wissen wir, dass in Jerusalem zur Zeit Jesu zwei verschiedene Kalender in Gebrauch waren. Der eine war ein Sonnenkalender, den die Essener benutzten. Bei ihm fiel jeder Monatsanfang automatisch auf einen Mittwoch. Damit war der 15. Nisan, der erste Tag des Festes der Ungesäuerten Brote, auch immer ein Mittwoch, wurde das *Seder* stets am Dienstag abend gefeiert. Das verhinderte, dass der Rüsttag, an dem die Paschalämmer geschlachtet wurden, auf einen Shabbat fiel und für religiöse Komplikationen sorgte. Matthäus, Markus und Lukas hatten also nicht unrecht, sie bezogen sich jedoch ausschließlich auf das essenische Milieu. Das offizielle Jerusalem, sprich: der Tempel richtete sich dagegen nach dem Mond. Nach diesem Kalender begann der 1. Nisan mit dem ersten Frühlingsneumond, entsprach der 15. Nisan also dem ersten Vollmond im Frühling. Im Jahr 30 fiel dieser auf den 8. April, einen Shabbat. Am Freitag wurden im Tempel die Opferlämmer geschlachtet, fanden abends die Sederfeiern statt. Schon deshalb war die Frage der Jünger an Jesus berechtigt: Meister, wie sollen wir es halten? Wann planst du unser Sedermahl?

Jesus, der nie der Messias einer Sekte sein wollte, entschied sich für einen Kompromiss. Er feierte weder das Sedermahl der Essener noch das der Pharisäer und Sadduzäer, er verzichtete ganz auf das Opfern eines Lammes, da er selbst das Opferlamm sein würde. Trotzdem hielt er mit seinen Jüngern ein feierliches Bundesmahl ab. Da dies vor dem Tempelfest stattfinden musste, bot sich als Ort das Essenerviertel Jerusalems an. Nur hier waren Räume und Häuser schon *pascharein* gemacht, hatten eifrige Hände jeden Winkel nach alten Brotresten durchsucht, eine Zeremonie, verbunden mit besonderen Gebeten, die noch heute Aufgabe des Gastgebers ist. Nur hier gab es noch Fleisch von den am Dienstag geschlachteten Lämmern, nur hier standen neben Wein auch frische *Matzen* zur Verfügung, die sonst in ganz Jerusalem erst am Freitag erhältlich waren. Zudem gab es im essenischen Kalender noch einen weiteren symbolträchtigen Festtag, der als Termin in Frage kam. Das war der 16. Nisan, der Tag, an dem der *Omer*, die erste Garbe des neuen Getreides, im Tempel als Brandopfer dargebracht wurde. Es war also ein Fest der Danksagung für das Brot (und nichts anderes als „Danksagung" bedeutet *Eucharistie)* vor dem Selbstopfer Jesu, der, im *Haus des Brotes* (Bethlehem) geboren, Juden und Heiden mit dem *Brot des Lebens* gespeist und sich selbst in der Synagoge von Kafarnaum als das *lebendige Brot, das vom Himmel herabgekommen ist,* offenbart hat. An diesem Donnerstag, dem 16. Nisan des essenischen Kalenders, dem 13. Nisan der offiziellen jüdischen Zeitrechnung, bei uns der 6. April 30, sollte das Letzte Abendmahl Jesu und seiner Jünger stattfinden.

Durch seine Kontakte zu den essenischen Netzwerken konnte Jesus alles arrangieren. So schickte er seine treuesten Jünger, Petrus und Johannes, nach Jerusalem, um die letzten Vorkehrungen zu treffen. Seine Anweisungen waren eindeutig:

„Geht in die Stadt; dort wird euch ein Mann begegnen, der einen Wasserkrug trägt. Folgt ihm, bis er in ein Haus hineingeht; dann sagt zu dem Herrn des Hauses: Der Meister lässt dich fragen: Wo ist der Raum, in dem ich mit meinen Jüngern das Paschalamm essen kann? Und der Hausherr wird euch einen großen Raum im Obergeschoss zeigen, der schon für das Festmahl hergerichtet und mit Polstern ausgestattet ist. Dort bereitet alles für uns vor" (Mk 14,13–15).

Dieses Mal nahmen die beiden Jünger von Bethanien aus den kürzesten Weg nach Jerusalem, die Straße, die heute *Derech Jericho* heißt und durch die Mauer versperrt wird. Sie endete am Wassertor von Jerusalem, das direkt neben dem Siloam-Brunnen lag. Dort musste ihnen ein Mann, der Wasser trug, tatsächlich aufgefallen sein, denn im Orient war und ist das Wasserholen Aufgabe der Frauen. Die einzige Ausnahme bot eine zölibatäre Gemeinschaft, wie die Essener es waren. Auch die Treppe hinauf zum Essenerviertel, auf der sie ihm folgten, ist zumindest teilweise noch erhalten; man findet ihre Überreste gleich neben der Kirche *St. Petri in Gallicantu* südlich der Altstadt von Jerusalem. Der Weg führte geradewegs auf den Zionshügel, auf dem die christliche Tradition seit jeher den Abendmahlssaal lokalisierte. Eben dort aber befand sich zur Zeit Jesu das Essenerviertel von Jerusalem.

Das jedenfalls behauptet Flavius Josephus in seiner ausführlichen Beschreibung der Stadt des Tempels in den Jahren vor ihrer

Zerstörung. Herodes der Große, den die Sekte unterstützte, weil er die verhassten Hasmonäer entmachtete, hatte ihnen einen ganzen Stadtteil geschenkt, zu dem ein eigenes Tor, das sogenannte *Essenertor,* führte. Das, so der Historiker, lag an der Südwestecke der Stadt, wo die Westmauer auf die Südmauer traf, zu Füßen des Zionshügels also. An dieser Stelle, am Rande des heutigen evangelischen Friedhofs, setzte der Benediktinerpater Bargil Pixner 1977 den Spaten an und wurde fündig. Nicht nur, dass er auf die Überreste eines Stadttores aus herodianischer Zeit stieß; er konnte auch nachweisen, dass dieses nachträglich in die Mauer eingefügt wurde, weil es offenbar notwendig war, dass die Gemeinschaft einen eigenen, separaten Zugang zu ihrem Viertel erhielt.

In nur 40 Metern Entfernung nordwestlich des Tores und außerhalb der antiken Stadtmauer grub Pater Pixner die Überreste zweier Mikwen aus, die beide einen getrennten Ein- und Ausstieg hatten. Eine Zisterne, eine Zuleitung und ein Abwasserkanal sorgten für „lebendiges" sprich: fließendes Wasser. Ihre Lage entsprach den Forderungen der Tora (Dtn 23,11 f.) und der essenischen *Tempelrolle,* Ritualbäder „außerhalb des Lagers" (und als solches definierten die Essener ihre Siedlungen) zu errichten. Auch die ebenfalls zweigeteilte Haupt-Mikwe von Qumran befand sich außerhalb des eigentlichen Klosters. Etwas weiter in nordwestliche Richtung, ganz wie es die *Tempelrolle* vorschrieb, lokalisierte Pixner die Überreste der von Josephus als *Bethso* bezeichneten Essener-Latrinen, die ebenfalls der kultischen Reinhaltung des klösterlichen Viertels dienten. Direkt daneben stieß der israelische Archäologe Boaz Zissu 1998 auf eine Gruppe von Gräbern, die allesamt nach Norden ausgerichtet waren, wie die Gräber von Qumran; in dieser Richtung vermuteten die Essener das Paradies. Nur 200 Meter nördlich des Tores liegt der Abendmahlssaal, den Papst Benedikt XVI. am 12. Mai 2009 besuchte. Es ist die Stelle, „wo Jesus in der Hingabe seines Leibes und Blutes die Tiefen des neuen Liebesbundes offenbart hat, der zwischen Gott und seinem Volk gestiftet wurde", wie es der Papst in seiner Ansprache dort formulierte. Hier lag die erste Kirche der Christenheit.

Wir machen uns noch einmal auf, den Ort der Paschafeier Jesu zu besuchen. Wie keine andere heilige Stätte der Christenheit zeigt sie die Verwurzelung Jesu im Judentum an. Denn der gotische Saal im ersten Stock, das *Coenaculum,* das die Kreuzritter errichteten und in dem Benedikt XVI. die Ordinarien des Heiligen Landes traf, liegt über einer jüdischen Synagoge, und das ist auch gut so. So kommen uns junge Juden mit *Kippa* und *Peot*, blitzsauberen weißen Hemden und schwarzen Hosen entgegen, unter dem Arm ihre Bücher. Wir treten ein, ich greife mir eine *Kippa* und setzte sie auf, Yuliya geht auf die linke Seite, die den Frauen vorbehalten ist. Im Innern des Raumes steht ein massiver Steinsarkophag, bedeckt mit einem bestickten, schwarzen Tuch, auf dem 22 silberne Tora-Kronen als Symbole der Könige Israels stehen. In dem Grab, so glauben die Juden, die hier beten, liegt König David begraben, der Ahnherr Jesu.

Tatsächlich ist das Grabmonument ein Werk der Kreuzritter, ist der Raum erst seit 1948 in Besitz der Juden. Doch das Gebäude, in dem es sich befindet, ist viel älter. Ich betrachte seine Steine im Innenhof und bin sicher, dass sie aus herodianischer Zeit stammen. Archäologen glauben, dass sie unmittelbar nach der Zerstörung Jerusalems für einen Neubau wiederverwendet wurden, zu einer Zeit also, als die Juden der Stadt gerade in alle Welt verschleppt waren. Als der israelische Archäologe Jay Pinkerfield 1951 das *Davidsgrab* untersuchte, entdeckte er eine Apsis, die er zunächst für eine synagogentypische Toranische hielt. Doch dann stellte er fest, dass damit etwas nicht stimmte. Eine Toranische muss stets zum Tempel hin ausgerichtet sein, in diesem Fall also nach Osten. Tatsächlich aber zeigt sie nach Norden, genau auf die Grabeskirche der Christen. Christliche Graffiti bestätigten bald den Verdacht: Es muss sich um eine Synagoge der Judenchristen gehandelt haben.

Tatsächlich berichtet der Kirchengeschichtler Eusebius von Caesarea, dass die Urgemeinde nur drei Jahre nach der Katastrophe, 73 n. Chr., unter Leitung ihres Bischofs Symeon nach Jerusalem zurückkehrte. Dort besiedelte sie den Zionshügel und baute eine Synagogenkirche, die fortan als „Kirche der Apostel" bekannt war. Wie im 4. Jahrhundert Bischof Epiphanius von Salamis in Jerusalem erfuhr, stand sie auf den Trümmern jenes Gästehauses, in dem einst das Letzte Abendmahl stattfand und „wohin die Jünger, vom Ölberg zurückgekehrt, nach der Himmelfahrt des Erlösers in das Obergemach hinaufstiegen", das damals zum Sitz der Urgemeinde wurde. Diese „kleine Kirche Gottes" blieb sogar unbehelligt, als Kaiser Hadrian im Jahr 135 auf den Trümmern Jerusalems die neue Stadt Aelia gründete. Der Zion lag, wie heute noch, außerhalb ihrer Mauern und wurde zu einer Art christlichem Ghetto mit eigenen Mauern.

Hier also, im Gästehaus des Essenerviertels, nach essenischem Kalender, feierte Jesus das Letzte Abendmahl. Seine extrem liberale Praxis muss viele konservative Anhänger der Sekte zunächst befremdet haben, doch sie wussten, dass alles anders würde, wenn der Messias kommt und einen Neuen Bund mit Gott verkündet. Schließlich galten die strengen Regeln zur kultischen Reinigung nur der Vorbereitung auf das kommende Gottesreich, das jetzt vielleicht schon angebrochen war und in dem nicht mehr Recht und Regeln, sondern Gnade und Vergebung herrschten. Als Abkömmling Davids kam Jesus für sie als Messias zumindest in Frage, und seine Taten sprachen eine deutliche Sprache: „Geht und berichtet Johannes, was ihr seht und hört: Blinde sehen wieder und Lahme gehen, Aussätzige werden rein und Taube hören, Tote stehen auf, und den Armen wird das Evangelium verkündet", antwortete Jesus auf die Frage des Täufers, ob er der Messias sei: „Selig ist, wer an mir keinen Anstoß nimmt" (Mt 11,4–6). Ein Fragment der essenischen Schriften, die in der vierten Höhle von Qumran entdeckt wurden, deckt sich fast wörtlich mit seiner Aussage. Diese Schrift, als *Erlösung und Auferstehung* betitelt und mit 4Q521 inventarisiert, sagt über den Messias voraus: „Er wird ... die Augen der Blinden öffnen, Gebeugte aufrichten ... die lebensgefährlich Verwundeten heilen, er wird die Toten auferwecken, er wird den Leidenden gute Nachrichten verkünden". Den Essenern gab er also zu verstehen, dass er der von ihnen erwartete „Messias aus dem Hause David" war. Er identifizierte Johannes den Täufer als sein priesterliches Gegenstück und ließ sich von ihm taufen, also kultisch reinigen. Wie die Essener, so zog auch er sich für 40 Tage in die Wüste zurück, bevor sein öffentliches Wirken begann. Dann erwählte er sich zwölf Apostel, entsprechend den zwölf Stämmen Israels, und sandte 70 Jünger symbolisch zu den (nach jüdischer Tradition) 70 Völkern der Erde, um auch ihnen das Evangelium vom anbrechenden Gottesreich zu verkünden. Schließlich zog er von Bethanien jenseits des Jordans, der Marschroute Josuas folgend, über Jericho nach Jerusalem und vollzog damit die symbolische „neue Landnahme". Im zweiten essenischen Bethanien, vor den Toren der Stadt, wurde er zum „König der Armen" gesalbt, bevor er, wie Sacharja prophezeit hatte, auf dem Rücken eines Esels in Jerusalem einzog. All dies geschah zum Paschafest, an dem die Juden der Befreiung aus der Knechtschaft in Ägypten gedachten. Das war eine offene Provokation der Machthaber, verbunden mit harscher Kritik an der sadduzäischen Tempelhierarchie, die auch den Beifall der Essener gefunden haben muss. Schon deshalb ist sicher, dass er von ihnen mit offenen Armen empfangen wurde.

Der Umstand, dass das Letzte Abendmahl im Gästehaus der Essener stattfand, erklärt, weshalb nur die zwölf Jünger an ihm teilnahmen, nicht aber die Frauen, die Jesus sonst ständig begleiteten. Nach den Regeln des Ordens durften Frauen an einem Gemeinschaftsmahl nicht teilnehmen. Diese Regeln erklären auch den Streit der Jünger, „wer unter ihnen das größte Ansehen haben sollte" (Lk 22,24), denn sie legen eine bestimmte Reihenfolge bei Tisch fest: „Die Priester sitzen an erster, die Ältesten an zweiter Ordnung, die übrigen Mitglieder jeder nach seinem Rang", heißt es im *Grundgesetz einer Sektengemeinschaft*, einer der Qumran-Rollen. Weiter steht dort über den Ablauf des Gemeinschaftsmahles: „Und dann, wenn sie den Tisch zum Essen gerichtet ... strecke der Priester seine Hand aus, damit man den Segen spreche über die Erstlinge des Brotes und des Weines". So würde auch der Messias sein Bundesmahl feiern.

Natürlich waren dem Betreten des Essenerviertels die üblichen kultischen Reinigungen vorausgegangen, vielleicht sogar in der Essenermikwe vor dem Essenertor, die Bargil Pixner ausgegraben hat. Auf ein solches Ritualbad scheint sich Jesus zu beziehen, als er, bevor er den Jüngern die Füße wusch, erklärte: „Wer vom Bade kommt, ist ganz rein; er braucht nur noch die Füße zu waschen" (Joh 13,10).

Auch von der „Sitzordnung" der Jünger ist in den Evangelien zumindest andeutungsweise die Rede. Üblich war keine lange Tafel, wie uns die christliche Kunst des Mittelalters und der Renaissance weismachen will (inklusive dem berühmten *Letzten Abendmahl* Leonardo da Vincis), sondern das platzsparende *triclinium*, die Anordnung dreier Tische in Hufeisenform. An ihnen lagen die Jünger, jeweils auf den linken Arm gestützt, auf Polstern. Jesus führte den Vorsitz und nahm den „ersten Platz" am linken Ende des Hufeisens ein. Neben ihm durften Johannes und Petrus sitzen – auf den beiden Ehrenplätzen. Auch bei den Essenern wurde der „Bund der Gnade" *(jahad)* von einem „Zentralrat" aus „zwölf

Laien und drei Priestern" geleitet. Mangelndes Wissen um antike Tischsitten führten später in der Kunst zu einigen etwas seltsamen Versuchen, die wenigen Informationen aus den Evangelien zu verarbeiten. Heißt es etwa im Johannesevangelium, dass „der Jünger, den Jesus liebte" „an der Seite Jesu lag" und sich später sogar „zurück an die Brust Jesu ... lehnte" (Joh 13,23–25), stellten die Maler es so dar, als hätte er, wie ein kleiner Junge, seinen Kopf auf den Schoß seines Meisters gelegt, der natürlich ganz anachronistisch auf einem Stuhl sitzt. Tatsächlich lag bei Tisch jeder an der Seite seines Nachbarn, ihm den Rücken zuwendend, und musste sich erst einmal zurücklehnen und den Kopf drehen, um ihm etwas zu sagen. Das galt insbesondere, wenn es sich um etwas Vertrauliches handelte, das nicht jeder im Saal mitbekommen sollte.

In diesem Fall ging es um etwas sehr Vertrauliches, nämlich um den Verrat des Judas. Der Sohn des Simon aus Kerioth (Joh 13,26) hatte, vielleicht, weil ihm die Salbung Jesu in Bethanien zu weit ging, vielleicht, weil er ihn als Messias auf die Probe stellen wollte, mit der Tempelhierarchie kollaboriert. Da die Tempelpolizei es nicht wagte, den Mann aus Nazareth bei seinen öffentlichen Auftritten festzunehmen und damit einen Aufstand zu riskieren (siehe Mk 14,2), war sein Angebot, sie zu seinem Nachtlager zu führen, mehr als willkommen. Wohl wegen des großen Andrangs zu den Festtagen hatte Jesus mittlerweile Bethanien verlassen und campierte in einer Höhle, die zu einer privaten Ölbaumplantage gehörte und ansonsten als *Gat-Schemanim*, „Ölkelter", benutzt wurde. Jesus hatte den Plan des Verräters durchschaut, doch er kam ihm gerade recht. So kündigte er zwar den Jüngern seine bevorstehende Auslieferung an, doch er forderte Judas auch auf: „Was du tun willst, tu bald!" (Joh 13,27). Das jedenfalls berichtet Johannes, der in diesem Moment Jesus am nächsten war.

Dass der Evangelist tatsächlich die prominente Position an der Seite Jesu einnahm, dass er sich selbst als der Jünger, „den Jesus liebte", bezeichnet, hatte seinen Grund. Sein Platz war traditionell der des Sohnes. Doch Jesus hatte keine leiblichen Kinder, auch wenn die Autoren schlechter Romane noch so oft das Gegenteil behaupten. So wurde Johannes, der jüngste der Jünger, gleichermaßen zu seinem Meisterschüler und zu seinem Ziehsohn. Eusebius, Irenäus, Clemens und andere frühchristliche Autoren bestätigen, dass er erst unter der Herrschaft des Kaisers Trajan, kurz nach dem

Jahr 100, in Ephesus eines natürlichen Todes starb. Auch wenn alle Quellen sein hohes Alter betonen – der später angefügte Schluss des Johannesevangeliums kolportiert das Gerücht, dass „jener Jünger nicht stirbt" (Joh 21,23) –, so wird er wohl kaum die 90 überschritten haben. Das hieße, dass er vielleicht 16 war, als er Jesus am Jordan traf, und 18 beim Letzten Abendmahl; er war gewissermaßen der Benjamin unter den Aposteln, die sonst alle gestandene Männer waren. So kam es, dass Jesus ihm noch am Kreuz seine Mutter anvertraute („Siehe, deine Mutter!" – 19,27), obwohl seine leibliche Mutter Salome noch lebte und sogar mit nach Jerusalem gekommen war. Er hatte also eine privilegierte Position, auch wenn Jesus dem älteren und durchsetzungsfähigeren Petrus die Führung der Kirche anvertraute.

Nach der Entfernung des Verräters begründete Jesus das wichtigste Sakrament seiner Kirche, die Eucharistie, das Mahl des Neuen Bundes. Es nahm die Opferung seines Fleisches, das Vergießen seines Blutes am Karfreitag, symbolisch vorweg. Er war jetzt zum Brot des Lebens geworden. In diesem Brot würde er immer unter den Seinen gegenwärtig sein, bis ans Ende aller Zeiten.

Da das Letzte Abendmahl aber gleichermaßen ein jüdisches Paschamahl war, sprach Jesus auch den traditionellen „Lobpreis" (Mk 14,22), die *Pessach-Haggadah,* und beendete die Feier mir dem Lobgesang (Mk 14,16), dem *Großen Hallel,* bei dem die Psalmen 113 bis 118 sowie 136 gesungen werden. Erst danach gingen die zwölf Männer hinaus in die kühle Nacht. Sie verließen Jerusalem durch das Essenertor, stiegen hinab in das unwirtliche Hinnom-Tal, für die Juden das irdische Gegenstück zur Hölle. Hier hatten die heidnischen Kanaaniter in frühbiblischer Zeit ihren Götzen Kinder geopfert, „ihre Söhne und Töchter im Feuer verbrannt", wie es bei Jeremias heißt. Unterhalb des *Wassertores* stieß es auf das Tal des Baches Kidron, der nur im Winter Wasser führt, wie Johannes ganz richtig anmerkt (18,1; wörtlich übersetzt: „Winterbach"). Bei den Juden hieß es auch *Tal Josafat,* wörtlich: „Gott richtet", weil hierher der Prophet Joel das Weltgericht verlegt. Es erstreckt sich zwischen dem Tempel und dem Ölberg, dessen Hang noch heute von unzähligen jüdischen Gräbern bedeckt ist, deren Tote die Ankunft des Messias erwarten. Am Rand dieses Weges liegen drei aus dem Stein geschlagene Priestergräber aus hasmonäischer und herodianischer Zeit. In der Nacht, als Jesus verraten wurde, leuchtete ihr weißlicher Kalkstein besonders gespenstisch im fahlen Licht des Vollmonds. In der Ferne bellten Hunde. Etwas Verhängnisvolles lag in der Luft, eine Ahnung von dem, was bevorstehen würde. Mit dem Abstieg in das „Tal des Gerichts" war Jesus selbst in die tiefste Finsternis der Geschichte vorgedrungen.

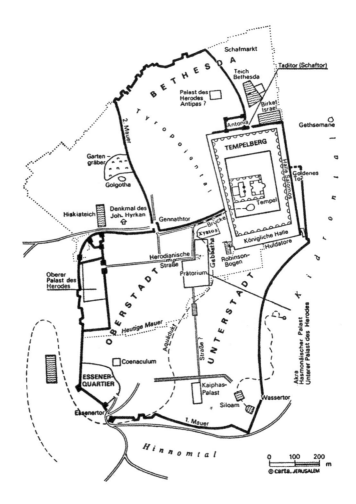

Karte von Jerusalem zur Zeit Jesu

XII. ECCE HOMO, ECCE DEUS

STÄTTEN DES TODES
UND DER AUFERSTEHUNG

Überall stehen Soldaten, riegeln jeden Zugang zum Josafat-Tal geradezu hermetisch ab. Es wurde empfohlen, sich mindestens drei Stunden vor Beginn am Kontrollpunkt einzufinden, doch auch das garantiert für nichts. Denn niemand, der nicht über eine persönliche Einladung verfügt, darf ihn passieren. Und das natürlich erst, nachdem er noch einmal gründlich auf Waffen und Sprengstoff untersucht wurde. Noch nie während seines gesamten Pontifikates fand eine Messe von Papst Benedikt XVI. unter solch strengen Sicherheitsvorkehrungen statt wie an diesem 12. Mai 2009 im Tal zwischen dem Tempelberg und dem Ölberg.

Verkündete der Prophet Joel in seiner apokalyptischen Vision, dass Gott hier am Ende aller Tage die Völker der Erde versammeln würde, um sie zu richten, so ahnte er offenbar die Tücken der Moderne noch nicht voraus. Über 6000 Karten wurden ausgegeben, zwei Drittel davon an palästinensische Katholiken, der Rest an die Pilgergruppen aus aller Welt, die eigens zum Papstbesuch nach Israel gekommen waren. Doch nur 2000 Gläubige schaffen es, den Straßensperren zu trotzen und einen Weg in das biblische Tal zu finden. Für die meisten christlichen Palästinenser dagegen endet die Wallfahrt zum Papst an den Durchgängen der Sicherheitsmauer, die von Israel, offiziell aus Furcht vor Anschlägen, vorsorglich gesperrt wurden.

Wir sind durchgekommen, nicht etwa dank unserer Presseausweise (die uns, wie wir bald merkten, wenig genutzt hätten), sondern weil uns unser Kollege Paul Badde schnell noch Einladungen besorgt hatte. Gemeinsam mit Joan Lewis, der Rom-Korrespondentin des katholischen TV-Networks EWTN, besetzen wir zu dritt die Pressetribüne links vom Papstaltar; unsere Kollegen haben offenbar frühzeitig resigniert. Eine Tribüne weiter ist der glücklicherweise vollzählig angetretene Chor untergebracht. Nach dem obligatorischen Auftritt der Dudelsackpfeifer des Lateinischen Patriarchats – Palästinenser in Pfadfinderuniformen, ein Relikt aus der Zeit der britischen Besatzung – und der Ankunft Benedikts XVI. erleben wir die intensivste, konzentrierteste und dadurch feierlichste Papstmesse dieser nicht ganz unproblematischen Israel-Reise.

Das liegt nicht nur an der Anspannung, die selbst noch während der Messe spürbar ist, und an der eher kleinen Anzahl an Gläubigen, sondern auch am Genius loci dieser heilsgeschichtlich bedeutsamen Stätte. Auf der einen Seite ragt steil der Tempelberg empor, der heute fest in den Händen der Muslime ist, auf der anderen Seite mahnt der Garten Getsemani, der Ort der Todesangst Christi und des Verrats durch Judas Iskariot. Der Papstaltar schließlich erinnert in seiner Form an die *Kirche der Nationen* und trägt, gemalt im Stil alter Fresken, ein Bild des hl. Thomas, der die Wunden des Auferstandenen berührt.

Das Original, die erst 1924 geweihte Basilika, deren goldene Mosaiken gerade im Licht der über Jerusalem versinkenden Sonne erstrahlen, markiert die finsterste Stunde im Leben Jesu. Sie erhebt sich über dem Felsen, auf dem der Sohn Gottes Todesangst durchlitt.

Was diesen Ort betrifft, so ist Johannes wieder am präzisesten. Geht Jesus bei Lukas nur „zum Ölberg" (Lk 22,39), erwähnen Matthäus (26,36) und Markus (14,32) immerhin „ein Grundstück, das Getsemani heißt", verrät er uns, dass es sich um „einen Garten" handelt, der „auf der anderen Seite des (Winter-)Baches Kidron" (Joh 18,1) liegt. Das griechische Wort *kepon*, das Johannes benutzt, steht allgemein für eine Anpflanzung. Getsemani war, wie gesagt, kein Eigenname, sondern das hebräische Wort für die Ölkelter, die zu dieser Anlage gehörte. Solche Ölpressen lagen oft in Höhlen (ein Beispiel wurde in Ras Abu-Ma'aruf bei Tel el-Ful in Israel gefunden), und da nicht anzunehmen ist, dass Jesus und seine Jünger in den kalten Aprilnächten unter freiem Himmel schlafen wollten, kann davon ausgegangen werden, dass eine solche gemeint war.

Hierher führte er die Elf. Nur Petrus, Jakobus und Johannes forderte er auf, mit ihm zu kommen, als er plötzlich zu zittern begann. „Meine Seele ist zu Tode betrübt. Bleibt hier und wacht!" bat er die Drei. Dann ging er noch „einen Steinwurf weit" (Lk 22,41), um auf dem besagten Felsen allein zu beten. Es war eine Stelle von größter Symbolkraft: das Gegenstück zu jenem Felsen, über dem sich das

Allerheiligste des Tempels (und heute der Felsendom) erhebt, der in dieser Nacht im Schein der Opferfeuer geheimnisvoll glühte. Er ist nur 450 Meter entfernt, so dass Jesus dem Haus des Vaters ein letztes Mal nahe sein konnte, als er in tiefster Angst und Verzweiflung betete: „Abba, Vater, alles ist dir möglich. Nimm diesen Kelch von mir! Aber nicht, was ich will, sondern was du willst (soll geschehen)" (Mk 14,36). *Abba,* diese kindlich-vertraute Anrede des Vaters, mit unserem „Papa" oder „Papi" vergleichbar, verrät alles über das neue Gottesbild Jesu. Gott war nicht mehr der gestrenge Richter des Alten Testaments, sondern der liebevolle, vergebende Vater aus dem Gleichnis vom Verlorenen Sohn, das so zentral für seine Lehre ist. Diese Liebe des Vaters zum Menschen sollte fortan auch das menschliche Miteinander bestimmen, aus Gottesliebe Nächstenliebe werden, aus dem „wie du mir, so ich dir" des Alten Testamentes ein „wie Gott mir, so ich dir" des Neuen Bundes, wie es der Kölner Erzbischof Joachim Kardinal Meisner unlängst so treffend formulierte. Jetzt aber verlangte diese Liebe Gottes zum Menschen die Selbstopferung Jesu, die in dieser Stunde der Agonie vorweggenommen wurde. Nur Lukas, der Arzt, erwähnt ein medizinisches Detail: „Und er betete in seiner Angst noch inständiger, und sein Schweiß war wie Blut, das auf die Erde tropfte" (Lk 22,44). Was man lange für eine bildhafte Übertreibung des Evangelisten hielt, ist tatsächlich ein biologisches Phänomen, das als *Hämhidrose* bezeichnet wird und bei Vergewaltigungsopfern oder zum Tode Verurteilten beobachtet wurde. Die große innere und äußere Anspannung führt dann zum Platzen von Hautäderchen und dem Abfließen des austretenden Blutes, vermischt mit Angstschweiß, durch die Poren.

Seine drei Begleiter waren sich der Bedeutung dieser Nacht noch nicht bewusst. Den Kopf schwer vom Wein des Paschamahles, schliefen sie ein. Zweimal weckte Jesus sie, vergeblich. „Ihr Geist ist zwar willig. Das Fleisch aber ist schwach" (Mk 14,38). Als er sie das dritte Mal weckte, hörte er Schritte. Im Schein der Fackeln, der sich im blankgeputzten Metall ihrer Helme widerspiegelte, nahte eine Einheit der Tempelwache, angeführt von dem Verräter Judas Iskariot, um ihn festzunehmen.

Der Ort dieses Geschehens muss von den frühen Christen in Ehren gehalten worden sein. Schon um 330 erwähnt Eusebius die „Stätte der Todesangst", um 390 ergänzt Hieronymus: „Jetzt ist darüber eine Kirche erbaut". Egeria, die dieses Gotteshaus 383 besuchte, spricht von einer *ecclesia elegans*, einer „prächtigen Kirche", die dort errichtet wurde, „wo der Herr gebetet hat". Wahrscheinlich war das Gotteshaus eine Stiftung des Kaisers Theodosius. Als die Franziskaner das Gelände erwarben, stießen sie auf seine Überreste; offenbar war es 614 beim Einfall der Perser zerstört worden. Über ihnen wurde die Kirche der Nationen gebaut.

Gleich daneben liegt heute ein von den Franziskanern betreuter Garten mit uralten Ölbäumen, der als Getsemani verehrt wird. Doch die echte Höhle, in der Öl gekeltert wurde, befindet sich 100 Meter nördlich der Kirche der Nationen, auf der anderen Seite des Weges, der den Ölberg hinaufführt. Wir steigen die Treppen hinab, die zur Grabeskirche der Jungfrau Maria führen, ein Heiligtum, das die griechisch-orthodoxe Kirche betreut. Rechts davon, in einer unscheinbaren Ecke, führt eine Tür zu der Höhle, die seit 1392 den Franziskanern gehört. Über eine Reihe von Stufen gelangen wir in das 10 mal 19 Meter große Felsgewölbe, dessen Decke mit Sternen bemalt ist. Hier fanden Franziskanerarchäologen 1955 die in Stein geschlagenen Überreste einer antiken Ölpresse, die der Grotte ihren Namen gab. Während anzunehmen ist, dass sie schon in frühester Zeit den Christen als Heiligtum diente, ist ihre Verehrung seit dem 4. Jahrhundert auch archäologisch nachweisbar. Zu diesem Zeitpunkt wurde sie in einen Kultraum umgewandelt und erhielt einen neuen Eingang sowie eine Reihe von Steinbänken. Egeria beschreibt 383, wie damals diese Höhle ihren festen Platz in der Liturgie hatte, die in der Nacht vom Gründonnerstag auf den Karfreitag gefeiert wurde.

Die Festnahme Jesu geschah nicht ohne Widerstand. Einer der Jünger zückte ein Schwert, schlug dem Diener des Hohenpriesters ein Ohr ab. Doch Jesus befahl ihm, die Waffe wegzustecken, und heilte den verletzten Mann. Während alle vier Evangelien die Szene beschreiben, nennt nur Johannes die Namen. Der Jünger war Petrus, der Diener hieß Malchus. Sein Name weist auf eine nabatäische Herkunft hin. Natürlich versuchte Petrus nicht, gegen die Übermacht der Tempelwächter zu kämpfen, dafür waren die Jünger viel zu schlecht bewaffnet. Sie besaßen nur zwei (Lk 22,38) handliche Kurzschwerter – Lukas benutzt den Fachausdruck *machaira* –, die man bequem im Gürtel tragen konnte und die allenfalls dem Schutz vor wilden Tieren und Straßenräubern dienten.

Doch was er im Sinn hatte, war ein symbolischer Akt, der gegen den Hohenpriester selbst gerichtet war. Flavius Josephus berichtet, dass auch der Hasmonäer Antigonos 40 v. Chr. seinem inhaftierten Erzrivalen Hyrkanos II. die Ohren abschneiden ließ, um zu verhindern, dass er wieder als Hohepriester eingesetzt würde, denn „nun war er verstümmelt, und das Gesetz verlangt, dass dieses Amt nur von denen ausgeübt wird, die körperlich unversehrt sind". Dabei bezog er sich auf eine Anweisung im Buch Levitikus (21,16–21). Auffallend ist, dass Johannes allein als „Täter" Petrus benennt, dessen aufbrausendem Temperament wir in den Evangelien öfter begegnen. Das liegt wohl daran, dass er nach dem Tod des Petrus (64 oder 67) schrieb, während die synoptischen Evangelien zu seinen Lebzeiten erschienen und ihn nicht kompromittieren wollten. Nur Markus erwähnt einen jungen Mann, der, trotz der Kälte „nur mit einem leinenen Tuch bekleidet" (Mk 14,51), Jesus nachgehen wollte, von der Tempelwache daran gehindert wurde und nackt floh. Einige Exegeten glauben, dass dies Markus selber war, von dem wir zumindest wissen, dass er aus einer wohlhabenden Familie in Jerusalem stammt. Vielleicht gehörte seinen Eltern die Ölplantage, vielleicht hatte er in der Höhle geschlafen, um sicherzugehen, dass sie nicht von anderen Pilgern in Beschlag genommen wird.

Die Männer der Tempelwache brachten Jesus auf dem direktesten Weg zum Palast des Hohenpriesters. Dazu durchquerten sie das Kidron-Tal, in dem 1979 Jahre später die Papstmesse Benedikts XVI. zelebriert würde, zogen vorbei an den alten Grabmälern aus der Zeit der Hasmonäer und des Herodes, bis sie zum Wassertor kamen, durch das sie die Stadt betraten. Hinter dem Teich Schiloach nahmen sie die Treppe hinauf zum Zionsberg. Dort bogen sie auf halber Strecke links ab, etwa auf Höhe der heutigen Kirche *St. Petri in Gallicantu* („St. Peter zum Hahnenschrei"). Sie ist einer der Orte, an denen uralte Pilgertradition und archäologischer Befund übereinstimmen.

Schon 333 beschrieb der Pilger aus Bordeaux, wie er vom Schiloach-Teich „zum Zion heraufsteigt, und es wird sichtbar, wo das Haus des Priesters Kajaphas war". Natürlich lag der Palast seit der Zerstörung im Jahre 70 in Trümmern, und noch dachte von den Christen niemand daran, hier eine Kirche zu errichten. „Das Haus des Kajaphas wird dich anklagen. Durch seine jetzige Zerstörung lehrt es die Macht dessen, der damals in diesem Haus verurteilt wurde", formulierte Bischof Kyrill von Jerusalem 15 Jahre später die damals vorherrschende Meinung. Die Ruine war ein Mahnmal und sollte das auch noch ein Jahrhundert lang bleiben. Erst Mitte des 5. Jahrhunderts kam die Kaiserin Eudokia (444–460) auf die Idee, mit einem Kirchenbau daran zu erinnern, dass sich hier auch eine Prophezeiung Jesu erfüllte. Er hatte dem Petrus ins Gesicht gesagt, er würde ihn drei Mal verraten haben, „ehe der Hahn zweimal kräht" (Mk 14,30; Mt 26,34; Lk 22,34; Joh 13,38); eine Unerhörtheit, die es jedem Evangelisten wert war, darüber zu berichten. Fortan wurde die neue Basilika zu einem beliebten Pilgerziel. Um 530 berichtete Theodosius vom „Haus des Kajaphas, das (heute) eine Kirche des heiligen Petrus ist", die damals von unzähligen Pilgern besucht wurde. Erst nach ihrer Zerstörung 614 geriet die Stätte in Vergessenheit. Jetzt wurde den Pilgern dort nur noch eine Höhle gezeigt, „wohin sich Petrus begab und bitterlich weinte", während man das Kajaphas-Haus auf dem Zion lokalisierte, auf einem Gelände, das heute der armenischen Kirche gehört.

1888 erwarben französische Assumptionisten-Patres das Grundstück und begannen mit archäologischen Ausgrabungen. Dabei legten sie nicht nur die 20 mal 14 Meter große Ruine der byzantinischen Kirche mitsamt ihren Mosaiken frei; sie stießen auch auf die Überreste von Gebäuden aus der Zeit Jesu. Sie stammten von einer großen, palastartigen Residenz, die sogar über einen eigenen „Wirtschaftstrakt" verfügte, zu dem eine Küche, ein Silo und eine Weizenmühle gehörten. Direkt unter der Kirche befanden sich Höhlen, die, wie Graffiti beweisen, offenbar in byzantinischer Zeit sehr verehrt wurden. Eine sehr tiefe Grube interpretierte man als „Gefängnis Jesu", eine Reihe von unterirdischen Kammern, ebenfalls in den Felsboden geschlagen, als Wachräume. An ihren Wänden waren Ringe eingelassen, die vielleicht zur Anbindung von Gefangenen beim Verhör oder der Auspeitschung dienten.

Tatsächlich könnte es sich bei den Kammern um Gefängniszellen handeln. Doch was man ursprünglich für das tiefe Verlies Jesu hielt, ist etwas ganz anderes. Der zweigeteilte Eingang und die Stufen, die zu ihm hinab führen, lassen erkennen, dass es einst eine Mikwe war, die aus einer tiefen Zisterne gespeist wurde. Tatsächlich ist es die größte und tiefste Mikwe, die in ganz Israel in einem antiken Privathaus entdeckt wurde. War die Zweiteilung in

Ein- und Ausstieg gewöhnlich nur angedeutet, so waren es hier zwei getrennte, nebeneinander liegende Zugänge. Hier wollte jemand offensichtlich demonstrieren, dass er es in Fragen des Gesetzes mehr als genau nahm. Diese Mikwe war tatsächlich des Hohenpriesters Kajaphas würdig. Den letzten Zweifel an der Identität des Palasteigentümers aber nahm eine hebräische Inschrift, die auf dem Fragment eines Türsturzes entdeckt wurde. Sie bestand aus nur einem Wort – *korban* (Opfer). Das war die offizielle Bezeichnung für die Tempelspenden (siehe Mk 7,11).

Auch ein weiteres Detail sprach dafür, dass hier das Haus des Kajaphas stand. Der Palast, zu dem die unterirdischen Räumlichkeiten gehörten, lag geradezu malerisch am Südhang der Stadt. Über seinen Ruinen erhebt sich heute eine moderne Kirche, die in den Jahren 1924 bis 1931 von den Assumptionisten gebaut wurde. Erst 1994–1997 unterzog man sie dank Spenden aus den USA sowie Geldern, die von den Erzdiözesen Köln und München, aber auch vom Deutschen Verein vom Heiligen Lande zur Verfügung gestellt wurden, einer gründlichen Renovierung.

Immer, wenn ich diese Kirche besuche, steige ich auf die daneben liegende Plattform und genieße den Blick über das Hinnom-Tal hinüber auf den *Hakeldama*-Acker, auf dem das Grab des Hannas liegt, und den *Friedenswald*, in dem das Familiengrab des Kajaphas entdeckt wurde. In der Ferne kann man Bethlehem erkennen, und bei klarem Wetter ragt am Horizont die Kuppe des Herodiums in den Himmel. Seit einigen Jahren sieht man von hier aus auch besonders deutlich, wie unschön die israelische Sicherheitsmauer die biblische Landschaft zerteilt. Diese exponierte Lage erklärt ein Detail, das schon von Exegeten als fromme Erfindung und Kulturanachronismus abgetan wurde. Und doch gab es auch der modernen Kirche ihren Namen *in Gallicantu*, zum Hahnenschrei. Dabei waren in ganz Jerusalem keine Hähne zu finden. Die jüdische Mischna hatte Hühnerhaltung in der Stadt des Tempels verboten, weil das Federvieh „unreines" Gewürm aus der Erde scharrte. Das galt natürlich nicht für die Dörfer und Höfe jenseits des Hinnom-Tales. Wenn dort Hähne krähten, waren sie im Hof des Kajaphas-Palastes wegen seiner Hanglage noch deutlich zu hören. Das machte ihn nahezu zum einzigen Ort in ganz Jerusalem, an dem Petrus tatsächlich seinen Herrn dreimal verraten konnte, „ehe der Hahn zweimal kräht" (Mk 14,30).

Die Evangelien widersprechen sich in ihren Berichten darüber, was hier genau in der Nacht vom 6. auf den 7. April des Jahres 30 geschah. Die Synoptiker lassen gleich „die Hohenpriester, die Ältesten und die Schriftgelehrten, also den ganzen Hohen Rat" (Mk 15,1) im Haus des Kajaphas über Jesus zu Gericht sitzen und ihn formell zum Tode verurteilen. Johannes dagegen schildert lediglich ein Vorverhör durch Hannas und ein Verhör durch Kajaphas, von dem wir nicht wissen, wer sonst noch daran teilgenommen hat. Die entscheidende Sitzung des *Sanhedrin*, auf der die Tötung Jesu beschlossen wurde, hat bei ihm in den Tagen zwischen der Auferweckung des Lazarus und der Salbung in Bethanien stattgefunden.

Sicher ist: Ein formeller Prozess mit einer rechtsgültigen Verurteilung durch den Hohen Rat kann in der Nacht nach Jesu Verhaftung gar nicht stattgefunden haben; er hätte jüdischem Recht und jüdischen Gepflogenheiten widersprochen. Er hätte nicht im Haus des Hohenpriesters, sondern in der *Halle des Behauenen Steines* oder, neuerdings, einem abgetrennten Bereich der Königlichen Säulenhalle stattfinden müssen, beide im Tempelbezirk. Der war aber nachts nur einigen wenigen diensthabenden Leviten zugänglich, zudem galten nächtliche Gerichtssitzungen als sittenwidrig. Vor allem aber wurden Urteile in Kapitalverbrechen niemals am Tag der Anhörung gefällt, sondern immer erst am nächsten Tag. „Aus diesem Grund sollen Gerichtsverfahren, bei denen es um die Todesstrafe geht, nicht am Vortrag des Shabbat oder am Vortag eines Festtages stattfinden", schrieb das Traktat *Sanhedrin* der Mischna vor. Dieser Freitag, der nach jüdischer Zeitrechnung bereits bei Abenddämmerung des Vortages begonnen hatte, war beides – Vortag eines Shabbats und des hohen Paschafestes.

Auch die sonstigen Details, die uns die Synoptiker schildern, sind alles andere als schlüssig. Nach jüdischem Recht (Dtn 17,6) sind mindestens zwei gleichlautende Zeugenaussagen notwendig, um einen Beweis zu erbringen, der eine Verurteilung rechtfertigen würde. Doch Markus betont: „Viele machten zwar falsche Aussagen über ihn, aber die Aussagen stimmten nicht überein" (Mk 14,57). Nachdem also die Beweisaufnahme erfolglos verlief, ging Kajaphas zum Verhör über. Erst als sich Jesus als der Messias offenbarte und prophezeite: „Und ihr werdet den Menschensohn zur Rechten der Macht sitzen und mit den Wolken des Himmels kommen sehen" (Mk 14,62), stand der Hohepriester in einer dramatischen Verurteilungsgeste auf, zerriss sein Gewand, sprach Jesus der Gotteslästerung schuldig und verurteilte ihm zum Tode. Auch die anderen Ratsmitglieder spuckten ihn an, schlugen und verspotteten ihn. Doch ohne eine nähere Erklärung verzichteten sie dann doch auf eine Vollstreckung und überstellten den gerade Verurteilten lieber an eine andere Instanz: das römische Gericht des Statthalters.

Lukas, dem offenbar die Unstimmigkeiten bewusst waren, verlegt die ganze Verhandlung zumindest in die Morgenstunden und lässt sie ohne ein Urteil enden. Zudem entlastet er die Ratsherrn; bei ihm treiben nur die Wächter ihren Spott mit Jesus. Das ist zumindest plausibler, passt aber nicht mehr in einen realistischen Zeitplan, der gerade einmal sechs Stunden für den *Sanhedrin*-Prozess, die Überstellung an Pilatus, dessen erstes Verhör, die Vorführung bei Herodes, eine zweite Verhandlung und die Verurteilung durch den Statthalter, Geißelung, Kreuzweg und Kreuzigung zulässt. Daher kam der jüdische Historiker und Jesus-Forscher Geza Vermes zu dem Schluss, dass die einzig glaubwürdige Darstellung der Geschehnisse dieser Nacht im vierten Evangelium zu finden ist, und die Schilderung des Johannes „auf eine zuverlässigere Überlieferung zurückgeht ... Sein Zeitplan ergibt einen Sinn, der der Synoptiker nicht."

Hannas und Kajaphas waren schlau genug, es zu keinem Prozess vor dem *Sanhedrin* kommen zu lassen, sondern den Fall an Pilatus weiterzureichen. Als sie das Thema gut eine Woche zuvor im Rat diskutierten, hatte sich gezeigt, dass Jesus gerade in den Reihen der Pharisäer auch Anhänger hatte – zwei davon, Nikodemus und Joseph von Arimathäa, sind uns sogar namentlich bekannt. Ein Teil der Essener schien ihn ebenfalls zu unterstützen. Immerhin stammte er tatsächlich aus der Sippe Davids, sein Messiasanspruch war also zumindest dynastisch-genealogisch legitimiert, während ihre Hohepriesterschaft eigentlich illegitim und damit anfechtbar war (weder Hannas noch Kajaphas stammten aus dem Hause Aarons; sie hatten sich ihr Amt einfach erkauft). Zudem hatte sich bei seinem Einzug in Jerusalem gezeigt, wie beliebt er beim einfachen Volk war. Man musste ihn schon „bei Nacht und Nebel" verhaften, um einen Aufruhr bei den Festpilgern zu vermeiden. Seine Kritik an der Tempellobby war nicht nur weitgehendst bekannt, sie wurde auch von vielen gläubigen Juden geteilt. Nein, eine Verurteilung Jesu durch den *Sanhedrin* war viel zu riskant. Sie hätte zu Unruhen im Volk, zur Schwächung der sadduzäischen Hausmacht und notgedrungen zu einem Eingriff der Römer führen können. Wie schnell die Besatzer in der Lage waren, einen Hohenpriester auszutauschen, von dem sie den Eindruck hatten, er hätte das Volk nicht mehr im Griff, das hatte Hannas am eigenen Leibe schmerzlich erfahren.

Auf der anderen Seite konnten sie Jesus, dessen öffentliche Auftritte immer provokantere Züge annahmen, auch nicht länger gewähren lassen. Was er von ihnen hielt, hatte er schon bei der Tempelreinigung gezeigt. Nach seinem Einzug in Jerusalem war damit zu rechnen, dass er das Paschafest nutzen würde, um sich vom Volk bestätigen zu lassen und sein messianisches Programm zu verkünden. So unklar ihnen war, was er wirklich wollte, es würde so oder so mit ihren Interessen kollidieren. Daher gab es nur eine Lösung. „Es ist besser, wenn ein einziger Mann für das Volk stirbt, als wenn das ganze Volk zugrunde geht", hatte Kajaphas auf der *Sanhedrin*-Sitzung erklärt. Man musste den Nazarener auf möglichst schnelle, effiziente Weise aus dem Weg räumen – und die Verantwortung dafür auf die Römer abschieben. Sein Messiasanspruch, den er Hannas und Kajaphas gegenüber deutlich bekräftigte, lieferte dazu den geeigneten Vorwand.

„Von Kajaphas brachten sie Jesus zum Prätorium; es war früh am Morgen", berichtet Johannes weiter (18,28). Als *Prätorium* bezeichnete man den Amtssitz des Statthalters. Als solcher wurde, schon um die neue Machtsituation zu demonstrieren, in der Regel der bisherige Königspalast genutzt. Pilatus residierte also in dem opulenten Herodespalast am Westrand der Jerusalemer Oberstadt, im heutigen Armenischen Viertel zwischen der Zitadelle und dem Zionsberg gelegen. Flavius Josephus wie Philo von Alexandria bezeichnen diesen Palast als „das Haus des Statthalters". Gleich daneben, auf dem Gelände der heutigen Zitadelle, umgeben von drei mächtigen Türmen, befand sich eine Festung, in der eine Kohorte römischer Legionäre Quartier bezog, wenn er zu den jüdischen Feiertagen seinen Amtssitz nach Jerusalem verlegte. Eine weitere Kohorte Soldaten war ständig in der Burg Antonia stationiert, die im Norden das Tempelgelände überragte. Die starke militärische Präsenz erlaubte es dem Statthalter, schnell und effizient eingreifen zu können, falls es zu Unruhen kam. Die Gefahr dazu war bei keinem Tempelfest so groß wie zum *Pessach,* wenn die Juden ihrer Befreiung aus der Sklaverei in Ägypten gedachten.

Von dem so prachtvollen Palast, den uns Josephus in allen Farben schildert, wurde bislang nur das Tor entdeckt. Es befindet sich unmittelbar vor der mittelalterlichen Stadtmauer, ziemlich genau 330 Meter südlich vom Jaffa-Tor. Der israelische Archäologe Magen Broshi legte seine Überreste in den 1970er Jahren frei. Doch bekannt wurde es erst durch seinen Kollegen Shimon Gibson, der behauptet, dieses Tor sei nicht nur das Essenertor des Josephus, sondern auch der Ort der Verurteilung Jesu. Leider versäumt es Gibson, auch nur eine seiner beiden Hypothesen beweiskräftig zu untermauern. Denn das Essenertor kann es nicht gewesen sein, weil es nicht den Angaben des Josephus entspricht. Hier trafen nicht die West- und die Südmauer aufeinander, noch war es ein Stadttor; es führte, und Gibson räumt das ein, einzig und allein in den Palast. Gericht hielten die Römer auf öffentlichen Plätzen, nicht aber draußen vor den Mauern der Stadt. Johannes nennt den Ort der Verurteilung Jesu auf griechisch *Lithostrotos* (Steinpflaster) und auf aramäisch *Gabbata* (Höhe, Anhöhe), also einen gepflasterten Platz auf einer Anhöhe, was nicht unbedingt zu einem Tor passt, zu dem eine von Mauern flankierte Treppe führt. Sie war ohnehin zu schmal und zu uneinsichtig, um als Schauplatz eines Prozesses zu dienen, und daher kann Gibsons Vorschlag schnell wieder zu den Akten gelegt werden.

Doch auch der *Lithostrothos,* der Pilgern im Kloster *Flagellatio* („Geißelung") auf der *Via Dolorosa* gezeigt wird, kann nicht der Prozessort Jesu gewesen sein. Dieses Steinpflaster befindet sich östlich von dem Felsen, auf dem einst die Burg Antonia stand, die Kaserne der römischen Kohorte in Jerusalem. Es gibt nicht den geringsten Hinweis, dass dort je der Statthalter residierte, und die Tradition, die hier die Via Dolorosa beginnen lässt, ist erst seit dem 13. Jahrhundert, zu Ende der Kreuzfahrerzeit also, bezeugt. Zudem liegt es auf einem Gewölbe, das sich über dem *Struthion-Teich* erstreckt. Dieses noch heute beeindruckende tiefe, steinerne Becken diente nicht nur als Wasserreservoir für den Tempel, es sollte auch die Antonia-Festung wie ein Burggraben schützen. So beschreibt Josephus, wie der römische Feldherr Titus es im Jahr 70 erst mit einem Damm überbrücken musste, um die Antonia erstürmen zu können. Er lag zu diesem Zeitpunkt also noch unter freiem Himmel. Erst 135 baute Hadrian auf den Ruinen der Festung sein Nordforum, dessen Zugang der *Ecce Homo*-Bogen der *Via Dolorosa* war. Dabei wurde der Teich mit dem gepflasterten Gewölbe abgedeckt. Um der *Lithostrothos* des Johannesevangeliums zu sein, ist es also gut 100 Jahre zu jung. Die heutige *Via Dolorosa* ist zwar eine bewegende Stätte religiöser Andacht, doch der historische Kreuzweg Jesu war sie nicht.

Statt dessen finden wir wichtige Hinweise zur Lagebestimmung *Gabbatas* bei Josephus, wenn er die Unruhen schildert, zu denen es bei der Finanzierung eines Aquädukts durch Gelder aus dem Tempelschatz in Jerusalem kam. Danach stand der Richterstuhl des Pilatus – Josephus verwendet dasselbe Wort wie die Evangelisten: *bema* – auf einem öffentlichen Platz, auf dem sich die Demonstranten von seinen Soldaten „umzingeln" ließen: „Als er ihnen nun vom Richterstuhl herab das Zeichen gab", prügelten sie auf die wütenden Juden ein. Bei der Flucht, offenbar durch die engen Gassen Jerusalems, wurden einige von ihren Landsleuten zu Tode getrampelt. An einer anderen Stelle im Werk des jüdischen Historikers finden wir eine Szene, die an die Verurteilung Jesu erinnert, nur dass sie sich zur Dienstzeit eines späteren Statthalter abspielte: „Florus aber, der im Königspalast abgestiegen war, ließ sich am folgenden Tage vor demselben auf einem Richterstuhl nieder, worauf die Hohenpriester, die Großen und überhaupt der vornehmere Teil der Bürgerschaft sich einfanden ..." Ein paar Zeilen weiter lesen wir, dass der Römer Juden „vor dem Richterstuhl geißeln und ans Kreuz schlagen" ließ.

Offenbar gab es also vor dem Herodespalast in der Oberstadt Jerusalems einen Platz, groß genug, um eine Menschenmenge zu beherbergen, auf dem einst der König und jetzt die Statthalter Gericht hielten. An einem erhöhten Ort, hoch genug, um aus jedem Winkel gesehen zu werden, befand sich hier eine wahrscheinlich überdachte Bühne, auf der der Richterstuhl, die *bema*, stand. Da im Armenischen Viertel Jerusalems noch keine großflächigen Ausgrabungen stattfanden, ist ihr genauer Standort derzeit nicht zu bestimmen.

Es gibt allerdings noch eine zweite Möglichkeit. Auch wenn sicher ist, dass die Statthalter im Herodes-Palast residierten, kann nicht ausgeschlossen werden, dass sie ihren Amtsgeschäfte an einer anderen Stelle nachgingen. Geeignet wäre dazu der alte Königspalast der Hasmonäer, in dem auch Herodes in seinen ersten Amtsjahren residierte. Von ihm erfahren wir bei Josephus, dass er an dem größten öffentlichen Platz Jerusalems lag, dem *Xystos*. Der war „durch eine Brücke mit dem Tempel verbunden", deren Reste wir heute als Wilsonbogen kennen. Daraus und dass er „an der Grenze der Oberstadt" und unterhalb des Tempels lag, können wir schließen, dass er in etwa dem heutigen Platz vor der Klagemauer entsprach. Tatsächlich stießen hier, direkt zu Füßen des Felsens, Archäologen auf die Überreste eines gepflasterten Platzes (ein Foto, das ich im Mai 2009 aufnahm, finden Sie im Bildteil). Da die Grabungen noch andauern, wurden ihre Funde leider noch nicht publiziert; wir können jedenfalls auf die Ergebnisse gespannt sein. Der Palast selbst gehörte bereits zur Oberstadt. Von einem seiner Türme aus konnte König Agrippa II. laut Josephus die Vorgänge im Tempel genau beobachten. Sollte unsere Vermutung über seine Lage zutreffen, war er über eine beachtliche Hochtreppe mit dem *Xystos* verbunden, und genau so stellt ihn das berühmte und von Archäologen in mühevoller Kleinarbeit erstellte Modell des antiken Jerusalem im Israel-Museum gegenüber der Knesset dar. Auf halber Höhe dieser Treppe könnte es eine Plattform gegeben haben, die vielleicht *Gabbatha* genannt wurde, und auf der schon die hasmonäischen Könige Gericht hielten. Ein solches Podium „vor dem Palast der Hasmonäer" findet bei Flavius Josephus Erwähnung, hier präsentierte König Agrippa II. dem Volk seine Schwester, „dass sie von jedermann gesehen werden konnte".

Tatsächlich lokalisiert die byzantinische Tradition das *Prätorium* hier, gegenüber der Klagemauer, und nicht vor der Zitadelle. So will schon 333 der Pilger aus Bordeaux „rechts unten im *(Tyropoion-) Tal Mauern"* gesehen haben, „wo das Haus oder das Prätorium des Pilatus gestanden hat". Anfang des 5. Jahrhunderts wurde über diesen Ruinen die Pilatus-Kirche gebaut, die man später der „Heiligen Weisheit" *(Hagia Sophia)* weihte. Der Pilger aus Piacenza schreibt, sie läge „vor den Ruinen des Salomonischen Tempels", womit die Klagemauer gemeint ist. In ihrem Innern „befindet sich der viereckige Stein, der mitten im Prätorium stand und auf den der Angeklagte gehoben wurde, damit er von allem Volk gehört und gesehen wurde", behauptet er weiter, „auf diesen ist auch der Herr gehoben worden, als er von Pilatus verhört wurde, und seine Fußspuren sind auf demselben zurückgeblieben."

Die Strategie des Kajaphas war klar. Aus Jesus, dem religiösen Reformer und Stein des Anstoßes, musste ein politischer Aufrührer gemacht werden, damit sich Pilatus überhaupt für ihn interessierte. In rein religiöse Belange der Juden mischten sich die Römer gar nicht erst ein. Also wurde aus seinem rein geistlichen Messiasanspruch ein politischer Thronanspruch konstruiert. Den Schlüssel zu seiner Verurteilung lieferte die Gleichsetzung des Messiastitels mit dem Titel des Königs der Juden. Lukas überliefert vielleicht sogar den vollen Wortlaut der Anklageschrift, wenn er die Hohenpriester zitiert: „Wir haben festgestellt, dass dieser Mensch unser Volk verführt, es davon abhält, dem Kaiser Steuer zu zahlen, und behauptet, er sei der Messias und König" (Lk 23,2).

Pilatus zögerte. Zunächst wollte er das ganze Verfahren an die Juden zurückgeben, weil er seinen religiösen Hintergrund erkannte. Nun ist unter Historikern strittig, ob der *Sanhedrin* während der römischen Besatzung bei religiösen Vergehen die Todesstrafe aussprechen konnte. Die Steinigung des Stephanus drei Jahre später, aber auch das Schicksal der Ehebrecherin, deren Steinigung von Jesus gerade noch verhindert wurde, deuten darauf hin. Allerdings hatte der Konsul und Prätorianerpräfekt Lucius Aelius Sejanus ausgerechnet im Jahr des Prozesses Jesu, 30 n. Chr., in Rom einen Erlass durchgesetzt, der Juden die Ausführung der Todesstrafe untersagte. Erst im Oktober 31 erhielt der *Sanhedrin* dieses Privileg zurück. So trifft auf diesen begrenzten Zeitraum zu, was Johannes die Hohenpriester sagen lässt: „Uns ist es nicht gestattet, jemand hinzurichten" (Joh 18,31).

Zumindest den dritten Anklagepunkt musste der Statthalter ernst nehmen. Es war dem Kaiser allein vorbehalten, Könige einzusetzen. Das ging so weit, dass sogar legitime Thronerben wie Antipas und Philippus, die als Herrscher über ein Reich bestätigt wurden, den Königstitel nicht führen durften, wenn das Rom nicht genehm war; zeitlebens nannten sie sich nur „Tetrarchen". Jemand, der sich eigenmächtig als König bezeichnete, war automatisch ein Rebell. Er machte sich des Aufruhrs und des Hochverrats gegenüber dem römischen Volk und dem Kaiser schuldig. Auf ein solches *crimen laesae maiestatis*, wie es die *Lex Iulia maiestatis* nennt, stand nach dem *Corpus Juris Civilis* des römischen Rechts die Todesstrafe am Kreuz.

Wie bei römischen Statthaltergerichten üblich, folgte auf den Vortrag der Anklage das Verhör. Es fand wohl auf *Koiné*-Griechisch statt, da auszuschließen ist, dass Jesus Latein oder Pilatus Aramäisch sprach. Auch hier finden wir bei Johannes eine realistische Darstellung. Auf die Frage, ob er ein König sei, antwortete Jesus: „Mein Königtum ist nicht von dieser Welt" (Joh 18,36). Wäre er ein politischer Aufrührer, eine Gefahr für Rom, hätten seine Männer schon bei seiner Verhaftung Widerstand geleistet. Pilatus war in einer Zwangslage. Er holte die Meinung des Antipas ein, der wahrscheinlich im Gästetrakt des zweigeteilten Herodespalastes wohnte, er ließ sich von seiner Frau warnen, die ihn, was seit Tiberius erlaubt war, nach Judäa begleitet hatte, er befragte das Volk, er versuchte, die Hohenpriester mit der Geißelung und öffentlichen Demütigung Jesu zufriedenzustellen. Ganz so, wie es sein Nachfolger Albinus mit jenem Jesus Ben Ananus tat, der mit seinen Weheschreien den Untergang des Tempels prophezeite. Doch selbst die Vorführung des gegeißelten, mit Dornenkrone und Soldatenmantel als Spottkönig verhöhnten Jesus, das *Ecce homo* („Seht diesen Menschen!", Joh 19,6; in der *Einheitsübersetzung*: „Seht, da ist der Mensch!") des Pilatus, blieb wirkungslos. Am Ende hatte er keine andere Wahl. Die Drohung der Ankläger, sie würden sich beim Kaiser über ihn beschweren, wie es die Juden bereits im Fall der in Jerusalem aufgestellten Standarten getan hatten, saß. Damals war er neu im Amt, hatte Tiberius ihm noch eine Chance gegeben. Eine zweite Beschwerde in Rom konnte ihn den lukrativen Statthalterposten kosten. Mit den Worten „Wenn du ihn freilässt, bist du kein Freund des Kaisers; jeder, der sich als König ausgibt, lehnt sich gegen den Kaiser auf" (Joh 19,12), hatten sie nicht nur seinen wunden Punkt getroffen, sie machten ihm auch unmissverständlich klar, in welcher Sackgasse er saß. Rein formaljuristisch stand auf Jesu Messiasanspruch, den er mit seinem Einzug in Jerusalem so augenscheinlich demonstriert hatte und im Verhör sogar bestätigte, die Todesstrafe. Der Kaiser hätte gewiss kein Verständnis dafür gehabt, dass sein Statthalter einen selbsternannten König schützte und es sich dadurch noch mit der jüdischen Tempelhierarchie verscherzte, auf deren Zusammenarbeit die Besatzungsmacht angewiesen war. Daher blieb ihm nichts anderes übrig, als Jesus zu verurteilen. Johannes schildert den Vorgang präzise wie ein Gerichtsschreiber: „Auf diese Worte hin ließ Pilatus Jesus herausführen, und er setzte sich auf den Richterstuhl an dem Platz, der Lithostrotos, auf hebräisch Gabbata, heißt. Es

war am Rüsttag des Paschafestes, ungefähr um die sechste Stunde"
(Joh 19,13–14), also gegen 12 Uhr mittags. Dort verkündete er das
schrecklichste aller Urteile: *Ibis in crucem* – „Du wirst zum Kreuze
gehen". Die Begründung für die Strafe ließ er auf eine Holztafel schreiben, die dem Verurteilten vorangetragen und schließlich
hoch oben am Kreuz befestigt wurde. Sie zeugte gleichermaßen
von seinem Respekt vor dem Angeklagten wie von der Unumgäng-
lichkeit des Urteils: Jesus von Nazareth, König der Juden.

Die Evangelien brauchten nicht erst zu schildern, welche Qualen
Jesus in diesem Augenblick noch bevorstanden. Ihr antikes Leser-
publikum kannte die Schrecken der Kreuzigung aus eigener Anschauung, so exzessiv wurde sie im Römischen Reich eingesetzt,
um jeden Widerstand im Keim zu ersticken. Erst Kaiser Konstantin der Große schaffte „die grausamste und fürchterlichste Todesstrafe", wie sie der Römer Cicero nannte, endlich ab; die Türken
dagegen praktizierten sie noch bis ins 16. Jahrhundert, in einigen
islamischen Ländern (etwa im Sudan) gibt es sie noch heute. Flavius Josephus, Augenzeuge unzähliger Kreuzigungen im Jüdischen
Krieg, fasst ihren Ablauf zusammen: Die Verurteilten „mussten
nun zunächst die Geißelung und alle möglichen Foltern über sich
ergehen lassen und wurden dann angesichts der Mauer gekreuzigt".

Die Geißelung allein reichte oft genug aus, um einen Menschen
zu töten. Der Verurteilte wurde dazu nackt ausgezogen und an eine
niedrige Säule gebunden. Dann schlugen zwei *Liktoren* (Gerichts-
diener) mit den „schrecklichen Geißelpeitschen" (wie Horaz sie
nannte) von beiden Seiten auf ihn ein. Diese Geißeln bestanden
aus einem Holzgriff und drei Lederriemen, die meist in kleinen
Bleihanteln endeten. Auch wenn in Judäa mit Rücksicht auf das
mosaische Gesetz die Zahl der Schläge auf 39 („vierzig weniger
einen", Dtn 25,2) begrenzt war, führte das zu schwersten Verlet-
zungen, nicht selten mit Todesfolge. Auch Jesus Ben Ananus war
„bis auf die Knochen durch Geißelhiebe zerfleischt", andere Männer ließ man „geißeln, bis ihre Eingeweide offenlagen". Christliche
Märtyrerakten zitieren den Befehl eines besonders sadistischen
Richters: „Sein Rücken soll von Schlägen aufgerissen werden, ohne
Unterlass, sein Hinterkopf soll von Blei getroffen werden und anschwellen, bis er platzt." Die blutige Darstellung der Geißelung in
Mel Gibsons filmischem Meisterwerk *Die Passion Christi* war zwar
stark übertrieben, was die Zahl der Hiebe und die Auswahl der

Geißelpeitschen betrifft, aber keineswegs in der Darstellung ihrer Folgen.

Doch so schrecklich die Geißelung war, sie diente nur als Vorbereitung auf viel größere Leiden. Jetzt wurde Jesus der Querbalken (lat. *patibulum)* des Kreuzes aufgeladen, die Arme ausgestreckt und an das Holz gebunden, bevor er, wie ein Sklave, der ein Joch trägt, unter dem Spott der Menge durch die Straßen zur Hinrichtungsstätte gezerrt wurde. Nur das *patibulum* trug er, nicht das ganze Kreuz, wie es unzählige Gemälde und Hollywood-Filme fälschlich darstellen. Dessen Gewicht hätte mindestens 120 Kilogramm betragen; unmöglich, dass es selbst ein kräftiger Verurteilter die vielen hundert Meter zur Hinrichtungsstätte schleppte. So stimmen alle antiken Quellen, die Kreuzigungen beschrieben, von Dionysios von Halikarnassos bis Artemidor, mit dem Römer Plautus überein: Die Verurteilten trugen nur „das *patibulum* durch die Stadt".

Doch auch das wog 35-40 Kilogramm und war damit schwer genug, dass der durch die brutale Geißelung geschwächte Jesus unter seiner Last mehrfach zusammenbrach. So schnappten sich die Soldaten, die den Zug der Kreuzträger begleiteten, kurzerhand einen Pilger aus dem nordafrikanischen Zyrene und befahlen ihm, den Balken für Jesus zu schleppen. Eine solche Zwangsverpflichtung war bei der römischen Besatzungsmacht nichts Ungewöhnliches. In diesem Fall aber wissen wir nicht nur, dass der Mann gerade „vom Feld" kam – so hieß die Zeltstadt im Westen Jerusalems – und offenbar mit seinen Söhnen auf dem Weg zum Tempel war. Wir kennen auch seinen Namen, Simon, und die Namen seiner Söhne, Rufus und Alexander, bei denen es sich – wie der bereits erwähnte Ossuarienfund beweist – unbestreitbar um historische Personen handelte.

Gleich, ob das Prätorium des Pilatus der Palast des Herodes am Westrand oder der Hasmonäerpalast am Ostrand der Oberstadt war, die Entfernung zur Hinrichtungsstätte betrug etwa 600 Meter. Man wählte gewiss nicht den kürzesten Weg. „Wann immer wir Kriminelle kreuzigen", schrieb der Römer Quintilian, „wählen wir für den Weg zur Kreuzigung die belebtesten Straßen, so dass die größtmögliche Anzahl Menschen es sehen und dadurch von Furcht erfüllt werden." Auf jeden Fall führte der echte Kreuzweg Jesu durch das alte *Gennath-* oder *Gartentor* in die erst von Herodes umwallte Nordstadt, um dann durch das neue *Ephraimstor* die Stadt zu verlassen.

Überreste des Gennath-Tores fand der israelische Archäologe Nahman Avigad bei Ausgrabungen in der äußersten Nordwestecke des Jüdischen Viertels der Altstadt von Jerusalem, zwischen der *Habad Street* und der *Jewish Quarter Street*. Von hier aus, so schreibt Flavius Josephus, verlief die zweite Stadtmauer geradewegs nach Norden, um schließlich in einem großen Bogen auf die Burg Antonia zu treffen. Sie hatte drei Tore; das neue Osttor war das Schafstor gleich hinter den Bethesda-Becken, das Nordtor war der Vorläufer des heutigen Damaskus-Tores, das Westtor, eben das erwähnte Ephraimstor, führte auf die Straße nach Caesarea, vorbei am Hiskia-Teich *(Amygdalon* oder Turm-Teich bei Josephus) zur linken und einem alten Steinbruch auf der rechten Seite.

Die Überreste dieses Tores befinden sich heute auf dem Gelände der russischen Alexander Nevsky-Kirche, an der man auf dem Weg von der Via Dolorosa zur Grabeskirche automatisch vorbeikommt. Wir klingeln, die Tür öffnet uns ein junger Russe. Vorbei am Jerusalemer Domizil des letzten Zaren führt der Weg, eine Treppe hinunter, zu den Ausgrabungen. Entdeckt wurden die Ruinen 1844 durch den kaiserlich-deutschen Konsul Ernst-Gustav Schultz, doch als Berlin kein Interesse anmeldete, kauften kurzerhand die Russen das Grundstück. Bei ihren Ausgrabungen, die 1859 begannen und bis 1883 andauerten, stießen sie nicht nur auf den Aufgang zu Konstantins *Martyrion*-Basilika und einen Torbogen, der zu Hadrians Westforum gehörte, sondern auch auf Mauerreste und ein Steinpflaster aus herodianischer Zeit. Während sicher ist, dass die Steine von den Architekten Hadrians für den Bau seiner Tempelplattform wiederverwendet wurden, scheinen sie doch von der zweiten Mauer zu stammen. Auch das Straßenpflaster besteht aus älteren, oft zerstörten Platten aus herodianischer Zeit und einer Ergänzung aus den Tagen Hadrians, die an den vermeintlichen *Lithostrotos* des Nordforums erinnert. Dort, wo die Reste der Mauer die Straße kreuzen, bilden sie einen doppelten Durchlass: rechts ein hohes, breites Tor, links nur eine niedrige Pforte, wie sie allenfalls von gebückten Fußgängern passiert werden kann. *Nadelöhr* nannte man die schmalen Zugänge, durch die man auch noch nachts in die Stadt kam, wenn die großen Tore längst verschlossen waren. „Eher geht ein Kamel durch ein Nadelöhr, als dass ein Reicher in das

Reich Gottes gelangt" (Mk 10,25), meinte Jesus und wollte sagen: Ganz unmöglich ist es nicht, wenn man sich klein macht und nicht mit zu viel Gütern beladen ist. Unter dem größeren Tor ist, die antike Straße teilend, eine steinerne Schwelle mit deutlich erkennbaren Riegellöchern in den Boden eingelassen. Kein Zweifel, hier stand ein antikes Stadttor. Die Russen haben sie mit einer gläsernen Vitrine geschützt und darüber sieben ewige Lichter gehängt. Sie sind sicher, dass Jesus diese Schwelle überschritt, als er nach Golgotha geführt wurde. Die Vorstellung lässt mich vor ihr niederknien. Dass Jesus „draußen vor dem Tor" gelitten hat, das überliefert auch der Hebräerbrief (13,12), das entsprach römischer Sitte. „Wann immer wir Kriminelle kreuzigen, wählen wir dafür die am meisten befahrenen Straßen, so dass die größte Menge Menschen es bemerkt und zu fürchten lernt", ergänzt Quintilian seine Ausführung über die grausamste aller Todesstrafen. In Rom selbst war das vor dem Esquilin-Tor. In Jerusalem hatten die Römer keine feste Hinrichtungsstätte, doch die Gegend vor dem Westtor bot sich schon deshalb an, weil hier viele *Pessach*-Pilger auf dem Weg zum Tempel vorbeikamen. So berichten auch die Synoptiker von zahlreichen Passanten (Mt 27,39; Mk 15,29; Lk 23,35), und Johannes betont, dass auch die Kreuzesinschrift von „vielen Juden" gelesen wurde „weil der Platz, wo Jesus gekreuzigt wurde, nahe bei der Stadt lag" (Joh 19,20).

Dass das Tor, das in vorherodianischer Zeit in diesen Nordwestwinkel der Stadt führte, den Namen *Gartentor* trug, weist auf die Art der Nutzung dieses Geländes auch noch zur Zeit Jesu hin. Der Hiskia-Teich sorgte für gute Bewässerungsmöglichkeiten, und so verwundert es nicht, wenn Johannes berichtet: „An dem Ort, wo man ihn (Jesus) gekreuzigt hatte, war ein Garten" (Joh 19,41). Dass im Bereich der Grabeskirche gleich mehrere Stollengräber aus dem 1. Jahrhundert entdeckt wurden, lässt keinen Zweifel daran, dass dieses Gebiet damals außerhalb der Mauern von Jerusalem lag; nach jüdischen Vorschriften durfte ein Grab nicht näher als 50 Ellen oder 25 Meter an einer Stadt liegen. Ausgrabungen, die 1967 von Lady Kathleen Kenyon auf dem Gelände des *Muristan*, 1970–1971 von Ute Lux im Bereich der protestantischen Erlöserkirche und seit 1960 von diversen franziskanischen, britischen und israelischen Archäologen im Bereich der Grabeskirche durchgeführt wurden, bestätigen einhellig, dass das Gelände von

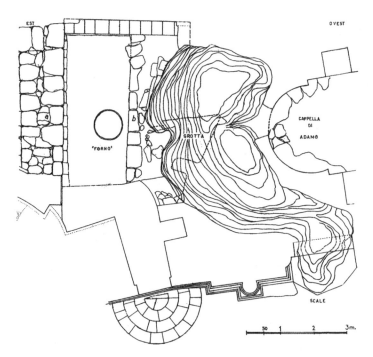

Plan des Golgotha-Felsen mit dem heidnischen Opferschacht („Forno")

der Eisenzeit bis in die hasmonäische Zeit als Steinbruch genutzt wurde. Hier wurde der kostbare *meleke*-Kalkstein abgebaut. Erst als die Qualität des Gesteins immer mehr nachließ, gab man den Steinbruch auf. Zurück blieb ein länglicher, halbmondförmiger Stumpf, etwa acht Meter lang, drei Meter breit und fünf Meter hoch. Dieser Stein, den auch „die Bauleute verworfen haben", sollte zum Eckstein der Geschichte werden. Seiner Kahlheit und seiner abgerundete Form verdankte er seinen Namen: Golgotha, wörtlich (von hebräisch *Gulgolet* oder aramäisch *Golgolta*): die Schädeldecke. Auf seinem Rücken sollte Jesus, zusammen mit zwei bereits verurteilten Verbrechern, für alle sichtbar gekreuzigt werden.

Wir treten ein in das mystische Licht der Grabeskirche, halten uns rechts, steigen eine enge Treppe hoch, bis wir im ersten Stock angekommen sind, in der Golgotha-Kapelle. Gut hundert silberne ewige Lichter hängen über der Kuppe des heiligen Felsens, über deren Mitte sich ein marmorner Altar erhebt. Dahinter, vor einer silberverkleideten Ikonenwand, steht ein lebensgroßes Kruzifix, flankiert von mannshohen Figurikonen der hl. Jungfrau und des Apostels Johannes. Zur Linken und Rechten des Altars erkennen wir unter zwei Glasvitrinen deutlich den Rücken des Kalksteinfelsens. Erst für unsere Generation wurde er wieder sichtbar gemacht, nachdem er über 800 Jahre lang unter schweren Marmorplatten verborgen war.

Die ersten, die zu seinen Füßen forschten, waren die Italiener. Sie legten 1977 gleich hinter dem Kalvarienberg einen Opferschacht frei, der beweist, dass die christliche Tradition recht hatte. Auf ihm stand wirklich ein heidnisches Götterbild, bevor das hadrianische Westforum auf Befehl Konstantins des Großen abgeräumt und an seiner Stelle eine Kirche errichtet wurde. Zumindest trug diese heidnische Markierung dazu bei, dass man seine Lage nie vergaß.

1986 entfernten die Griechen, denen die obere Golgotha-Kapelle untersteht, die kostbare Marmorverkleidung, um sich einen Eindruck vom Zustand der Schädelstätte zu verschaffen. Den Architekten Dr. Theo Mitropoulos vom Institut für Byzantinistik der Universität von Thessaloniki beauftragten sie mit den notwendigen Restaurierungsarbeiten. Nachdem sie unter seiner Anleitung den Schutt der Jahrhunderte entfernt hatten, lag der nackte Felsen vor ihnen. Ein tiefer Spalt quer durch seine Mitte erinnert noch immer an das Erdbeben, das sich beim Tode Jesu zugetragen haben soll (Mt 27,51). Meißelspuren zeugen davon, dass immer wieder Fragmente entfernt wurden, teils als Reliquien, teils um den Felsen für das jeweilige Bauwerk, das ihn umgab, zurechtzustutzen. Im Laufe seiner Untersuchung fiel Mitropoulos eine besonders weiche Stelle auf dem Felsrücken auf. Beim näheren Hinsehen erwies sie sich als Kalkmasse, die das Erscheinungsbild des echten Felsens imitieren sollte. Einiges deutete darauf hin, dass der Patriarch Modestos sie im 6. Jahrhundert auftragen ließ, um den echten Felsen, der damals im Freien stand, vor dem Regen und dem Zugriff der Pilger zu schützen. Mitropoulos fragte sich, was sie noch verbergen könnte, und begann, an einer besonders tiefen Stelle zu schürfen. Irgendwann stieß er auf etwas Rundes, das offenbar solide war. Jetzt war die Neugierde des Griechen geweckt. Mit bloßen Händen scharrte er so lange weiter im Kalk, bis er einen Ring aus Stein freigelegt hatte. Er war äußerst grob gearbeitet, was ausschloss, dass er eine Funktion in der Basilika ausübte, in der jedes Detail liebevoll ausgeschmückt war. Es dauerte ein wenig, dann begriff Mitropoulos, was er da gerade in den Händen hielt. Er hatte eine steinerne Halterung entdeckt, in der einst der Stamm eines Kreuzes, wahrscheinlich sogar des Kreuzes Jesu, steckte.

Ich knie auf der Glasplatte über dem Golgotha-Felsen und beuge mich vor, bis ich ihn gut genug sehen kann, denn er liegt noch immer dort, wo Mitropoulos ihn damals fand. Der Steinring hat im Innern einen Durchmesser von elf Zentimetern. Das Kreuz, das er hielt – so errechneten griechische Ingenieure – konnte also nicht höher als 2,5 Meter gewesen sein. Doch das brauchte es auch nicht. Holz war kostbar in Judäa, und hoch genug war der Fels schon an sich. Oder stammte der Ring doch aus byzantinischer Zeit, aus dem Jahr 417 etwa, als Kaiser Theodosius II. ein großes, goldenes, edelsteingeschmücktes Kreuz – die sogenannte *crux gemmata* – auf dem Golgotha-Hügel aufstellen ließ?

In Rom, in *St. Pudenziana,* einer der ältesten Kirchen der Ewigen Stadt und zugleich der Titelkirche des Kölner Erzbischofs Joachim Kardinal Meisner, finde ich die Antwort. Ihr Apsismosaik aus der Zeit um 420, das schönste spätantike Mosaik Roms, zeigt den lehrenden Christus, umgeben von seinen Jüngern, vor der Kulisse des frühbyzantinischen Jerusalem. Zwei Frauen, Symbolfiguren für die Kirchen der Juden- und Heidenchristen, halten Kränze über die Häupter von Petrus und Paulus. Im Hintergrund erkennt man die Rotunde der Grabeskirche, das Langschiff des *Martyrions* und, dazwischen, den Golgotha-Hügel, geschmückt mit der *crux gemmata* Theodosius' II. Jetzt sind alle Zweifel beseitigt. Das Votivkreuz war rechteckig, schon damit die Edelsteine auf seiner Oberfläche angebracht werden konnten, und stand auf einem quadratischen, ebenfalls edelsteingeschmückten Fuß. Niemals hätte es in den runden, unbehauenen Steinring gepasst, der seit 2000 Jahren von der Position des Kreuzes zeugt, das ganz offensichtlich – anders als es meist dargestellt wird – aus einem runden Pfahl und dem daran befestigten Querbalken bestand.

Tatsächlich sind viele Vorstellungen, die uns Gemälde und Filme vom Kreuz und der Kreuzigung Jesu vermitteln, historisch schlichtweg falsch. Der Verurteilte wurde nicht auf ein sorgfältig zurechtgezimmertes Holzkreuz gelegt, mit Nägeln ans Holz geschlagen und dann mühsam aufgerichtet. Die Römer, als Pragmatiker bekannt, hatten eine schnellere und effizientere Methode, die ein Autor wie Artemidor sarkastisch mit dem Hissen eines Segels an einem Schiffsmast vergleicht.

Der Kreuzespfahl stand bereits fest eingerammt in den Fels. Der Verurteilte, der schon an den Querbalken gebunden zum Richtplatz getrieben wurde, brauchte jetzt nur noch von dem gewöhnlich fünfköpfigen Exekutionskommando – vier Legionären und einem Centurio – an dem Pfahl (lat. *stipes*) hochgezogen zu werden. Nachdem man das *Patibulum* entweder auf den *Stipes* gesetzt oder mit Seilen fixiert hatte, wurden noch die Füße mit Nägeln an das Holz geschlagen.

Allerdings gab es eine noch schmerzhaftere Variante, die jedoch auch schneller zum Tod führte und die man bei Jesus anwandte. Hatten ihn seine Henker zuvor vom Querbalken losgeschnitten, benutzten sie jetzt auch die Nägel, um seine Handgelenke an das Holz zu schlagen. Die Handgelenke, nicht die Handteller, wie es die Ikonographie darstellt, denn die wären nicht in der Lage, das Körpergewicht eines erwachsenen Mannes zu halten. Der anatomisch betrachtet stabilste Punkt, den erfahrene Henker für ihr brutales Handwerk benutzen konnten, ist die sogenannte *Destot'sche Spalte*, auch *Karpaltunnel* genannt, in der Handwurzel. Durch diesen Spalt aber verläuft auch der *Mediannerv*, der sensorisch und motorisch ist. Der Schmerz, den seine Verletzung verursacht, ist nahezu unerträglich. In vielen Fällen muss er zur sofortigen Bewusstlosigkeit geführt haben. *Excruciare*, „durch das Kreuz verursacht", wurde im Lateinischen zu einem festen Begriff, der die extremste denkbare Qual eines Menschen, die höllischste Folter, beschrieb. Doch der Schmerz endete nicht damit, dass Eisennägel durch diesen Nerv getrieben wurden. Nur mit den Nägeln am Holz befestigt wurde der Körper anschließend in die Höhe gezogen. Vom „Tanz des Gekreuzigten" sprachen die Römer in diesem Augenblick und meinten das Zusammenkrümmen ihres vor Schmerz rasenden Opfers, dessen Qualen kein Ende nehmen, sondern noch gesteigert werden, wenn die Henker seine Füße packen, gegen den Pfahl drücken und auch sie mit Nägeln durchschlagen. Fortan hat der Gepeinigte bei jedem Atemzug nur noch die Wahl, sich auf die vor Schmerz brennenden Füße zu stellen und die Handgelenke zu entlasten oder, unter der Qual fast wahnsinnig werdend, die Füße

zu schonen und den jetzt noch reißenderen Schmerz der Medi-
annerven zu erdulden. Nur eine Demütigung ersparte man Jesus.
Waren Gekreuzigte im Römischen Reich sonst immer nackt, respektierten die Besatzer die religiösen Gefühle der Juden auch hier
und folgten der Anweisung der Mischna: „Den Mann bedeckt
man von vorn ..."

Gerade einmal sieben Worte Jesu am Kreuz überliefern die Evangelien, was noch viel ist angesichts der Qualen, die er durchlitt,
während sich jeder Muskel seines Körpers verkrampfte. Im Traktat
Sanhedrin der jüdischen Mischna heißt es: „Wenn ein Mann hingerichtet werden soll, erlaubt man ihm, ein Körnchen Weihrauch in
einem Becher Wein zu sich zu nehmen, damit er das Bewusstsein
verliert ... die edlen Frauen von Jerusalem übernehmen diese Aufgabe". Auch Jesus reichte man „Wein, der mit Myrrhe gewürzt war",
wie Markus (15,23) ausdrücklich vermerkt. Doch er lehnte den
Trank ab; er wollte sein Leiden bei vollem Bewusstsein ertragen.

Wahrscheinlich betete er statt dessen den 22. Psalm, dieses er-
schütternde Dokument der Hoffnung in der tiefsten Gottverlassen-
heit, das so gut zu seiner Situation passte. Jedenfalls überliefert uns
Markus (15,34) die Anfangsworte „Mein Gott, mein Gott, warum hast du mich verlassen ...", während wir bei Johannes (19,30)
die Schlussworte lesen, „... denn er hat sein Werk vollbracht". Viel
mehr wird er nicht durch die Lippen gepresst haben, während er
um jeden Atemzug kämpfte. In diesen endlosen drei Stunden, die
Jesus schmerzverzerrt betend am Kreuz hing, musste der Psalm
wie eine Prophezeiung erscheinen. Den Evangelisten, speziell Johannes, wurde vorgeworfen, sie hätten die Kreuzigungsszene den
Psalmworten angepasst, doch es ist nichts darin zu lesen, was sich
nicht bei Jesu Hinrichtung tatsächlich ereignet haben könnte. „Ich
aber bin ein Wurm und kein Mensch, der Leute Spott, vom Volk
verachtet" (Ps 22,7) entsprach dem Hohn des Volkes, das den
den es nur Tage zuvor als Messias gefeiert hatte, jetzt gescheitert
glaubte. „Sie verteilen unter sich meine Kleider und werfen das
Los um mein Gewand" (22,19) stand für das Recht römischer Legionäre, den Besitz eines Hingerichteten unter sich aufzuteilen.
„Meine Kehle ist trocken wie eine Scherbe, die Zunge klebt mir
am Gaumen" (22,16) – vielleicht haben seine Henker dieses Psalmwort falsch verstanden, doch ganz sicher war der Gekreuzigte zu
diesem Zeitpunkt völlig dehydriert, litt er an schrecklichem Durst.

Und nur uns mag es befremden, wenn Johannes ganz richtig beobachtet: „Ein Gefäß mit Essig stand da". Denn es war Vorschrift bei den römischen Legionen, dass jede Abteilung, die außerhalb ihrer Kaserne einen Auftrag zu erfüllen hatte, ein Getränk in einer Art großer Gemeinschaftsfeldflasche mit sich führte. Dieses *skeuos* – Johannes benutzt das griechische Gegenstück der korrekten militärischen Bezeichnung – war mit *posca* gefüllt, einer Mischung aus Wasser und Essig, die als ebenso billig wie durststillend galt. In einigen ländlichen Regionen Italiens wird sie noch heute getrunken, wie Vittorio Messori in seiner exzellenten Untersuchung *Gelitten unter Pontius Pilatus?* betont. Als Verschluss diente üblicherweise ein Schwamm. Den, so alle vier Evangelisten, steckte einer der Soldaten auf einen Stock und gab Jesus von dem „Essig", sprich: der Posca, zu trinken.

Nun ist aus antiken Quellen belegt, dass ein einziger Schluck Wasser bei einem Gekreuzigten zum sofortigen Herzstillstand führen kann. Erfahrene römische Henker wussten das und bedienten sich dieses Mittels, wenn ihnen der Wachdienst zu lang wurde und sie ihn abzukürzen gedachten. Noch im 19. Jahrhundert beobachtete man dasselbe Phänomen im osmanischen Reich, wenn Menschen gepfählt wurden. Auch die Evangelien schildern, dass Jesus, unmittelbar nachdem er getrunken hatte, „das Haupt neigte und seinen Geist aufgab", wie es bei Johannes (19,30) heißt.

Das war um die 9. Stunde, gegen 15.00 Uhr nachmittags, und gerade wurden im Tempel die Paschalämmer geschlachtet. Es war eine gespenstische Szene, denn seit drei Stunden lag eine tiefe Finsternis über dem Land. Keine Sonnenfinsternis war die Ursache, wie manchmal vermutet wurde – eine solche kann es nicht gewesen sein, da das Paschafest immer auf den Vollmond fiel –, sondern ein in Jerusalem im April häufiges meteorologisches Phänomen, der Wüstenwind *khamsin*, auch „schwarzer Südost" genannt. Er führt so viel Sand mit sich, dass er scheinbar die Sonne verfinstert, ihr Licht für Stunden wirkungslos macht. Doch die Legionäre, als Fremde nicht mit dem Jerusalemer Wetter vertraut, erlebten nur die entfesselte Natur, das Schauspiel am Himmel, und brachten es unweigerlich mit dem Geschehen von Golgotha in Verbindung. Insofern ist realistisch, wenn Markus den Centurio, der als *exactor mortis* (Vollstrecker der Todesstrafe) der *quaternio militum*, sprich: dem Quartett des Hinrichtungskommandos vorstand, ausrufen lässt: „Wahrhaftig, dieser Mensch war Gottes Sohn" (Mk 15,39). Doch es ist gleichzeitig eine Revision der Worte des Pilatus, des „Seht diesen Menschen!" Aus dem *ecce homo* ist ein *ecce deus* geworden!

Jetzt war Eile geboten. Blieben die Gekreuzigten im Römischen Reich gewöhnlich schon zur Abschreckung tagelang hängen, um danach verscharrt oder den Hunden zum Fraß vorgeworfen zu werden, herrschte in Judäa auch hier ein Ausnahmezustand. Die Römer respektierten die religiösen Gefühle der Juden, denen die Tora vorschrieb: „Wenn jemand ein Verbrechen begangen hat, auf das die Todesstrafe steht, wenn er hingerichtet wird und du den Toten an einen Pfahl hängst, dann soll die Leiche nicht über Nacht am Pfahl hängenbleiben, sondern du sollst ihn noch am gleichen Tag begraben" (Dtn 21,22–23). Wie peinlich genau man sich daran auch zur Zeit Jesu hielt, bestätigt Flavius Josephus, denn auch er betont, dass die Juden „selbst die Leichen der zum Kreuzestod Verurteilten vor Sonnenuntergang abnehmen und bestatten". Diese Aufgabe übernahm der erwähnte Pharisäer Nikodemus, der von einem gleichgesinnten Ratsherrn wusste, dass er in unmittelbarer Nähe der Hinrichtungsstätte, in einem der Gärten, die einst dem Gartentor seinen Namen gaben, ein neues Grab besaß. Sein Name war Joseph von Arimathäa.

Doch bevor Pilatus die Leiche Jesu zur Bestattung freigab, musste sein Tod festgestellt werden. Das gehörte zu den Aufgaben des *exactor mortis,* des Centurio, der für den reibungslosen Ablauf der Hinrichtung verantwortlich war. Er stieß Jesus „mit der Lanze in seine Seite, und sogleich floss Blut und Wasser heraus", behauptet Johannes (19,34). Doch obwohl er diese Beobachtung ausdrücklich beeidet („Und der, der es gesehen hat, hat es bezeugt, und sein Zeugnis ist wahr. Und er weiß, dass er Wahres berichtet, damit auch ihr glaubt", 19,35), haben kritische Exegeten auch hier wieder theologische Symbolik vermutet.

Heute kann jeder Gerichtsmediziner bestätigen, wie präzise der Evangelist den pathologischen Befund beschrieb. Während der stundenlangen traumatischen Schmerzen, die mit einer extremen Belastung des Kreislaufs einhergingen, hatte sich unter stechendem Schmerz der Herzbeutel mit Serum gefüllt. Als der Legionär die Lanze wahrscheinlich durch den fünften Rippen-Zwischenraum stieß, verletzte er das *Pericardium.* Auf diese Weise setzte er das wässrige Serum frei, durch das Jesu Herz zusammenpresst wurde, bevor ein Schock oder Riss in der Herzwand zum Herzstillstand führte.

Noch ein zweites Detail, das man vorschnell der Theologie des Johannes zuschrieb, fand seine Bestätigung. Zu offensichtlich erfunden schien es, dass die Soldaten bei Johannes den anderen Gekreuzigten die Beine zerschlugen, zu verdächtig, dass der Evangelist gleich darauf das Schriftwort vom Opferlamm zitierte: „Man soll an ihm kein Gebein zerbrechen" (Joh 19,36; siehe Ex 12,46: „Und ihr sollt keinen Knochen des Paschalammes zerbrechen"). Doch das *crurifragium*, das „Brechen der Beine", das es tatsächlich sonst nirgendwo im Römischen Reich gab, war keine fromme Erfindung des Johannes, es ist archäologisch bezeugt.

Bauarbeiter stießen im Juni 1968 im Nordjerusalemer Stadtteil Giv'at ha-Mivtar auf eine Grabhöhle aus der Zeit Jesu. Wie es in Israel das Gesetz verlangt, wurden sofort alle Arbeiten gestoppt und die staatliche Altertümerverwaltung informiert. Die schickte den Archäologen Vassili Tzaferis vor Ort, um das Grab zu untersuchen und seinen Inhalt zu bergen. Im Innern der Felshöhle fand Tzaferis Steinbänke, auf denen man frische Leichen zur Verwesung lagerte, um ihre Gebeine später in Ossuarien zu bestatten. In neun von zwölf Stollen *(kokhim)* lagen Skelette, in dreien standen beschriftete Ossuarien. Sorgfältig notierte Tzaferis ihre Position, dann brachte er sie in das Hauptquartier der Behörde, das Jerusalemer Rockefeller-Museum.

Erst dort zeigte sich, wie sensationell der Fund wirklich war. In einer der steinernen Truhen nämlich, die mit dem Namen Jehohanan (Johannes) Ben Haskul (oder Hagakol) beschriftet war, befanden sich die Knochen eines zwischen 24 und 28 Jahre alten Mannes und eines Kindes. Der Fersenknochen des Erwachsenen war von einem zwölf Zentimeter langen, eisernen Nagel durchbohrt. Dessen Ende war verbogen, weshalb er offenbar nicht mehr entfernt werden konnte, und von Resten aus Olivenholz umgeben. Unter seinem Kopf konnten noch die Reste einer ca. 2 cm starken Tafel aus Pistazien- oder Akazienholz ausgemacht werden, die offenbar den Fuß regelrecht einklemmen sollte. Sofort begriff der Anthropologe Nicu Haas, der den Fund untersuchte, dass er die Gebeine eines Gekreuzigten vor sich hatte. Damit war bewiesen, dass Gekreuzigte im römischen Jerusalem nicht einfach verscharrt wurden, sondern eine ordentliche Bestattung erhielten. Doch noch eine weitere Entdeckung bestätigte das Zeugnis der Evangelien. Das rechte Schienbein sowie das linke Schien- und Wadenbein des Mannes von Giv'at ha-Mivtar wiesen Frakturen auf – ihm waren, bevor er qualvoll starb, die Beine gebrochen worden!

Tatsächlich diente das *crurifragium* nicht nur der Einhaltung eines Zeitplans, es war auch ein Akt der Gnade, da es das Leiden der Gekreuzigten verkürzte. Bei Jesus hatten die qualvollen Nägel in den Handgelenken einen schnellen Tod herbeigeführt, doch bei den beiden anderen hätte die Pein vielleicht noch tagelang angedauert, was nach jüdischem Recht untersagt war. Indem man ihnen die Beine unterhalb der Knie mit einer Keule brach, wurde verhindert, dass sie sich weiterhin aufstützen konnten, um den Zug an den Brustmuskeln zu verringern. Die Folge war entweder ein schnelles Ersticken oder Herzversagen. Auch hier hatte Johannes, der nach eigenen Angaben als einziger Jünger unter dem Kreuz Jesu stand, also zutreffend berichtet.

So waren er und Jesu Mutter auch dabei, als man den Leichnam des Gekreuzigten in das keine 40 Meter entfernte neue Grab trug und dort beisetzte. Es war eine provisorische Bestattung, denn es war schon spät geworden. Die 100 Pfund (32 kg) Aloe und Myrrhe, die Nikodemus besorgt hatte, würden schon den Verwesungsgeruch lindern. Es war die Menge, die beim Begräbnis eines Königs üblich war; sie zeigt an, dass auch der „Lehrer Israels" in Jesus den Messias erkannt hatte. Der Abend dämmerte, der Shabbat stand vor der Tür. So hüllte man ihn nur provisorisch in ein langes Leinentuch, legte das Schweißtuch, das in den letzten Stunden sein totes Antlitz am Kreuz verhüllt hatte, an eine besondere Stelle.

Gleich am Morgen danach wollte man seinen Leichnam salben und einbinden, wie es üblich war bei den Juden.

Doch dazu sollte es nicht mehr kommen.

XIII. STUFEN IN DEN HIMMEL

DER WEG NACH EMMAUS

Es ist frisch an diesem Morgen, und das Gras ist mit Tau benetzt. Schon früh haben wir uns aufgemacht, sind zu dem Garten vor der Mauer gelaufen, in dem das Grab liegt. Langsam erwacht die Stadt aus ihrem Schlaf, geweckt von der Sonne, die jetzt alles in ihr hellstes Licht taucht. Unsere Schatten sind noch lang, während wir über die Trampelpfade laufen, vorbei an Nussbäumen und an Felsterrassen, die davon zeugen, dass hier einst ein Steinbruch war. Dann erkennen wir es endlich, verringern unser Tempo, nähern uns mit langsamen, respektvollen Schritten. Unterhalb einer Felswand aus goldgelbem *Meleke*-Kalkstein hat es sich geduckt, als wollte es sich unseren Blicken entziehen. Sieben in den Stein geschlagene Stufen führen zu ihm herab, und für einen Augenblick lässt uns sein Anblick erschaudern. Das Grab ist offen! Sein kreisrunder Verschlussstein, einem Mühlstein gleich, ist weggerollt. Wie ein finsteres Tor zur Unterwelt reißt die Felsenhöhle ihren geöffneten Schlund vor uns auf.

Wir steigen hinab und gehen hinein, blicken in die erste, dann in die zweite Kammer des Steingrabes und stellen fest, dass sie leer sind. Allmählich bekommen wir ein Gefühl dafür, wie sich die Frauen gefühlt haben müssen, die am frühen Morgen des 9. April 30, eines Sonntags, das Grab Jesu leer aufgefunden haben. Das wird nachvollziehbar, wenn man in Jerusalem nach dem „Grab der Herodianer" sucht, das ein wenig versteckt im *Mitchell*-Garten westlich des Zions-Hügels liegt, gleich hinter dem berühmten *King David*-Hotel. Denn das Herodianergrab, das wohl 43 v.Chr. für Antipater angelegt wurde, diente vielen Gräbern wohlhabender Jerusalemiter noch im darauffolgenden Jahrhundert als architektonisches Vorbild. Daher ist es zur Anschauung besser geeignet als das sogenannte „Gartengrab" nördlich des Damaskus-Tores, das nur die störrischsten Anglikaner noch für das Grab Jesu halten; denn es stammt aus der Eisenzeit, wahrscheinlich dem 7. Jahrhundert v. Chr. Glauben wir den wenigen Angaben, die uns der Kirchengeschichtler Eusebius aus dem frühen 4. Jahrhundert hinterließ, dann muss das leere Grab Jesu tatsächlich dem Herodianergrab geähnelt haben. Nur eines unterschied es von allen anderen Gräbern, die bislang in Jerusalem entdeckt wurden: Es war ein neues Grab, offenbar zunächst für eine einzige Person angelegt, ohne zweite Grabbank und, vor allem, ohne Schiebestollen für Ossuarien.

Leider ist von ihm nicht viel erhalten. Wir wissen nur, dass es ursprünglich ebenfalls in der Felswand eines ehemaligen Steinbruchs lag, dessen Gelände zu einem Garten umgestaltet wurde. Kaiser Hadrian überbaute das Gebiet, ohne viel an seiner Topographie zu verändern, Konstantin der Große ließ es wieder freilegen. Erst der Bau der Grabeskirche führte zu einschneidenden Maßnahmen. Schuld daran war das eigenwillige Konzept des Hofbaumeisters Zenobios, der vielleicht über kreative Ideen, aber gewiss weder über konservatorischen Sachverstand noch über spirituelles Einfühlungsvermögen verfügte. Da die Felswand seinem architektonischen Entwurf im Wege stand, ließ er sie einfach wegmeißeln. Doch auch danach erschien ihm das Heilige Grab als zu groß, um sich harmonisch in die Proportionen der von ihm geplanten Grabrotunde mit Kuppel – dem Pantheon in Rom nachempfunden – einzufügen. So setzte er noch einmal den Meißel an, bis nur noch die eigentliche Grabkammer und der sie umgebene Stumpf des Felsgesteins übrigblieben. Den umgab er mit auserlesenen Säulen, durch silberne Gitter und goldene Balken miteinander verbunden, bevor er ihm ein silbernes, pyramidenförmiges Dach aufsetzte, das von einem Kreuz gekrönt war. Inspiriert zu dieser Untat hatte ihn wahrscheinlich das ebenfalls freigestellte sogenannte Absalom-Grab im Kidron-Tal. Die Vorhöhle mit ihren Sitzbänken, die Nische für den Rollstein und die Stufen, die in das leere Grab führten, waren dem Reduzierungswahn des spätantiken Avantgarde-Architekten zum Opfer gefallen. Erst beim Bau der heutigen, marmorverkleideten *Aedicula* durch die Griechen im 19. Jahrhundert wurde die Vorkammer rekonstruiert.

Was noch nicht der kaiserlichen Monumentalarchitektur zum Opfer gefallen war, das zerstörte sieben Jahrhunderte später der fanatische und wahrscheinlich geisteskranke Fatimiden-Kalif al-Hakim, unter dessen Terrorherrschaft es zur brutalsten Christenverfolgung seit Ende des Römischen Reiches kam. Am 18. Oktober 1009 ließ er die Grabeskirche zerstören, ein Jahr später fiel er noch einmal über die Ruine des Heiligen Grabes her. Bis auf einen Fuß Höhe ließ er seine Steinmetze den Felsen der Grabhöhle Jesu wegmeißeln, nur die Steinbank, auf der einst der Leichnam des Gekreuzigten lag, trotzte ihrer nackten Gewalt. Kein Wunder, dass ein Aufschrei der Empörung durch Europa ging, der schließlich gegen Ende des 11. Jahrhunderts zum Ersten Kreuzzug führte. Die Grabeskirche wurde wieder aufgebaut und sollte diesmal ein Jahrtausend überdauern als Siegesmal dessen, dem hier der Tod unterlag.

„Schrecken und Entsetzen" sind dem Evangelisten Markus (16,8) zufolge die erste Reaktion der drei Frauen auf das leere Grab. Der, dessen Leichnam sie salben und danach in Leinenbinden hüllen wollen, wozu am Tag seines Todes einfach keine Zeit mehr blieb, ist spurlos verschwunden. Der große Verschlussstein der Grabhöhle wurde weggerollt, die Bank, auf die man, nur provisorisch von einem Leichentuch bedeckt, seinen toten Körper gelegt hat, ist jetzt leer.

Die Schilderungen der Evangelien variieren in Details, vor allem aber in der Reihenfolge der Ereignisse, doch das darf uns nicht stören, denn nicht die Chronologie ist entscheidend, sondern das Ereignis selbst. Und das ist für alle Beteiligten verwirrend genug. Während zwei der Frauen einfach nur verzweifelt sind, weil sie glauben, jemand habe den Leichnam ihres Meisters gestohlen, fasst sich die dritte, Maria aus Magdala, ein Herz. Sie läuft zu dem Haus, in dem sich Petrus und Johannes befinden, und erzählt ihnen von dem leeren Grab. Nichts hält die beiden engsten Jünger Jesu auf, sich selbst ein Bild von der Lage zu machen. Johannes kennt die Lage des Grabes und läuft vor, Petrus folgt ihm. Dort angekommen sehen beide die Leinenbinden und das Schweißtuch, vor allem aber die leere Grabbank. Mit nur vier Worten schildert uns Johannes seine eigene Reaktion, wie immer in der dritten Person: „Er sah und glaubte" (Joh 20,8).

Auch Maria Magdalena kehrt zu dem Grab zurück. Johannes zufolge sieht sie erst jetzt die Engel, laut den Synoptikern hatten alle drei Frauen diese Vision, als sie das leere Grab entdeckten. Vielleicht wurde ihnen schon da offenbart, dass Jesus von den Toten auferstanden ist. Jetzt aber steht er vor ihr, und sie merkt zunächst nicht einmal, dass er es ist. Dann aber fällt es ihr wie Schuppen von den Augen: „Rabbuni!", „Meister!" entfährt es ihr, sie will ihn festhalten, doch vermag es nicht. Denn Jesus ist auferstanden, nicht einfach aus dem Todesschlaf erwacht wie Lazarus oder die Tochter des Synagogenvorstehers. Sein Körper ist nicht mehr der geschundene Leib des gekreuzigten Zimmermannssohnes aus Nazareth mit ausgekugeltem Arm und zerbrochener Nase, die Haut zerfetzt von den Geißelpeitschen, das Haupt durchstochen von der Dornenkrone. „Seht, ich mache alles neu!" – das Versprechen Jesu, zitiert in der Offenbarung des Johannes (21,5), er selbst hat es vor ihren Augen wahr werden lassen. Das ist seine Verheißung für die Zeit des kommenden Gottesreiches, wenn wir alle von den Toten auferstehen, wie es schon dem Propheten Ezechiel offenbart wurde:

„So spricht Gott, der Herr, zu diesen Gebeinen: ... Ich spanne Sehnen über euch und umgebe euch mit Fleisch; ich überziehe euch mit Haut und bringe Geist in euch, dann werdet ihr lebendig. Dann werdet ihr erkennen, dass ich der Herr bin" (Ez 37,5–6).

In einem solchen völlig erneuerten „Auferstehungsleib" erscheint er Maria Magdalena und lässt sie die frohe Botschaft den Jüngern verkünden, die sich vielleicht im Gästehaus der Essener aufhalten, um sicher vor den Denunzianten des Hohenpriesters zu sein. Doch während sie noch ungläubig über ihre Worte diskutieren, taucht er selbst in ihrer Mitte auf, bricht mit ihnen das Brot, isst ein Stück gebratenen Fisch und zeigt ihnen die Nagelmale an seinen Händen und Füßen, die jetzt sein Erkennungszeichen sind. Ihre Botschaft ist eindeutig: Der Auferstandene bleibt immer noch der Gekreuzigte, das Wunder des Ostermorgens macht den Karfreitag und seine Botschaft nicht ungeschehen.

„Christus ist auferstanden! Er ist wahrhaft auferstanden!" – dieser Ostergruß der Ostkirchen erklang das erste Mal aus dem Mund der Maria Magdalena, dann des Petrus und der anderen zehn Jünger und schließlich weiterer Zeugen, die zu den Zeiten, als Paulus seine Briefe schrieb und die ersten Evangelien entstanden, noch lebten und das größte und zugleich unglaublichste Ereignis der Menschheitsgeschichte glaubhaft bezeugten.

„Christus ist auferstanden! Er ist wahrhaft auferstanden!" wurde zur zentralen Botschaft des Christentums und hallte durch die nachfolgenden zwei Jahrtausende, bis sie am 12. Mai 2009 auch das Tal Josaphat, das Tal des Gerichts, erreichte, wo Papst Benedikt XVI. gleich gegenüber dem Felsen der Todesangst Jesu seine Auferstehung verkündete. Das Altarbild, wie gesagt, zeigte den noch ungläubigen Thomas, wie er die Seitenwunde des Herrn berührt und zu der großartigsten und beglückendsten Erkenntnis der Heiligen Schrift kommt, auf die Knie sinkt und ausruft: „Mein Herr und mein Gott!"

„Selig sind, die nicht sehen und doch glauben" (Joh 20,29), erwidert ihm Jesus im letzten Herrenwort des ursprünglichen, später erweiterten vierten Evangeliums. Und doch sind wir alle Thomas. Als Menschen des 21. Jahrhunderts fällt es uns schwer, etwas „blind zu glauben", wollen wir Zeugen hören und Beweise sehen. Das weiß auch der Papst, der in seiner Predigt vor eben diesem Altarbild erklärte:

„Hier im Heiligen Land seid ihr ebenso wie die Pilger aus aller Welt, die in die Kirchen und Heiligtümer strömen, damit gesegnet, mit den Augen des Glaubens die Orte zu ‚sehen', die geheiligt sind durch die Gegenwart Christi, durch sein Erdenleben, sein Leiden, seinen Tod und seine Auferstehung und durch die Gabe des Heiligen Geistes. Hier wird euch wie dem heiligen Apostel Thomas die Gelegenheit gewährt, die historischen Begebenheiten zu ‚berühren', die dem Bekenntnis unseres Glaubens an den Sohn Gottes zugrunde liegen."

Genau das ist eine Kernaussage seines eigenen Buches *Jesus von Nazareth*, das, so weit seine Theologie auch in den Himmel trägt, nie ihre Verwurzelung in der Geschichte in Frage stellt. So betont Benedikt XVI. auch dort: „Ja, es hat sich wirklich ereignet. Jesus ist kein Mythos, er ist ein Mensch aus Fleisch und Blut, steht ganz real in der Geschichte. Wir können die Orte nachgehen, die er gegangen ist. Wir können durch die Zeugen seine Worte hören. Er ist gestorben, und er ist auferstanden." Er ist wahrhaft auferstanden, und das ist historisch bezeugt. Die Stätten seines Wirkens sind zum *fünften Evangelium* geworden.

Paulus, in seinem ersten Brief an die Korinther, listet sauber wie ein Anwalt beim Schlussplädoyer alle Augenzeugen auf, die sich mit ihrem Namen und ihrem Leben für den Wahrheitsgehalt der Kernbotschaft des Christentums verbürgten:

„Er ist am dritten Tage auferweckt worden, gemäß der Schrift, und erschien dem Kephas (Petrus), dann den Zwölf. Danach erschien er mehr als fünfhundert Brüdern zugleich; die meisten von ihnen sind noch am Leben, einige sind entschlafen. Danach erschien er dem Jakobus, dann allen Aposteln" (1 Kor 15,4–7).

Das schrieb er 53, nur 23 Jahre nach dem Osterereignis. Die Frauen nennt er gar nicht erst, denn er wusste, dass das Zeugnis von Frauen vor einem jüdischen Gericht bedauerlicherweise nicht galt; es anzuführen wäre für seine Verkündigung kontraproduktiv gewesen. Und er legt alles in eine Waagschale:

„Ist aber Christus nicht auferweckt worden, dann ist unsere Verkündigung leer und euer Glaube sinnlos. Wir werden dann auch als falsche Zeugen Gottes entlarvt ... Wenn wir unsere Hoffnung nur in diesem Leben auf Christus gesetzt haben, sind wir erbärmlicher daran als alle anderen Menschen" (1 Kor 15,14–19).

Doch Paulus wusste, dass das Zeugnis der Genannten wahr ist, ihm selbst war Christus vor Damaskus erschienen. So war er, so waren alle Augenzeugen bereit, für ihre Überzeugung in den Tod zu gehen, den sie jetzt nicht mehr zu fürchten brauchten.

Nur wir lassen uns irremachen von Sensationsmeldungen, die bei näherem Hinsehen keine Substanz haben. Da genügt ein Ossuarium mit der Aufschrift „Jesus, Sohn des Joseph", gefunden in einem Reichengrab im Süden Jerusalems, dort, wo auch der Hohepriester Kajaphas begraben lag, und schon spielt die Weltpresse verrückt. Vom „Familiengrab Jesu" war sofort die Rede, vom frommen Betrug eines inszenierten Leichenraubs und davon, dass eine falsche Auferstehung verkündigt wurde, während die Gebeine des Gekreuzigten in einer Knochentruhe vermoderten. Dass Jesus nur in Nazareth als (Adoptiv-)„Sohn des Joseph" bekannt war, dass Ortsfremde dagegen immer nach ihrer Heimatstadt benannt wurden (siehe Joseph von Arimathäa, Simon von Zyrene, Maria von Magdala etc.), das ignorierten die sensationsgierigen TV-Journalisten, als sie geschickt die Werbetrommel für ihre vermeintliche

„Entdeckung" rührten. Auch die Frage, was ein Familiengrab der Heiligen Sippe aus Nazareth, vor allem: was ein Ossuarium mit den Gebeinen Josephs in Jerusalem zu suchen hatte, blieb unbeantwortet. Dabei ist sicher, dass der Zimmermann vor dem Beginn des öffentlichen Wirkens Jesu in Nazareth verstarb. Noch weniger wurde verraten, wie sich die gewiss nicht reiche Familie das aufwendige Steingrab, sogar mit Giebeldach über dem Eingang, überhaupt leisten konnte. So genügte etwas gesunder Menschenverstand, um den neuen Mythos zu entlarven. Wie eine 1994 von dem Archäologen L. Y. Rahmani publizierte Auswertung jüdischer Ossuarieninschriften zeigt, war Joseph im Jerusalem zur Zeit Jesu der zweithäufigste Name (nach Simon), während Jesus an sechster Stelle stand. Jede vierte Frau hieß Maria, was wenig verwundert, denn auch in den Evangelien kommen vier Marien (die Mutter Jesu, die Frau des Kleophas, Maria Magdalena und Maria von Bethanien) vor. Rein statistisch gesehen hatte also jeder 240. Jerusalemiter des 1. Jahrhunderts einen Vater namens Joseph und jeder 960. auch eine Mutter namens Maria, was bei einer Stadt mit etwa 80.000 Einwohnern rund 40 Namensvettern Jesu ergibt, deren Eltern ebenfalls Joseph und Maria hießen. Da wir nicht einmal wissen, in welchem Verwandtschaftsverhältnis die Maria aus dem Grab zu diesem „Jesus, Sohn des Joseph" stand (es kann auch seine Tochter, Schwester oder Schwägerin gewesen sein), verliert der „Sensationsfund" jede Relevanz. Hätte es im Jahre 30 auch nur den Verdacht eines Betruges gegeben, Kajaphas hätte alles getan, um ihn schnellstmöglich aufzuklären. So taugt der Fund gerade noch für einen nicht ganz so falschen Theologenwitz, der dem Vernehmen nach an der Universität Tübingen spielt. „Hast du schon gehört?" fragt Prof. X seinen Kollegen, Prof. Y von der Theologischen Fakultät, „sie haben in Jerusalem das Grab Jesu entdeckt. Sein Leichnam lag noch drin!" „Was?" erwidert Prof. Y ungläubig, „dann hat es ihn tatsächlich gegeben?"

Zu solchen Zweifeln kann der Versuch, die Evangelien vollends zu rationalisieren, schnell führen. Wenn er tatsächlich nur ein jüdischer Wanderprophet war, wenn alle seine vermeintlichen Wunder ihm ebenso im „Lichte des Osterglaubens" angedichtet wurden wie seine Selbstoffenbarung als „Sohn Gottes" und Messias, dann bleibt tatsächlich vom historischen Jesus von Nazareth nicht mehr viel übrig. Doch warum sollten die Jünger Jesu das Großartige der

Auferstehung, das sie gerade erlebt hatten, durch nur schwer fassbare „Wundergeschichten" in seiner Einmaligkeit relativiert haben? Die Archäologie zeigt uns, wie präzise die Evangelien sind, wenn es darum geht, die Stätten des Wirkens Jesu zu dokumentieren. Es ist, als würden sie uns praktisch dazu einladen, ihre Aussagen zu überprüfen: Komm her, frag nach, es hat sich wirklich so zugetragen! Ist es da verwunderlich, dass sich ausgerechnet ihr großer „Entmythologisierer", der protestantische Theologe Rudolf Bultmann, zeitlebens hartnäckig weigerte, das Heilige Land zu besuchen und das *fünfte Evangelium* zu studieren? Ahnte er, dass nur ein paar archäologische Spatenstiche genügten, um sein ganzes schöne Gedankenmodell zum Einsturz zu bringen?

Was damals die Wunden Jesu waren, die Thomas so dringend berühren wollte, das sind heute die Stätten, an denen der Auferstandene erschien. Sie verankern das Ostergeschehen in der Geschichte, in der greifbaren Wirklichkeit der Menschen damals wie heute.

Eine davon ist Emmaus. Wir finden den Bericht über diese Begegnung mit dem Auferstandenen nur bei Lukas, obwohl auch Markus, zumindest in der erweiterten Version seines Evangeliums (es steht außer Zweifel, dass Mk 16,9–20 später hinzugefügt wurde), sie andeutet. „Darauf erschien er in einer anderen Gestalt zweien von ihnen, als sie unterwegs waren und aufs Land gehen wollten" (Mk 16,12), weiß der Dolmetscher Petri. Das dritte Evangelium kennt die ganze Geschichte. Es ist eine der bewegendsten des Neuen Testaments, doch zugleich konfrontiert sie uns mit vielen neuen Fragen.

Da wären zunächst einmal die zwei Jünger, die sich auf den Weg „aufs Land" machten. Zumindest von einem erfahren wir den Namen: „Er hieß Kleopas" (Lk 24,18). Lukas erwähnt ihn das erste Mal, doch dem aufmerksamen Leser der Evangelien klingt er merkwürdig vertraut. Richtig! Bei Johannes steht eine „Maria, die Frau des Klopas" unter dem Kreuz Jesu und wird sogar als „Schwester seiner Mutter" (Joh 19,25) bezeichnet. Da die Mutter Jesu ein Einzelkind war und außerdem Eltern nicht zwei Töchtern denselben Namen gegeben hätten, kann es sich nur um die Schwägerin Mariens gehandelt haben, die im antiken Sprachgebrauch ebenfalls als „Schwester" galt. Von derselben „anderen Maria", der Tante Jesu, erfahren wir bei Markus und Matthäus, dass sie „die Mutter des Jakobus und des Josef" (Mt 27,56) – Markus (15,40) nennt ihn Joses; eine Koseform, ähnlich dem jiddischen Josche – war. Jakobus und Josef/Jose wären damit Cousins Jesu. Noch einmal wird unser Gedächtnis herausgefordert, und wir erinnern uns an die Bürger von Nazareth, die, als sie Jesus abwiesen, einige Angaben über seine Familienverhältnisse machten, nämlich fragten: „Ist das nicht der Zimmermann, der Sohn der Maria und der Bruder von Jakobus, Joses, Judas und Simon?" (Mk 6,3). Diese „Herrenbrüder" waren offenbar allesamt Vettern Jesu, Söhne des Klopas und „seiner" Maria und nicht identisch mit den Josephssöhnen aus erster Ehe, von denen das *Protevangelium* berichtet und die im Jahr 30 längst Familienväter in den 40ern oder 50ern waren. Tatsächlich kann sowohl das griechische *adelphos* wie das hebräische *'ach*, das im Deutschen als „Bruder" übersetzt wird, jeden männlichen Verwandten bezeichnen.

Das ist insofern interessant, weil es einen modernen Schwindel entlarvt. Im Jahr 2002 wurde auf einer Konferenz in Kanada der Öffentlichkeit ein Ossuarium präsentiert, dessen Inschrift als „frühestes schriftliches Zeugnis von Jesus von Nazareth" bezeichnet wurde. Tatsächlich stand auf der steinernen Knochentruhe in hebräischer Schrift: „Jakobus, Sohn des Joseph, Bruder des Jesus". Alle drei Namen waren häufig, es fehlte eine Herkunftsbezeichnung, doch der bei Ossuarien völlig unübliche Verweis auf einen offenbar bekannten Bruder namens Jesus ließ viele Experten aufhorchen. Mittlerweile ist klar, dass es sich bei der Inschrift um eine Fälschung handelt. Ein israelischer Sammler, Oded Golan, hatte ein unbeschriftetes Ossuarium auf dem Antiquitätenmarkt erworben und mit der signifikanten Inschrift versehen lassen. Als die Polizei sein Haus stürmte, stieß sie dort auf eine gut ausgerüstete Fälscherwerkstatt mit einer Reihe von Objekten, von denen einige bereits beschriftet waren. Seit 2003 steht Golan in Jerusalem vor Gericht und beteuert seine Unschuld. Ich glaube ihm kein Wort. Ein Antiquitätenhändler in der Via Dolorosa, der auch jetzt noch einige unbeschriftete Ossuarien anbietet, verriet mir, dass Golans Anwälte seinem Vater $ 30.000 dafür boten, dass er aussagt, der Sammler habe das beschriftete Ossuarium bei ihm gekauft. Natürlich wurde das unmoralische Angebot abgelehnt. Doch auch vor der Aufdeckung des Betruges hätte man wissen können, dass die Inschrift sich schwerlich auf den „Herrenbruder" Jakobus beziehen konnte. Denn dessen Vater war eben nicht Joseph, sondern Klopas. Hätte man diesen Namen auf einem Ossuarium gefunden, wäre das eine echte Sensation. Denn im Gegensatz zu Joseph, Jakobus und Jesus war Klopas (oder, gräzisiert, Kleopas) ein äußerst seltener Name, was uns geradezu zwingt, den Emmaus-Jünger als den Onkel Jesu (und, laut Hegesippus, Bruder des hl. Joseph) zu identifizieren. Sein Begleiter war nach ältester christlicher Tradition, die uns ebenfalls Hegesippus (100–180) überliefert, sein Sohn Simon oder Symeon, der nach dem Martyrium des Jakobus 62 n. Chr. zum zweiten judenchristlichen Bischof Jerusalems gewählt wurde. Seine Abstammung aus dem Hause Davids führte dazu, dass er 107 als über 90jähriger Greis unter Kaiser Trajan gekreuzigt wurde.

Beide, Vater und Sohn, waren also auf dem Weg „in ein Dorf namens Emmaus, das sechzig Stadien von Jerusalem entfernt ist" (Lk 24,13), als ein Wanderer zu ihnen stieß. Sie erzählten ihm von Jesus, seiner Kreuzigung, den Frauen, die an das leere Grab gekommen waren, den Engeln, dem Verschwinden des Leichnams. Da erläuterte ihnen der Fremde, wie all dies von Moses und den Propheten vorausgesagt worden war, zitierte die Schrift, legte dar, dass Jesus der Messias ist. Sie mögen gestaunt haben über sein Wissen, aber sie erkannten ihn nicht. Es war gegen Nachmittag, der Abend nahte, und so luden sie den Wanderer ein, bei ihnen im Dorf zu übernachten. Doch erst als er bei ihnen zu Tisch saß, den Lobpreis sprach und das Brot brach, erkannten sie, dass es Jesus war. Jetzt hielt sie nichts mehr: „Noch in derselben Stunde brachen sie auf und kehrten nach Jerusalem zurück, und sie fanden die Elf und die anderen Jünger versammelt. Diese sagten: Der Herr ist wirklich auferstanden und ist dem Simon (Petrus) erschienen" (Lk 24,34).

Auch wenn Symeon nicht genannt wird, vielleicht gerade weil er noch lebte, dürfte Lukas die Geschichte aus seinem Mund gehört haben, als er die Jahre 57–59 in Jerusalem verbrachte. Das garantiert einen hohen Grad an Authentizität. Doch können wir heute noch herausfinden, wo sich das alles zugetragen hat?

Tatsächlich ist Emmaus historisch belegt. Nur eben das stellt uns vor ein Problem, denn der Name (vom hebr. *Chammat*, warme Quelle) war nicht einzigartig. Gleich zwei Orte namens Emmaus gab es in Judäa (ein drittes Emmaus lag in Galiläa), eine Stadt im Westen des Landes und ein Dorf bei Jerusalem. Grund genug für uns, beide Stätten zu besuchen.

Das erste Emmaus liegt direkt an der Autobahn 1, die Tel Aviv mit Jerusalem verbindet, 24 Kilometer Luftlinie westlich vom Heiligen Grab. Man findet es schnell, wenn man die Abfahrt *Latrun Monastery* benutzt, dann aber nicht zum Kloster, sondern zum *Canada Park* fährt. Das ganze Parkgelände ist mit antiken Ruinen übersät. Besonders eindrucksvoll sind die römische Thermen, die über drei Kanäle von einer nahegelegenen Quelle mit Wasser versorgt wurden.

Die Größe des Ruinenfeldes zeugt von der Bedeutung des antiken Emmaus. Judas Makkabäus besiegte hier 165 v. Chr. das Heer der Seleukiden, was die Stadt zum Stolz von ganz Israel werden ließ. Sie wurde zu einem der fünf Sanhedrinsitze und war Hauptstadt einer *Toparchie*, d. h. eines Regierungsbezirks. Ihre Bewohner hielten den rebellischen Geist ihrer Vorfahren lebendig und lehnten sich nach dem Tod des Herodes gegen die Römer auf; zu ihrer Bestrafung legte Varus die Stadt in Schutt und Asche. Doch sie muss sich schnell wieder erholt haben, denn auch im Jüdischen Krieg spielte Emmaus als Lager für die römischen Truppen eine wichtige Rolle. Zu Anfang des 2. Jahrhundert wurde es zum Zentrum rabbinischer Gelehrsamkeit, bis es ein schweres Erdbeben 130 völlig zerstörte. Nur langsam entstanden wieder Häuser auf dem Trümmerschutt, als der römische Präfekt Julius Africanus, ein gelehrter und einflussreicher Christ, seinen Einfluss in Rom geltend machte. In einem Zug besorgte er der Stadt 222 bei Kaiser Elagabal die Stadtrechte, den Befehl zum Wiederaufbau und einen neuen Namen. *Nikopolis*, „Stadt des Sieges", sollte Emmaus jetzt heißen, zur Erinnerung an den Sieg der Römer im Jüdischen Krieg.

Erst jetzt, so scheint es, wurde es auch von den Christen entdeckt. Origines setzte es als erster mit dem Emmaus des Lukasevangeliums gleich, Eusebius folgte ihm, ebenso Hieronymus. Und da es eigentlich viel zu weit von Jerusalem entfernt war, „korrigierte" letzterer in seiner Vulgata gleich die Entfernungsangabe. Auch in griechischen Handschriften hatte sich seit dem 3. Jahrhundert eine zweite Lesart eingebürgert: nicht mehr 60 Stadien, also 11 Kilometer, sollte Emmaus danach von Jerusalem entfernt sein, sondern 160 Stadien, ganze 30 Kilometer. Das war zwar für Emmaus-Nikopolis ein wenig viel, doch es passte zumindest besser.

Schon bald entstand in der Stadt eine blühende christliche Gemeinde, sie wurde zum Bischofssitz. Im 5. Jahrhundert wurde ein byzantinischer Kirchenkomplex samt Baptisterium über der Ruine einer römischen Villa aus dem 2. Jahrhundert errichtet, die man wohl für das Haus des Kl(e)opas hielt. Im 7. Jahrhundert zerstörten die Muslime die Anlage, im 12. Jahrhundert bauten die Templer über ihren Ruinen eine Kreuzfahrerkirche. Heute betreuen freundliche Karmeliterinnen aus Bethlehem das Heiligtum. Für sie besteht kein Zweifel an der Authentizität der Stätte. Einer Mystikerin ihres Ordens, der 1983 von Papst Johannes Paul II. seliggesprochenen Schwester Mirjam Baouarday, war in einer Vision von Jesus selbst bestätigt worden, dass hier das Lukanische Emmaus lag.

Wir inspizieren das Gelände und machen eine beunruhigende Entdeckung: das Heiligtum liegt inmitten eines jüdischen Gräberfeldes. Einige Steingräber aus der Zeit Jesu sind noch bestens erhalten, andere beim Bau der byzantinischen Kirche zerstört worden. Dann aber kann sich die römische Villa, die man für das Haus des Kl(e)opas hielt, nicht einmal über dessen Grundmauern erheben; kein frommer Jude hätte sein Haus zwischen Gräbern gebaut. Sehr viel wahrscheinlicher ist, dass die byzantinische Basilika ursprünglich über einem Märtyrergrab errichtet wurde.

Tatsächlich hatten schon die Kreuzfahrer ihre Probleme mit der Gleichsetzung von Nikopolis mit dem Lukanischen Emmaus, und das aus zwei Gründen. Zum einen spricht Lukas ausdrücklich von einem Dorf *(kome)*, Markus vom *auros*, was sowohl das „Land" als auch eine „kleine, ländliche Ansiedlung" bezeichnen kann. Da die Juden generell selbständige Gemeinden als „Städte" bezeichneten – sogar Nazareth ist in den Evangelien eine *polis* – können sie mit *kome* und *auros* eigentlich nur eine Bauernsiedlung im Umland – der *chora* – einer Großstadt gemeint haben, in diesem Fall von Jerusalem. Vielleicht diente die Bezeichnung „Dorf" sogar ausdrücklich der Unterscheidung von der berühmten Bezirkshauptstadt Emmaus, die eben nicht gemeint war. Zum anderen passt die neue Lesart des Origines einfach nicht zu den Zeitangaben des Lukas. Die Emmaus-Jünger können Jerusalem frühestens am Sonntag mittag verlassen haben, sie trafen gegen nachmittag zu Hause ein, aßen mit Jesus und machten sich danach auf den Rückweg, um die Elf noch bei ihrem Nachtessen anzutreffen. Die Römerstraße von Jerusalem nach Emmaus-Nikopolis ist 27 Kilometer lang, hin und zurück sind das also 54 Kilometer, was für einen Tag zumindest ein ziemlicher Gewaltmarsch wäre. Deshalb suchten die Kreuzfahrer in 60 Stadien oder 11 Kilometern Entfernung von Jerusalem nach dem lukanischen Dorf Emmaus und machten zwei Alternativen aus: *Abu Gosh* und *el-Qubeibeh,* beide an alten Römerstraßen nach Westen gelegen. Letzteres wird heute von den Franziskanern verwaltet, die es gründlich archäologisch untersuchten und auf ihrem Gelände einen wunderbaren Garten anlegten. Ob Jesus wirklich auf der Römerstraße ging, deren Überreste die Ausgräber dort freilegten, wird schnell zweitrangig; sein Geist ist hier präsent und spürbar (was auch für das Heiligtum in Emmaus-Nikopolis gilt). Tatsächlich entdeckten die Franziskanerarchäologen sogar Ruinen aus der Zeit Jesu, die schon von den Kreuzrittern als „Haus des Kl(e)opas" gedeutet und in ihre Kirche integriert wurden. Doch leider reicht die Tradition von *el-Quibeibeh* („kleine Kuppel") gerade einmal in das Jahr 1280 zurück, als der Ort auch als *Parva Mahomeria,* „Kleine Moschee" bekannt war. Der Name Emmaus hingegen ist für ihn nicht bezeugt; er hätte auch nicht gepasst, da es hier nie eine Quelle gab.

Doch es existierte ein Dorf namens Emmaus oder Ammaus ganz in der Nähe von Jerusalem. Flavius Josephus berichtet in seinem Buch über den Jüdischen Krieg, Kaiser Vespasian habe 800 Veteranen „im Bezirk von Ammaus, welches dreißig Stadien von Jerusalem entfernt liegt", angesiedelt. Der Ort hieß seitdem bei den Römern Colonia und bei den Arabern Qalonijeh. Heute trägt er den Namen ha-Motsa und liegt (wie Nikopolis) an der Autobahn 1, nur 2,2 Kilometer nördlich der Holocaust-Gedenkstätte Yad Vashem. Er wird schon im Buch Josua (18,26) und auch im Talmud erwähnt, wo es heißt, dass die Juden hier die Bachweidenzweige für das Laubhüttenfest einsammelten. Heute sind noch seine terrassierten Hänge erhalten, auf denen einst Ölbäume wuchsen und Wein. Seine nach wie vor kräftig sprudelnde Quelle wurde schon in der Eisenzeit als Brunnen genutzt. Eine in der Nähe entdeckte Mikwe gleicht in auffälliger Weise dem essenischen Ritualbad von Bethanien am Ölberg und könnte auf eine Essenersiedlung hinweisen. Josephus untertreibt mit seiner Entfernungsangabe. Auf der alten Römerstraße sind es nicht 30 Stadien (5,5 Kilometer), aber auch nicht 60 Stadien (11 Kilometer) wie bei Lukas, sondern ziemlich genau 50 Stadien (9,2 Kilometer) zum Essenertor von Jerusalem. Allzu exakt sind antike Entfernungsangaben selten.

Hier nun, in Ammaus-Colonia, grub der leider 2004 viel zu früh verstorbene deutsche Papyrologe und Neutestamentler Carsten Peter Thiede von der Staatsunabhängigen Theologischen Hochschule

(STH) Basel in Zusammenarbeit mit der Israelischen Altertümer-verwaltung. Dabei stieß er nicht nur auf die Überreste der römischen Veteranensiedlung, sondern auch auf das jüdische Dorf, das hundert Meter westlich davon lag. Terra Sigillata mit hebräischen Inschriften, vor allem aber die kunstvoll ausgestalteten Fragmente jüdischer Steingefäße zeigen an, dass hier gläubige Juden von recht hohem sozialen Status lebten. Ein möglicher Hinweis auf eine frühe christliche Verehrung dieser Stätte sind die Ruinen eines byzantinischen Klosters aus dem 5. Jahrhundert, die Thiede freilegte. Frühere Spuren waren von vornherein auszuschließen; es ist kaum anzunehmen, dass die Urgemeinde direkt neben einer römischen Veteranensiedlung ein Heiligtum unterhielt. Später wurde Ammaus vergessen, war der Ort nur noch als Colonia bekannt, und die Tradition konzentrierte sich auf Emmaus-Nikopolis.

Doch letztlich ist es von sekundärer Bedeutung, ob nun Nikopolis oder Colonia das Emmaus des Lukas war. So sekundär, dass selbst ein Christ wie Julius Africanus nicht einmal daran dachte, den Namen seiner Stadt zu schützen, sondern vorzog, sie umzubenennen. Oder war seine Begründung für den neuen Namen nur ein Vorwand, dachte er an Jesu Sieg über den Tod? Auch das ist nicht auszuschließen. Doch eines wird mir klar: Nicht das Ziel ist von Wichtigkeit, nicht der Ort, an dem sich der Auferstandene zu erkennen gab, sondern der Weg, auf dem er sich offenbarte und seine Jünger zu der Erkenntnis des Glaubens führte. Er mag in jede Himmelsrichtung, in jede Kirche der Welt führen, wo das Brot gebrochen wird und Er mitten unter uns ist. Das wahre Emmaus ist überall!

Dabei lohnt es sich, einmal die Schlusssequenzen der vier Evangelien miteinander zu vergleichen. Markus endete ursprünglich mit der Furcht und dem Entsetzen, das die Frauen und das uns zunächst alle erfüllt, wenn wir mit dem Unglaublichen, der *shokking truth* der Auferstehung, konfrontiert werden. Matthäus entlässt uns mit dem Versprechen Jesu, das uns hoffen lässt: Wir sind nicht allein – „Ich bin bei euch alle Tage bis zum Ende der Welt" (Mt 28,20). Lukas schickt uns nicht nur auf den Weg nach Emmaus, an die warme Quelle der Wahrheit, sondern auch auf den Ölberg, wenn er über die Himmelfahrt berichtet. Heute steht auf dem höchsten Punkt des Berges eine achteckige, bekuppelte Kirche, die zeitweise von den Muslimen als Moschee genutzt wurde. Hier errichtete schon 378 die vornehme Römerin Poimenia eine

Kirche, einen quadratischen Bau, der in der Mitte seiner Bedachung zum Himmel hin offen war. Heute wird auf dem Boden des Oktogons ein Stein gezeigt, in dem man mit einiger Phantasie die Fußabdrücke Jesu erkennen soll.

Mich interessiert dagegen viel mehr das älteste Himmelfahrts-Heiligtum, das schon 325 von der Kaiserin Helena errichtet worden ist. Die sogenannte *Eleona-Kirche* verbindet nämlich Jesu Himmelfahrt mit seinem geistigen Vermächtnis und steht zudem über einer authentischen Stätte. Wie Eusebius von Caesarea schrieb: „Bei der dort gezeigten Höhle betete (der Herr) und führte auf dem Berggipfel seine Jünger ein in die Geheimnisse vom Ende; von dort fuhr er auch zum Himmel auf ...“ Hier also übernachtete Jesus während seiner früheren Jerusalem-Besuche, unterrichtete seine Jünger und – so behauptet es die lokale Tradition – lehrte sie das Vaterunser. Die Spur der Hoffnung und des Glaubens, die das Gebet des Herrn auf seinem Weg durch die Jahrhunderte hinterlassen hat, ist mir, mit Verlaub gesagt, lieber und teurer als jeder undeutliche Abdruck im Fels. In allen Sprachen steht es geschrieben im Innenhof der modernen Eleona-Kirche als sein Geschenk an uns, durch das sein Segen an alle nachfolgenden Generationen weitergereicht wird. So endet das Lukasevangelium mit der Aufforderung, den Jüngern im Gebet nachzueifern, wenn es von ihnen heißt: „Und sie waren immer im Tempel und priesen Gott" (Lk 24,53).

Johannes hatte ursprünglich vor, mit einem Appell an den Glauben auch ohne sichtbare Zeichen zu schließen. Doch dann überlegte er es sich offenbar anders und fügte seinem Evangelium noch die Schilderung des letzten Zeichens Jesu hinzu. Sie spielt in Galiläa, irgendwann zwischen *Pessach* und Himmelfahrt, Ende April des Jahres 30. Den Wegweiser zurück an den Anfangspunkt seines Wirkens haben schon die anderen Evangelisten aufgestellt, Matthäus etwa („Da sagte Jesus zu ihnen ... sie sollen nach Galiläa gehen und dort werden sie mich sehen", 28,10) oder Markus („Er geht euch voraus nach Galiläa", 16,7). Sogar Lukas verarbeitet das Galiläa-Motiv, indem er den Engel daran erinnern lässt, „was er euch gesagt hat, als er noch in Galiläa war" (24,6). Und eben dort, am See Gennesaret, am Petrus-Hafen von Tabgha, offenbarte sich Jesus, dem Johannesevangelium zufolge, ein letztes Mal.

Noch einmal gingen die Jünger fischen. Vielleicht wollten sie die Bodenhaftung nicht verlieren, einmal auf andere Gedanken kommen, vielleicht war es auch Sentimentalität: ein letztes Mal das Alte erleben, bevor das Neue beginnt. Sieben von ihnen machten mit, darunter Petrus, Thomas und die beiden Zebedäussöhne. Die ganze Nacht hatten sie schon gefischt, doch ohne Erfolg. Vielleicht war das Wetter zu schlecht, das Wasser zu kalt, hatten sich die Buntbarsche zu nah und zu tief bei den warmen Quellen von Tabgha versteckt.

Da sehen die Männer am Ufer, an ihrer Anlegestelle, einen Mann. Sie erkennen ihn nicht. Man ruft sich etwas zu, der Fremde rät ihnen, das Netz auf der rechten Seite auszuwerfen, und plötzlich ist es voller Fische. Es ist hell geworden, die ersten Strahlen der Morgensonne erwärmen den See, laden die Fische ein, ihr Versteck zu verlassen und zum Licht aufzusteigen. Vielleicht hat der geheimnisvolle Fremde den Schwarm vom Ufer aus beobachtet. Jedenfalls ist das Wurfnetz voll und zu schwer, um eingeholt zu werden. Jetzt begreift Johannes als erster, wer der Mann am Ufer ist: „Es ist der Herr!" ruft er Petrus zu. Der ist noch nackt, denn er kam gerade aus dem Wasser. Ist ein Wurfnetz voll, taucht einer der Fischer zum Seegrund, greift sich das Senkblei, zieht das offene Ende des Netzes vorsichtig zusammen und hebt es mitsamt dem Fang in sein Boot. Fischt er nahe am Ufer oder ist der Fang besonders groß, so kann er das gefüllte Netz auch an Land ziehen, ganz wie Johannes als erfahrener Fischer es beschreibt. Er gibt sogar die Entfernung zum Ufer genau an: es sind 200 Ellen, rund 100 Meter.

Als Petrus begreift, wer der Fremde ist, geht das Temperament mit ihm durch. Er gürtet sich schnell das Obergewand um, um nicht nackt vor seinen Meister zu treten, springt ins Wasser, taucht, greift sich das Netz und schwimmt an Land. Dort hat Jesus schon ein Kohlenfeuer entzündet, grillt Fisch und Brot. Es folgt erst einmal die bei Fischern übliche Routine. Jeder Fang muss sorgfältig gezählt werden, schon der Steuer wegen, die ein Zöllner am Hafen gleich abkassiert. Es sind genau 153 Fische. Über diese Zahl ist viel spekuliert worden. Die einen Exegeten sagen, es sei die Zahl aller Völker auf Erden, nach anderen ist es eine Anspielung auf die Dreifaltigkeit. Letztere Deutung geht auf den hl. Augustinus zurück und zeigt in erster Linie, zu welchen Geniestreichen die Kirchenväter fähig waren. Setzt man einen Punkt in der ersten Linie, in der zweiten zwei, in der dritten drei, und immer so weiter, ergibt sich, wenn man 153 Punkte gesetzt hat, ein gleichschenkliges

Dreieck. Das ist so, das kann man nachprüfen, und es zeigt, wie viele verschlüsselte Botschaften und Codes in den Evangelien versteckt sind und darauf warten, von findigen Exegeten „geknackt" zu werden. Doch diese Metaebene schließt auch nicht aus, dass es nun mal tatsächlich 153 Fische waren und keine 152 oder 154, und dass die Jünger, die von Haus aus zunächst einmal Fischer und keine Theologen waren, sie einfach routinemäßig zählten.

Der Ort, an dem dies geschah, kann heute noch besucht werden. Es ist meine persönliche Lieblingsstelle im Heiligen Land, und wer schon einmal dort war, der versteht auch, warum.

Direkt am Seeufer bei Tabgha erhebt sich eine Kapelle, die von den Franziskanern 1933 auf die Grundmauern eines Kirchleins aus dem frühen 5. Jahrhundert gesetzt wurde. Vor ihrem Altar erstreckt sich ein Rücken aus Naturstein, die *Mensa Domini*, der Tisch des Herrn. Es ist der Tradition nach die Stelle, auf der das Kohlenfeuer brannte, um Fisch und Brot zu grillen (weshalb die kleine Kirche im frühen Mittelalter auch *Kohlenstätte* genannt wurde). Schon früh hat man den Steintisch aus dem ihn umgebenen Fels herausgearbeitet, um seine Bedeutung hervorzuheben. Draußen, manchmal überflutet, stehen die Stümpfe von sechs herzförmigen Ecksäulen, wie wir sie aus jüdischen Synagogen des 3. Jahrhunderts kennen, doch aufgestellt in einer Reihe. Sie zeugen weder von einem Bauwerk an dieser Stelle noch dienten sie der Befestigung von Booten, wie man einmal glaubte, sondern sollen die Throne der zwölf Apostel symbolisieren. An das nur 6,5 mal 12 Meter große Kirchlein schmiegt sich ein grauer Fels, in den sieben Stufen eingemeißelt wurden. *This is Holy Ground*, verrät ein Schild, ein schmiedeeisernes Gitter verwehrt den Zutritt. Gut möglich, dass die Treppe aus der Zeit Jesu stammt, dass sie von der Anlegestelle zum einstmals erhöhten Seeufer führte. Der Wasserstand ist mit den Jahren zurückgegangen, vor dem Bau der Kapelle wurde die Stelle als Steinbruch genutzt und hat dadurch an Höhe verloren. Vielleicht haben hier auch Judenchristen getauft. Sicher jedoch ist, dass diese Treppe schon da war, bevor das Heiligtum um 420/430 errichtet wurde. Ein halbes Jahrhundert zuvor, 383, berichtete die Nonne Egeria, die auf ihrer Pilgerreise durch das Heilige Land auch nach Tabgha kam: „Nicht weit von dort (Kafarnaum) sind Steinstufen zu erkennen, auf denen der Herr stand."

Heute führen diese sieben Stufen geradewegs in den Himmel. Nachdem die Jünger hier mit Jesus gegessen hatten, hinterließ uns Jesus sein größtes Geschenk. Dreimal fragte er Petrus, ob er ihn liebe, dreimal bejahte der Apostelfürst. Im Orient gilt noch heute eine dreifache Wiederholung als die ultimative Bekräftigung, als Eid. Und dreimal antwortete Jesus: „Weide meine Lämmer! Weide meine Schafe!" Er prophezeite Petrus sein Ende am Kreuz, dann forderte er ihn ein letztes Mal auf: „Folge mir nach!" (Joh 21,15–19).

An diese Szene erinnert heute eine in ihrer Schlichtheit ergreifende Bronzestatue am Seeufer, schräg gegenüber der Kohlenstätte, die jetzt aus gutem Grund *Primatskapelle* heißt. Sie zeigt den Auferstandenen mit ausgestreckter, segnender Hand, und vor ihm kniend, ergriffen zurückweichend, die Linke zum Greifen erhoben, Petrus. Es ist ein Bild, das zwei Jahrtausende überbrückt und schnurstracks in die Gegenwart führt. Denn die Kirche, die Jesus damals auf dem Fels des Petrus begründete mit dem Auftrag, seine Herde zu weiden, überdauerte die Zeit und wird weiterhin bestehen bis ans Ende der Tage, wie Er es versprochen hat. Der Segen, den er damals dem knienden Jünger spendete, wurde seitdem 265mal weitergegeben, zuletzt, am 24. April 2005, an Joseph Ratzinger.

„Jesus verkündete das Reich Gottes, und gekommen ist die Kirche", erklärte der modernistische französische Theologe Alfred Loisy (1857–1930), und meinte das sarkastisch. Doch es ist wahr: Jesus, der das Reich Gottes verkündete, hat uns diese Kirche geschenkt, um mit ihr und durch sie Seine Vision zu verwirklichen. In ihrem Namen mögen Fehler gemacht worden sein, von Menschen, die so unvollkommen waren wie Petrus selbst, doch es gibt keine andere. Sie hat garantiert, dass Jesu Worte erhaltenblieben, verschont von jeder beliebigen Interpretation, jedem Missbrauch zu anderen Zwecken. Sie ermöglicht es uns, auch heute Seine Gegenwart zu spüren und Ihm nachzufolgen, in Gemeinschaft mit dem Nachfolger Petri, der Seine Herde durch die Zeit führt. Und nur darauf kommt es an.

Wir sind bereits wieder in Deutschland angekommen, als die Medien die letzten Bilder von der Reise Benedikts XVI. ins Heilige Land veröffentlichen. Sie zeigen Petrus auf dem Weg zum leeren Grab. Nicht laufend wie damals, sondern gemächlichen Schrittes, und nicht Johannes ist an seiner Seite, sondern Msgr. Georg Gänswein, sein sympathischer Sekretär. Und trotzdem verbindet eine spürbare Kontinuität den 9. April 30 mit diesem 15. Mai 2009, an dem der Papst vor der Grabbank kniet und ihren längst mit Marmorplatten bedeckten Fels küsst. Denn der, der hier seine Begegnung mit der Geschichte, seinen Eintritt in Raum und Zeit, vollendete, ist wahrhaft auferstanden und lebt – gestern, heute und in Zukunft.

Das ist die eigentliche Frohbotschaft, das bleibt unsere Hoffnung.

ZEITTAFEL ZUM LEBEN JESU

v. Chr.

37: Thronbesteigung Herodes' des Großen
19: Ankündigung des Tempelbaus und der Geburt Mariens
7: Dezember – Ankündigung der Geburt Johannes' des Täufers
6: Maria wird mit Joseph verlobt
    Juni – Verkündigung, Besuch Mariens in En Karem
    September – Geburt Johannes' des Täufers
    Dezember: Rückkehr Josephs nach Nazareth
5: März – Geburt Jesu in Bethlehem
    April – Darstellung Jesu im Tempel
    Mai – Besuch der Magi, Flucht nach Ägypten, Kindermord
4: März – Tod Herodes' des Großen
    April – Unruhen in Judäa und Galiläa, Zerstörung von Sepphoris
    Mai – Das Reich des Herodes wird aufgeteilt
3: Antipas beginnt den Wiederaufbau von Sepphoris

n. Chr.:

6: Judäa wird römische Provinz, (zweite?) Volkszählung unter
    Quirinius
8: April: Jesus diskutiert im Tempel
9: März: Bar Mitzwa Jesu
27: September: Johannes der Täufer beginnt sein öffentliches Wirken
28: Januar: Taufe Jesu im Jordan
    Februar: Fasten Jesu, Berufung der ersten Jünger
    März: Hochzeit in Kana, Pessach in Jerusalem, Tempelreinigung
    April: Jesus in Bethanien am Jordan
    Mai: Schawuot in Jerusalem, Verhaftung des Johannes
    Juni-August: Jesus in Kana
    September: Sukkot in Jerusalem, Besuch des Bethesda-Teiches
    November: Jesus wieder in Kafarnaum
29: Februar: Bergpredigt, Heilung des Besessenen von Gadara
    März: Hinrichtung des Täufers, Speisung der 5000 in Tabgha
    April: Offenbarung in Kafarnaum, Reise nach Tyrus und Sidon
    Juni: Speisung der 4000 in Kursi
    Juli: Reise nach Caesarea Philippi
    August: Verklärung, Rückkehr nach Galiläa
    Oktober: Sukkot in Jerusalem
    Dezember: Chanukka in Jerusalem, danach Rückkehr nach Galiläa
30: Januar: Aussendung der 72 Jünger
    Februar: Jesus verlässt Kafarnaum
    März: Jesus in Bethanien am Jordan, dann in Bethanien am Ölberg
    April: Pessach, Passion, Tod und Auferstehung
    Mai: Himmelfahrt, Aussendung des Hl. Geistes zu Schawuot
45–68: Entstehung der vier Evangelien
70: Zerstörung Jerusalems und des Tempels durch Titus

quellen und Literatur

Albani, Matthias: Jesus von Nazareth, zu Bethlehem geboren, Freiburg 2003
„Antonini Placentini": Itinerarium (Übers.: J. Gildemeister), Berlin 1889
Arav, Rami/Freund, Richard (Hrsg.): Bethsaida, Kirksville/MS 1995
Atwill, Joseph: Das Messias Rätsel, Berlin 2008
Aviam, Mordechai: Ancient Synagogues in the Land of Israel, Jerusalem 1997
Avigad, Nahman: The Herodian Quarter in Jerusalem, Jerusalem 1983
Avni, Gideon/Greenhut, Zvi: The Akeldama Tombs, Jerusalem 1996

Badde, Paul: Jerusalem, Jerusalem, Kisslegg 2006
Ders.: Heiliges Land, Gütersloh 2008
Bagatti, Fr. Bellarmino, OFM: Excavations in Nazareth, Jerusalem 1969
Ders.: Il Golgotha e la Croce, Jerusalem 1984
Ders.: The Church from the Circumcision, Jerusalem 1984
Bahat, Dan: The Atlas of Biblical Jerusalem, Jerusalem 1994
Ders.: Touching the Stones of Our Heritage, Jerusalem 2002
Bar-Am, Aviva: Beyond the Walls: Churches of Jerusalem, Jerusalem 1998
Richard A. Batey, Jesus & the Forgotten City, Grand Rapids/MI 1991
Bauckham, Richard: Jude and the Relatives of Jesus in the Early Church, London 1990
Ders.. Jesus and the Eyewitnesses, Grand Rapids/MI 2006
Bauer, Thomas Johann: Who is who in der Welt Jesu, Freiburg 2007
Bauman, Richard. Crime and Punishment in Ancient Rome, London 1996
Baur, Ferdinand: Kritische Untersuchungen über die kanonischen Evangelien, Tübingen 1847
Becker-Huberti, Manfred: Die Heiligen Drei Könige, Köln 2005
Benedikt XVI. (Joseph Ratzinger): Jesus von Nazareth, Freiburg 2007
Berger, Klaus: Im Anfang war Johannes, Stuttgart 1997
Ders.: Jesus, München 2004
Ders und Nord, Christiane: Das Neue Testament und frühchristliche Schriften, Frankfurt 2005
Betz, Otto/Riesner, Rainer: Jesus, Qumran und der Vatikan, Gießen 1993
Biddle, Martin: Das Grab Christi, Gießen 1998
Ders.: The Tomb of Christ, Stroud 1999
Ders./Avni, Gideon/Seligmann, Jon/Winter, Tamar: Die Grabeskirche in Jerusalem, Stuttgart 2000
Blomberg, Craig: The Historical Reliability of the Gospels, Downers Grove/IL 1987
Bösen, Willibald: Der letzte Tag des Jesus von Nazaret, Freiburg 1994
Borgehammar, Stephan: How the Holy Cross was Found, Stockholm 1991
Bräumer, Hansjörg: Ort im Namen Jesu, Holzgerlingen 2008
Brandmüller, Walter (Hrsg.): Qumran und die Evangelien, Aachen 1994
Ders.: Licht und Schatten, Augsburg 2007
Brown, Fr. Raymond: The Virginal Conception & Bodily Resurrection of Jesus, New York 1972
Bruce, F. F.: Außerbiblische Zeugnisse über Jesus und das frühe Christentum, Gießen 1993
Ders.: Basiswissen Neues Testament, Wuppertal 1997
Butzkamm, Aloys: Mit der Bibel im Heiligen Land, Paderborn 2008

Campbell, Fr. John K., OFM.: The Stations of the Cross in Jerusalem, Jerusalem 1986
Cano Tello, Celestino A.: La Legalidad del Proceso de Jesus, Valencia 2002
Chancey, Mark A.: Greco-Roman Culture and the Galilee of Jesus, Cambridge 2005
Charlesworth, James H. (Hrsg.): Jesus and the Dead Sea Scrolls, New York 1992
Ders. (Hrsg.): Jesus and Archaeology, Grand Rapids/MI 2006
Claußen, Carsten/Frey, Jörg (Hrsg.): Jesus und die Archäologie Galiläas, Neukirchen-Vluyn 2008

Connolly, Peter: Living in the Time of Jesus of Nazareth, Hakishon 1983
Corsini, Manuela: Juan el Testigo, Madrid 1989
Crossan, John Dominic: Der historische Jesus, München 1994
Ders.: Who Killed Jesus?, New York 1995
Ders./Reed, Jonathan: Excavating Jesus, San Francisco 2001
Demandt, Alexander: Hände in Unschuld, Köln 1999
Drijvers, Jan W.: Helena Augusta, Leiden 1992
Ders./Drijvers, Han: The Finding of the True Cross, Louvain 1997

Edersheim, Alfred: Der Tempel, Wuppertal 1997
Egeria: Itinerarium (Übers.: Georg Röwekamp), Freiburg 1995
Eisenman, Robert: James, the Brother of Jesus, New York 1997
Eusebius von Caesarea: Kirchengeschichte (Übers.: Philipp Haeuser), München 1989

Faßbeck, Gabriele/Fortner, Sandra/Rottloff, Andrea/Zangenberg, Jürgen (Hrsg.):
   Leben am See Gennesaret, Mainz 2003
Ferrari d'Occhieppo, Konradin: Der Stern von Bethlehem in astronomischer Sicht,
   Gießen 2003
Finegan, Jack: The Archaeology of the New Testament, Princeton 1992
Fleckenstein, Karl-Heinz: Komm und sieh!, Neckenmarkt 2008
Ders./Louhivuori, Mikko/Riesner, Rainer: Emmaus in Judäa, Gießen 2003
Flusser, David: Jesus, Jerusalem 1998
Foster, Charles: Die Akte Jesus, München 2008
Freeman-Grenville, G.S.P.: The Basilica of the Nativity in Bethlehem, Jerusalem 1993
Ders.: The Basilica of the Annunciation at Nazareth, Jerusalem 1994
Ders.: The Basilica of the Holy Sepulchre in Jerusalem, Jerusalem 1994
Ders.: The Land of Jesus Then & Now, Jerusalem 1998
Ders./Chapman, Rubert/Taylor, Joan: The Onomasticon by Eusebius of Caesarea,
   Jerusalem 2003
Freund, Richard A.: Digging through the Bible, Lanham 2009
Fricke, Weddig: Der Fall Jesus, Hamburg 1995
Fürst, Heinrich: Im Land des Herrn, Paderborn 2009
Funk, Robert W.: Honest to Jesus, San Francisco 1996

Ganzfried, Solomon: Code of the Jewish Law, New York 1963
Geva, Hillel: Ancient Jerusalem Revealed, Jerusalem 1994
Gibson, Shimon: The Cave of John the Baptist, London 2004
Ders.: The Final Days of Jesus, San Francisco 2009
Ders./Taylor, John E.: Beneath the Church of the Holy Sepulchre Jerusalem, London 1994
Gilbert, Adrian: Magi – The Quest for a Secret Tradition, London 1996
Gillman, Florence Morgan; Herodias, Collegeville/MN 2003
Gnilka, Joachim: Jesus von Nazaret, Freiburg 1993
Goergen, Anneliese & Anton: Tabgha am See Genesareth, München 1989
Gonen, Rivka: Biblical Holy Places, Herzlia 1999
Gottschalk, Gisela: Die großen Cäsaren, Herrsching 1984
Grant, Michael: Die römischen Kaiser, Bergisch-Gladbach 1989
Gumbert, P. Ludwig OFM: Die Basilika in Nazaret, München o.J.
Gundry, Robert H.: A Survey of the New Testament, Grand Rapids/MI 2003

Habermas, Gary: The Historical Jesus, Joplin/MS 1996
Hanson, K.C./Oakman, Douglas: Palestine in the Time of Jesus, Minneapolis/MN
   1998
Heiligenthal, Roman: Der Lebensweg Jesu von Nazareth, Stuttgart 1994
Ders.: Der verfälschte Jesus, Darmstadt 1997
Herbst, Karl: Kriminalfall Golgotha, Düsseldorf 1992
Michael Hesemann: Die Jesus-Tafel, Freiburg 1999

Ders.: Die stummen Zeugen von Golgotha, München 2000
Ders.: Das Fatima-Geheimnis, Rottenburg 2001
Ders.: Der erste Papst, München 2003
Ders.: Die Entdeckung des Heiligen Grals, München 2003
Ders.: Stigmata – Sie tragen die Wundmale Christi, Güllesheim 2006
Ders.: Die Dunkelmänner, Augsburg 2007
Ders.: Paulus von Tarsus, Augsburg 2008
Heyer, Cees J. Den: Der Mann aus Nazaret, Düsseldorf 1998
Hirschberg, Peter: Jesus von Nazareth, Darmstadt 2004
Hurtado, Larry W.: The Earliest Christian Artifacts, Grand Rapids/MI 2006
Husemann, Dirk: Die archäologische Hintertreppe, Ostfildern 2007

Jacobovici, Simcha/Pellegrino, Charles: The Jesus Family Tomb, San Francisco 2007
Jeffrey, Grant R.: Jesus – The Great Debate, Toronto 1999
Johnson, Luke Timothy: The Real Jesus, San Francisco 1996
Josephus, Flavius: Geschichte des Jüdischen Krieges (Übers.: Heinrich Clementz),
    Wiesbaden 1993
Ders.: Jüdische Altertümer (Übers.: H. Clementz), Wiesbaden 1985
Ders.: Kleinere Schriften (Übers.: H. Clementz), Wiesbaden 1993
Justinus: Dialog mit dem Juden Tryphon (Übers. Philipp Haeuser), Wiesbaden 2005

Kauffmann, Joel: The Nazareth Jesus Knew, Nazareth 2005
Kidger, Mark: The Star of Bethlehem, Princeton/NJ 1999
Kimball, Glenn: Hidden Stories of the Childhood of Jesus, Houston/TX 1999
Ders./Stirland, David: Hidden Politics of the Crucifixion, Salt Lake City/UT 1998
King, Anthony: Jerusalem Revealed, Littleport 1997
Kollmann, Bernd: Die Jesus-Mythen, Freiburg 2009
Kresser, Gebhard: Nazareth – Ein Zeuge für Loreto, Graz 1908
Kriwaczek, Paul: In Search of Zarathustra, New York 2003
Kroll, Gerhard: Auf den Spuren Jesu, Leipzig 1988
Krüger, Jürgen: Die Grabeskirche zu Jerusalem, Regensburg 2000
Küchler, Max: Jerusalem, Göttingen 2007

Läpple, Alfred: Der andere Jesus, Augsburg 1997
Läufer, Erich: Tabgha – Wo die Brotvermehrung stattfand, Köln 2000
Laudert-Ruhm, Gerd: Jesus von Nazareth, Stuttgart 1996
Lewin, Ariel: Palästina in der Antike, Suttgart 2004
Loffreda, Stanislao: Die Heiligtümer von Tabgha, Jerusalem 1981
Ders.: Kapernaum, Jerusalem 1994

Mack, Burton L.: The Lost Gospel, New York 1993
Magen, Y.: The Stone Vessel Industry in the Second Temple Period, Jerusalem 2002
Mancini, Ignazio: Archaeological Discoveries Relative to the Judeo-Christians, Jeru-
    salem 1984
Marxsen, Willi: Die Auferstehung Jesu als historisches und als theologisches Problem,
    Gütersloh 1965
Mazar, Eilat: The Complete Guide to the Temple Mount Excavations, Jerusalem 2002
McNamer, Elizabeth/Pixner, P. Bargil, OSB: Jesus and the First-Century Christia-
    nity in Jerusalem, New York 2008
McRay, John: Archaeology & the New Testament, Grand Rapids/MI 1991
Meinardus, Otto F.: Auf den Spuren der Heiligen Familie von Bethlehem nach
    Oberägypten, Koblenz 1978
Ders.: Die Heilige Woche in Jerusalem, Würzburg 1988
Messori, Vittorio: Gelitten unter Pontius Pilatus?, Köln 1997
Millard, Alan: Die Zeit der ersten Christen, Gießen 1994
Molnar, Michael R.: The Star of Bethlehem, London 1999
Murphy-O'Connor, Jerome: The Holy Land, Oxford 2008

Negev, Avraham/Gibson, Shimon: Archaeological Encyclopedia of the Holy Land, New York 2001
Netzer, Ehud: Herodium, Jerusalem 1999
Ders.: The Palaces of the Hasmoneans and Herod the Great, Jerusalem 2001
Nun, Mendel: The Sea of Galilee and its Fisherman in the New Testament, Ein Gev 1989
Ders.: Der See Genezareth und die Evangelien, Gießen 2001
Orthodox Palestine Society (Hrsg.): The Threshold of the Judgement Gate, Jerusalem o. J.

Petrozzi, Maria Terese: Samaria, Jerusalem 1981
Pfannmüller, Gustav: Jesus im Urteil der Jahrhunderte, Leipzig 1908
Pfirrmann, Gustav: Die Nazareth-Tafel, München 1994
Piccirillo, Michele: With Jesus in the Holy Land, Jerusalem 1994
Pixner, Bargil: Wege des Messias und Stätten der Urkirche, Gießen 1991
Ders.: Mit Jesus durch Galiläa nach dem fünften Evangelium, Rosh Pina 1992
Ders.: Mit Jesus nach Jerusalem, Rosh Pina 1996
Porter, J. R.: Jesus und seine Zeit, Stuttgart 1999
Prause, Gerhard: Herodes der Große, Hamburg 1977
Ders.: Die kleine Welt des Jesus Christus, Hamburg 1981
Pritz, Ray A.: Nazarene Jewish Christianity, Jerusalem 1992

Raanan, Mordecai (Hrsg.): Auf den Spuren des Jesus von Nazareth, Tel Aviv 1970
Rahmani, L. Y.: A Catalogue of Jewish Ossuaries, Jerusalem 1994
Rainey, Anson/Notley, Steven: Cfarta's New Century Handbook and Atlas of the Bible, Jerusalem 2007
Ratzinger, Joseph (Hrsg.): Schriftauslegung im Widerstreit, Freiburg 1989
Reed, Jonathan: Archaeology and the Galilean Jesus, Harrisburg/PA 2000
Reich, Ronny/Avni, Gideon/Winter, Tamar: The Jerusalem Archaeological Park, Jerusalem 1999
Richman, Chaim: A House of Prayer for All Nations, Jerusalem 1997
Riesner, Rainer: Essener und Urgemeinde in Jerusalem, Gießen 1998
Rigato, Maria-Luisa: Il Titolo della Croce di Gesu, Roma 2005
Rittmeyer, Leen & Kathleen: Jerusalem in the Year 30 A. D., Jerusalem 2004
Roberts, Mark D.: Can We Trust the Gospels?, Wheaton/IL 2007

Sacchi, Maurilio: Terra Santa sulle orme di Gesu, Jerusalem 1999
Saller, Fr. Sylvester, OFM.: Discoveries at St. John's Ein Karim, Jerusalem 1982
Salm, René: The Myth of Nazareth, Cranford/NJ, 2008
Sandoli, P. Sabino De, OFM.: Emmaus – El Qubeibeh, Jerusalem 1980
Ders.: The Sanctuary of Emmaus, Jerusalem 1990
Santarelli, Giuseppe: Loreto, Bologna 1983
Scarre, Chris: Die römischen Kaiser, Düsseldorf 1996
Schinzel-Penth, Gisela: Was geschah damals wirklich?, St. Otilien 2003
Schonfield, Hugh: The Passover Plot, Shaftesbury 1993
Schröder, Heinz: Jesus und das Geld, Karlsruhe 1979
Schulz, Hans-Joachim: Die apostolische Herkunft der Evangelien, Freiburg 1997
Schweitzer, Albert: Geschichte der Leben-Jesu-Forschung, Tübingen 1906
Seymour, Oah: The Birth of Christ, London 1998
Shanks, Hershel: Jerusalem, New York 1995
Shkolnik, Ya'acov: Banias and Tel Dan, Jerusalem 2000
Sheler, Jeffery: Is the Bible True?, New York 1999
Silas, Musholt P. (Hrsg.): Nazareth, Jerusalem 1995
Silberman, Neil Asher: Die Messias-Macher, Bergisch Gladbach 1995
Siliato, Maria Grazia: Und das Grabtuch ist doch echt, München 1998
Stanton, Graham: Gospel Truth, London 1995

Stegemann, Hartmut: Die Essener, Qumran, Johannes der Täufer und Jesus, Freiburg 1993

Stemberger, Günter: Jewish Contemporaries of Jesus, Minneapolis/MI 1995

Stern, Ephraim (Hrsg.): The New Encyclopedia of Archaeological Excavations in the Holy Land, Vol. 1–5, Jerusalem (IES)/New York 1993-2009

Storme, Albert: Bethany, Jerusalem 1992

Strabo: Geographica (Übers. A. Forbiger), Wiesbaden 2005

Strickert, Fred: Bethsaida, Home of the Apostles, Collegeville/MN 1998

Tabor, James D.: Die Jesus-Dynastie, München 2006

Theissen, Gerd/Merz, Annette: Der historische Jesus, Göttingen 1997

Then, Reinhold: Unterwegs im Heiligen Land, Stuttgart 2002

Thiede, Carsten Peter: Ein Fisch für den römischen Kaiser, München 1998

Ders.: Die Messias-Sucher, Stuttgart 2002

Ders.: Jesus – Der Glaube, die Fakten, Augsburg 2003

Ders.: The Cosmopolitan World of Jesus, London 2004

Ders.: The Emmaus Mystery, London 2005

Ders.: Der unbequeme Messias, Basel 2006

Ders. und d'Ancona, Matthew: Der Jesus-Papyrus, München 1996

Dies.: The Quest for the True Cross, London 2000

Thomas, Gordon: Das Jesus-Urteil, Bergisch Gladbach 1992

Tsafrir, Yoram (hrsg.): Ancient Churches Revealed, Jerusalem 1993

Tully, Mark: Jesus – Prophet, Messias, Rebell?, Köln 1997

Vamosh, Miriam Feinberg: Women at the Time of the Bible, Herzlia 2007

Vermes, Geza: Die Passion, Darmstadt 2006

Ders.: Die Geburt Jesu, Darmstadt 2007

Victor, Ulrich/Thiede, Carsten Peter/Stingelin, Urs: Antike Kultur und Neues Testament, Basel 2003

Wachsmann, Shelley: The Sea of Galilee Boat, College Station/TX 2009

Walker, Peter: Das Geheimnis des leeren Grabes, Würzburg 2000

Ders.. Unterwegs im Heiligen Land, Stuttgart 2008

Weidinger, Erich: Apokryphe Bibel, Augsburg 1991

Wilkinson, John: Jerusalem Pilgrims Before the Crusades, Guildford 1977

Wilson, A. N.: Jesus, London 1993

Wilson, Ian: Jesus: The Evidence, London 1998

Winkler, Lea Lofenfeld/Frenkel, Ramit: The Boat and the Sea of Galilee, Jerusalem 2007

Winter, Paul: On the Trial of Jesus, New York 1974

Wise/Abegg/Cook (Hrsg.): Die Schriftrollen von Qumran, Augsburg 1997

Worm, Alfred: Jesus Christus, Düsseldorf 1993

Worschech, Udo: Das Land jenseits des Jordan, Gießen 2004

Wrembek, Christoph, SJ: Die sogenannte Magdalenerin, Leipzig 2007

Wright, John: Christ in Myth and Legend, Cincinatti/OH 1894

Wright, N.T.: Who Was Jesus, Grand Rapids/MI 1992

Yadin, Yigael (Hrsg.): Bar Kochba, Hamburg 1971

Ders.: Jerusalem Revealed, Jerusalem 1976

Zarley, Kermit: Das Leben Jesu, Neuhausen-Stuttgart 1992

Zugibe, Frederick T.: The Crucifixion of Jesus, New York 2005

hinweis des autors

Dieses Buch lädt dazu ein, die Stätten des Wirkens Jesu zu besuchen, doch es ist natürlich kein Reiseführer im eigentlichen Sinne. Der beste Pilgerführer für das Heilige Land ist „Im Land des Herrn" von Heinrich Fürst OFM, herausgegeben vom Kommissariat des Heiligen Landes, Westernweg 19, 33098 Paderborn. Jedem Christen, der sich für unsere Mitbrüder im Heiligen Land und den Erhalt der heiligen Stätten engagieren möchte, kann ich nur eine Mitgliedschaft beim Deutschen Verein vom Heiligen Lande (Postfach 100 905, 50449 Köln) ans Herz legen. Er unterhält auch die beiden Pilgerheime, das Paulus-Haus am Damaskustor in Jerusalem und das Pilgerhaus Tabgha, die uns während unserer Recherchen so gastfreundlich aufnahmen (www.heiligland-verein.de).